掌尚文化

Culture is Future

尚文化·掌天下

RESEARCH REPORT ON DEVELOPMENT OF PILOT FREE TRADE ZONES

IN CHINA

(2022)

领导微智库报告

中国自由贸易试验区发展研究报告（2022）

金 锋◎主编

图书在版编目（CIP）数据

中国自由贸易试验区发展研究报告 . 2022/金锋主编 . —北京：经济管理出版社，2022. 6
ISBN 978-7-5096-8487-0

Ⅰ. ①中…　Ⅱ. ①金…　Ⅲ. ①自由贸易区—研究报告—中国—2021　Ⅳ. ①F752

中国版本图书馆 CIP 数据核字(2022)第 099568 号

组稿编辑：宋　娜
责任编辑：宋　娜　张　昕
责任印制：黄章平
责任校对：陈　颖

出版发行：经济管理出版社
（北京市海淀区北蜂窝 8 号中雅大厦 A 座 11 层　100038）
网　　址：www. E-mp. com. cn
电　　话：（010）51915602
印　　刷：唐山玺诚印务有限公司
经　　销：新华书店
开　　本：787mm×1092mm/16
印　　张：31. 5
字　　数：530 千字
版　　次：2022 年 8 月第 1 版　　2022 年 8 月第 1 次印刷
书　　号：ISBN 978-7-5096-8487-0
定　　价：298. 00 元

致予授权获得并阅览本报告的人士

1. 读者理解。《中国自由贸易试验区发展研究报告（2022）》是广东带路城市发展规划研究院的年度研究项目。本报告所涉及的文献、资料、数据、调查和结论均源自广东带路城市发展规划研究院课题组，不代表国家、政府及其附属组织的观点，也不代表本研究机构及其学术委员会成员或者他们所代表的专家组、顾问团以及关联机构的观点。这一研究尚未形成最终结论。本研究机构对其他任何机构和个人引用其中资料和信息引起的后果不承担任何责任。这一研究所附属资料和信息，并不代表本研究机构的任何部门对任何地区的法律地位的看法。

2. 读者知悉。 本报告是关于中国自由贸易试验区发展研究的阶段性非保密成果摘要。本报告所有数据都来自国家统计局以及31个省区市统计年鉴或据统计公报数据、公报数据及相关年度政府工作报告数据推算而得。无法获得或者不完全符合统计标准的数据，本报告没有采集。在本报告形成过程中选择了一些基础性指标，并根据系统学、数理统计学和经济计量学原理，通过建立数学模型，采取自上而下逐层分解的方法，从客观视角对全国各自贸试验区建设和发展状况进行了深入的比较分析。本报告课题组将定期围绕中国自由贸易试验区建设和发展的基本状况进行定量、定性、定位和定策研究，并陆续公开研究成果。

3. 读者同意。 本报告版权归广东带路城市发展规划研究院所有，在本报告中，涉及引用和综述相关著名学者观点及文献的，均已对引述文字注明出处，属于著作权法限制范围之内，系合理引用。

I n s t i t u t e 研究机构

领导微智库（Think Tank for Deciders）成立于2021年6月，系由广东带路城市发展规划研究院、指南针决策信息咨询（北京）有限公司、山东社情民情商情教育培训研究院共同组建的跨学科、专业化、开放型非营利性智库联盟，是服务党委政府的重要思想库和智囊团。

BRUP

广东带路城市发展规划研究院（B&R Institute for Urban Development Planning，Guangdong）成立于2021年5月，是中国政府批准设立的从事区域发展规划研究的跨领域、跨学科、跨专业综合性研究机构。广东带路城市发展规划研究院以中国经济社会可持续发展战略为核心，以领导科学决策信息系统为基础，以中国区域发展重大现实问题为主攻方向，加强对全局性、战略性、前瞻性问题研究，把构建对中国经济社会发展产生重大推动作用的决策信息和智力支持系统，做服务中国的区域发展战略专家作为愿景。

指南针决策信息咨询（北京）有限公司（以下简称指南针）成立于2020年3月，其前身是2008年1月成立的北京指南针决策信息咨询中心。指南针系从事政务信息大数据分析、经济发展、社会建设、城市管理、公共安全管理等跨领域、跨学科、跨专业咨询服务的独立商业实体，与广东带路城市发展规划研究院、山东社情民情商情教育培训研究院一起构成了服务决策、影响决策的领导微智库联盟体系。

《中国自由贸易试验区发展研究报告》课题组

主　　编　金　锋

核心研究员　金　锋　何爱军　庞克锋　王铁铮　李文华　齐玖玖　禄　倩　徐新茗

助理研究员　丁　一　王志敏　王向东　王淑芹　王炳乾　齐鸿飞　边　婧　邓　艾　何乐天　陈　曦　赵　爽

图片编辑　孙小梅　周丽娟

数据分析　邹俊忠　蔡月明

资料统筹　王志敏　陈晓琳　杨丽倩

设计总监　徐秀辰

技术支持　崔双昌

学术秘书　崔小明　陈冬梅

Prologue I 序一

“建设自由贸易试验区是党中央在新时代推进改革开放的一项战略举措，在我国改革开放进程中具有里程碑意义。”习近平总书记多次就中国自由贸易试验区（以下简称自贸试验区）建设提出一系列新思想、新观点、新要求，为自贸试验区发展指明了方向、提供了根本遵循。“大胆试、大胆闯、自主改，力争取得更多可复制推广的制度创新成果，进一步彰显全面深化改革和扩大开放的试验田作用”，牢记总书记的嘱托，中国自贸试验区肩负起了为全面深化改革和扩大开放形成可复制可推广经验的重任，拉开了新一轮中国改革开放的大幕。

自 2013 年 9 月上海自贸试验区挂牌成立以来，全国先后设立了 21 个自贸试验区，它们担负着为国家试制度、为地方赋动能的历史使命，扮演着深化改革和扩大开放“试验田”的角色，承担着充当动能转换“加速器”、高质量发展“排头兵”的任务。各区域自贸试验区坚持以制度创新为核心，开展特色差异化探索，从夯基垒台、立柱架梁发展到全面推进、积厚成势阶段，形成了东西南北中协调、陆海统筹的空间格局，向全国复制推广了一大批制度创新成果，推动形成了中国新一轮全面开放新局面。

“十四五”及今后一个时期，我国发展仍然处于重要战略机遇期。当前，世界正经历百年未有之大变局，国内外环境和自身条件都发生了复杂而深刻的重大变化，既面临难得的历史机遇，又面临前所未有的挑战。在国内国际双循环相互促进的新发展格局下，中国自贸试验区正竭力在更大范围、更宽领域、更高层次上深化改革开放，全力疏解制度堵点、强化系统集成功能、不断优化空间布局、深度服务国家战略，建立与国际投资和贸易通行规则相衔接的制度体系。在此大背景下，全面总结自贸试验区发展的成功经验，深刻研判国际贸易规则变化的新趋势，谋划自贸试验区发展战略新框架，具有极其重要的意义。

着眼于全国各区域自贸试验区互学互鉴和共享共建，本报告运用翔实的数据和丰富的资料，全面梳理中央和地方促进自贸试验区发展的政策措施、法律法规，全面提炼国内外自贸试验区的成熟做法，对中央顶层设计和国家政策制度的阐发和分析既有独到见解和创新思考，又有宽广的视野，聚焦区域自贸试验区的制度创新、产业发展、贸易发展、科技创新、金融改革、区域联动、城市治理等维度，以及全面展示自贸试验区的“十四五”规划和远景目标设计，提出了中国自贸试验区中长期发展的战略对策和新发展路径，具有很强的系统性、动态性和针对性，更具有很强的纪实性、应用性和指导性。

在整体框架设计上，本报告分为综述、新实践、实践案例、指数评估和政策建议五大部分。其中，综述部分，主要对全国各区域自贸试验区的空间格局、发展成果、发展经验和发展趋势进行总结和展望；新实践部分，以国家区域战略布局为依据，把全国21个自贸试验区划分为九大板块，既包括粤港澳大湾区、京津冀、长江三角洲（以下简称长三角）、成渝地区、海南省五个城市群，又包括东部、中部、东北和西部四个地区，对它们的实践成果和远景规划进行全面总结和展望；实践案例部分，主要对全国21个自贸试验区的典型经验、典型做法和典型政策进行高度总结，形成可资借鉴的典型案例；指数评估部分，基于自贸试验区建设的概念模型，将指标体系分为总体层、系统层和指标层三个层次（分别为1个一级指标、6个二级指标、50个三级指标），构建了一套分类别、多系统、多层次的中国自贸试验区发展评价指标体系，推出了中国自贸试验区发展指数排名榜单；政策建议部分，主要从中长期发展时间维度提出中国自贸试验区建设与发展的系列政策建议。

在主体内容上，本报告构建了“111651”主体架构，包括中国自贸试验区发展十大成果、十大经验、十大趋势，中国自贸试验区发展评价六度指数（大湾区指数），中国自贸试验区50个典型案例，中国自贸试验区中长期发展十大建议等，既有对国际贸易规则变化大势的“怎么看”，也有对各区域自贸试验区高质量发展的“怎么办”，还有着眼于“十四五”时期各区域自贸试验区建设的“怎么干”，对中国自由贸易试验区的发展成果做了条分缕析的总结，全面呈现了自贸试验区的发展历程和足迹、亮点和成就，同时对未来中长期远景规划做了全面展示，并对未来发展提出了建设性的政策建议，信息量很大、指导性很强，且配之以恰到好处的可视化图表和数据，可读性非常高。

着眼于勾画中国自贸试验区中长期发展蓝图，本报告努力探寻发展的最大公约数，最大程度凝聚改革共识，既遵循中央精神，又恰切区域实际、体现地方特色、凝练片区特质，针对“十四五”乃至更长时期的战略谋划，充分考虑自贸试验区发展的各个领域的关联性、耦合性，围绕全局性、前瞻性、关键性重大问题，深入分析中长期国际国内的变化因素，构建了一个完整的个性化方案，提出了当前和今后一个时期中国自贸试验区发展的战略框架、实践路径和政策措施，为自贸试验区未来发展提供了顶层设计、操盘经验和战略思路。本报告提出，中国自贸试验区要积极适应国际经贸规则重构的新趋势，对接国际最高标准，对标全球最佳最优，对标国家扩大开放最新要求，开展首创性、集成性、系统性、链条式的制度创新，在风险可控的前提下进一步加大开放的压力测试，促进国内国际市场相通、产业相融、创新相促、规则相联，深耕深化改革和扩大开放“试验田”，努力建设具有国际影响力和竞争力的自贸试验区，开启中国自贸试验区高质量发展的新周期。

是为序！

2021 年 11 月 28 日

（周元：民盟中央科技委员会主任，中国发展战略学研究会副理事长、教授、博士生导师，科学技术部中国 21 世纪议程管理中心原副主任，享受国务院特殊津贴）

Prologue Ⅱ 序二

一本好书，来之不易

这两年，我不是在考察自贸试验区，就是在准备考察自贸试验区。真希望有一本指导书籍助我全面深入地了解我国自贸试验区的建设和发展。

今天，在去浙江自贸试验区嵊泗片区考察的路上，我收到了由金锋院长主编的《中国自由贸易试验区发展研究报告（2022）》的书稿。这是广东带路城市发展规划研究院的年度重点研究项目。虽然车船颠簸，我还是一口气读完了全部电子版书稿。十分兴奋，醍醐灌顶，畅快淋漓。真是太及时了！将近十年的建设，中国自由贸易试验区不断发展、升级、提高，已经遍布沿海各省份和内陆、沿边。目前尚无几本有关自贸试验区的书籍有这本书的新、专、深。

首先是此书之“新”。本报告所涉及的文献、资料、数据、调查和结论均源自广东带路城市发展规划研究院课题组最新数据库，包括国家和各地方新政策、新数据和新信息，让读者与时俱进，见到权威的解释和阐述。

其次是此书之“专”。这是一部专业性很强的研究报告。本报告所有数据都来自国家统计局以及31个省区市统计年鉴，或据统计公报数据、公报数据及相关年度政府工作报告数据用科学方法推算而得。在本报告形成过程中选择了一些经济学基础性指标，并根据系统学、数理统计学和经济计量学原理，通过建立数学模型，采取自上而下逐层分解的办法，从客观视角对全国各自贸试验区建设和发展状况进行了深入的比较分析。本报告课题组将定期围绕中国自由贸易试验区建设和发展的基本状况进行定量、定性、定位和定策研究，并陆续公开研究成果。

第三是本书之“深”。这是金锋院长团队多年、多角度研究中国特色自贸试验区的成果，也是他们借鉴国内外自贸试验区先进经验和总结不同教训而形成的有独到见解的力作。我印象最深的是最后的十个原创的政策建议。本书在深刻总结自贸试验区成功的实践经验的基础上，提出加快由1.0版本向2.0乃至3.0版本升级的独到建议。本书建议在更大范围、更宽领域、更高层次上深化改革开放，全力疏解制度堵点、强化系统集成功能、不断优化空间布局、深度服务国家战略，建立与国际投资和贸易通行规则相衔接的制度体系。本书站在新时代的最前沿，针对制度创新的碎片性、产业发展有待转型升级、参与制定国际贸易规则不足、基础设施建设短板等问题，提出全国各自贸试验区要积极适应国际经贸规则重构新趋势，对接国际最高标准，对标全球最佳最优，对标国家扩大开放最新要求，开展首创性、集成性、系统性、链条式的制度创新，在风险可控前提下进一步加大开放的压力测试，促进国内国际市场相通、产业相融、创新相促、规则相联，培育市场化、法治化、国际化营商环境。这本书对完成“十四五”规划和完善2035年远景目标纲要有十分重要的参考意义。

自贸试验区将影响我国十四亿人未来的生活和工作

自贸试验区是什么？我先告诉读者自贸试验区不是什么：自贸试验区不是我国与有关国家和地区签订自由贸易协定（FTA）的自贸试验区，不是以前的开发区和特区。

自贸试验区全称是“自由贸易试验区”（FTZ）。自贸试验区在地中海沿岸有千年以上的历史，当今全球有5000个左右的自贸试验区。自贸试验区的特点是：自由贸易、市场经济、立法透明、依法设立和负面清单管理。其中，重点是“负面清单”。

经中共中央、国务院批准，国家发展改革委、商务部2018年12月25日发布《市场准入负面清单（2018年版）》，标志了我国全面实施市场准入负面清单制度，负面清单以外的行业、领域、业务等，各类市场主体皆可依法平等进入。新负面清单主体包括“禁止准入类”和“许可准入类”两大类，共151个事项、581条具体管理措施，与此前的试点版负面清单相比，事项减少了177项，具体管理措施减少了288条。其中，禁止准入类事项4项，分别是法律法规明确设立的与市场准入相关的禁止性规定，《产业结构调整指导目录》中禁止投资和禁止新建的项目，以及“禁止违规开展金融相关经营活动”“禁止违规开展互联网相关经营活动”。对于禁止类事项，市场主体不得进入，行政机关不予审批。

“负面清单”表明，自贸试验区是中国经济改革的“新高地”和“风向标”。全国范围内（自贸试验区和非自贸试验区）实行负面清单，是我国改革开放的一个重大举措和制度创新。这一重大开放政策，有利于发挥市场在资源配置中的决定性作用；有利于激发市场主体活力，对各类市场主体一视同仁，实现规则平等、权利平等、机会平等；有利于政府加强事中事后监管；有利于推动相关审批体制、投资体制、监管机制、社会信用体系和激励惩戒机制改革，推进国家治理体系和治理能力现代化。负面清单可以减少管理环节，提高政府效率，防止某些制度性腐败和怠政懒政；可以进一步建立亲清政商关系，有效刺激投资；可以促进大众创业、创新的积极性。

2013年上海自贸试验区挂牌成立后的八年时间内，我国自贸试验区已经成为我国体制机制创新的“试验田”、产业集聚发展的“增长极”、扩大开放合作的“新高地”、深化改革的“排头兵”、参与高水平国际竞争合作的“新标杆”，肩负为新时期改革开放探索新路径、积累新经验的光荣使命，持续开展首创性、差异化探索，丰富制度供给，破解深层次矛盾和结构性问题，形成了众多创新性强、集成度高、特色鲜明的制度创新成果，积累了十分丰富的实践经验，在我国深化改革和扩大开放进程中发挥了重要的引领和示范作用，为在新发展阶段践行新发展理念、构建新发展格局奠定了坚实基础。

自贸试验区的建设极大带动了我国非自贸试验区的改革开放。从国际看，建设自贸试验区是应对世界地缘政治和经济形势发展的迫切需要，既要为国际自由贸易谈判和WTO改革进行制度性探索提出“中国方案”，又要为全国新一轮高水平开放提供可复制、可推广的经验。从国内看，建设自贸试验区是深化改革、扩大开放的内在要求，承担探索以深度开放倒逼改革在“深水区”爬坡过坎、攻坚克难，打造具有全球竞争力服务业路径的时代使命和历史责任。我国自贸试验区历经六次扩容（扩容仍在路上），现已覆盖全国21个省区市，初步形成了东南沿海“自由贸易经济带”、环渤海“自由贸易经济圈”和中西部内陆“自由贸易经济带”的跨越南北、从东部沿海到西部内陆的新格局。我国基本上形成了海港、陆港、空港和岛港四种形态，旨在借鉴国外自贸试验区先进经验的基础上，建成具有中国特色的自贸试验区和自贸港。与此同时，自贸试验区也在逐渐成为我国全面深化改革和扩大开放探索新途径、积累新经验的战略高地，对坚定不移扩大开放、培育国际合作和竞争新优势、构建新发展格局具有重大意义。

盼望此书早日出版，尽快让广大读者分享这部自贸试验区研究报告。

十分荣幸被主编邀请为本书作序。

何茂春

2021年12月26日

（何茂春：中国民主同盟中央常委、经济委员会主任，清华大学社科学院国际关系学系教授、清华大学经济外交研究中心主任、博士生导师，2016年5月被聘任为国务院参事）

Contents 目录

3 中国自由贸易试验区实践案例 >

4 中国自由贸易试验区发展指数评估 >

5 中国自由贸易试验区发展政策建议 >

Introduction 导语

大湾区指数：中国高水平开放发展的风向标

中华人民共和国成立以来，我国始终坚持改革开放的发展道路。党的历代领导人始终坚持以马克思主义发展观为理论基础，与时俱进走改革开放的强国之路。从毛泽东开放发展理论的萌芽和初步形成，到邓小平首次用“改革开放”概念明确对内改革和对外开放的内涵，并将之确定为基本国策；从江泽民独具特色开放发展理论的形成，到胡锦涛坚持以开放发展引领我国现代化建设；党在开放发展实践中不断探索，开放发展理论日臻完善，最终形成了以新发展理念为主要内容的习近平新时代中国特色社会主义经济思想。

党的十八大以来，我国改革开放步伐不断加快。2015 年 5 月，旨在推进北京市服务业扩大开放综合试点工作的《北京市服务业扩大开放综合试点总体方案》由国务院印发实施，北京成为我国首个面向特定领域开放的改革试点；2018 年 12 月，内地与香港签署了《内地与香港关于建立更紧密经贸关系的安排》框架下的《货物贸易协议》，并于 2019 年元旦正式实施，这是典型的面向特定对象开放的政策措施；更加重要的是，2013 年 9 月，以上海自贸试验区挂牌成立为标志，我国面向特定地域开放取得了突破性进展。随着“一带一路”倡议的提出、规划和落实，以及长江经济带和粤港澳大湾区发展战略的实施，截至 2021 年 11 月底，国务院先后批复设立了 21 个自贸试验区，共计 67 个片区，分布在全国 51 个城市。2020 年，各区域自贸试验区围绕制度创新持续深化改革探索，充分释放改革开放创新的红利，除新设立的北京、安徽、湖南三个自贸试验区外，其他

18个自贸试验区面积虽然不到全国的4‰，全年进出口总额却突破了4.7万亿元，在全国外贸进出口总额中占比高达14.7%。当前，中国自贸试验区在地域上正逐渐从沿海走向内陆，在轮廓上正形成新的“雁阵”布局，在改革开放的深度上正努力探索从自贸区迈向自贸港，我国已初步形成多层次、全方位、宽领域的对外开放格局。

建设自贸试验区是党中央在新时代推进开放发展的一项战略举措，在我国改革开放进程中具有里程碑意义。自贸试验区以其独有的制度创新基因引领着开放发展，已成为我国应对全球政治经济形势变迁的“稳定器”、适应国际经贸规则变化的“试验田”。当前，受新冠肺炎疫情等多重因素影响，全球化进程遭遇逆流，全球价值链出现阶段性收缩，多边体制面临碎片化的风险。推进高水平对外开放是全球治理体系变革的时代要求，也是我国在新发展阶段，为因应国际国内新形势，加快构建新发展格局的必然要求，中国扩大对外开放既要接受全球化受阻和国际规则重构的挑战，又要为畅通双循环提供持续的活力和动能。站在百年未有之大变局的历史关口，自贸试验区肩负着更大力度、更高水平开放的新使命。

在此背景下，“中国自由贸易试验区发展指数”即“大湾区指数”应运而生。之所以用大湾区来命名，是因为粤港澳大湾区不仅驱动着广东的经济发展，也引领着中国改革开放的大潮。开放是大湾区的基因，也是大湾区的气质，更是大湾区的使命。作为中国开放程度最高、经济活力最强的区域之一，今日之大湾区不仅是广东之大湾区，还是中国之大湾区、世界之大湾区。大湾区既是向世界展示我国改革开放成就的精彩舞台，也是国际社会观察我国改革开放的重要窗口。2015年4月，中国（广东）自由贸易试验区（以下简称广东自贸试验区）挂牌成立，处于大湾区核心位置的广州南沙新区、深圳前海蛇口、珠海横琴新区三大片区肩负着“探路者”的重任。2017年7月1日，《深化粤港澳合作　推进大湾区建设框架协议》在香港签署，国家主席习近平出席签署仪式，陆港澳融合发展箭在弦上。2018年8月，国务院副总理韩正主持粤港澳大湾区建设领导小组全体会议，研究部署工作，世界级大湾区呼之欲出。2019年2月，国家印发《粤港澳大湾区发展规划纲要》，大湾区将建设成为内地与港澳深度合作的示范以及中国城市群高质量发展的典范。2021年9月，《横琴粤澳深度合作区建设总体方案》与《全面深化前海深港现代服务业合作区改革开放方案》先后发布，大湾区高水平开放发展迈出实质性步伐。一个标志性的指数和一个标志性的湾区实现理性对接，就成为必然。

“大湾区指数”旨在建立一个度量标尺，通过这个标尺对中国 21 个自贸试验区发展水平进行定量描述和定性分析，展示各区域自贸试验区建设取得的成就和亮点，为世界全面、系统、深入了解中国自贸试验区提供一扇窗，为决策层有针对性地进行政策调控或系统结构的调整提供有力抓手，为管理者预测和掌握自贸试验区的发展态势和未来走向提供科学指南。

“大湾区指数”体现了延续性与创新性。在指标选取上，保留了国内外相关自贸试验区研究的部分指标，如人均外商投资企业投资总额、人均实际利用外资、世界五百强总部数等，体现了指标体系的延续性。同时，“大湾区指数”借鉴国内外研究成果，结合地区发展实际，在中国自贸试验区发展水平评价方面进行了理论创新，采用纵向考察和横向比对、定性分析与定量分析相结合的方式，设计了一套全面反映自贸试验区发展情况的指标体系，该指标体系包括制度创新、贸易活跃、营商便利、经济贡献、科技驱动、绿色引领 6 个二级指标、50 个三级指标。

“大湾区指数”体现了前瞻性和可读性。“大湾区指数”既是对自贸试验区实践成果进行评估的工具，又是对自贸试验区未来发展方向和发展方式的指引。此外，“大湾区指数”在编制过程中，大量借鉴大数据分析、信息可视化等相关技术，数据翔实、形象直观、可视化程度高，进一步增强了指数的可读性与实用性。

“大湾区指数”体现了独立性与真实性。“大湾区指数”是由独立的第三方社会智库研究编制的，编制工作由广东带路城市发展规划研究院独自完成。目前编制和开发各类测度自贸试验区发展水平指标体系的工作多由政府主导推进，由社会智库独立研制测度发展的指标体系，意义非同寻常。独立第三方的身份，使其在度量和评价各区域自贸试验区状况的过程中，不受任何地区或者集团利益的左右，得出的结果能够更加公正、客观。只有通过持续性积累与修正，“大湾区指数”的使用价值才会越来越高，影响才会越来越大。

尽管制度创新是自贸试验区的共性目标，但由于区位优势不同、资源禀赋各异，更需要依据各自特点走个性化发展道路。2013 年以来，中国自贸试验区在制度创新、试点经验推广等方面取得了明显成效，但由于中国面临的问题是前所未有的，所以不存在毕其功于一役的“灵丹妙药”，自贸试验区建设需要在理论和实践的探索创新中不断总结经验，“大湾区指数”的发布，提供了一个观察和分析自贸试验区发展进程的角度和方法，也是这种探索创新的体现。期望“大湾区指数”可以引发社会各界对于提高中国自由贸易试验区发展水平的持续关注和讨论，进而在更高层次、更高起点上谋划、推进和探索中国高水平开放发展。在中国特色社会主义进入新时代这个重要节点上，赋予自贸试验区引领中国高水平开放发展的新使命，以更大开放激发改革新动力、以更深层次开放培育发展新活力，“大湾区指数”此刻推出可谓适逢其时。

1

中国自由贸易试验区建设与发展综述>

习近平总书记明确指出，建设自贸试验区是党中央在新时代推进改革开放的一项战略举措，在我国改革开放进程中具有里程碑意义。2013 年上海自贸试验区挂牌成立至今，我国自贸试验区布局不断优化扩容，已经成为我国体制机制创新的“试验田”、产业集聚发展的“增长极”、扩大开放合作的“新高地”、深化改革的“排头兵”、参与高水平国际竞争合作的“新标杆”，肩负为新时期改革开放探索新路径、积累新经验的光荣使命，持续进行首创性、差异化探索，丰富制度供给，破解深层次矛盾和结构性问题，形成了众多创新性强、集成度高、特色鲜明的制度创新成果，积累了十分丰富的实践经验，在我国深化改革和扩大开放进程中发挥了重要的引领和示范作用，为在新发展阶段践行新发展理念、构建新发展格局奠定了坚实基础。

一、中国自由贸易试验区建设的时代背景与战略意义

（一）时代背景

党的十九届六中全会通过的《中共中央关于党的百年奋斗重大成就和历史经验的决议》指出：我国坚持对内对外开放相互促进、“引进来”和“走出去”更好结合，推动贸易和投资自由化便利化，构建面向全球的高标准自由贸易区网络，建设自贸试验区和海南自由贸易港，推动规则、规制、管理、标准等制度型开放，形成更大范围、更宽领域、更深层次对外开放格局，构建互利共赢、多元平衡、安全高效的开放型经济体系，不断增强我国国际经济合作和竞争新优势。建设自贸试验区是以习近平同志为核心的党中央在新时代推进改革开放的重要战略举措，在我国改革开放进程中具有里程碑意义。

以制度创新为核心的自贸试验区是“十二五”中后期在应对我国经济增长动力的根本性转换、国际投资贸易规则变迁及中美双边投资协定谈判需要的背景下应运而生的。自贸试验区以投资管理体制、贸易便利化、金融开放创新、政府职能转变、法制化为主要内容进行制度创新体系建设，旨在打造成为集投资、贸易、金融、科技创新等领域为一体的综合改革区，是全面对标国际通行规则、塑造便利化和法制化营商环境的压力测试区，也是全面提升政府治理水平、改变传

统行政理念、提高行政效率的试验区。

从国际看，建设自贸试验区是应对世界地缘政治和经济形势发展的迫切需要，既要为国际自由贸易谈判和 WTO 改革进行制度性探索提出“中国方案”，又要为全国新一轮高水平开放提供可复制、可推广的经验。一是多边贸易规则体制发展受阻，全球化走向“半球化”。随着上一轮信息技术革命带来的红利效应减弱，各国各阶层通过经济合作创造的财富规模增长明显放缓。国际金融危机后，发达经济体与发展中国家之间、发达经济体内部不同阶层之间围绕利益分配问题产生的矛盾逐步激化，美欧社会结构由橄榄型转向金字塔型的趋势明显，导致逆全球化风潮明显抬头。多边贸易体系因成员众多而各方利益需求难以达到平衡，以 WTO 为代表的多边贸易体系受到前所未有的挑战。二是地缘战略竞争加剧，呈现创新“脱钩”、供应链“脱节”、经贸“脱圈”、金融“脱开”趋势。在中美博弈大背景下，美国和部分西方发达国家收紧与我国的科技创新合作，部分关键核心技术、设备、元器件面临“卡脖子”的风险，发达国家确保供应链国家安全，战略性产业回撤本土进程加快，国际大三角分工将加快调整。三是全球和区域服务贸易自由化加速发展。在制造业全球价值链分工有所减速的同时，金融、科技、服务、劳动力等要素的全球化继续推进，经济“服务化”已成为全球经济一个不可逆转的趋势。高标准服务贸易自由化、便利化措施成为新一轮国际贸易规则重构的主题。四是“三零”规则和实现“六大”自由正成为新一轮区域自由贸易协定谈判的前沿性议题。

从国内看，建设自贸试验区是深化改革、扩大开放的内在要求，是承担探索以深度开放倒逼改革在“深水区”爬坡过坎、攻坚克难，打造具有全球竞争力服务业路径的时代使命和历史责任。一是新发展阶段急需转变经济增长方式。经济发展的传统动能正在弱化，结构趋优、增速趋缓的新格局要从依靠劳动、资本投入的传统方式，转向依靠技术、创新驱动发展的新方式。二是改革进入深水区。体制改革过程中涉及很多深层次、高难度、易敏感的重大问题，为降低风险，实现更精准、更有效的制度创新，需要在改革“试验田”先试先行，待经验成熟后，在全国其他范围内复制推广。三是促进产业优化升级。随着劳动力成本提高，我国对外贸易逐渐失去原有的比较优势，必须促进产业优化升级，在垂直分工中不断向中高端制造业、服务业迈进。

（二）战略意义

我国自贸试验区历经八年建设、六次扩容，现已覆盖全国21个省份，初步形成了以东南沿海“自由贸易经济带”、环渤海“自由贸易经济圈”和中西部内陆“自由贸易经济带”的跨越南北、从东部沿海到西部内陆的新格局。与此同时，自贸试验区也在逐渐成为我国全面深化改革和扩大开放探索新途径、积累新经验的战略高地，对坚定不移扩大开放、培育国际合作和竞争新优势、构建新发展格局具有重大意义。

一是构建“双循环”新发展格局的枢纽。立足国内大循环、畅通国内国际双循环将会成为贯穿我国未来中长期发展的政策主线，自贸试验区具有政策创新和空间资源的双重优势，是联通国内国际两个市场的重要枢纽。在促进国内大循环方面，自贸试验区围绕企业、要素、产业、市场和政府五个维度推动体制改革，为国内大循环清除“路障”，打通关节，促进区域各种要素市场化配置，实现产业结构优化升级。在畅通国内国际双循环方面，自贸试验区通过国际化的市场准入标准、统一的法律法规、高效透明的行政效率吸引外资进入中国市场，全球资源配置能力不断提升，推动我国从商品和要素流动型开放转向规则、规制、管理、标准等制度型开放，成为我国“引进来”与“走出去”的桥梁纽带。

二是为我国对标国际高标准投资贸易协定积累有益经验。自贸试验区通过制度创新积累经验，有助于加快我国与国际贸易伙伴的自由贸易协定谈判，对推动形成维护全球多边主义、鼓励自由贸易的国际经贸规则体系、积极参与世贸组织改革、进一步提升中国在国际经济和国际贸易规则制定时的话语权有不可替代的意义。自贸试验区逐渐成为新一轮经济全球化的重要支撑，在全球自由贸易网络中发挥着关键节点作用。以《区域全面经济伙伴关系协定》（RCEP）和《中欧全面投资协定》（中欧CAI）签署、正式提出申请加入《全面与进步跨太平洋伙伴关系协定》（CPTPP）和《数字经济伙伴关系协定》（DEPA）为标志，我国主动扛起经济全球化和贸易自由化的大旗，在进一步引领全球化的同时，也开启了“主场全球化”。当前，在国际高标准经贸规则和谈判中，新议题不断涌现，覆盖电子商务、数字经济等新兴领域，对逐步扩大市场准入的行业范围以及知识产权保护、数据跨境自由流动方面提出了更高要求。自贸试验区对标国际高标准经贸规则和通行做法，进行压力测试，为我国参与和引领国际规则制定奠定坚实基础。

三是加快转变政府职能和行政体制改革。建设自贸试验区，按符合现代市场经济通行原则建立贸易投资自由化规则，是探索政府管理体制创新的重要举措，有助于加快推动政府职能转变和管理模式创新。自贸试验区对标国际先进水平，在商事、投资、贸易、事中事后监管、行业管理制度等重点领域，深入研究破解改革的重点难点，为全方位对外开放提供更全面的制度保障，有助于进一步理顺政府和市场的关系，深入推进“放管服”改革，减少政府对资源的直接配置，激发市场主体活力，打造公平、稳定、可预期的国际一流营商环境，实现资源配置效益最大化和效率最优化。

四是下好推动国家重大战略的“先手棋”。自贸试验区与国家重大战略联动，全力服务“一带一路”建设，同京津冀协同发展、长江经济带发展、粤港澳大湾区建设深度对接，有效扩大供给，培育发展新动能，提升产业链价值链国际竞争新优势，为推动我国经济实现高质量发展奠定基础。

二、中国自由贸易试验区的空间格局

从中国改革的历史逻辑上看，自贸试验区是中国改革开放的逻辑延伸和“以点带面、先试点后推广”改革模式的延续。中国自贸试验区从无到有、从少到多，形成了多领域复合型综合改革的开放态势，为我国构建开放型经济新体制积累了有益的经验。2013 年 9 月，中国（上海）自由贸易试验区（以下简称上海自贸试验区）正式挂牌成立；2015 年 4 月，广东、天津、福建 3 个自贸试验区成立；2017 年 4 月，辽宁、浙江、河南、湖北、重庆、四川、陕西 7 个自贸试验区成立；2018 年 10 月，中国（海南）自由贸易试验区（以下简称海南自贸试验区）成立；2019 年 8 月，山东、江苏、广西、河北、云南、黑龙江 6 个自贸试验区成立；2020 年 9 月，北京、湖南、安徽 3 个自贸试验区成立，至此，中国自贸试验区总数达 21 个，共有 67 个片区，覆盖 51 个城市，形成了“1+3+7+1+6+3”的雁阵式格局，促成了“东西南北中协调、陆海统筹”的开放态势，推动形成了我国新一轮全面开放格局（见表 1-1）。

表 1-1 2020 年中国自由贸易试验区分布

时间	批次	地区
2013 年	第一批（1）	上海
2015 年	第二批（3）	广东、天津、福建
2017 年	第三批（7）	辽宁、浙江、河南、湖北、重庆、四川、陕西
2018 年	第四批（1）	海南（2020 年，海南自贸港）
2019 年	第五批（6）	山东、江苏、广西、河北、云南、黑龙江
2020 年	第六批（3）	北京、湖南、安徽

资料来源：《中国自由贸易试验区发展研究报告》课题组制表。

从地理空间分布看，以人口分布地理界线胡焕庸线为参照，中国自贸试验区已在胡焕庸线以东完成基本布局。这充分表明，自贸试验区发展从地理范围拓展向提高质效转变，开始朝着高质量发展的方向转变。

从发展类型看，中国基本上形成了海港、陆港、空港和岛港四种形态，旨在借鉴国外自贸区先进经验的基础上，建成具有中国特色的自贸试验区和自贸港。

从经济基础看，自贸试验区或自贸港均在改革开放中奠定了良好的产业基础、优良的开放环境等。各自贸区或自贸港产业发展具有特色和优势，为自由贸易提供了多重试验环境，以及多个不同试验条件下的“试验室”和“试验田”。

从开放角度看，自贸试验区覆盖众多区域产业结构类型和多个发展阶段，为各个方面、各个领域和产业的外部风险压力测试提供了多种试验“场景”。

从经济区联动发展看，在每个自贸试验区中，设定海关特殊监管区和非海关特殊监管区，为深化经济体制改革和扩大贸易自由、投资便利和金融自由化提供明确的地块划分。

从区块设计看，全国各区域自贸试验区一般都设定三个片区，以便为科技产业创新、贸易投资自由化安排和改革创新发展提供足够的空间。若需再容纳新的产业，还可以像中国（浙江）自由贸易试验区（以下简称浙江自贸试验区）那样，为发展数字贸易建立扩展区。

三、中国自由贸易试验区的发展成果

（一）深化制度创新，破除机制体制障碍取得新进展

制度创新是自贸试验区高质量发展的核心要义和动力源泉。在2013年上海自贸试验区诞生至2021年这8年里，各自贸试验区立足区位特色优势，始终以更广阔的国际视野和更开放的发展思维，对标国际高标准经贸规则，通过率先探索、压力测试和风险评估，在投资、贸易、金融、事中事后监管等领域深化改革探索，形成了众多创新性强、集成度高、特色鲜明的制度创新成果。据不完全统计，截至2021年6月，各自贸试验区先后发布6批改革试点经验、4批最佳实践案例（见表1-2），向全国或特定区域复制推广的制度创新成果超过270项，向各省（区、市）内推广超过3200项。率先实行“准入前国民待遇+负面清单”的外商投资管理体制，上海自贸试验区外商投资负面清单在8年时间里经过6次调整，从190条减到30条。京津冀三地自贸试验区建立联席会议机制，成立京津冀自贸试验区智库联盟，促进京津冀三地金融服务、政务服务等一体化发展。中国（辽宁）自由贸易试验区（以下简称辽宁自贸试验区）不断加快市场取向体制机制改革，中国（黑龙江）自由贸易试验区（以下简称黑龙江自贸试验区）以制度创新全力打造对俄和沿边开放合作新优势，共同为实现东北全方位全面振兴打造新引擎。各自贸试验区以制度创新为核心开展首创性、差异性、系统性改革创新，为自贸试验区打造更高版本打下了坚实基础。

表1-2　全国自贸试验区最佳实践案例汇总

批次	最佳实践案例
第一批（8个）	1. 国际贸易“单一窗口”（上海自贸试验区）
	2. 国际贸易“单一窗口”（中国（福建）自由贸易试验区（以下简称福建自贸试验区））
	3. 京津冀区域检验检疫一体化新模式
	4. 跨境电商监管新模式
	5. 投资管理体制改革“四个一”
	6. 以信用风险分类为依托的市场监管制度
	7. 政府智能化监管服务模式
	8. 推进信用信息应用，加强社会诚信管理

续表

批次	最佳实践案例
第二批 （4个）	9. “证照分离”改革试点
	10. “企业专属网页”政务服务新模式
	11. 集成化行政执法监督体系
	12. 关检“一站式”查验平台+监管互认
第三批 （31个）	13. 药品上市许可持有人制度试点
	14. 以信用为核心的跨部门协同监管平台
	15. 智能化地方金融风险监测防控平台
	16. 供电服务新模式
	17. 平行进口汽车政府监管服务新模式
	18. 租赁资产证券化业务创新
	19. 工程建设项目审批制度改革
	20. 创新不动产登记工作模式
	21. 优化用电环境
	22. 集装箱码头股权整合新路径
	23. 基于全要素价值分享模式的国有企业“内创业”模式
	24. “冰山模式”开创东北老工业基地国有企业混合所有制改革新路径
	25. “海上枫桥”海上综合治理与服务创新试点
	26. 海洋综合行政执法体制改革
	27. “竣工测验合一”改革试点
	28. 工程建设项目审批制度改革试点
	29. 跨境电商零售进口正面监管模式
	30. 一码集成服务
	31. 推行“全通版”食品药品许可证
	32. 推行不动产抵押权变更登记
	33. 涉税执法容缺容错机制
	34. 试行“两无一免”简化退税流程
	35. 铁路提单信用证融资结算
	36. 知识价值信用融资新模式
	37. 市场综合监管大数据平台
	38. 知识产权类型化案件快审机制
	39. “铁银通”铁路运单金融化创新
	40. “自贸通”综合金融服务
	41. “通丝路”——跨境电子商务人民币业务服务平台
	42. 以标准化助推现代农业发展新模式
	43. 微信办照

续表

批次	最佳实践案例
第四批（18个）	44. 打造高能级人才服务综合体
	45. 对接港澳跨境专业服务规则新探索
	46. 保税租赁海关监管新模式
	47. 推动两岸征信信息互通，优化信贷服务
	48. “事转企”背景下国有企业“三级跳”发展新模式
	49. 优化国际航行船舶进出境监管改革创新
	50. “四链融合”促进洛阳老工业基地转型升级
	51. 科技信贷政策导向效果评估机制
	52. 创新涉外商事诉讼、仲裁与调解“一站式”纠纷解决机制
	53. 中欧班列运费分段结算估价管理改革
	54. 多元化农业保险助推现代农业发展
	55. 开展省域“多规合一”改革试点
	56. 多方联动构筑海洋生物资源“大养护”格局
	57. “生态眼”助力长江大保护
	58. 边境地区跨境人民币使用改革创新
	59. “四大机制”打造京津冀协同发展示范样板
	60. 边境地区涉外矛盾纠纷多元处理机制
	61. 创新中俄跨境集群建设

资料来源：中华人民共和国商务部官网．商务部关于印发自由贸易试验区“最佳实践案例”的函［EB/OL］．［2015-11-30］．http：/www. mofcom. gov. cn/article/fgsjk/201511/20151102649665. shtml；中华人民共和国商务部官网．商务部关于印发自由贸易试验区新一批“最佳实践案例”的函［EB/OL］．［2017-07-17］．http：//www. mofcom. gov. cn/zfxxgk/article/gkml/202106/20210603067286. shtml；中华人民共和国商务部官网．国务院自由贸易试验区工作部际联席会议办公室关于印发自由贸易试验区第三批“最佳实践案例”的函［EB/OL］．［2019-07-11］．http：//www. mofcom. gov. cn/zfxxgk/article/gkml/202104/20210403056818. shtml；中华人民共和国商务部官网．国务院自由贸易试验区工作部际联席会议办公室关于印发自由贸易试验区第四批“最佳实践案例”的函［EB/OL］．［2021-06-7］．http：//www. mofom. gov. cn/zfxxgk/article/gkml/202107/20210703173996. shtml.

（二）发挥地区优势，促进高端产业发展取得新突破

高端产业是自贸试验区高质量发展的核心竞争力。如图1-1所示，在自贸试验区诞生后的8年里，自贸试验区建设与产业升级紧密结合，以发展现代服务业和高端制造业为主要目标，优化自贸试验区产业结构，调整第三产业比重。各自贸试验区进一步对标国际经贸新规则，立足资源禀赋，培育特色主导产业，不断提升产业赋能能力，形成了更多增长点、增长极。中国（北京）自由贸易试验区（以下简称北京自贸试验区）挂牌成立高端产业片区，全力以赴打造全球创

新资源接驳地。广东自贸试验区积极探索与港澳规则制度对接，推进对港澳金融、法律、医疗、建筑等服务业实质性开放。中国（重庆）自由贸易试验区（以下简称重庆自贸试验区）专门制定产业发展规划，重点发展先进制造业等七大产业集群，聚焦总部经济和新兴产业。中国（广西）自由贸易试验区（以下简称广西自贸试验区）通过税收减免、资金奖励等真金白银支持先进制造业、现代服务业集聚发展。中国（安徽）自由贸易试验区（以下简称安徽自贸试验区）合肥、芜湖、蚌埠三个片区启动“雁型阵列”建设，推进传统产业转型升级和战略性新兴产业发展，探索产业发展壮大新模式。中国（陕西）自由贸易试验区（以下简称陕西自贸试验区）推进“丝路自贸”“农业自贸”建设，打造新发展阶段畅通国内大循环的战略平台。在这 8 年时间里，各自贸试验区以持续改善营商环境为抓手激发市场活力，把自贸试验区建设与稳住产业链、供应链，扩大内需、深化供给侧结构性改革，区域发展有机结合起来，成为参与国际合作竞争的“新高地”、产业集聚发展的“增长极”，为我国构建更高水平开放型经济新体制奠定了良好基础。

图 1-1　中国自贸试验区产业词云图

资料来源：根据 21 个国家级自贸试验区总体方案整理绘制。

（三）推进金融改革，提升金融开放水平迈上新台阶

金融开放是自贸试验区高质量发展的重要任务。在自贸试验区诞生后的8年里，各自贸试验区在传统金融的基础上，加快完善金融机构的服务功能，在跨境投融资便利化、金融制度供给优化、跨境金融服务创新等方面推进金融开放创新，形成了业务覆盖广、功能相互补充的金融组织体系。广东自贸试验区建立自由贸易账户体系，跨境资金流动更加安全高效。上海自贸试验区“三大金融创新”推进金融环境不断开放。中国（江苏）自由贸易试验区（以下简称江苏自贸试验区）积极探索对战略性新兴产业、高新技术企业的投融资支持，创新外汇管理政策，支持真实合理的贸易新模式、新业态发展，进一步提升跨境贸易投资便利化自由化水平。中国（云南）自由贸易试验区（以下简称云南自贸试验区）在跨境人民币结算、边民互市结算、跨境人民币现钞调运等方面推出了各具特色的产品和服务，深入推进金融改革创新政策，不断取得新成效。辽宁自贸试验区研究制定QFLP试点企业管理暂行办法，建立了以私募股权投资基金为通道、以境外资金自由进出为目标的基本制度体系。自贸试验区的建设离不开金融的大力支持，在这8年里，各自贸试验区不断完善区域金融政策体系，积极推动金融支持国家重大区域发展战略，不断增强区域发展协调性，努力将自贸试验区打造成为我国金融开放创新的新高地。中国自由贸易试验区城市金融竞争力前十名排名情况如表1-3所示。

表1-3 中国自由贸易试验区城市金融竞争力前十名

城市	设立批次	评价得分	总分排名
北京	六批	90.99	1
上海	一批	90.67	2
深圳	二批	88.42	3
杭州	三批	80.37	4
天津	二批	79.66	5
广州	二批	79.54	6
南京	五批	79.43	7
苏州	五批	78.58	8
武汉	三批	77.52	9
成都	三批	77.41	10

资料来源：中国社会科学院金融研究所，特华博士后科研工作站，《银行家》研究中心联合课组，王力，黄育华．中国自贸试验区城市金融竞争力评价报告［J］．银行家，2021（10）：58-62.

（四）对标国际规则，促进贸易繁荣发展取得新成效

贸易是自贸试验区高质量发展的基石。自贸试验区对标 RECP、CPTPP、USMCA 等国际经贸新规则，在货物贸易、跨境服务贸易、投资、金融和知识产权等领域的规则和程序方面率先进行探索，对标海关管理和贸易便利化等规则提升货物贸易通关效率，对标跨境服务贸易的支付与转移规则提升跨境服务贸易结算速度，对标投资领域的负面清单、资本项目可兑换等规则提升投资自由化便利化水平。如图 1-2 所示，2020 年前五批 18 家自贸试验区共新设企业 39.3 万家，实现进出口总额 4.7 万亿元，约占全国进出口总额的 14.7%，为全国稳外贸、稳外资发挥了重要作用。在自贸试验区政策的作用下，各自贸试验区制造业和服务业引资逐渐增长，外资大项目的支撑作用增强，开放平台的引资带动作用越发明显。北京自贸试验区支持贸易新模式、新业态发展，在全国首创“免税、保税和跨境电商”政策衔接试点。上海自贸试验区创设自由贸易账户系统，实现境内、境外账户自由划转。福建自贸试验区通过横向拓展、纵向延伸、疏通堵点等措施，打造国际贸易单一窗口 4.0 版系统。在这 8 年里，各自贸试验区加快贸易转型升级，积极培育贸易新型业态和功能，逐渐形成了技术更高、品牌更响、质量更高、服务更优的外贸竞争新优势。

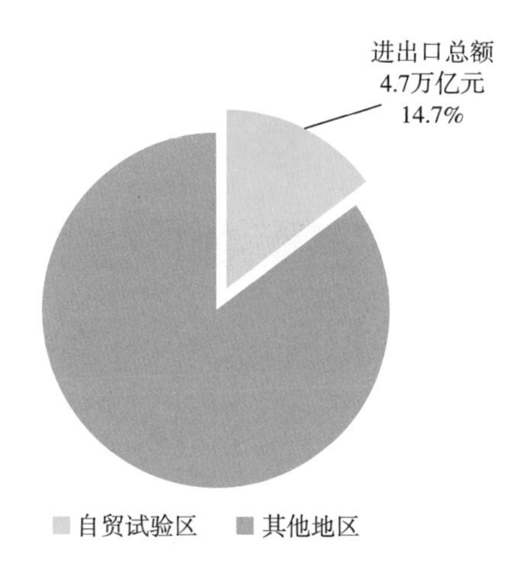

图 1-2　2020 年前五批自贸试验区进出口总额占比

资料来源：国际商报．自贸试验区：“新”火相传红利凸显［EB/OL］．［2021-11-01］．https：//baijiahao. baidu. com/s？ id=1715193967727318466&wft=spider&for=pc.

（五）培育创新环境，提升科技创新水平迈出新步伐

科技创新是自贸试验区高质量发展的新动能。自贸试验区是我国经济对外开放的重要平台，随着自贸试验区不断增区扩容，科技创新在加强对外交流合作中的作用越发明显。自贸试验区诞生后的 8 年里，各自贸试验区不断打造差异化、系统化的国际科技创新合作平台，将自贸试验区建设成为面向现代化、面向世界、面向未来的中国特色自贸试验区。北京自贸试验区特别设立“科技创新片区”，推出赋予科研人员职务科技成果所有权或长期使用权等众多好政策，培育良好创新环境，吸引国外研究机构、科学家、学者到京发展。广东自贸试验区积极参与广深港澳科技创新走廊建设，与中国科学院合作共建先进智能计算平台。中国（天津）自由贸易试验区（以下简称天津自贸试验区）积极推动科技创新和制度创新双轮驱动，打造世界一流产业创新中心核心引领区。安徽自贸试验区发布科创企业贷投批量联动方案，助力科创企业“爬坡过坎”。陕西自贸试验区推进科创自贸建设，探索出“西安研发、渭南制造”模式，打造“科创飞地”的典型样本。广东自贸试验区将中新广州知识城纳入范畴，高起点建设中新国际科技创新合作示范区。8 年里，自贸试验区争做科技创新的“领头羊”和急先锋，打造科技创新新载体，完善知识产权保护体系，构建国际科技合作新格局，逐渐建立起差异化、系统化的国际科技创新合作平台。本报告对我国自贸试验区的发展政策做了分类汇总统计，具体如表 1-4 所示。

表 1-4　我国自贸试验区发展政策汇总

分类	时间	文件
综合类（47 项）	2021 年	《关于推进自由贸易试验区贸易投资便利化改革创新的若干措施》
		《关于加强自由贸易试验区生态环境保护推动高质量发展的指导意见》
	2020 年	《中国（北京）自由贸易试验区总体方案》
		《中国（湖南）自由贸易试验区总体方案》
		《中国（安徽）自由贸易试验区总体方案》
		《中国（浙江）自由贸易试验区扩展区域方案》
		《国务院关于在中国（海南）自由贸易试验区暂时调整实施有关行政法规规定的通知》

续表

分类	时间	文件
综合类（47项）	2020年	《商务部关于支持中国（湖北）自由贸易试验区加快发展若干措施的通知》
		《海南自由贸易港建设总体方案》
		《关于支持中国（浙江）自由贸易试验区油气全产业链开放发展的若干措施》
	2019年	《关于在自由贸易试验区开展“证照分离”改革全覆盖试点的通知》
		《商务部等18部门关于在中国（海南）自由贸易试验区试点其他自贸试验区施行政策的通知》
		《中国（山东）自由贸易试验区总体方案》
		《中国（江苏）自由贸易试验区总体方案》
		《中国（广西）自由贸易试验区总体方案》
		《中国（河北）自由贸易试验区总体方案》
		《中国（云南）自由贸易试验区总体方案》
		《中国（黑龙江）自由贸易试验区总体方案》
		《中国（上海）自由贸易试验区临港新片区总体方案》
		《商务部关于支持中国（海南）自由贸易试验区建设若干措施的通知》
	2018年	《中国（海南）自由贸易试验区总体方案》
		《进一步深化中国（广东）自由贸易试验区改革开放方案》
		《进一步深化中国（天津）自由贸易试验区改革开放方案》
		《进一步深化中国（福建）自由贸易试验区改革开放方案》
	2017年	《商务部关于支持自由贸易试验区进一步创新发展的意见》
		《自由贸易试验区外商投资准入特别管理措施（负面清单）（2017年版）》
		《中国（陕西）自由贸易试验区总体方案》
		《中国（四川）自由贸易试验区总体方案》
		《中国（重庆）自由贸易试验区总体方案》
		《中国（湖北）自由贸易试验区总体方案》
		《中国（河南）自由贸易试验区总体方案》
		《中国（浙江）自由贸易试验区总体方案》
		《中国（辽宁）自由贸易试验区总体方案》
		《全面深化中国（上海）自由贸易试验区改革开放方案》
	2016年	《国务院关于做好自由贸易试验区新一批改革试点经验复制推广工作的通知》
		《国务院关于同意建立国务院自由贸易试验区工作部际联席会议制度的批复》
		《商务部关于印发自由贸易试验区“最佳实践案例”的函》
		《商务部关于支持自由贸易试验区创新发展的意见》
		《国务院关于加快实施自由贸易区战略的若干意见》
	2015年	《中国（福建）自由贸易试验区总体方案》
		《中国（天津）自由贸易试验区总体方案》

续表

分类	时间	文件
综合类（47项）	2015年	《中国（广东）自由贸易试验区总体方案》
		《进一步深化中国（上海）自由贸易试验区改革开放方案》
		《自由贸易试验区外商投资准入特别管理措施（负面清单）》
		《自由贸易试验区外商投资国家安全审查试行办法》
		《国务院关于推广中国（上海）自由贸易试验区可复制改革试点经验的通知》
	2013年	《中国（上海）自由贸易试验区总体方案》
投资类（9项）	2020年	《海南自由贸易港外商投资准入特别管理措施（负面清单）（2020年版）》
	2018年	《国务院关于在自由贸易试验区暂时调整有关行政法规、国务院文件和经国务院批准的部门规章规定的决定》
	2016年	《自由贸易试验区外商投资国家安全审查试行办法》
		《国务院关于在中国（上海）自由贸易试验区内暂时调整实施有关行政法规和经国务院批准的部门规章规定的准入特别管理措施的决定》
		《国务院关于在中国（上海）自由贸易试验区内暂时调整有关行政法规和国务院文件规定的行政审批或者准入特别管理措施的决定》
		《全国人民代表大会常务委员会关于授权国务院在中国（广东）自由贸易试验区、中国（天津）自由贸易试验区、中国（福建）自由贸易试验区以及中国（上海）自由贸易试验区扩展区域暂时调整有关法律规定的行政审批的决定》
		《全国人民代表大会常务委员会关于授权国务院在中国（上海）自贸易试验区暂时调整有关法律规定的行政审批的决定》
		《上海市人民政府关于中国（上海）自由贸易试验区进一步对外开放增值电信业务的意见》
		《自由贸易试验区外商投资准入特别管理措施（负面清单）》
贸易类（8项）	2021年	《海南自由贸易港跨境服务贸易特别管理措施（负面清单）（2021年版）》
		《商务部等20部门关于推进海南自由贸易港贸易自由化便利化若干措施的通知》
	2019年	《中国（福建）自由贸易试验区企业申请原油非国营贸易进口资格条件和程序》
	2016年	《质检总局关于支持中国（上海）自由贸易试验区建设的意见》
		《质检总局关于深化检验检疫监管模式改革支持自贸区发展的意见》
		《海关总署关于支持和促进中国（福建）自由贸易试验区建设发展的若干措施》
		《海关总署关于支持和促进中国（广东）自由贸易试验区建设发展的若干措施》
		《财政部　海关总署　税务总局关于中国（天津）自由贸易试验区有关进口税收政策的通知》

续表

分类	时间	文件
金融类（5项）	2016年	《中国保监会、天津市人民政府关于加强保险业服务天津自贸试验区建设和京津冀协同发展等重大国家战略的意见》
		《中国银监会关于中国（上海）自由贸易试验区银行业监管有关问题的通知》
		《中国人民银行关于金融支持中国（广东）自由贸易试验区建设的指导意见》
		《中国人民银行关于金融支持中国（福建）自由贸易试验区建设的指导意见》
		《中国人民银行关于金融支持中国（天津）自由贸易试验区建设的指导意见》

资料来源：《中国自由贸易试验区发展研究报告》课题组制表。

（六）加大支持力度，促进数字贸易繁荣展现新作为

数字贸易是自贸试验区高质量发展的新引擎。在自贸试验区成立后的8年里，通过试点优惠政策、鼓励相关领域资金投入、降低单人独资企业融资成本、健全国际人才全流程服务体系等措施，各自贸试验区逐渐打造起了数字贸易示范区等数字贸易发展载体，构建起了数字贸易企业“走出去”服务平台，数字贸易便利化水平越来越高，数字贸易产业基础越来越夯实。广东自贸试验区积极开展数字贸易创新试点，扩大跨境数据库试点范围，培育了一批数字内容生产商和在线服务供应商。中国（湖南）自由贸易试验区（以下简称湖南自贸试验区）成立首个数字贸易特色园区，与省内7所高校携手打造长沙数字贸易产业发展示范基地。北京自贸试验区发展突出数字经济特征，围绕北京市发布的数字经济创新发展、数字贸易试验区、数据跨境流动安全管理试点、大数据交易所等数字经济发展政策，进一步加大政策倾斜和资金支持力度，打造具有国际竞争力的信息产业和数字贸易港。浙江自贸试验区率先建设数字贸易先行示范区，围绕数字贸易新基建、新业态、新场景、新能级和新体系等“五新”内容，推进“建设全球数字贸易中心”。8年里，各自贸试验区积极探索建设数字贸易示范区，建设数字贸易发展载体与服务平台，支持数字贸易企业发展与产业发展，加强数字贸易自由化、便利化的国际合作，健全完善数字贸易治理体系，数字贸易在外贸中的新引擎作用越发突出。

（七）增区扩容发展，带动开放平台升级取得新进展

自贸试验区的不断增区扩容，起着带动开放平台升级作用，促进园区产业向多元化发展。2013 年首轮上海自贸试验区由海关特殊监管区构成，在 2015 年第二批自贸试验区批复时全部扩至非海关特殊监管区，从原先的综合保税区扩展到保税区、高新技术产业园区，从海港扩展至空港。自贸试验区海关特殊监管区的面积占比不大，即使是海南自贸港，海口综合保税区和洋浦保税港区面积也仅为 11.1 平方公里，更大的面积是非海关特殊监管区。随着自贸试验区的增区扩容，自贸试验区的产业类型由贸易、装卸、简单加工向现代金融、高端制造业、物流枢纽、总部经济、农业和旅游等多种类型转变，新技术、新模式、新业态、新产业不断涌现。

（八）服务国家大局，推动区域联动发展开创新局面

自贸试验区要高质量发展，就要下好区域联动这盘棋。随着自贸试验区不断增区扩容，各自贸试验区依据各区优势进行差异化探索，成为带动各地参与高水平国际竞争合作的新标杆、加快高质量发展的先行区。自贸试验区建设服务国家重大战略，在服务和融入“一带一路”建设、粤港澳大湾区建设、京津冀协同发展、长三角区域一体化发展等重大战略方面发挥了重要支点作用。黑龙江自贸试验区发挥“东北—远东”合作新优势，建设向北开放重要窗口，打造对俄罗斯及东北亚区域合作中心枢纽。广西自贸试验区积极建设形成 21 世纪海上丝绸之路和丝绸之路经济带有机衔接的重要门户，把广西自贸试验区建设成为引领中国—东盟开放合作的高标准高质量自由贸易园区。京津冀三地自贸试验区建立了联席会议机制，打造京津冀产业合作、统一数据开放两大合作平台，成立京津冀自贸试验区智库联盟，促进三地金融服务、政务服务等一体化，不断提高三地跨境贸易便利度和对外开放深度。江苏、浙江、安徽、上海三省一市自贸试验区成立长三角自由贸易试验区联盟，以市场需求为导向进一步深化联动发展。中国（四川）自由贸易试验区（以下简称四川自贸试验区）成立协同改革先行区，提升区域互联互通水平。中国（山东）自由贸易试验区（以下简称山东自贸试验

区）积极争取国家新赋权和片区优化，推进济南、青岛、烟台片区联动发展、特色化发展。在这 8 年时间里，各自贸试验区强化区域内协同发展，打造紧密共同体，注重区域间联动构建跨界协作新格局，区域联动作用和产业协同效应越发明显，有利于促进高端要素的跨区域流动，放大制度创新外溢效应，构筑活力四射的科创策源地和丰富多彩的场景新高地。

专栏 1-1

重庆自贸试验区联动创新区建设五大任务

2021 年 10 月，重庆市政府正式同意包括重庆高新技术产业开发区在内，全市首批 10 个平台区域建设重庆自贸试验区联动创新区。

首批 10 个联动创新区分别是重庆高新技术产业开发区、重庆经济技术开发区、长寿经济技术开发区、万州经济技术开发区、永川高新技术产业开发区、涪陵高新技术产业开发区、重庆公路物流基地、黔江正阳工业园区、垫江高新技术产业开发区、云阳工业园区。

联动创新区共有五个重点任务：一是全面推广自贸试验区试点经验，全面提升平台的开放发展水平；二是稳步推进权限下放与政策协同，在做好风险防范的前提下，最大限度地激发联动创新区的创造潜力和发展活力；三是大力开展联动创新试验，与自贸试验区同步开展相关探索，努力形成一批跨区域、跨部门、跨层级的创新成果，探索一批体现区域特色的改革创新经验；四是共同培育开放型产业体系，推动更多优质项目落地；五是不断提升区域互联互通水平，加快融入综合交通运输体系，大力发展多式联运和枢纽经济。

资料来源：界面新闻．中国（重庆）自由贸易试验区联动创新区建设启动［EB/OL］．［2021-11-02］．http：//www. jiemian. com/article/6773199. html.

（九）强化立法引领，推进法治体系建设打造新环境

法治建设是自贸试验区高质量发展的根本保障。诞生后的 8 年时间里，自贸试验区坚持重大改革于法有据，充分发挥立法引领与保障作用，建立完善了有效

的风险防范和事中事后监管体系，促进了开放型经济新体制的构建。据不完全统计，截至2021年8月，全国21个自贸试验区出台了超过256个条例和管理办法（见图1-3）。上海自贸试验区出台的《中国（上海）自由贸易试验区条例》，是我国第一部关于自贸试验区的地方性法规。海南自贸港以全面推行行政审判异地管辖体制改革、设立知识产权法院与国际化仲裁机构等措施先行先试推进法治建设。重庆自贸试验区着力推动重庆自贸试验区法治体系建设，涉及多个领域的规则制定和体系构建，为全国提升治理能力提供参考借鉴。成都自贸试验区首创法治环境评估指标体系，从“职能部门+专家+企业”的三重评价视角，对自贸试验区法治环境进行了研究分析。福建自贸试验区加强法治服务保障体系建设，积极推进法治政府建设。8年时间里，各自贸试验区不断提升自贸试验区法治服务保障水平，努力营造一个透明高效的政务环境、竞争有序的市场环境以及互赢互利的开放环境，让自贸试验区这艘“核动力航母”在法治化轨道上行稳致远。

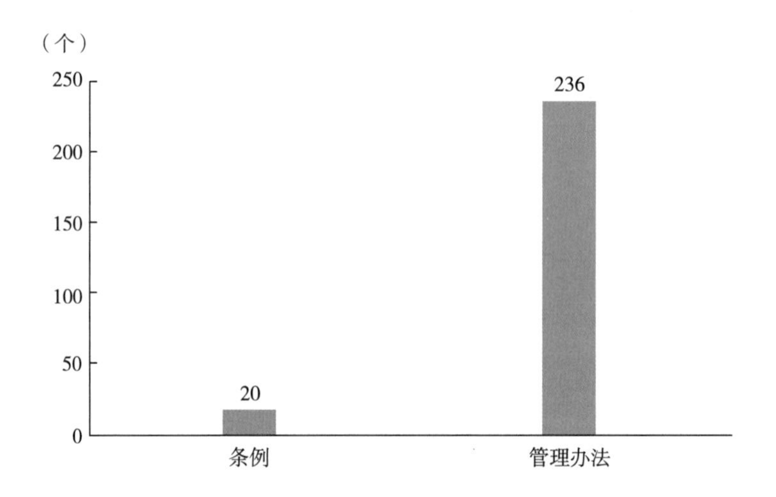

图1-3　2013—2021年中国自贸试验区出台条例和管理办法数量

资料来源：《中国自由贸易试验区发展研究报告》课题组制图。

（十）加强区域治理，提高城市治理效能取得新成效

自贸试验区要高质量发展，就要推进城市治理。在自贸试验区诞生后的8年里，自贸试验区通过加快智慧城市建设、构建一体化交通网络、加强生态环境保

护、提升公共服务质量、推进自贸试验区城市治理体系和治理能力现代化建设等措施，努力打造治理有效的现代城市新中心。辽宁自贸试验区大连片区在金普新区打造数字经济新基建试验区，构筑中国领先、世界一流的智能网联产业集群。广西自贸试验区下放 7 项行政权力事项，进一步规范实施程序，提高行政效率，提升广西自贸试验区交通运输承接能力。海南自贸港开展多个生态文明前沿领域的立法实践，率先取消 2/3 市县的 GDP 考核，推进生态文明制度集成创新，牢牢树立绿色发展导向。江苏自贸试验区南京片区生物医药公共服务平台围绕“一体化”和“高质量”，为服务区域高质量发展贡献“平台智慧”，推动长三角区域生命健康产业快速创新发展。山东自贸试验区济南片区创造性地构建智慧监管平台，解决落实“严管”要求的“最后一公里”，以新型监管机制，构建社会治理新格局。在这 8 年里，各自贸试验区以制度创新推进社会治理取得新成效，不断提高区域内治理体系和治理能力现代化水平，构建起与自贸试验区高质量发展相适应的社会治理制度体系，打造共建共治共享的现代社会治理新样板。

四、中国自由贸易试验区的发展经验

（一）最高层部署，总书记亲自擘画蓝图

党的十八大以来，习近平总书记亲自谋划、亲自部署、亲自推动自贸试验区建设，发表一系列重要讲话，做出多次重要指示批示，为深化自贸试验区改革创新提供了根本遵循。同时，李克强总理也非常关注自贸试验区建设和发展。自 2013 年对上海进行考察后，李克强总理以每年一次的“高频率”前往上海自贸试验区考察调研，并多次召开专题座谈会，研究自贸试验区工作。

党的十八大提出加快实施自由贸易区战略，党的十八届三中、五中全会进一步要求以周边为基础加快实施自由贸易区战略，形成面向全球的高标准自由贸易区网络。党的十九大强调要赋予自贸试验区更大改革自主权，国务院及其各部门也出台了一系列支持自贸试验区建设发展改革的具体政策。自贸试验区诞生后的 8 年时间里，中央深改委召开多次会议，持续研究推进自贸试验区建设。中央政治局也就加快自贸试验区建设多次进行集体学习与探讨。国务院把推进自贸试验

区建设作为地方扩大开放的“一号工程”，努力做好顶层设计，架起“四梁八柱”，出台一系列政策文件，为推进自贸试验区建设发展提供了制度与政策保障。一方面，发布多个建设方案，推出3000多项改革试点任务；另一方面，推出一批专项政策文件，针对性地解决建设中的困难和问题，不断提升自贸试验区发展水平。

（二）最强机构推进，逐层落实落细

为加快推进自贸试验区深化改革创新工作，国家层面科学设立了主管机构及对口部门。在国家层面，商务部成立了自贸区港建设协调司，主要承担协调推进自贸试验区和自贸港建设有关工作，组织开展制度体系研究，提出相关政策建议，组织拟定并推动实施自贸试验区和自贸港总体建设方案等。在省级层面，各地相继成立自贸试验区建设工作专班，抓好建设、考核、评估、创新等综合统筹推进工作。各地政府相继成立了自贸试验区（自贸港）工作委员会办公室，牌子加挂在各地全面深化改革委员会办公室。片区所在地政府充分发挥责任主体作用，主动回应片区诉求，将各片区建设纳入所在地政府重点工作考核体系，建立鼓励创新、宽容失败的激励机制和容错机制；统筹资金投入，优化财政支出结构和政府投资结构，保障重大项目的财政投入；健全信息沟通交流机制；建立工作台账，对各项工作进展情况进行动态监控，并定期向上级建设领导小组报送工作进展情况；建设领导小组办公室配合属地政府督查部门加大督导力度，定期组织开展工作督促检查，确保各项工作落实到位。

（三）最全域布局，全面覆盖塑造新格局

全面推进自贸试验区建设，既要在省内鼓励不同地市开展不同方式的探索，不能只局限于“一品一域”，又要坚持跳出地方发展，充分发挥国家战略叠加优势。从2013年上海自贸试验区挂牌成立以来，我国自贸试验区布局经过六次扩容后，不断深入推进区域重大战略、区域协调发展战略，强化区域间开放联动。到2020年，全国先后共设立了21个自贸试验区，共67个片区，基本覆盖了东、中、西部的广泛地区。这些各有侧重、各具特色的自贸试验区，不仅注重发挥自

身区位优势开展差异化探索，而且积极主动服务和融入“一带一路”建设、京津冀协同发展、长江经济带发展、东北振兴、粤港澳大湾区建设、长三角区域一体化发展等，更开创了沿海地区和内陆地区自贸试验区比翼齐飞的崭新格局。

（四）最具特色创新，鼓励差异化的探索

发挥区位优势、立足资源禀赋、突出特色亮点，深入开展差异化探索，是自贸试验区发展的“灵魂”所在。作为中国改革开放的“试验田”，自贸试验区坚持大胆试、大胆闯、自主改，在做好国家规定动作的同时，更要做好自选动作。除了立足战略定位和区位优势，主动融入和服务国家发展战略外，更要突出特色亮点，形成兼顾可复制推广要求的规则体系。在建设中，各自贸试验区立足于资源禀赋和要素条件，对产业发展进行整体规划，制定了各有侧重、各具特色的重点产业发展蓝图。比如，北京自贸试验区围绕京津冀协同发展需要，建设京津冀国家技术创新中心；浙江自贸试验区特别聚焦油气全产业链发展；中国（湖北）自由贸易试验区（以下简称湖北自贸试验区）着力打造集成电路、光电子信息、人工智能、生物医药和新能源汽车五大产业集群；湖南自贸试验区立足中部崛起战略，发展湘港澳直通物流链；云南自贸试验区重点发展高端制造、航空物流、大健康服务、跨境旅游、跨境电商等产业；中国（河北）自由贸易试验区（以下简称河北自贸试验区）发展大数据交易、数据中心和数字内容等高端数字化贸易业态；等等。从总体上看，全国各个自贸试验区尽管发展水平存在差异，但产业布局各有特色，目标产业集聚效应明显，对周边辐射带动效果明显。

（五）最有力推广，可路演、可复制、可推广

我国自贸试验区建设，不仅聚焦于差别化探索，更高度重视复制推广工作。截至 2021 年 10 月，自贸试验区先后发布 6 批改革试点经验、4 批最佳实践案例，向全国或特定区域复制推广的制度创新成果达 278 项，各省（区、市）内推广超过 1000 项。这些都得益于各地各部门本着“改革红利共享，开放成果普惠”的目标，积极推进自贸试验区制度创新成果的复制推广工作，及时总结评估各领域试得好、看得准、风险可控的创新成果，多层次、多路径做好复制推广工作。

商务部会同各部门和自贸试验区所在省市，以制度创新为核心，坚持问题导向，积极探索，总结出更多成功改革经验，形成可以向全国复制推广的制度创新成果，把自贸试验区“试验田”种出来的成果推向全国；及时梳理、研究落实相关措施在推进落地过程中出现的新情况、新问题，统筹协调解决这些难点问题。各部门和各地方及时出台配套政策和细则，推动完成相关任务。部分地区建立了自贸试验区评估推广机制，邀请国际国内专业第三方机构对自贸试验区的总体建设成效、制度创新成果、最佳实践案例、试点改革任务进行评估、发布报告，做好经验做法的复制推广。同时，部分自贸试验区还建立了信息发布机制，定期开展自贸试验区督查工作，“晾晒”各片区和区块、联动创新区重点制度创新推进情况。

（六）最活跃贸易经济，提升经济高能级

面对当前国际贸易格局，自贸试验区在国际贸易投资规则上为中国经济“走出去”进行了有效探索。在建设过程中，各级政府给予自贸试验区多项开放发展制度，打造国际营商环境，鼓励跨国企业在自贸试验区设立总部，还建立了与国际贸易发展需求相适应的监管模式，优化各项贸易监管流程，实行高标准的贸易便利化、自由化，探索跨境服务贸易负面清单管理的新规则，不断提升投资便利化、自由化水平。中国商务部国际贸易经济合作研究院发布的《全球服务贸易发展指数报告（2021）》显示，中国服务贸易结构已发生深度变化，得益于自贸试验区的大范围试点，推动了中国服务贸易在全球排名的显著提升。该报告对全球 80 个经济体进行了比较分析后得出，相较于 2020 年的第 20 位，2021 年中国服务贸易的排名显著提升，跃居全球第 14 位。其中，中国服务贸易的规模指数从第 8 位上升至第 4 位，结构指数从第 67 位上升至第 53 位，地位指数从第 8 位上升至第 5 位。

（七）最实项目落地，提升项目运营水平

重大项目是自贸试验区建设的重要着力点，进一步提升自贸试验区重大项目谋划、储备、建设、管理能力水平，对加快自贸试验区建设具有重要意义。在推

进重大项目落地实施上，主要部门亲自谋划、推动、协调，破除思维定式，借鉴国际通行的自由贸易惯例、投资规则，营造自贸试验区和自贸港的贸易、投资环境和营商环境，进行了以产业发展为导向的更大力度的针对性制度创新，吸引外资企业在我国加大研发投入。

地方层面也在积极部署，提出具体举措，完善重大产业项目配套支撑，打造主导产业集群化发展优势。其中，上海自贸试验区制定了支持临港新片区发展的40条新举措，提出完善重大产业项目配套支撑，发展全产业链融合的集成电路产业，加快生物医药产业发展，打造人工智能创新和应用示范区，壮大智能新能源汽车产业。广西自贸试验区提出，重点构建面向东盟的电子信息、化工新材料、东盟特色产品加工、汽车和新能源汽车、中药材加工五条标志性跨境产业链。

（八）最便利化措施，优化流程降本提效

便利化是建设贸易强国的必由之路，是全球治理的重要方面。我国设立首个自贸试验区后的8年来，先后在提升贸易、投资、国际物流、金融服务实体经济等方面推出了一系列开放措施，推动自贸试验区开放发展。发展不断，措施不停，2021年9月3日，国务院印发《关于推进自由贸易试验区贸易投资便利化改革创新的若干措施》，围绕提高便利度提出了19项措施。

赋予自贸试验区更大改革自主权，意在进一步推动自贸试验区建设，全方位加快建设对外开放高地。在推动政策落实方面，商务部会同有关单位协调推进各项改革举措，指导各地用好用足各项政策，包括加强培训、政策宣传解读等，充分调动市场主体参与自贸试验区制度创新的积极性、主动性、创造性。同时，商务部还对各项政策的实施情况进行跟踪、评估，对实践证明行之有效的经验做法，及时总结完善，形成面向全国的更多可复制、可推广的制度创新成果，充分发挥自贸试验区改革开放“试验田”的作用。

（九）最简短清单，彰显扩大开放的决心

负面清单之变，是我国不断扩大对外开放的一个缩影。负面清单越来越短、

开放领域越来越多，彰显中国坚定不移扩大开放的决心和意志。从 2013 年上海自贸试验区出台第一张外资准入负面清单、涉及 190 项限制措施，到 2021 年的 30 项，国务院的负面清单只保留 33 项，海南自贸港更是缩减至 27 项，李克强总理在 2021 年 10 月指出，“我们将进一步压缩外资准入负面清单，实现自贸试验区负面清单制造业条目清零，持续放宽服务业准入”。

事实上，按照“定位准确、合法有效、统一规范、能短则短”的原则，我国大幅度缩减清单事项，建立清单动态调整机制，减少了管理措施、公布了主管部门、明确了统一编码，既丰富了内容、健全了体系，又增强了清单的科学性和规范性。以清单为主要形式的市场准入负面清单制度体系不断健全，释放了积极开放的信号，显示了开放力度，有利于吸引相关行业全球优质资本和高素质人才进入我国，推动我国和合作方共同构建高水平的国际合作分工格局，也彰显了我国坚持贸易投资自由化理念，促进全球化深入发展的重大决心。

（十）最高水平治理，建设现代城市中心

在加强和创新自贸试验区社会治理方面，党和国家强调要深入调研治理体制问题，深化拓展网格化管理，尽可能把资源、服务、管理放到基层，使基层有职、有权、有物，更好地为群众提供精准有效的服务和管理。严格要求属地政府加强自贸试验区常态化管理，聚焦群众反映强烈的突出问题，狠抓自贸试验区顽症治理。加强人口服务管理，更多运用市场化、法治化手段，促进人口有序流动，控制人口总量，优化人口结构。鼓励各地政府在社会治理等公共服务领域，按照自贸试验区功能定位，对标国际最高水平、最高标准打造全球卓越自贸试验区。围绕城市运行安全、公共交通、公共文化、医疗卫生、社区服务等领域制定相关地方标准。

五、中国自由贸易试验区的发展趋势

在“十四五”及今后更长时期，国内外环境和自身条件将发生复杂而深刻的重大变化，国际经贸规则的重构将不断加快，以国内大循环为主体、国内国际

双循环相互促进的新发展格局加快形成，自贸试验区的建设和发展出现了一些新趋势，需要更加清醒地准确判断，及时把握和因应。

（一）从重共性到共性与个性并重

纵览中国各自贸试验区建设方案，大部分设置了以政府行政管理体制改革、深化投资领域改革、推动贸易转型升级、深化金融领域开放创新、推动创新驱动发展为主的五个方面的共性制度创新内容，都取得了很好的成绩。在自贸试验区差异化发展过程中，体现出“普惠型”制度创新的系统共性，即多围绕通关便利、简化政府监管流程等浅层营商环境改善。尽管“普惠型”制度创新复制推广较多，但已不能更好地凸显自贸试验区作为改革开放新高地的重要意义，各自贸试验区制度创新面临改革主体与措施碎片化、同质化等现象，深度创新较为缺乏。后续要继续推动向深层次营商环境的优化，以及推动“特惠型”和“互惠型”制度创新，并围绕这两方面形成更多可复制推广的经验。

（二）从重货物贸易到重服务贸易

我国是全球贸易大国，但对外贸易大而不强，一个突出的特征是服务贸易发展滞后。作为对外开放“排头兵”的自贸试验区，在一定程度上存在重货物贸易、轻服务贸易的现象，服务业改革开放的广度、深度不够。负面清单对外商投资服务业准入和其他限制较多，在一定程度上影响了跨国公司进入研发、教育、医疗和文化等高端服务业领域。当前世界经济已经进入以服务贸易为重点的全球化新阶段，大力发展服务贸易是我国深度融入经济全球化进程、参与全球竞争的重要途径。

（三）从注重便利化到注重自由化

到 2021 年，自贸试验区向全国或特定区域复制推广的制度创新成果有 200 多项，不断释放改革红利。其中，除投资改革领域的“负面清单”模式、商事改革领域的“一站式受理”模式、金融创新领域的自由贸易（FT）账户模式等少数成果外，多数属于管理流程或管理技术的局部创新，重大的突破性制度创新成果较少，具有深层次制度创新特征的改革措施不多，这与自贸试验区“制度创新高地”的定位有一定差距。尤其是后期获批的自贸试验区，大多是在前期自贸试验区的制度创新成果上结合本地实际进行的微调，原创性的探索较少。

（四）从重贸易促进到重产业发展

从自贸试验区发展经验看，在经济全球化的大背景下，自贸试验区的建立及发展对我国国际贸易产生了深远的影响，2021 年前 9 个月，前五批 18 家自贸试验区实现进出口总额 4.7 万亿元，以不到全国 4%的土地面积实现了全国 14.7%的外贸规模。同时也要看到，自贸试验区的产业政策普遍不够突出，企业获得感主要体现在程序便利带来的制度红利，以及一些先行先试的政策突破对产业集聚和升级带来的支撑作用，但是这种政策突破的范围、深度还不够，对产业的吸引力度还缺乏可持续性。自贸试验区制度创新的需求来自产业，制度创新的成果也体现在产业。习近平总书记指出，要深化产业结构调整，构建现代产业发展新体系。自贸试验区是现代产业体系建设的有力手段，自贸试验区之中各产业联系紧密，形成互补产业，辐射带动能力强，为产业链的优化升级提供了重要的力量。

（五）从立足当地到放眼世界

当前国际经贸新规则日趋成形，且越来越强调各国制度对接与监管的一致性。对于深度融入全球化、努力构建开放型世界经济新体制的中国来说，21 世纪经贸新规则是一个不可逾越和回避的议题。中国在自贸试验区设计上已经根据不同的试验区特点设计出不同的开放试点领域以及创新改革试验重点。但是，与国际高水平规则、规制、管理、标准等议题的研究、对接和试验方面相比，仍有较大差距。

（六）从虹吸效应到溢出效应

作为我国改革开放的“制度试验田”，自贸试验区通过制度创新基本建立了投资自由化、贸易便利化、金融自由化、营商环境国际化的先进制度，具有较强的竞争力，吸引了众多项目落地，大量企业聚集，产业集群集聚效应显现，释放出强大“虹吸效应”。但仅仅是产生“虹吸效应”还不够，自贸试验区成立的意义还在于不断地“试错”，把通过风险评估和压力测试的制度创新成果进一步地复制推广，进行政策的扩散传播循环，不仅对其所在行政省份的经济发展产生很大的推动作用，更重要的是对周边省份的经济发展产生促进作用，是中国在改革开放过程中大力推广“政策试验”的特殊过程。

（七）从宏观统筹到微观治理

前期自贸试验区建设更多的是从宏观层面统筹，由政府来主导扩大开放，发起制度创新。企业作为制度创新的被动接受方，存在参与感和获得感不强的问题。与此同时，还存在自贸试验区部分现有政策难以落地，或试验任务可落地但无企业需求的情况。需求在基层、活力在基层，“十四五”时期，自贸试验区要更加聚焦微观层面的企业发展需要，定期了解企业诉求，将企业切实需要且合理的政策创新诉求作为自贸试验区创新的重点方向之一，避免出台不具备实施条件或暂无试验载体的创新举措。

（八）从不断扩容到步伐放缓

2020 年 9 月 21 日，国务院正式印发《中国（北京）自由贸易试验区总体方案》《中国（湖南）自由贸易试验区总体方案》《中国《安徽》自由贸易试验区总体方案》，明确在北京、湖南、安徽三省市设立自贸试验区。至此，我国已先后产生六批共 21 个自贸试验区，分布在全国 21 个省份，实现沿海省份自贸试验区全覆盖，形成了“东西南北中皆有，沿海成片、内陆连线”的布局，呈现出“雁阵引领、东中西协调、陆海统筹”的对外开放新格局。没有自贸试验区的省、自治区只剩下 10 个，分别是江西、贵州、山西、新疆、青海、西藏、甘肃、宁夏、内蒙古和吉林。自贸试验区的扩容与我国开放战略和区域发展布局密切相关，今后国家还会根据各省份的自身条件逐渐增加自贸试验区数量，但扩容步伐将会逐步放缓，未来自贸试验区更多地将在开放的深度和广度两个外延上进行发展。

（九）从自上而下到自下而上

自贸试验区对接国际经贸规则的难点在于需要国家权力的重新配置，而自贸试验区现有的改革创新自主权还不够高。自贸试验区“自下而上”推动改革的方式与我国政府“自上而下”授权管理体制之间存在一定程度的矛盾，导致部分改革措施无法及时落地，在一定程度上延缓了创新步伐。自贸试验区未来的建设发展，要进一步形成更高水平的对外开放及更深层次的制度创新成果，就必须自上而下放宽自贸试验区的改革自主权，理顺自贸试验区的管理机制，将赋予的更大改革自主权落实到位，才能自下而上地形成更多深层次制度创新成果。从放宽自主改革权限来看，主要包括省属经济权限的下放，以及涉及中央直属部门的权限下放，权限下放本身就可以认为是先行先试的重要举措，通过赋予自贸试验区更大的改革自主权释放其自主创新的空间。

（十）从对外开放到内外兼顾

早期自贸试验区的设立，主要聚焦于推动我国全方位对外开放，更好地服务对外开放总体战略布局。新时代，在双循环新发展格局下，自贸试验区担当新一轮改革开放“排头兵”的作用将显著增强。自贸试验区作为当前我国最高水平的开放平台，充分整合了国内国际两个市场、两种资源的各种要素，具备成为联通国内国际双循环重要载体和纽带的天然优势，也承担着推动双循环经济高质量发展的重要使命。自贸试验区将以全面深化改革充分激发国内大循环潜力，提高资源配置和要素市场化运行效率，打通国民经济体系生产、分配、流通、消费各环节的“堵点”和“断点”，充分释放大国经济的内需潜力；将以高水平对外开放更好地联通国内国际双循环，在充分挖掘国内市场潜能的同时，更大程度地发挥国内市场对国际商品和要素资源的吸引力，加快提升对全球各类资源的配置能力，更好地利用两个市场、两种资源。

六、中国自由贸易试验区发展面临的新挑战

中国自贸试验区发展在实践中取得了预期效果，积累了丰富的经验，承担起了“试验田”的责任，但面对国际贸易新形势、新变化、新要求，距离以更大力度谋划和推进高质量发展要求还有不小差距，面临着不少问题和挑战。

（一）顶层设计相对滞后，体制机制不够完善

自贸试验区的推进机构是商务部，各自贸试验区的牵头机构是地方商务厅，由于设立时间比较短，筹备比较仓促，片区布局比较分散，而且与现有的经济开发区、高新技术园区、综合试验区、综合保税区等存在交叉和重叠，多数自贸试验区只是挂了个牌子，管理体制还没有完全理顺，办事机构存在临时拼凑的问题，造成了自贸试验区发展顶层设计滞后现象。自贸试验区的中长期发展规划缺失，大多数自贸试验区没有对“十四五”乃至更长时期做出远景设计，自贸试验区的城市建设更无从谈起。同时，自贸试验区范围比较小，制约了试验效果，有的自贸试验区局限于海关特殊监管区域内，工业企业很少，也没有常住居民，部分开放措施没有落实对象，试点效果不显著。

（二）政策优势不明显，相对缺乏国际竞争力

与全球主要自贸园区相比，中国自贸试验区开放程度还有较大差距，改革目标主要定位于制度创新，而非政策优惠。比如，税制改革主要集中在申报效率、税种选择上，而没有涉及税收优惠。目前，新加坡的所得税率为17%，中国香港的所得税率为16.5%。相比较而言，中国自贸试验区税率偏高，相对缺乏吸引力。同时，自贸试验区的区域面积有限，人流、物流、资金流都不大，有的片区经济基础、产业配套较薄弱，一些争取到的试验项目很难找到合适的承载主体，在一定程度上影响了试验效果。

（三）发展缺乏自主权，制度创新协调成本高

目前，全国人大常委会除了授权国务院在上海、广东、天津、福建自贸试验区具有暂时调整有关法律规定的行政审批的决定权外，其他自贸试验区均未获得这种授权，因此需要相关部委授权，部分任务项目需要“跑部协调”，客观上存在协调成本高的问题。比如，有的需要国家部委调整法规或出台细则，协调和争取的难度较大，政策不配套，许多试验改革探索很难收到预期效果。同时，改革创新措施系统集成不到位。例如，大部分改革都是单个部门推出的，呈现碎片化，很多尚未打通上下游配套改革措施，影响实施效果，企业没有充分感受到改革的获得感。

（四）功能定位存在偏差，过度注重招商引资

党中央对各自贸试验区的功能定位是制度创新，要求其为我国改革开放探索可推广、可复制的经验，但地方政府“GDP 至上”思维仍未彻底摒弃，部分自贸试验区十分关注通过招商引资实现产业集聚、加快经济增长等功能，这在一定程度上偏离和忽视了深层次的制度创新的核心功能，与党中央、国务院对自贸试验区的功能定位出现了一定程度的背离。

（五）国际规则衔接不够，政策落地不实不细

对标 CPTPP 等高标准经贸协定规则的研究不够及时，我国负面清单管理模式与高标准国际投资贸易规则相差甚远，存在衔接不够精准的问题。由于相关政府部门对负面清单管理制度还不适应，没有制定相应的实施细则，致使许多政策没有及时落地。比如，在吸引人才及人员往来便利化方面，我国对自然人流动态度十分谨慎，开放程度普遍低于其他发展中国家。

（六）职能转变掣肘较多，简政放权流于形式

政府职能转变仍然面临很多共性问题，包括改革权限受困，各层级政府事权划分不顺制约了自贸试验区改革权限；改革协同受阻，部门条块分割与部门本位主义影响综合执法、综合监管体系的协同治理；改革主体单一，社会力量参与自贸试验区治理相对薄弱。同时，省级政府赋予自贸试验区的省级经济管理权限数量比较多，但自贸试验区的人员编制少，省级权限的承接和落实存在不能有效到位的现象，不少事项下放后流于形式，效果打了折扣。

2

中国自由贸易试验区新实践>

自贸试验区肩负为新时期改革开放探索新路径、积累新经验的光荣使命，在我国深化改革和扩大开放进程中发挥了重要的“试验田”和标杆引领作用。经过 8 年多努力，自贸试验区成为我国体制机制创新的“试验田”、产业集聚发展的“增长极”、扩大开放合作的“新高地”，在改革开放进程中发挥了重要的方向指引作用。在对外开放实践中，各自贸试验区紧紧围绕提升贸易便利度、投资便利度、国际物流便利度、金融服务实体经济便利度、司法对贸易投资便利度的保障功能，推出了很多政策和文件，涉及贸易自由化便利化、投资自由化便利化、金融服务实体经济、政府职能转变等，对标高标准国际经贸规则，深化首创性、集成性、差别化的改革探索，形成了更多的制度创新成果。截至 2021 年 9 月，自贸试验区先后发布 6 批改革试点经验、4 批最佳实践案例，向全国或特定区域复制推广的制度创新成果达 278 项，各省（市、区）内推广超过 1000 项。

与此同时，着眼于中长期发展战略，全国各地都对自贸试验区未来发展路径做出了顶层设计，基于各自的战略定位和区位优势，差别化探索推进国家战略深入实施，锚定参与国际经贸规则重构的“试验场”、稳外资稳外贸的“压舱石”、畅通国内国际双循环的“排头兵”的战略目标，勾勒出“十四五”乃至更长时期自贸试验区的发展蓝图。

一、粤港澳大湾区

建设粤港澳大湾区，既是新时代推动形成全面开放新格局的新尝试，也是推动“一国两制”事业发展的新实践[①]，在国家发展大局中具有重要战略地位。广东自贸试验区毗邻港澳，承担着促进内地与港澳经济深度合作的重要任务，着力推动在服务贸易自由化、产业协同、平台建设、创新创业等方面实现对港澳更高水平的开放[②]。广东自贸试验区作为建设粤港澳大湾区改革开放的高地，是建设粤港澳大湾区的优先平台和具体支撑，不仅承担着先行先试、率先突破的改革任务，还是粤港澳大湾区改革开放的压力测试、风险防控的缓冲平台。2015 年广

---

① 中国政府网．粤港澳大湾区发展规划纲要［EB/OL］．［2019-02-18］．http：//www.gov.cn/zhengce/2019-02/18/content_ 5366593.htm#1.

② 打造粤港澳大湾区合作示范区［N］．光明日报，2018-11-20.

东自贸试验区正式挂牌成立，通过其开放的经济结构、高效的经济资源配置能力、强大的外溢效应、发达的国际联系网络，将强力驱动粤港澳大湾区的建设和发展。

（一）广东自贸试验区

广东是古代海上丝绸之路的发源地，是国内海岸线最长的省份，历史上一直是中国对外开放的重要窗口。2018 年 10 月，习近平总书记在广东考察时强调："要在更高水平上扩大开放，高标准建设广东自由贸易试验区，打造高水平对外开放门户枢纽。"① 习近平总书记多次要求广东发挥改革开放前沿阵地的作用，做改革开放的"排头兵"、先行地，继续迈开放大改革开放的步伐。广东自贸试验区作为国内第二批设立的自贸试验区之一，顺应时代的要求成为引领新一轮对外改革开放的前沿阵地。广东自贸试验区在国家顶层战略中起到支点功能的定位作用，不仅是"21 世纪海上丝绸之路"的重要枢纽，还是粤港澳深度合作示范区。广东自贸试验区片区详情如表 2-1 所示。

表 2-1　广东自贸试验区片区详情

片区	面积（平方公里）	功能定位	重点发展产业
广州南沙新区片区	60	建设以生产性服务业为主导的现代产业新高地和具有世界先进水平的综合服务枢纽	航运物流、特色金融、国际商贸、高端制造等产业
深圳前海蛇口片区	28.2	建设我国金融业对外开放试验示范窗口、世界服务贸易重要基地和国际性枢纽港	金融、现代物流、信息服务、科技服务等战略性新兴服务业
珠海横琴新区片区	28	建设文化教育开放先导区和国际商务服务休闲旅游基地，打造促进澳门经济适度多元发展新载体	旅游休闲健康、商务金融服务、文化科教和高新技术等产业

资料来源：中国政府网．国务院关于印发中国（广东）自由贸易试验区总体方案的通知［EB/OL］．［2015-04-20］．http：//www. gov. cn/zhengce/content/2015-04/20/content_ 9623. htm.

① 习近平在广东考察时强调　高举新时代改革开放旗帜　把改革开放不断推向深入［EB/OL］．［2018 - 10 - 25］．http：//china. cnr. cn/news/20181026/t20181026 _ 5243P5882. shtml? from = timeline&winzoom = 1.

1. 发展成果

（1）584 项改革创新成果聚集“广东经验”。

挂牌以来，在国际化营商环境、投资贸易自由化便利化、粤港澳深度合作等领域，广东自贸试验区积极开展了一系列原创性、差异性、系统性改革创新（见表 2-2），共形成改革创新成果 584 项，其中在全国复制推广 41 项，在全省复制推广 348 项；发布了 202 项制度创新案例，7 项成为全国最佳实践案例。2020 年，以世界银行 2019 年 10 月发布的营商环境评估结果为参照，经第三方机构评估，广东自贸试验区营商环境便利度模拟国际排名为第 11 名。

表 2-2　广东自贸试验区第七批改革创新经验

范围	领域	最佳实践案例
在全省范围内复制推广	投资便利化（4 项）	推广税务注销“智能预检”、构建“三位一体”智能诚信税收管理服务机制、推广税务逾期申报及简易处罚网上办理新模式、建立出口退税快速直达市场主体服务机制
	贸易便利化（2 项）	推广船舶自动识别系统（AIS）智能检测、推行船员电子证书
	金融创新（1 项）	推广“粤信融”模式
	政府职能转变（2 项）	推广电子营业执照在银行业务中的应用、实施“不动产登记+仲裁”联动服务新模式
在全省相关范围内复制推广	在全省除深圳市以外的地区复制推广（1 项）	实施跨境人民币全程电子缴税模式
	在全省综合保税区复制推广（1 项）	构建仓储货物区内直转模式
	在全省旅检口岸复制推广（1 项）	推广旅客通关“指尖申报”模式
	在广州、珠海、佛山、惠州、东莞、中山、江门、肇庆市复制推广（1 项）	实施不动产跨境抵押“不出关”模式

资料来源：广东省人民政府官网．广东省人民政府关于复制推广中国（广东）自由贸易试验区第七批改革创新经验的通知［EB/OL］．［2021-04-02］．http：//www.gd.gov.cn/zwgk/wjk/qbwj/yfh/content/post_3254968.html.

对接国际通行规则，持续优化营商环境。广东省政府下放三批 134 项省级管理权限到三个片区，对 528 项涉企经营许可事项实施“证照分离”改革，率先探索商事登记确认制改革，实施全国最短外商投资负面清单，实现企业注册登记“零审批”、政务服务“零跑动”、业务办理“零证明”，着力打造“无证明自贸试验区”（见表2-3）。以世界银行营商环境评价指标为参照，系统推进“整合流程、简化程序、分类管理、加强服务”，聚焦企业注册、生产、经营全流程中的难题，服务效率大幅提升，企业办事成本持续降低。建设企业专属网页，为企业搭建涉企政务“一网通办”、惠企政策精准推送、企业信息数据共享的集成性服务平台。在广州南沙新区片区率先成立综合执法局，搭建“一支队伍管执法，一个标准走流程，一个平台办案件”的集中统一执法体系，持续有效推进广州南沙新区片区综合行政执法体制改革。出台《中国（广东）自由贸易试验区条例》，推进综合性司法改革，探索扩大适用域外法审理涉外商事案件，实行港澳籍专家陪审员制度，成立全国国际化程度最高的国际仲裁院，逐步形成多元化纠纷解决机制。

表2-3 广东自贸试验区南沙新区片区第二批改革创新经验

领域（数量）	改革创新经验
投资便利化（4项）	商事服务“中国香港通”、一般纳税人资格登记网上办理、涉税事项同城通办、电子税务局
贸易便利化（14项）	广州国际贸易单一窗口，进出口货物检验检疫时长优化模式，空箱落地放行改革，“互联网+保税物流”“互联网+市场采购”，海关特殊监管区域葡萄酒快速验放便利措施，大型装备制造业保税加工“主料工作法”，加工贸易企业“单耗自核”监管模式，创新实施“保税散货集拼”海关监管模式，跨境电商“先放行入区，后理货确认”，修造船厂船舶作业免办边检证件，扩大自助通关人员范围，“单一窗口”国际航行船舶进出口岸海事单证远程打印，建立“PSC（港口国监督检查）创新工作室”+“一站式”服务
事中事后监管（12项）	创新毛坯钻石保税进出口监管模式、实施市场采购出口预包装食品检验监管模式、优化出口木家具及竹藤柳草制品分级监管制度、提供微警认证线上身份认证技术、推行船舶载运危险货物比对系统、建立市场监管和企业信用信息平台、建立租赁承包企业工资保障金制度、健全政府投资项目廉政风险同步防控机制、建立廉洁企业联盟、建立刑事案件认罪认罚从宽制度、建立商事特邀调解机制、打造粤港澳三大庭审模式
金融开放创新（2项）	推出粤港电子支票业务、大宗商品交易标的统一登记清算业务

资料来源：广州市政府官方网站．广州市人民政府关于推广实施中国（广东）自由贸易试验区南沙新区片区第二批改革创新经验的通知［EB/OL］.［2002-04-15］. http：//www. gz. gov. cn/zwgk/fggw/szfwj/content/post_ 6988662. html.

大幅度放宽市场准入，投资自由化便利化程度显著提高。实施的外商投资负面清单全国最短，在先进制造业和现代服务业领域率先放开外资准入。探索试点商事登记确认制改革，将商事登记从行政许可改为行政确认。在实现“证照分离”全覆盖的基础上，通过数据查询、部门核验、直接取消、告知承诺等方式实施分类改革，为群众和企业办事减免或取消各类不必要的证明，打造“无证明自贸试验区”。在全国率先实现“一口受理 6+X 证照联办”，将商事登记窗口延伸到港澳等地区。“十三五”期间累计注册企业数量居全国自贸试验区首位，达 35 万余家，2016 年和 2018 年广东自贸试验区主要经济指标如图 2-1 所示。

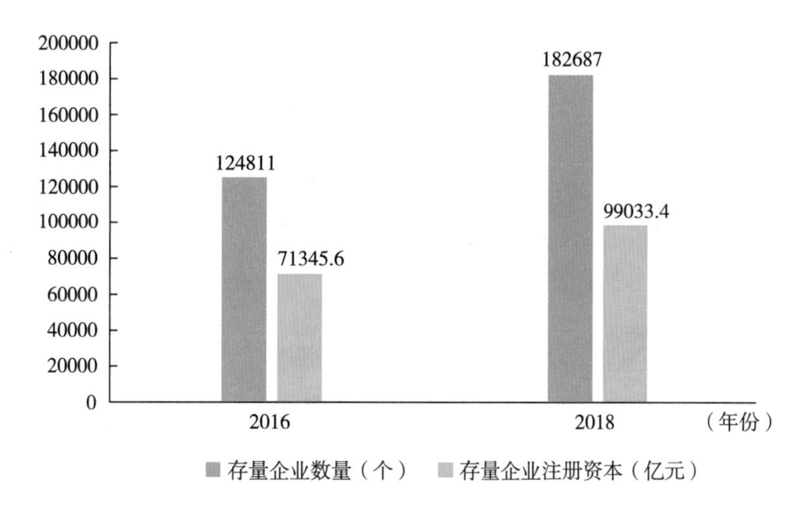

图 2-1 广东自贸试验区主要经济指标

资料来源：王旭阳，肖金成，张燕燕．我国自贸试验区发展态势、制约因素与未来展望［J］．改革，2020（3）：126-139.

“减环节、压时间、降成本、优服务”，国际贸易通关智能化水平不断提升。率先在广东自贸试验推广应用的国际贸易“单一窗口”已成为全国模板。建设“线上海关”，实现 324 项海关事项“线上办理”，全球中转集拼业务量超过 1000 亿元，汽车平行进口量居全国前三，跨境电商网购保税进口占全国 1/5。实施“提前申报、随机布控、货到验放”“国际转运货物自助通关”等快速验放机制，大幅缩短整体通关时间。率先将检验检疫作业纳入口岸查验配套服务费改革范围，企业合规成本持续下降。实施进出口“多证合一”改革，实行 24 小时跨部门联办，进出口环节监管证件由 86 种缩减到 46 种，申报无纸化率达到 99.6%。

推进高水平金融开放，跨境资金流动更加高效便利。几乎全部全国重要的跨境投融资政策都已在广东试点，率先探索了跨境资金池、跨境资产转让、跨境股权投资、跨境贷款等可兑换试点，推进外债资金意愿结汇、资本项目收入支付便利化等。跨境人民币结算领域从货物贸易、服务贸易拓展至投资、金融交易，实现碳排放权跨境人民币结算、“点心债”募集资金回流、“熊猫债”募集资金在境内使用，积极发展人民币与外汇衍生产品业务。建立 FT 账户体系，有效联动离在岸市场，2020 年累计办理全口径跨境融资超过 236 亿元，跨境资产转让 1242 亿元，FT 账户业务金额达到 2130 亿元，跨境双向人民币资金池结算额超过 4000 亿元。稳步推进合格境内投资企业（QDIE）和合格境外有限合伙人（QFLP）试点。广东自贸试验区发展政策汇总如表 2-4 所示。

表 2-4 广东自贸试验区发展政策汇总

时间	文件
2015 年	《中国（广东）自由贸易试验区总体方案》
2016 年	《关于推动珠三角国家自主创新示范区与中国（广东）自由贸易试验区联动发展的实施方案（2016-2020）》
	《中国（广东）自由贸易试验区条例》
2017 年	《中国（广东）自由贸易试验区开展“证照分离”改革试点方案》
2018 年	《进一步深化中国（广东）自由贸易试验区改革开放分工方案》
	《广州南沙新区（自贸片区）集聚人才创新发展若干措施实施细则》
2019 年	《关于印发〈广州南沙新区（自贸片区）鼓励支持港澳青年创新创业实施办法（试行）〉的通知》
	《广州南沙新区（自贸试验区南沙片区）关于支持国际金融岛发展的若干措施》
2020 年	《关于印发广州南沙新区（自贸片区）促进新一代信息技术产业发展扶持办法的通知》
	《广州南沙新区（自贸片区）促进金融服务业发展扶持办法实施细则》
	《广东省人民政府关于复制推广中国（广东）自由贸易试验区第六批改革创新经验的通知》
	《广州南沙新区（自贸片区）集聚人才创新发展若干措施实施细则》
2021 年	《中国（广东）自由贸易试验区发展“十四五”规划》
	《关于加强自由贸易试验区生态环境保护推动高质量发展的指导意见》
	《深圳经济特区前海蛇口自由贸易试验片区条例》
	《广州南沙新区（自贸片区）支持自动驾驶汽车行业创新发展的若干意见（试行）》
	《关于印发在中国（天津）自由贸易试验区开展保税维修和再制造业务支持措施的通知》
	《广东省人民政府关于复制推广中国（广东）自由贸易试验区第七批改革创新经验的通知》

资料来源：广东自贸试验区官方网站，http://ftz.gd.gov.cn/。

（2）片区建起多元特色产业格局。

经过六年的发展，广东自贸试验区现代化产业体系初步成形。2020 年，广东自贸试验区实际利用外资超过全省1/3，达79.36亿美元，外贸进出口占全省4.8%，达3412.8亿元，税收1119.42亿元，新引进34个世界500强项目。

广州南沙新区片区先进制造业提质增效，航运能级不断提升。积极推动汽车、半导体及先进装备制造业快速发展，集聚发展新一代信息技术、人工智能、生物医药、新材料、新能源等战略性新兴产业，“十三五”时期累计设立高新技术企业475家，集聚200多家人工智能企业。金融和类金融机构稳步增加，落户金融和类金融企业6587家。国际航运枢纽功能持续提升，2020年累计开通114条国际班轮航线，南沙港集装箱吞吐量1721.68万标准箱。商品车吞吐量达到116万辆，位列全国第二大平行汽车进口口岸。全国最大国际邮轮母港开港运营，邮轮出入境旅客量居全国第三。

深圳前海蛇口片区以金融业为重点，打造现代服务业产业集聚地。深圳前海蛇口片区已成为全国最大的类金融机构集聚地，2020年底累计注册金融企业44060家，占全区企业总数的29.14%，金融业注册企业增加值占比达56.27%。稳步推进国际高端航运服务中心建设，全面提升国际中转、高端航运服务及国际供应链管理等综合服务能力，建成华南地区唯一集“海、陆、空、铁”于一体的现代化国际邮轮母港，注册科技型企业23644家，占全区企业总数的15.63%。金融、现代物流、信息服务、科技服务和其他专业服务产业增加值占全区的85.69%。

珠海横琴新区片区聚焦特色产业，科技、金融、旅游等产业蓬勃发展。推动科技创新、特色金融、医疗健康、跨境商贸、文旅会展、专业服务六大产业集聚发展。积极参与广深港澳科技创新走廊建设，与中国科学院合作共建先进智能计算平台，推动4所澳门地区国家重点实验室设立横琴分部，“十三五”时期累计设立高新技术企业319家、省级创新平台22个，189家医药企业入驻粤澳合作中医药科技产业园。20家澳门地区跨境金融机构入驻，实有金融和类金融企业5620家，备案私募基金1373只，管理基金规模4021.89亿元。《横琴国际休闲旅游岛建设方案》获批，珠海长隆国际海洋度假区已累计接待游客超过8000万人次。

（3）制度创新促进粤港澳规则衔接。

“十三五”时期，广东自贸试验区重点瞄准制度规则对接，积极推进与港澳经济民生等多领域深度合作，成为港澳企业投资、青年创业、专业人士执业的首选地。2020年，广东自贸试验区新入驻港澳资企业2944家，实际利用港澳资72.46亿美元。

开展系统性制度设计，对港澳服务业进一步扩大开放。推动与港澳金融“机构互设、资金互通、市场互连”，设立全国首家港资大宗商品交易平台、港资相互保险社和港资独资船舶管理公司，首家港澳资控股或独资证券、基金机构。推进跨境支付、跨境住房按揭、跨境车险和医疗保险等业务发展。放宽粤港澳联营律师事务所业务范围限制，率先尝试建筑师负责制，试点“中国香港工程建设模式”，允许设立港澳独资医疗机构、娱乐场所等，推动强制性产品认证检测领域向港澳机构开放。

探索特殊机制安排，拓展港澳企业和人才发展空间。有序推进南沙粤港深度合作园和横琴粤澳深度合作区建设，向港资企业出让土地占前海已出让土地接近50%。探索通过资质认可、执业备案、项目试点、合伙联营等特殊机制，推动港澳金融、建筑、导游、法律、会计、专利代理等20多类专业人士在区内执业，率先实施港澳台人士免办就业许可证。重点建设港澳青年创新创业基地，累计孵化港澳项目765个、吸纳港澳青年就业1125人。2020年首次实施粤港澳大湾区境外人才个人所得税优惠政策，大力引进境外人才。澳门大学、澳门科技大学产学研示范基地落户横琴，香港科技大学（广州）项目落地南沙。

创新口岸合作监管模式，通关效率不断提高。经过全国人大常委会授权，在横琴口岸设立澳方口岸区及相关延伸区，采用“合作查验、一次放行”新型通关模式。不断扩大澳门地区单牌车便利出入横琴范围。建立跨境货物无缝连接通道，将香港国际机场进入广东自贸试验区的货物查验从口岸后移到广东自贸试验区，实现一站式空陆联运，强化了香港国际机场国际货运枢纽功能，粤港“跨境快速通关”车辆累计达17.35万辆次。

（4）粤港澳大湾区构筑“半小时交通圈”。

“十三五”时期，广东自贸试验区固定资产投资超过5000亿元，构建了以高速铁路、高等级公路和城际铁路为主体的快速交通网络，推进港口群和机场群重大交通基础设施对接，构建区域交通枢纽。各片区基础设施体系进一步完善，重点功能区、公共交通和城市配套设施等服务保障功能显著提升。

交通基础设施日益完善，内外联系进一步畅通。“十三五”时期广州南沙新区片区融入粤港澳大湾区“半小时交通圈”加快形成，首条货运铁路——南沙港铁路施工建设，广深港高速铁路庆盛高铁站开通使用，广州地铁 18 号线开工建设，南沙大桥建成通车，深中通道进入施工阶段。南沙港集装箱三期工程 6 个万吨级深水泊位建成投产，四期全自动智慧码头开工建设。前海妈湾跨海通道建设顺利推进，累计建成 79 条（段）市政道路，通车里程 49.4 公里，建成 9 个轨道交通站点。珠海横琴新区片区与珠海市区联通程度进一步提升，珠海市区至珠海机场城际拱北至横琴段运行通车，“三横五纵”为主体的一体化市政道路交通网络逐步成形。

重大项目建设加快推进，国际化城市功能不断完善。南沙科学城、香港科技大学（广州）、中国科学院广州明珠科学园建设加快，全球 IPv6 测试中心广州实验室落户，近 700 家科技服务机构进驻华南技术转移中心。国际金融论坛（IFF）永久会址、国际金融岛等重大项目动工建设，凤凰湖城市公园投入使用，南沙新图书馆、规划展览馆基本建成。前海运动公园、前海国际会议中心、前海法治大厦、前海国际学校建成启用，深港设计创意产业园竣工交付，信息数据服务平台和智慧城市运营指挥中心启动建设。新横琴口岸旅检通道建成投入使用，粤澳跨境金融合作（珠海）示范区正式启用，“中国澳门新街坊”综合民生项目开工建设。

2. 远景规划

《广东省国民经济和社会发展第十四个五年规划和 2035 年远景目标纲要》提出，深化广东自贸试验区制度创新，积极争取国家支持广东自贸试验区扩区，发挥广东自贸试验区示范引领作用，探索推动规则、规制、管理、标准等制度型开放，打造促进粤港澳大湾区融合发展的高水平对外开放门户枢纽。推动实施跨境服务贸易负面清单，探索在数字经济、互联网和电信、教育、医疗、文化等领域率先开放。建设全球报关系统、全球溯源体系等国际贸易服务平台，建设新型国际贸易中心，支持中转集拼、国际分拨、离岸贸易等新业态发展。充分发挥金融开放创新试验示范窗口作用，深化资本项目收入支付便利化试点，推动跨境金融服务创新。进一步扩大对港澳服务业开放，推动具有港澳执业资格的建筑、会计等专业人士经备案后直接执业。

同时，《中国（广东）自由贸易试验区发展“十四五”规划》提出，加快推动由商品和要素流动型开放向规则等制度型开放转变，在构建自由开放的国际投资贸易规则体系方面先行先试，以打造高水平对外开放门户枢纽为总定位总目标，建设高水平对外开放新体制，为我国形成以国内大循环为主体、国内国际“双循环”相互促进的新发展格局更好发挥改革开放重要窗口和试验平台作用，为广东省打造新发展格局战略支点①。

明确了“十四五”时期广东自贸试验区发展的主要目标。到2025年，广东自贸试验区制度创新高地作用更加凸显、营商环境进一步优化、高质量发展水平稳步提升、粤港澳协同发展水平显著提升。预计进出口总额达4000亿元，集装箱吞吐量达到3700万标准箱；全口径税收收入年均增长5%左右；“十四五”时期累计实际利用外资金额400亿美元左右，实际使用港澳资金额350亿美元左右。展望2035年，广东自贸试验区全面形成要素自由便利流动、国际国内两个市场高效统筹、规则制度机制与国际高标准有效衔接的对外开放新格局，建成全球高端资源要素配置、具有较强国际市场影响力和竞争力的经济功能区，成为我国深度融入经济全球化的重要载体。

专栏 2-1

“十四五”时期广东自贸试验区发展目标

到2025年，广东自贸试验区形成与高水平开放、高质量发展相匹配的“关、汇、税、融”制度体系，实现货物、资金、人员等资源要素更加自由便利流动，成为国际国内两个市场、在岸离岸两种业务、投资贸易金融物流等集聚融合的对外开放新高地；形成投资、贸易、资金、运输、人员从业自由，信息快捷联通的粤港澳大湾区融合发展区；建成具有国际影响力的新型国际贸易中心、大湾区高品质消费新中心、国际航运枢纽和我国金融开放创新试验示范窗口，打造高水平对外开放门户枢纽。

● 制度创新高地作用更加凸显。高水平对外开放体制机制更加完善，投资贸易自由化便利化达到国际一流水平，形成多层次、全方位的金融开放服务体

① 广东省人民政府网．广东省人民政府办公厅关于印发中国（广东）自由贸易试验区发展“十四五”规划的通知［EB/OL］．［2021－09－22］．http：//www.gd.gov.cn/zwgk/wjk/qbwj/yfb/content/post_3533834.html.

系，粤港澳融合发展取得新的突破，每年形成一批在全国、全省有影响力的改革创新经验和制度创新案例，并在全国或全省复制推广。

● 营商环境进一步优化。形成公平开放的市场环境，政府管理和服务水平进一步提高，市场主体获得感明显增强，率先形成具有全球竞争力的营商环境，按照世界银行营商环境评价指标体系进行评估模拟排名处于国际领先地位。

● 高质量发展水平稳步提升。建成全球资源配置能力强、创新策源能力强、协同发展能力强的高质量发展引擎。高端制造业、战略性新兴产业、现代服务业等产业形成规模，主要经济指标居于全国自贸试验区领先地位。到 2025 年，预计进出口总额达 4000 亿元，集装箱吞吐量达 3700 万标准箱；"十四五"时期累计实际利用外资金额 400 亿美元左右，全口径税收收入年均增长 5%左右。

● 粤港澳协同发展水平显著提升。形成与港澳制度规则衔接、经济高度协同、要素便捷流动的发展模式，粤港澳协同创新水平显著提升。"十四五"时期，预计累计实际使用港澳资金额 350 亿美元左右，累计注册港澳资企业数量 3 万家，基本建成粤港澳深度合作平台、港澳产业发展新空间、港澳人才创新创业高地、粤港澳宜业宜居优质生活圈。

资料来源：广东省人民政府官网．中国（广东）自由贸易试验区发展"十四五"规划［EB/OL］．［2021-09-22］．http：//www.gd.gov.cn/xxts/content/post_ 3533835.html.

明确了"十四五"时期广东自贸试验区发展的重点任务。在营造市场化、法治化、国际化营商环境方面，提出深化"放管服"改革、创新投资管理体制、优化法治环境建设、实施自由便利的人才流动政策、强化风险防控与监控等举措。

专栏 2-2

"十四五"时期广东自贸试验区体制机制创新举措

● 推进政府职能转变。加大放权力度，推动将省市级经济管理权限下放至广东自贸试验区。深化"证照分离"改革，提升企业办事透明度和便利度。健全事中事后监管体系，完善社会信用平台建设和应用。深化数字政府建设，发挥

“互联网+”、大数据、区块链等现代信息技术作用，提升政务服务能力，建设透明高效的政务环境。

● 创新投资管理制度。完善准入前国民待遇加负面清单管理模式，探索在数字经济、互联网、电信、医疗、文化、教育等领域率先放宽准入限制。深化商事登记确认制改革试点。积极对接 RCEP、中欧 CAI，在海关程序和贸易便利化、电子商务、知识产权保护、政府采购、绿色发展、竞争中立、中小企业和经济技术合作等领域，加快形成与国际通行规则相衔接的投资管理体系。对接把握 RCEP、中欧 CAI 签署机遇，深挖与东盟、日、韩、澳、新等签署国传统合作优势，推动在贸易、投资等领域的深度合作。完善境外投资备案管理制度，拓展境外投资服务平台功能，构建境外投资服务体系。

● 深化审批制度改革。进一步推进商事制度改革，探索建立便利企业设立、经营、注销、破产全周期的制度体系。深化工程建设项目审批分类改革，对社会投资小型低风险工程建设项目实行简易审批模式。全面推行不动产登记“一窗办理”，推动不动产登记机构与公用企事业单位、金融机构合作，推行更符合市场需求的便利化服务。

● 优化法治环境建设。深化法治政府建设，优化执法流程、创新执法模式、强化执法监督。支持全国综合性司法改革示范法院建设，开展涉港澳司法机制综合改革试验。健全多元化商事争议解决机制，探索在知识产权、数字经济等领域建立国际商事争议案件集中审判机制，推进粤港澳大湾区国际仲裁中心、南沙国际仲裁中心、澳珠跨境仲裁合作平台建设。支持粤港澳大湾区仲裁联盟、粤港澳仲裁调解联盟、华南（香港）国际仲裁院、深圳国际仲裁院海外庭审中心、中国国际经济贸易仲裁委员会华南分会广东自贸试验区仲裁中心、中国海事仲裁委员会华南分会广东自贸试验区仲裁中心等平台建设。健全知识产权快速协同保护机制，构建知识产权侵权惩罚性赔偿机制。高标准建设前海深港国际法务区，打造国际一流法律服务高地。加快域外法律查明中心建设，建设“一带一路”法律服务集聚区，推动一批国际法律服务机构进驻。

● 实施自由便利的人才流动政策。加强与港澳在人才领域的合作，打造国际人才新高地。实施便利的人才出入境政策，加快推动粤港澳人才合作示范区建设，为在区内工作、投资和创业的外籍人才提供出入境、停留居留和永久居留便利。争取开展技术移民试点，探索建立涵盖外籍高层次人才认定、外籍技术人才积分、外籍创业人才积分等多种渠道的技术移民体系。支持外籍人才就业创业，提高外国人才签证含金量，给予持证人免办工作许可权益。进一步完善外籍人才“一站式”综合服务平台功能，在职业资格认定认可、子女教育、就医社保、住房等方面为外籍高层次人才提供一体化服务保障。深化与港澳在人才领域的合作。推动建立粤港澳三地“互通互认、共享共建”的人才引进、评价、服务体系，继续实施粤港澳大湾区人才个人所得税优惠政策。探索建立全球人才招聘制度。深入实施粤港、粤澳联合创新资助计划，加强与港澳高校在合作办学、人员互访、学分互认等方面的合作。进一步优化港澳青年创新创业环境，拓展港澳青年就业创业空间。支持南沙加快创建国际化人才特区。

资料来源：广东省人民政府官网．中国（广东）自由贸易试验区发展“十四五”规划［EB/OL］．［2021-09-22］．http：//www.gd.gov.cn/xxts/content/post_ 3533835.html.

在建设粤港澳大湾区国际航运枢纽方面，提出提升货物贸易自由便利化水平、发展国际贸易新业态、开展数字贸易创新试点、推动国际航运贸易中心发展等举措。

专栏 2-3

“十四五”时期广东自贸试验区建设粤港澳大湾区国际贸易航运枢纽

● 提升贸易自由化便利化水平。创新贸易监管机制，探索实施更高水平的贸易自由化便利化措施，大力发展离岸贸易、中转集拼、国际分拨、数字贸易等国际贸易新业态，增强贸易发展新动能。

创新便利高效贸易监管模式。拓展国际贸易“单一窗口”应用功能，加强与港澳国际贸易“单一窗口”对接交流和合作，逐步推行国际贸易“单一窗口”联网核放。加快综合保税区建设，在南沙综合保税区和前海综合保税区实施更高标准的“一线放开、二线安全高效管住”贸易监管制度，精简贸易监管、许可和程序要求。依托信息化、诚信化监管手段，优化“一线”入区与“二线”报关的作业流程。以跨国企业“买全球、卖全球”一体化运营需求为导向，健全以智能化通关为支撑的国际贸易服务体系，推进“智慧口岸、智能边境、智享联通”建设，推广粤港澳大湾区组合港项目。建设基于区块链技术的国际航运物流综合信息平台，对接航运物流企业管理系统和口岸监管系统，推动航运物流信息互联互通，提升航运物流“一站式”信息服务水平。加强与国际海关合作，推广“经认证的经营者”（AEO）互认制度。健全“全球报关服务系统”，为各国贸易商提供跨多国海关的一站式报关服务。高标准建设全球溯源中心，打造数字经济公共基础设施，推动全球溯源体系全面复制推广及开放应用，实现数字治理标准规则创新，探索形成货物贸易、知识产权、风险防控等数字贸易国际规则。

大力发展国际贸易新业态新模式。集聚供应链管理、贸易中间商等功能性市场主体，发展离岸贸易，培育具备全球资源配置功能的中转集拼和国际分拨业务。创新跨境电商业务模式，深化跨境电商“保税+新零售”改革试点，推广应用“保税仓储+直播”模式，加快构建智能物流体系。开展数字贸易创新试点，争取扩大跨境数据库试点范围，培育一批数字内容生产商和在线服务供应商。推进进口贸易促进创新示范区建设。打造前海数字贸易综合服务平台，推动贸易创新发展。

拓展保税业务功能。积极探索与研发设计、信息通信、医疗健康、现代航运等资本技术密集型产业发展相适应的保税监管制度，建设重点特色商品进口平台，扩大高技术产品出口和资源类产品进口。促进保税物流发展，建设与国际市场接轨的物流园区和保税物流网络体系，巩固商品车滚装枢纽港地位，开展汽车运输、贸易、检测、金融服务等业务，吸引国际知名汽车品牌进驻开展进口业务。完善港区冷链查验平台、全温区冷库等硬件配套设施，建设集展览、交易、供应链管理、加工、物流、仓储等功能于一体的大宗农产品和食品进口集散中心。

● 建设国际航运大通道。加快港航基础设施和综合配套设施建设，构建多式联运网络，推进航运管理制度创新，提升航运服务竞争力，推动国际航运贸易中心发展。

完善海陆空铁多式联运网络。建设粤港澳大湾区多种运输方式无缝衔接的集疏运体系，促进与港澳机场港口群货物便捷高效流动，加快广州港南沙港区四期5G智慧无人码头、广州南沙港铁路建设。推动珠江口水域船舶交通服务数据共享平台建设，加强珠江口各个通航港口之间船舶航行、进出港口动态及恶劣天气警报等航运信息共享。建立以大洋洲和东南亚地区为主、辐射欧美地区的综合性航线体系，打造海运快速贸易通道。加快深圳港妈湾5G智慧港建设，推动前海国际贸易组合港建设。优先支持广东自贸试验区重点口岸海关检疫、边防检查、海事监管等查验设施及配套执勤场所建设和升级改造。

完善现代化航运服务制度体系。深化"中国前海""广东南沙""广东横琴"船籍港制度改革，争取放宽国际船舶在区内的注册条件和业务范围，吸引中资方便旗船舶回归在区内注册登记。推进航运管理制度创新，逐步放宽航运管理、经纪、咨询、培训等领域准入限制。加快建设国际海员服务中心、海员评估认证中心、国际海事合作中心，放宽海员外派机构资质要求。推进国际船舶保税油加注政策落地实施，推动建设华南保税油供应基地和船舶供应综合服务中心。支持粤港澳航运企业围绕航运、船舶管理、海事保险、海事法律和争议解决等深化务实合作。

资料来源：广东省人民政府官网．中国（广东）自由贸易试验区发展"十四五"规划［EB/OL］．［2021-09-22］．http：//www. gd. gov. cn/xxts/content/post_ 3533835. html.

在打造金融开放创新示范窗口方面，提出推动金融业进一步开放、深化粤港澳金融合作、促进金融支持实体经济发展等举措。

专栏2-4

"十四五"时期广东自贸试验区打造金融开放创新示范窗口

● 推动金融业进一步开放。促进跨境资金流动自由便利，围绕金融开放创新示范窗口建设目标，进一步提升金融业对外开放水平，在人民币资本项目可兑换、人民币跨境使用、外汇管理等重要领域和关键环节先行试验。

积极有序扩大金融业对外开放。推动国家金融业对外开放政策率先在广东自贸试验区落地，支持符合条件的境外银行、证券、基金、期货、保险业经营机构在区内设立独资或合资金融机构，鼓励跨国公司设立全球或区域资金管理中心，吸引国内外清算机构在区内落户，推进境内金融机构参与国际金融市场交易。

深化资本项目管理改革试点。深化资本项目收入支付便利化试点，探索完善跨国公司跨境资金集中运营管理制度，推进本外币合一的全功能型跨境资金池业务。全面实施全口径跨境融资宏观审慎管理，稳步推进私募股权投资基金跨境投资试点，探索扩大跨境资产转让范围，提升外债资金汇兑便利化水平。

促进跨境贸易和投融资便利化。推进更高水平贸易投资便利化试点，推动跨境货物贸易、服务贸易和跨境电商等贸易结算便利化。促进企业跨境投融资自由化，用好FT账户体系，鼓励区内企业从境外融入本外币资金。创新发展流动资金贷款、国际贸易融资、项目贷款、并购贷款等融资业务。有序推进QDLP和QDIE试点工作。稳步推进人民币国际化，进一步简化跨境人民币业务办理流程，支持区内金融机构在开展跨境融资、跨境担保、跨境资产转让等业务时使用人民币进行结算。

● 深化粤港澳金融合作。推进粤港澳金融市场互联互通，支持粤港澳金融机构跨境互设和开展业务，加快跨境金融服务合作创新，为内地和港澳居民提供更加便捷的跨境金融服务。

促进金融市场互联互通。支持符合条件的港澳投资者在区内依法申请设立持牌金融机构。在依法合规前提下，支持粤港澳三地机构共同设立发展基金，吸引内地、港澳地区及海外各类社会资本，为区内基础设施和重大项目建设提供资金支持。支持港澳私募基金参与广东自贸试验区创新型企业融资，鼓励区内符合条件的创新型企业赴港澳融资、上市。探索建立跨境理财通机制，便利符合条件的投资者以人民币开展跨境双向直接投资。

推动跨境金融服务创新。鼓励区内银行在宏观审慎管理框架下，向港澳地区的机构或项目提供贷款、发债、保险等金融服务。支持区内保险机构与港澳保险机构合作开发创新型跨境机动车保险和跨境医疗保险产品；支持区内保险机构与港澳保险机构开展跨境人民币再保险业务，推进再保险市场建设。推动跨境支付结算合作创新，进一步优化跨境移动支付业务，深化跨境住房按揭试点，为内地和港澳居民提供更加便捷的跨境金融服务。

● 促进金融支持实体经济发展。探索金融服务实体经济新模式，积极发展绿色金融、金融科技，建立特色金融平台，健全金融基础设施和金融法治环境，加强重大金融风险防控。

探索服务实体经济新模式。推广运用基于区块链技术的跨境金融服务平台，鼓励金融机构围绕核心企业，为上下游中小企业提供符合其产业特色的供应链金融产品。搭建跨境经贸合作网络，支持人民币海外投贷基金为企业“走出去”

开展投资、并购提供投融资服务。鼓励区内企业开展真实、合法离岸转手买卖业务，支持商业银行依法依规为企业开展新型离岸贸易业务提供便利的跨境结算和贸易融资服务。

提升金融服务创新水平。支持跨境供应链企业与金融服务机构开展金融模式创新，创建供应链金融创新中心。发展绿色金融，支持区内金融机构赴港澳发行绿色金融债券等绿色金融产品，规范探索开展跨境绿色信贷资产证券化、绿色债券、绿色股权投融资业务。发展产业投资基金、风险投资基金、财富管理等金融服务。依托横琴“七弦琴”国家级知识产权交易中心和深圳市知识产权金融公共服务平台，开展知识产权投融资服务。推进金融科技创新监管试点，鼓励以人工智能、大数据、云计算等技术为基础的金融科技创新成果在区内落地。

建立完善金融风险防控体系。健全金融基础设施和金融法治环境，加强对重大风险的识别和系统性金融风险的防范。严格落实反洗钱、反恐怖融资、反逃税工作要求，按照“展业三原则”开展事前安全审查，进一步完善事中事后监管机制。加强金融消费权益保护，完善企业信用分级划分标准，实施失信名单披露、市场禁入和退出制度。优化风险统计监测与评估体系，完善广东省地方金融风险监测防控平台和前海鹰眼系统，实现金融风险实时监测和动态预警管理。

资料来源：广东省人民政府官网．中国（广东）自由贸易试验区发展“十四五”规划［EB/OL］．［2021-09-22］．http：//www.gd.gov.cn/xxts/content/post_ 3533835.html.

在促进现代产业集聚发展方面，提出打造具有国际竞争力的高质量现代产业体系，加强与粤港澳大湾区、海南自由贸易港、“一带一路”沿线国家和地区产业联动发展等举措。

专栏 2-5

“十四五”时期广东自贸试验区高质量发展现代服务业

● 着力发展特色金融产业。高标准建设广州期货交易所，发展完整期货产业链，吸引全球投资者和各类企业广泛参与，打造国家级金融基础设施平台。推进设立粤港澳大湾区国际商业银行，服务粤港澳大湾区建设发展及科技创新。推动前海联合交易中心建成服务境内外客户的大宗商品现货交易平台。推动在区内设立粤港澳大湾区保险服务中心，为在内地居住或工作并持有港澳保单的客户提供售后服务。探索在区内开展相互保险公司等新型保险公司试点，积极发展再保险市场。促进特色金融平台发展，支持南沙申请国家气候投融资试点，着力发展科技金融、航运金融、融资租赁等特色金融，携手港澳建设全球飞机租赁中心。

● 大力发展现代航运物流产业。加快集聚国际知名航运管理企业，完善航运服务产业链。发展船舶融资、航运基金、保险等航运金融业务，打造航运要素交易平台。支持国际知名船级社、航运经纪公司入驻区内。发展保税货物存储、加工、检测、分销、调拨、展示等业务，逐步形成与国际市场接轨的保税物流网络体系。加快发展临港物流产业，推进先进制造业和进出口商品国际物流基地建设，吸引国际知名物流企业在区内开展国际货运代理、内外贸物流、物流信息处理和咨询服务，创新物流合作模式，联手打造国际物流产业链。发展商品汽车物流，打造集汽车整车滚装、零部件仓储配送、检测改装、贸易展示于一体的汽车增值服务产业和商品汽车集散物流基地。加快推进广州港口型国家物流枢纽建设。

● 积极发展商贸消费产业。加快进口商品展示交易中心、产品和服务设计定制中心、消费体验中心等综合体验型购物中心建设，积极引入国际国内高端品牌，形成多元化、国际化、高品位的商业综合体、特色商业街区和口岸商圈，打造粤港澳大湾区高品质消费新中心。构建“智能+”消费生态体系，发展线上平台与线下体验相结合的“智慧商店”“智慧街区”和“智慧商圈”。引进知名跨境电商企业及服务商入驻，促进跨境电商企业集聚，鼓励发展电商直播等新业态，支持港澳资跨境电商企业扩张平台、提升能级，打造面向港澳青年的电商培训服务平台，助力港澳跨境电商拓展新空间。

● 加快发展文化会展产业。重点支持创意设计、数字传媒、影视动漫、文物博览、艺术品典藏交易等业态发展，推动文化创意产业多元化、集群式创新发展，建设国际文化创意基地。推动发展进口文化艺术品和文物的保税展示、拍卖等新业务，建设文化保税产业中心。引进境内外有实力的大型会展企业和国际知名展会，培育一批高层次、国际性的会展品牌，打造国际会议与商品博览相结合、经济活动与文化交流相融合的国际交流及会展中心。大力发展数字会展、线上会展等新业态，打造线上线下融合发展的智慧会展产业生态。

● 做强做优旅游休闲产业。立足粤港澳三地旅游资源和区位优势，打造粤港澳大湾区精品旅游路线，培育一批具有较强竞争力的旅游企业。探索与澳门联合构建“一程多站、综合运营、联动拓展”旅游产业链，开发休闲度假、医疗保健、文化体验、邮轮游艇、海滨游乐等旅游业态，构建不同主题、特色、档次的多元旅游产品体系，打造世界级大型综合旅游度假区。举办具有国际影响力的体育赛事、论坛、艺术周等重大活动。发展邮轮旅游市场，丰富邮轮旅游产品，拓展邮轮港口服务功能，积极打造以港口为中心、生态友好的邮轮旅游发展试验区。

资料来源：广东省人民政府官网．中国（广东）自由贸易试验区发展“十四五”规划［EB/OL］．［2021-09-22］．http：//www.gd.gov.cn/xxts/content/post_3533835.html.

专栏 2-6

广东自贸试验区大事记

【2015 年】

● 4 月 20 日，《中国（广东）自由贸易试验区管理试行办法》公布施行。

● 4 月 21 日，广东自贸试验区正式挂牌成立。

● 5 月 25 日，《工商总局关于支持中国（广东）自由贸易试验区建设的若干意见》。

【2016 年】

● 6 月 22 日，广东省人大常委会宣讲《中国（广东）自由贸易试验区条例》。

● 12 月 26 日，广东省复制推广新一批自由贸易试验区改革试点经验政策通报会在广州召开。

【2018 年】

● 3 月 13 日，广东省“证照分离”改革试点专题培训班在广东自贸试验区南沙片区举行。

【2019 年】

● 4 月 24 日，全国自贸片区创新联盟在前海成立。

● 7 月 11 日，全国自贸片区创新联盟制度创新对接大会在前海召开。

【2020 年】

● 1 月 4 日，首届中国自贸试验区智库峰会在珠海横琴举行。

● 12 月 22 日，广东自贸试验区改革创新经验培训班在广州召开。

【2021 年】

● 9 月 22 日，《中国（广东）自由贸易试验区发展“十四五”规划》发布。

● 9 月 23 日，粤滇自贸试验区签署深化合作协议。

资料来源：广东自贸试验区官方网站，http：//ftz. gd. gov. cn/.

二、京津冀地区

京津冀地区是中国的政治、文化中心，也是中国北方经济的重要核心区。京津冀地区合计人口规模超 1 亿人，内需潜力巨大，经过多年发展，京津冀城市群面临经济发展整体水平有待提高、核心城市对区域发展的带动作用不明显两大主要问题。2015 年，《京津冀协同发展规划纲要》印发，经习近平总书记亲自谋划、亲自部署、亲自推动，京津冀协同发展成为当前三大国家战略之一，意义重大。京津冀协同发展战略实施后，京津冀地区经济实力明显提升，但在产业发展方面，京津冀地区与长三角、珠三角地区相比还存在一定的差距。随着自贸试验区扩容至北京等地，京津冀地区已实现自贸试验区全覆盖。2021 年 10 月，京津冀自贸试验区联席会议圆满举办，标志着京津冀自贸试验区联席会议机制正式建立，将着力建立以自贸试验区制度创新合作对接、产业转移合作和投资合作保障、人才跨区域资质互认和双向聘任、三地自贸试验区内 57 项政务服务事项“同事同标”等为代表的多项机制，打造京津冀产业合作、统一数据开放两大合作平台，成立京津冀自贸试验区智库联盟，促进三地金融服务、政务服务等一体化，不断提高三地跨境贸易便利度和对外开放深度。

（一）北京自贸试验区

北京自贸试验区极具特殊性。2020 年 9 月，北京“两区”建设正式启航，拉开了国家服务业扩大开放综合示范区和北京自贸试验区统筹建设的大幕。北京自贸试验区以制度创新为核心，以可复制可推广为基本要求，全面落实中央关于深入实施创新驱动发展、推动京津冀协同发展战略等要求，助力建设具有全球影响力的科技创新中心，加快打造服务业扩大开放先行区、数字经济试验区，着力构建京津冀协同发展的高水平对外开放平台。北京自贸试验区片区详情如表 2-5 所示。

表 2-5　北京自贸试验区片区详情

片区	面积（平方公里）	功能定位	重点发展产业
科技创新片区	31.85	打造数字经济试验区、全球创业投资中心、科技体制改革先行示范区	新一代信息技术、生物与健康、科技服务等产业
国际商务服务片区	48.34	打造临空经济创新引领示范区	数字贸易、文化贸易、商务会展、医疗健康、国际寄递物流、跨境金融等产业
高端产业片区	39.49	建设科技成果转换承载地、战略性新兴产业集聚区和国际高端功能机构集聚区	商务服务、国际金融、文化创意、生物技术和大健康等产业

资料来源：中国政府网．国务院关于印发北京、湖南、安徽自由贸易试验区总体方案及浙江自由贸易试验区扩展区域方案的通知［EB/OL］．［2020-09-21］．http：//www.gov.cn/zhengce/content/2020-09/21/content_5544926.htm.

1. 发展成果

挂牌成立以来，北京自贸试验区总体方案中的 112 项试点任务已实施 94 项，北京自贸试验区累计新设外商投资企业 474 家，实际利用外资金额 17.8 亿美元，以 7‰的面积贡献了全市近三成的外资企业增量，自贸试验区建设成效初步显现。

外资准入放宽取得新突破。全国首家外商独资货币经纪公司上田八木、首家外商独资保险资管公司安联保险、首家外资全资控股持牌支付机构等获批开展业务，全国首个国际研究型医院破土动工，德勤大学首次进驻中国、落户北京，施耐德电气软件研发中心、苹果广告（北京）有限公司等先后在京落户。

贸易便利取得新突破。支持贸易新模式新业态发展，全国首创“免税、保税和跨境电商”政策衔接试点；同时，首创跨境电商进口医药“北京模式”，扩充医药产品范围，获得国内首个跨境医药电商仓储物流第三方服务资格，2021 年上半年试点销售额达 2020 年全年的 2 倍。北京还提升了货运保障能力，加快推进北京首都国际机场、北京大兴国际机场“双枢纽”建设，首条货运第五航权航线开通，显著加强亚洲与北美市场之间的货运连接。

跨境金融畅通取得新突破。北京自贸试验区的制度创新几乎涵盖了全部全国重要的跨境投融资政策，率先探索了跨境贷款、跨境资金池、跨境资产转让、跨境股权投资等可兑换试点，推进外债资金意愿结汇、资本项目收入支付便利化等。同时，跨境人民币结算领域从货物贸易、服务贸易拓展至投资、金融交易，实现碳排放权跨境人民币结算、“熊猫债”募集资金在境内使用、“点心债”募集资金回流，积极发展人民币与外汇衍生产品业务。建立 FT 账户体系，有效联动离岸和在岸市场。稳步推进 QDIE 和 QFLP 试点。深化外债便利化改革，试点额度提高至 1000 万美元，受益企业借用外债平均利率仅为 0.51%。推进贸易外汇和资本项目收支便利化试点，试点业务金额突破 770 亿美元。

人才引进支持取得新突破。北京向境外人员开放 35 项职业资格考试，近 100 名港澳台人员和外籍人员参与考试。在全国率先建立期货、证券等境外专业人才过往资历认可机制，推出首批 82 项境外职业资格认可目录。允许外籍人员使用外国人永久居留身份证开办和参股内资公司。建设外籍人才“一站式”服务窗口，实施外国人工作许可、工作居留许可“两证联办”，办理时限缩短 1/3，办理次数减少 1/2。

数据要素汇聚取得新突破。在政务数据方面汇聚 57 个市级部门 2264 类 247 亿条数据，支撑新冠肺炎疫情防控等 132 项应用；在社会数据方面汇聚 107 类 898 亿条数据，支撑城市空间规划等 32 项应用。挂牌成立北京国际大数据交易所，组建北京国际数据交易联盟，实现与北京政务资源网联通，以多条技术路线开展数据交易验证。建设新型数字基础设施，发布首个自主可控的区块链软硬件技术体系——“长安链”，并推出京津冀国际贸易“单一窗口”数据协同、供应链金融、碳交易等一批应用场景。

营商环境优化取得新突破。最高人民法院出台为“两区”建设提供司法服务和保障的意见，助力营造法治化营商环境。探索实施“拿地即开工”新模式，小米智能工厂二期、顺丰华北智慧物流总部基地项目首试成功。实现京津冀三地自贸试验区 57 项政务服务事项“同事同标”。“区块链+电子证照”政务服务模式、京津冀标准化协作模式等纳入最佳实践案例向全国复制推广。

发挥示范引领作用取得新突破。共出台“两区”支持和配套文件 90 个；推动 34 项全国首创性、首批性政策实施；落地 49 项全国、本市首个或标志性项目；建成38个功能性、服务型平台。同时，由商务部发文向全国复制推广北京建设国家服务业扩大开放综合示范区十大创新案例，北京市发文在全市范围内复制推广最佳实践案例24个。北京自贸试验区发展政策汇总如表2-6所示。

表2-6　北京自贸试验区发展政策汇总

时间	文件
2020年	《中国（北京）自由贸易试验区总体方案》
2021年	《最高人民法院关于人民法院为北京市国家服务业扩大开放综合示范区、中国（北京）自由贸易试验区建设提供司法服务和保障的意见》
	《国家服务业扩大开放综合示范区和中国（北京）自由贸易试验区建设人力资源开发目录（2021年版）》
	《国家服务业扩大开放综合示范区和中国（北京）自由贸易试验区建设健康医疗领域工作方案（2021）》
	《北京自由贸易试验区外汇管理创新试点政策》
	《中国（北京）自由贸易试验区科技创新片区海淀组团实施方案》
	《中国（北京）自由贸易试验区科技创新片区昌平组团实施方案》
	《中国（北京）自由贸易试验区国际商务服务片区朝阳组团实施方案》
	《中国（北京）自由贸易试验区国际商务服务片区顺义组团实施方案》
	《中国（北京）自由贸易试验区国际商务服务片区通州组团实施方案》
	《中国（北京）自由贸易试验区高端产业片区大兴组团实施方案》
	《中国（北京）自由贸易试验区高端产业片区亦庄组团实施方案》

资料来源：北京自贸试验区官方网站，http：//open. beijing. gov. cn/.

专栏2-7

北京“两区”金融领域创新为全国贡献北京经验

2021年9月17日，北京市金融监管局负责人在北京市“两区”建设一周年新闻发布会上表示，“两区”方案获批一年来，市金融监管局联合人行营管部、北京银保监局、北京证监局、各区成立金融领域协调推进工作组，制定工作方案，定期会商调度，紧抓机遇，迅速行动，跑出了首都金融加速度。金融领域102项任务已落地85项，完成率83%，出台配套政策45项，多个重点领域取得突破性进展，形成全国复制推广创新实践案例3个，推动了首都金融的创新开放发展，也为全国金融业开放改革贡献了北京经验。

落地一批标志性中外资金融机构。一年来，北京落地中外金融机构68家，其中外资金融机构17家，包括首家外商独资保险资管公司、货币经纪公司、持牌支付公司、首家外资控股证券公司、全国第五家资产管理公司、全国第二家个人征信机构等。北京已成为中外资金融机构落地展业的首选之地。

创设一批创新性金融市场平台。设立股权投资和创业投资份额转让试点平台、国际大数据交易所、北京绿色交易所等金融市场平台，打造全国首个基于互联网的涉企信用信息征信平台——“京津冀征信链”，积极探索私募股权、大数据、自愿碳减排等交易模式，为全球创新要素流动提供新型功能载体。

推出一批首创性跨境金融服务和产品。跨国公司本外币一体化资金池试点、本外币账户合一试点等政策率先在京“破冰”；外债便利化改革试点额度提高至1000万美元，合格境内有限合伙人（QDLP）额度增至100亿美元，均为全国最高；率先落地对外承包工程类优质诚信企业跨境人民币结算业务便利化试点；实施贸易外汇和资本项目收支便利化试点，业务金额突破770亿美元；探索开展跨境绿色信贷资产证券化，由工商银行发行全国首单绿色汽车分期资产支持证券，获得境内外投资人踊跃认购。

设立一批引领性金融科技项目。北京版“监管沙盒”累计发布3批22个项目；资本市场金融科技创新试点首批23个项目已经启动。围绕2022年冬季奥林匹克运动会和国际消费中心城市建设，开展数字人民币全场景应用试点，对数字人民币使用开展了最广泛、最深度的压力测试。聚焦强化金融科技基础力量，国家金融科技检测认证中心和国家金融标准化研究院在京成立，已经具备了创制和输出引领国际的金融科技标准的基本能力。

实施一批示范性金融业营商环境政策。北京金融法院挂牌成立，高起点、高标准地发挥金融审判职能作用，为首都金融改革创新提供司法服务和保障。实施国际证券期货类执业资格认可机制，境外证券期货专业人才在京从业可施行特别程序，豁免法律以外的其他考试，大大提升了高端境外金融人才在京从业便利度。进一步深化金融业“证照分离”改革试点，不断提升政务服务质效。

资料来源：为全国金融业贡献北京经验 “两区”建设金融领域任务落地超八成［N/OL］. 北京日报，2021-09-29.

2. 远景规划

“十四五”时期，北京自贸试验区将着力打造三个示范区：一是打造国际高水平自由贸易协定规则对接先行合作示范区。立足北京“四个中心”建设和优势产业定位，以 RCEP、CPTPP 为契机，从边境上到边境内，从要素供给到规则制度等层面，努力探索与国际接轨的开放发展环境。二是打造数字贸易示范区。立足打造全球数字经济标杆城市，与数字贸易港建设统筹联动，进一步用好国际大数据交易所，深化海淀、朝阳、大兴等数字贸易试验区功能定位，培育产业集群、加大国际合作、探索规则对标，力争在贸易数字化和数字贸易化方面形成示范。三是打造体制机制创新示范区。持续深入谋划体制机制改革创新，进一步提升自贸试验区各组团功能，赋予各组团更大的改革自主权，推动有条件组团探索优化管理模式，实施市场化运作机制和激励考核机制，充分激发各组团的创新活力和动力。与此同时，着眼于中长期战略布局，《北京市国民经济和社会发展第十四个五年规划和 2035 年远景目标纲要》单列一章，提出“推动更高水平对外开放”，要求北京“两区”持续推进对外经贸合作提质增效，确保开放程度与监管能力相适应，推动北京开放型经济迈上新台阶。

加快构筑对外开放新高地。加快从商品要素开放向规则等制度型开放转变，更好地参与国际竞争与合作。完善高水平对外开放政策体系，推动“两区”政策与中关村先行先试等政策贯通。探索服务贸易负面清单管理模式，最大限度放宽外资准入。支持外资投资机构参与 QFLP、QDLP、人民币国际投贷基金等试点。按照相关标准向外资开放国内互联网虚拟专用网业务。鼓励外商投资养老机构、参与商业性旅游景区开发建设、举办经营性职业技能培训机构，支持设立国际研究型医院或研究型病房。探索金融、规划、建筑设计等专业服务领域国际人才过往资历认可机制，为研发和执业人才提供签证、工作和生活便利。

提升适应全面开放新格局的监管能力。不断完善法规政策、标准规制、管理流程等监管体系，构建更加公平、安全的市场环境。深入落实国家“宏观审慎+微观监管”管理框架，防范跨境资本流动风险。严格实施出口管制法，优化出口管制许可和执法体系，努力构建现代化出口管制体系。探索区块链技术在数字贸易治理中的应用。

优化进出口结构和质量。发挥进口对科技创新和产业升级的积极作用，进一步扩大重要装备、先进技术和关键零部件进口，支持能源资源产品、农产品、优质消费品进口，积极申报国家进口贸易促进创新示范区。鼓励和支持高新技术产业和科技创新产品出口，推动一批中关村品牌的产品、技术、服务全产业链出口，培育以技术、品牌、质量、服务、标准为核心的国际竞争新优势。完善专业服务业“走出去”支持政策，推动研发设计、信息服务、文化贸易、中医药服务走向国际市场。支持外贸新业态、新模式发展。建立跨境电商外汇综合服务平台。推动服务外包转型升级、支持信息技术外包发展、发展服务型制造等新业态，积极争取将企业开展云计算、基础软件、集成电路设计、区块链、生物医药等技术研发和应用纳入国家科技计划支持范围。

推动贸易和投资自由化便利化。提升国际贸易便利化水平。提高通关信息化水平，拓展国际贸易“单一窗口”服务功能和应用领域，推进业务办理全程信息化、货物管理电子化、通关申报无纸化、物流状态可视化[①]。针对鲜活易腐商品实施预约通关、快速验放，扩大高级认证企业免担保试点范围，简化文物艺术品进口付汇和进出境手续，对软件和互联网服务贸易进行高效、便利的数字进出口检验[②]。优化北京首都国际机场货运设施及智能化物流系统，打造北京大兴国际机场全货机优先保障的货运跑道，提升高端物流能力。利用区块链技术，建设京津冀通关物流数据共享平台，实现三地跨境贸易数据“上链”[③]。

提升利用外资和服务水平。坚持高质量“引进来”，推行准入、促进、管理、保护多位一体的外商投资服务机制。全面落实外商投资准入前国民待遇加负面清单管理制度。简化外资项目核准手续，所有备案的外资项目一律实行告知性备案管理。做好外资服务，引导企业利用好各项惠企措施，畅通外资企业咨询服务和诉求反馈渠道。利用好中国国际服务贸易交易会、投资北京洽谈会、京港洽谈会等投资促进平台，创新开展招商活动，探索建立市场化招商引资奖励机制。加快建设北京市政府门户网站国际版。引导外资利用差异化均衡发展，促进外资

① 北京市发展和改革委员会官方网站．北京市实施新开放举措行动方案［EB/OL］．［2020-06-10］．http：//fgw. beijing. gov. cn/fzggzl/pyxytxms/zcwj/202006/t20200610_ 1921741. htm.

② 曹政．“十四五”北京 100%政务服务事项“全程网办全域通办”［N/OL］．北京日报客户端，［2021-01-26］．http：//ie. bjd. com. cn/5b165687a010550e5ddc0e6a/contentApp/5b16573ae4b02a9fe2d558f9/AP600fe868e4b00191eb6464f2. html.

③ 中国政府网．国务院关于深化北京市新一轮服务业扩大开放综合试点建设国家服务业扩大开放综合示范区工作方案的批复［EB/OL］．［2020-09-07］．http：//www. gov. cn/zhengce/content/2020-09/07/content_ 5541291. htm.

项目合理布局。

提升境外投资服务和管理水平。支持企业高水平“走出去”，培育本土跨国企业集团，健全促进和保障对外投资政策和服务体系，坚定维护企业海外合法权益。推进企业境外投资备案管理改革，进一步简化备案程序，优化企业境外投资外汇管理流程，创新境外投资事中事后监管。加强与亚投行、丝路基金等国家开放平台对接。完善“走出去”综合服务和风险防控体系，打造“京企走出去”线上综合服务平台，发挥企业境外服务中心、民营经济发展服务基地、城市商会联盟作用，为企业提供商机发现、项目撮合、投资咨询、财税指导、风险评估、安全预警等全方位服务。

专栏 2-8

北京自贸试验区大事记

【2020 年】

● 9 月 21 日，国务院印发《中国（北京）自由贸易试验区总体方案》的通知。

● 9 月 24 日，北京自贸试验区揭牌，标志着北京自贸试验区正式成立。

● 9 月 28 日，北京自贸试验区高端产业片区正式挂牌。

【2021 年】

● 1 月 6 日，北京市召开“两区”建设进展国际商务服务领域专场新闻发布会，北京全市 16 区和北京经济技术开发区，以及科技、商务、金融、教育、信息、医疗健康等 9 个重点领域牵头部门分别制定了推进“两区”建设的工作方案。同时，北京自贸试验区涵盖的 7 个组团（区）分别制定了自贸试验区实施方案。“两区”方案 251 项任务清单中，累计完成任务已近 90 项。

● 9 月 27 日，京津冀自贸试验区联席会议机制正式建立，成为京津冀协同发展历程中的又一标志性成果。

资料来源：北京自贸试验区官方网站，http：//open. beijing. gov. cn/.

（二）天津自贸试验区

天津地处中国华北地区，作为首批沿海开放城市，是中国对外开放的重要门户。作为经国务院批准设立的中国北方第一个自贸试验区，天津自贸试验区拥有北方最大的港口和华北第二大航空货运基地，实现了亚欧运输通道高效连接，海、铁、空、陆多式联运高效便捷，国际贸易和投融资业务聚集，是中国重要的对外开放平台。自2015年正式挂牌以来，天津自贸试验区具有明确的区域发展目标导向，机制特色明显。不仅承担着建设高水平对外开放平台的战略任务，还承担着推动京津冀协同发展的重要使命。“十三五”期间，把融入和服务国家战略、实现战略联动作为推进自贸试验区制度创新核心内容的天津自贸试验区，构建京津冀国际贸易大通道，打造“走出去”海外工程出口基地，服务京津冀企业国际化经营，服务京津冀高质量发展，推进区域协同创新和试点经验的共享共用。在服务京津冀协同发展上取得一系列创新成果，推动区域经济高质量发展。天津自贸试验区片区详情如表2-7所示。

表2-7 天津自贸试验区片区详情

片区	面积（平方公里）	重点发展产业
天津港片区	30	航运物流、国际贸易、融资租赁等现代服务业
天津机场片区	43.1	航空航天、装备制造、新一代信息技术等高端制造业和研发设计、航空物流等生产性服务业
滨海新区中心商务片区	46.8	以金融创新为主的现代服务业

资料来源：中国政府网．中国（天津）自由贸易试验区总体方案［EB/OL］．［2015-04-20］．http://www.gov.cn/zhengce/content/2015-04/20/content_9625.htm.

1. 发展成果

（1）487项措施+37项经验案例，天津自贸试验区制度创新亮出“津”字招牌。

作为我国北方首个自贸试验区，天津自贸试验区挂牌五年以来，充分发挥国家制度创新“试验田”的作用，在“放管服”、贸易、投资、金融、京津冀协同发展等重点领域为全国提供了有益借鉴。在投资贸易便利化、体制机制创新、审批监管改革等领域形成了一批可复制、可推广的改革创新经验。挂牌后，天津自贸试验区从“初出茅庐”到“羽翼渐丰”，累计实施487项制度创新措施，向全国复制推广37项试点经验和实践案例。2020年，国务院发布自贸试验区第六批37项改革试点经验，天津自贸试验区“融资租赁+汽车出口”业务创新、货物贸易“一保多用”管理模式等10项经验入选，入选数量最多，集中体现了天津特色产业集聚发展、贸易通关优化创新等工作成效。

持续深化“放管服”改革。天津自贸试验区在行政审批上持续深化“一制三化”改革，推进“无人审批超市”上线运行，建设项目联合审批、承诺制审批，实现环境影响评价“零审批”管理。“企业开办一窗通”服务平台上线以来，市内企业开办实现了一网通办，开办时间压缩到1个工作日以内。在全国率先实施经营许可“一址多证”、民非机构“多项合一”、电子营业执照全程电子化管理，首创最简告知承诺审批等创新举措。天津自贸试验区三个片区均已设立行政审批局。建立了综合受理单一窗口，实现了审批服务的全流程便利化。

开展多项税收优惠政策。天津自贸试验区成功开展了融资租赁货物出口退税试点、租赁公司进口大飞机税收优惠试点等多项税收政策试点。在全国率先实现了平行进口汽车入区保税仓储，进口汽车可以先以“保税仓储”的方式储存在区内，在实际销售时再向东疆海关申报缴税后运出，突破了汽车“落地征税”的限制。区内运行了全国首个平行进口汽车装备中心，作为天津自贸试验区机场片区所在地，天津港保税区是全国最大平行进口汽车集散地和销售市场，年进口量峰值达8万辆以上，占天津口岸的70%，占全国的50%以上。此外，获批全国首个邮轮母港进境免税店。率先试运行“全国电子仓单系统”，成为国内首个实现仓单质押融资以及“全国电子仓单系统”试运行的区域。

投资贸易便利化改革成绩亮眼。天津自贸试验区在贸易监管方式上寻求转变，开展“加工贸易自主核销”、试验用特殊物品准入、出口货物专利纠纷、航空维修RFID物联网担保等监管服务模式创新。建设高水平国际贸易“单一窗口”，出口退（免）税申报纳入管理，率先实现与国家“单一窗口”标准版集成对接及用户统一身份认证，并先后完成全国首单进口货物报关、首单既报关又报检货物申报放行、全国首单船舶“一单三报”功能对接和应用，实现与国家11个部委信息系统互联和数据共享。在东疆保税港区率先实施以“提前报关，码头验放”为主要内容的通关流程和物流流程综合优化（双优化）改革，减少物流环节，降低通关成本。截至2020年2月底，天津自贸试验区新增外资企业2707家，实际利用外资超100亿美元。全国首个海关区块链验证系统上线运行，促成全国13个海关实现进口租赁飞机跨关区监管。率先试运行“全国电子仓单系统”。设立对外投资合作“一站式”服务平台，3亿美元以下境外投资项目由核准改备案，办结时间缩短至1天。同时，获批全国首个邮轮母港进境免税店。天津自贸试验区主要经济指标如图2-2所示。

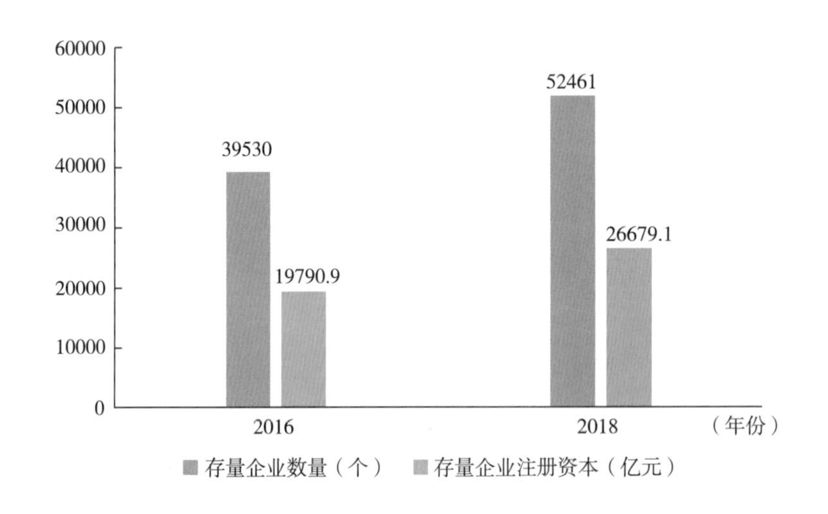

图2-2 天津自贸试验区主要经济指标

资料来源：王旭阳，肖金成，张燕燕．我国自贸试验区发展态势、制约因素与未来展望［J］．改革，2020（3）：126-139.

金融创新的绿地森林效应已初步形成。金融领域的开放创新一直是天津自贸试验区改革的“重头戏”，积极打造有效服务实体经济的金融支撑体系，“金改30条”准予实施政策已经全部落地，FT账户政策获批复制，天津成为继上海、海南之后，第三个上线FT账户的地区。天津自贸试验区在央企创新型金融业务、供应链金融、跨境投融资等领域形成了一批创新型操作案例，包括全国首批民营银行、全国首批外资私募证券基金、全国第一家保险国际救援公司、全国第一家互联网保险创新试点机构、全国第一家保险系金融服务公司等。率先开展飞机离岸租赁对外债权登记业务和共享外债额度便利化两个试点。出台全国首个自贸试验区保税租赁业务管理办法和首个商业保理行业监管办法。外资股权基金及管理公司注册经营模式成功落地，完成全国首单知识产权供应链金融资产支持专项计划。物流金融创新形成突破，全国电子仓单系统试运行，成为国内首个实现仓单质押融资以及“全国电子仓单系统”试运行的区域。开展金融综合监管试点，建立并升级非法集资监测预警系统，将区内企业纳入系统进行全网 24 小时实时监控，为金融风险防控和开放创新提供有力支撑。

“专家+管家”服务创新营商环境新模式。作为天津市的重点发展区域，天津自贸试验区已探索出一条独特的营商环境优化路径，并继续发挥国家制度创新“试验田”作用，提出“探索建立具有自贸特色的营商环境评价体系”。承担重点发展融资租赁等现代服务业功能的天津自贸试验区东疆片区，在集成申报标准化、文件共享化、审核智能化和授权一次性四项措施的赋能下，已经实现企业开办“不见面”“零接触”的“秒批”。针对融资租赁产业这一“金字招牌”，东疆保税港区管委会以“专家+管家”的服务模式，持续加大融资租赁产业和政策创新力度，发布融资租赁行业发展指数，成立租赁（人才）联盟，推动租赁业高质量发展。第三方独立机构“零点智库”的问卷调查结果显示，超过 55%的受访企业表示，落户天津自贸试验区主要考虑的因素是政府的服务态度和效率，政务服务已成为企业投资经营的重要影响因素。

建立健全法制保障体系。天津仲裁委员会成立自贸试验区知识产权仲裁中心和国际仲裁中心，中国国际经济贸易仲裁委员会、海事仲裁委员会设立天津自贸试验区仲裁中心，形成了多元化商事法律服务体系。成立华北知识产权运营中心，构建了“1+N”运营体系，促进“专利+技术+资本+产业”有效融合。天津市高级人民法院印发《天津法院服务保障中国（天津）自由贸易试验区建设的意见》，出台租赁业、商业保理审判工作指引。最高人民法院批复同意在滨海新区法院加挂天津自贸试验区法院牌子，市高法在自贸试验区设立市第三中级人民法院暨知识产权法庭。承办全国检察机关自贸试验区检察工作研讨会，滨海新区检察院成立天津自贸试验区检察室，负责审理区内各类案件，打击惩治经济犯罪，监督区内经济主体诉讼活动。天津自贸试验区发展政策汇总如表 2-8 所示。

表 2-8　天津自贸试验区发展政策汇总

时间	文件
2015 年	《中国（天津）自由贸易试验区条例》
	《关于印发〈中国（天津）自由贸易试验区文化市场开放项目实施细则〉的通知》
	《关于中国（天津）自由贸易试验区有关进口税收政策的通知》
	《海关总署关于支持和促进中国（天津）自由贸易试验区建设发展的若干措施》
	《国务院关于印发中国（天津）自由贸易试验区总体方案的通知》
2016 年	《天津市人民政府办公厅关于加快落实国家自由贸易区战略的实施意见》
	《关于印发〈推进中国（天津）自由贸易试验区外汇管理改革试点实施细则〉的通知》
2017 年	《中国（天津）自由贸易试验区汽车平行进口试点管理暂行办法》
2018 年	《国务院关于印发进一步深化中国（天津）自由贸易试验区改革开放方案的通知》
2019 年	《天津市人民政府印发关于支持中国（天津）自由贸易试验区创新发展措施的通知》
	《天津市人民政府办公厅关于印发中国（天津）自由贸易试验区创新发展行动方案的通知》
	《关于做好中国（天津）自由贸易试验区试点经验和创新实践案例复制推广工作的通知》
2020 年	《关于促进中国（天津）自贸试验区供应链金融发展的指导意见》
2021 年	《关于促进中国（天津）自由贸易试验区场外风险管理业务创新发展的若干意见》
	《天津市人民政府关于印发天津市深化“证照分离”改革进一步激发市场主体发展活力工作方案的通知》
	《中国（天津）自由贸易试验区滨海高新区联动创新区总体方案》 《中国（天津）自由贸易试验区中新生态城联动创新区总体方案》
	《关于促进中国（天津）自由贸易试验区法律服务业发展的若干意见》
	《关于做好中国（天津）自由贸易试验区改革试点经验复制推广工作的通知》
	《关于印发在中国（天津）自由贸易试验区开展保税维修和再制造业务支持措施的通知》

资料来源：天津自贸试验区官方网站，http：//www.china-tjftz.gov.cn/.

（2）三大片区优势互补的演绎态势逐渐形成。

天津机场片区航空产业集聚效应显现，引航高端制造业腾飞。作为中国华北地区重要的航空货运中心，在挂牌以来的六年时间里，天津机场片区坚持以制度创新为核心，以航空航天等高端制造业和生产性服务业为重点，各项工作取得了长足发展，走出了自己的特色。为了更好地支持航空产业发展，天津机场片区解决了境外飞机入区保税维修后必须即刻飞离国境、无法完成剩余航程的问题；推出了境外飞机保税检测复入境开展“客改货”业务新模式；制定出台了《天津自由贸易试验区机场片区支持和鼓励航空保税维修再制造产业发展若干措施》和《中国（天津）自由贸易试验区机场片区规范和指导企业适用保税维修再制造政策的若干意见》，其中多项政策为国内首创，涵盖了从飞机维修、“客改货”、部件延伸维修、适航性检测、信用评定到保税仓储等诸多领域，对于进一步做大做强航空维修产业、扩大吸引更多企业入区经营和推动保税维修再制造新业态向更多行业和更深层次发展，均起到一定支撑作用。与此同时，天津机场片区也成功实现了由飞机保税维修试点向船舶保税维修试点的功能拓展，更开创了由自贸试验区企业自主开展保税维修试点到自贸试验区企业委托区外企业在滨海新区范围内成立天津自贸试验区机场片区维修再制造产业联盟，促进联盟成员间产业互补、项目互动、资源共享、创新发展，推动维修再制造产业做大做强。

天津港片区东疆保税港区聚焦现代服务业，“东疆租赁模式”享誉全国。天津港片区东疆保税港区重点发展航运物流、融资租赁、国际贸易等现代服务业，是中国北方国际航运中心和国际物流中心的核心功能区。未来，这一区域将依托港口优势，打造国家进口贸易促进创新示范区和国家租赁创新示范区。东疆片区租赁资产总额超过万亿元，占全国的1/4。飞机、国际航运船舶租赁全国占比近80%，海工平台、飞机发动机租赁全国占比近100%，发电设备、轨道机车、医疗设备租赁全国占比保持较大优势。当前，天津港东疆片区正在加快推进租赁2.0升级，打造集政策、创新、服务于一体的租赁产业生态链，服务国海海工资产处置平台，成立飞机租赁资产管理公司，支持租赁服务实体经济，引导租赁产业从资本时代走向资产时代。

滨海新区中心商务片区集聚金融“首店”，建成全市唯一全牌照区域。挂牌以来，天津自贸试验区滨海新区中心商务片区按照《中国（天津）自由贸易试验区总体方案》要求，聚焦创新金融和现代服务业发展，成效明显。紧扣“金融创新示范区”功能定位，滨海新区中心商务片区不断推动金融创新特色产业快速发展，银行、证券、保险、信托、基金、典当、交易市场、金融租赁各种业态完整覆盖，是天津全市唯一一个金融全牌照区域。同时，滨海新区中心商务片区保理产业亮点纷呈，近20家央企保理公司落户于此，占全国的1/2。成立“天津商业保理创新发展基地”，全面试点税务、外汇、征信、拓宽融资渠道等10项举措，推动保理公司在模式、产品、业务等方面先行先试。在全国率先建设供应链金融数字信息服务平台。打造资管特色，加速推动资管领域创新发展，首创跨境投融资平台，全方位服务企业“走出去”。构建金融发展生态，全方位支持企业创新发展。

（3）增添两个联动创新区，打造“自贸试验区+自创区+生态城”联动发展新格局。

为进一步扩大自贸试验区试点的深度和广度，为国家贡献更多改革试点经验，2021 年 4 月天津市出台了《中国（天津）自由贸易试验区滨海高新区联动创新区总体方案》《中国（天津）自由贸易试验区中新生态城联动创新区总体方案》，决定在天津滨海高新区技术产业开发区、中新天津生态城建设自贸试验区的两个联动创新区。

滨海高新区联动创新区总面积 32. 6 平方公里，重点发展信息技术应用创新产业、生物医药产业、新经济服务业。这一区域的战略定位是加快建设“中国信创谷”、京津冀特色“细胞谷”和滨海科技城，打造世界一流产业创新中心核心引领区。

中新生态城联动创新区总面积 3. 1 平方公里，重点发展文化健康旅游产业、绿色产业。这一区域的战略定位是加快打造面向东盟地区的自贸服务平台、面向全国的生态文明建设标杆、面向京津冀的现代康养和亲海旅游目的地，成为现代产业集聚、要素高效流动、营商环境优良、示范带动作用突出的高质量联动创新区。

联动创新区成立后，重点从以下三个层面推进：

面向企业：推动自贸试验区效果良好且属于市级事权的创新措施集中复制推广。对于符合联动创新区发展定位、确实急需的国家事权创新措施，按照“一事一议”原则研究推进。滨海高新区聚集大量高新技术企业，对于保税研发业务创新有大量的实际需求，联动创新区可以通过建设保税研发公共服务平台等方式，实现资源共享。

面向改革：支持联动创新区发挥自贸试验区先行先试优势，自主开展制度创新。滨海高新区可以将区域内的天津国家自主创新示范区与天津自贸试验区政策相结合，推动科技创新和制度创新双轮驱动，打造世界一流产业创新中心核心引领区。“自创”侧重企业的科技创新、科研人才聚集，而“自贸”侧重制度创新，进而为企业赋能，实现自创、自贸两项国家战略定位互补互促。

面向国际：推动联动创新区与自贸试验区同步开展制度创新。联动创新区将对标 RCEP、中欧 CAI、CPTPP 等国际经贸规则，在相关领域进行国际规则运行下的风险压力测试。

中新天津生态城可利用中国与新加坡合作优势，将“生态城—新加坡”的联络通道拓展为“京津冀—东盟”，推动京津冀企业借力新加坡进入东盟市场，打造面向东盟地区的自贸服务平台。

（4）全国率先实施京津冀区域通关一体化改革，助推京津冀三地融合共赢。

挂牌以来，天津自贸试验区始终将协同发展作为战略举措，在全国率先实施京津冀区域通关一体化改革，打造央企创新型金融板块承载地和跨境投融资枢纽，助推京津冀三地融合共赢。2020 年，70 余项京津冀特色创新措施已全部落地。天津自贸试验区作为三地中的第一个自贸试验区，到 2020 年累计实施 487 项制度创新措施，复制推广 37 项经验案例，在融资租赁、二手车出口业务、商业保理、人才引进、金融创新、保税维修等方面形成了一批前沿模式，有针对性地服务京津冀企业。

构建京津冀国际贸易大通道。天津自贸试验区率先实施了京津冀区域通关一体化改革，为全国通关一体化贡献经验，探索口岸通关和物流流程综合优化改革。推动天津港提质降费增效，推动将中欧班列（天津）发展为集跨境电子商务、国际海铁联运、中转集拼等功能于一体的综合系统。保税中转集拼功能的落地对于进一步完善天津口岸功能，促进港口功能提升和港航服务要素集聚具有十分重要的意义。建成的新港北集装箱中心站提高了天津港的集装箱吞吐量并进一步扩大天津港的铁路疏港能力。开展首单保税买断出口集拼业务，改变了在口岸通过一般贸易方式进行集拼作业的模式。

“真金白银”吸引企业助推京津冀高质量发展。发挥开放门户作用，推动在飞机维修、演艺经纪等领域的率先开放，设立总规模 100 亿元的京津冀产业结构调整引导基金，成立京津冀众创联盟，积极探索离岸租赁、国际保理、医疗健康、物流金融、跨境电商、数字经济、二手车出口等创新业务，有力促进区域新经济、新动能、新模式的培育。

助力服务京津冀企业国际化经营。作为上海、海南之后第三个开通自由贸易（FT）账户的自贸试验区，天津自贸试验区发挥跨境本外币资金池、FT 账户等跨境投融资综合功能优势，着力打造“走出去”海外工程出口基地、央企创新型金融板块承载地和跨境投融资枢纽，中国交通建设集团、中国铁道建筑集团、北京北方车辆集团等一批企业在自贸试验区设立“走出去”功能总部。

178 项可联动发展案例助力服务京津冀协同发展。天津自贸试验区成立京津冀众创联盟，实现了离岸租赁、国际保底物流等一批创新业务。自贸试验区签署了京津冀战略合作框架协议，涉及制度创新、产业对接、金融创新、政务服务、投资合作、数据互联互通、国际商贸物流合作等多个领域，该协议力求通过政府协同、多方参与、资源整合，充分发挥三省市自贸试验区在京津冀地区新一轮改革开放中的示范带动作用。

（5）发挥租赁产业创新优势，服务京津冀企业升级拓展。

融资租赁是天津自贸试验区产业定位的核心特色以及金融创新的亮丽“名片”。天津自贸试验区持续在政策创新领域发力，融资租赁企业外债便利化政策试点、飞机离岸融资租赁业务对外债权登记政策试点、离岸融资租赁对外债权登记业务试点等一大批改革创新政策在东疆片区落地，在加快推动中国租赁业创新发展方面真正起到了引领示范作用，并不断利用产业优势服务京津冀企业。2021年，天津自贸试验区东疆片区已经成为全球第二大飞机租赁聚集地。在天津自贸试验区东疆片区注册的租赁企业中，有一大批来自京津冀地区，既有如中国铁建、中海油、中国船舶重工集团、中远、中铝、三大电信运营商、五大电力国企等来自北京的央企，也有来自河北的河钢集团、津西钢铁集团、新奥集团等企业。相关企业主营业务在制造、能源、航运、交通等第二产业，将天津自贸试验区东疆片区作为企业拓展业务的创新平台。国务院第六批自贸试验区改革试点经验（天津）如表2-9所示。

表2-9　国务院第六批自贸试验区改革试点经验（天津）

序号	试点经验
1	“融资租赁+汽车出口”业务创新
2	二手车出口业务新模式
3	保理公司接入央行企业征信系统
4	绿色债务融资工具创新
5	货物贸易“一保多用”管理模式
6	保税航煤出口质量流量计量新模式
7	证照“一口受理、并联办理”审批服务模式
8	融资租赁公司风险防控大数据平台
9	野生动植物进出口行政许可审批事项改革
10	医疗器械注册人委托生产模式

资料来源：中国政府网. 关于做好自由贸易试验区第六批改革试点经验复制推广工作的通知［EB/OL］.［2020-07-07］. http://www.gov.cn/zhengce/content/2020-07/07/content_5524720.htm.

2. 远景规划

为更大力度推动自贸试验区改革开放创新，《天津市国民经济和社会发展第十四个五年规划和2035年远景目标纲要》提出，建设更高水平的自由贸易试验区。坚持“首创性”“差异化”标准，积极推进投资、贸易、监管等制度创新，提升要素供给效率，实现更高水平的投资便利、贸易便利、资金往来便利和要素供给便利，打造全国高水平自贸试验区。

充分发挥改革开放先行区作用，适时修订《中国（天津）自由贸易试验区条例》，赋予自贸试验区更大的自主发展、自主改革和自主创新管理权限。

深入落实自贸试验区外商投资负面清单，加快金融、电信、互联网、教育、文化、医疗等服务领域开放步伐，放宽外商投资企业注册资本、投资方式、从业人员、经营范围等限制，促进各类市场主体公平竞争。

推进综合保税区功能升级，实现更高水平“一线放开、二线管住、区内自由”的特殊综合保税区功能。

推动自贸试验区扩展区域，打造国内国际经济双向循环的重要资源要素配置枢纽、京津冀现代产业集聚区、中日韩自贸试验区战略先导区。

加强自贸试验区与天津市全市改革创新联动，构建由自贸试验区、综合保税区、开放园区组成的开放型经济发展新格局。

专栏 2-9

天津自贸试验区大事记

【2015年】

● 2月26日，天津自贸试验区推进工作领导小组第一次会议召开。

● 4月10日，《中国（天津）自由贸易试验区总体方案》发布。

● 4月21日，天津自贸试验区正式挂牌成立。

● 5月8日，《海关总署关于支持和促进中国（天津）自由贸易试验区建设发展的若干措施》发布。

【2016 年】

● 4 月 21 日，《天津市人民政府办公厅关于加快落实国家自由贸易区战略的实施意见》发布。

【2017 年】

● 4 月 19 日，《中国（天津）自由贸易试验区汽车平行进口试点管理暂行办法》发布。

● 10 月 15 日，天津市召开自贸试验区金融创新专家咨询委员会成立大会。

【2018 年】

● 5 月 4 日，《国务院关于印发进一步深化中国（天津）自由贸易试验区改革开放方案的通知》发布。

【2019 年】

● 9 月 30 日，《天津市人民政府办公厅关于印发中国（天津）自由贸易试验区创新发展行动方案的通知》发布。

【2020 年】

● 12 月 8 日，天津市市场监管委决定在天津自贸试验区扩大“多证合一”整合范围。

【2021 年】

● 4 月 23 日，关于印发《中国（天津）自由贸易试验区滨海高新区联动创新区总体方案》《中国（天津）自由贸易试验区中新生态城联动创新区总体方案》的通知发布。

资料来源：天津自贸试验区官方网站，http：//www. china-tjftz. gov. cn/.

（三）河北自贸试验区

河北地处华北平原，环抱首都北京，东与天津毗连，地处沿海开放地区，是中国经济由东向西梯次推进发展的东部地带。2019 年 8 月 30 日，河北自贸试验区正式挂牌设立。河北自贸试验区肩负的使命除了各地共性的制度创新内容外，还有全面落实中央关于京津冀协同发展战略和高标准高质量建设雄安新区这两个核心要求。河北自贸试验区包括雄安片区、正定片区、曹妃甸片区、大兴机场片区四大片区，由于大兴机场片区也包含北京市大兴区的 9. 97 平方公里，河北自贸试验区成为全国唯一跨省市的自贸试验区，为推动京津冀协同发展迈出了实质性一步。河北自贸试验区建设雄安片区，也就意味着河北自贸试验区将与雄安新区这一“千年大计”相叠加，协同打造新时代改革开放新高地，建设落实新发展理念的创新发展示范区。河北自贸试验区的设立，成为河北继京津冀协同发展、雄安新区规划建设、2022 年冬奥会筹办后又一重大发展机遇。河北自贸试验区片区详情如表 2-10 所示。

表 2-10　河北自贸试验区片区详情

片区	面积（平方公里）	功能定位	重点发展产业
雄安片区	33.23	建设高端高新产业开放发展引领区、数字商务发展示范区、金融创新先行区	新一代信息技术、现代生命科学和生物技术、高端现代服务业等产业
正定片区	33.29	建设航空产业开放发展集聚区、生物医药产业开放创新引领区、综合物流枢纽	临空产业、生物医药、国际物流、高端装备制造等产业
曹妃甸片区	33.48	建设东北亚经济合作引领区、临港经济创新示范区	国际大宗商品贸易、港航服务、能源储配、高端装备制造等产业
大兴机场片区	19.97	建设国际交往中心功能承载区、国家航空科技创新引领区、京津冀协同发展示范区	航空物流、航空科技、融资租赁等产业

资料来源：中国政府网．中国（河北）自由贸易试验区总体方案［EB/OL］．［2019-08-02］. http：//www. gov. cn/gongbao/content/2019/content_ 5428459. htm.

1. 发展成果

（1）192 项共性制度创新+195 项省级经管权限下放，河北深耕改革开放“试验田”。

自设立以来，河北自贸试验区试点任务进展顺利，河北总体方案确定的 98 项改革试点任务有效实施率达 82%，总体建设成效显著。以制度创新为核心，以解决市场主体困难为着力点，以推动数字、金融、产业三大重点领域首创性改革试验为牵引，河北自贸试验区深耕创新“试验田”，已形成 27 项具有首创性、可复制推广的制度创新成果，其中 11 项创新案例具有全国首创性、16 项制度创新案例面向全省复制推广。对外开放水平大幅提升，2020 年河北自贸试验区的区域面积占全省万分之六，但却吸引了同期全省 24. 1%的新设外资企业和 14. 8%的合同外资额，创造了全省 10. 1%的外贸进出口额。

梳理形成192项各片区共性制度创新清单和一批符合各片区功能定位的个性制度创新清单。挂牌一年多时间，河北自贸试验区把握住制度创新的主动权，省自贸试验区领导小组办公室推动开展首创性、差别化改革探索。在贸易便利化领域，形成了海事静态业务“两集两同”办理新模式，首次将交通运输部下放的和分散在河北海事局、曹妃甸海事局及下设海事处的海事动态执法之外的所有39项静态业务调整到曹妃甸片区政务服务大厅办理，实现了集中办公、集约办理；在金融领域，河北自贸试验区雄安片区在全球首创“5G+场景”智慧金融服务新模式，着眼于发展新一代信息技术等产业方向，积极布局5G领域国家（重点）实验室、工程研究中心等国家级创新平台，首次实现了5G网格切片技术在金融机构的商业应用，会同中国农业银行在雄安片区建成了首个“5G+场景”智慧银行网点；在京津冀协同发展方面，大兴机场片区廊坊区域和北京区域首创综合保税区跨境共商共建共享模式，蓄力构建全国首创综合保税区跨界共商共建共享新模式的标杆，对推动京冀两地协调联动发展意义重大。

“照单点菜”，向各片区管委会下放首批195项省级经济管理权限。行政审批加快，是河北自贸试验区优化营商环境的一大利器。挂牌一年间，河北省创新“照单点菜”放权机制，通过“照单点菜”的方式，下放首批195项省级经济管理权限到各片区管委会；河北省在自贸试验区深入实施“证照分离”改革试点全覆盖，自2019年12月1日起，在自贸试验区内对中央层面设定的523项、省级层面设定的17项行政审批事项开展“证照分离”改革全覆盖试点工作，加快了政府职能转变，激发了市场主体活力，优化了营商环境。深化“证照分离”改革先行先试，在梳理政府部门间监管职责的过程中，逐步形成“宽进严管”的审批管理模式，并在事中事后监管等方面开展创新探索，以改革“小切口”带来政府职能转变的“大成效”。河北自贸试验区两批29项制度创新案例汇总如表2-11所示。

表2-11 河北自贸试验区两批29项制度创新案例汇总

领域	制度创新案例
贸易便利化（3项）	“大数据+”船舶交通智能服务系统、海事静态业务“两集两同”办理新模式、“互联网+港口+供应链”智能网络货运平台

续表

领域	制度创新案例
金融创新（6 项）	“跨境融资+跨境租赁”集成创新新模式、“5G+场景”智慧金融服务新模式、创新保税货权转移项下的收汇新模式、跨境人民币结算动态“白名单”模式、“区块链+仓单质押”供应链金融新模式、征拆迁资金循环使用新模式
政府职能转变（17 项）	基于区块链技术的建设资金管理新模式、探索创新经济社会管理权限下放模式、以登记注册便利化改革激活企业活力、创新企业开办全过程远程指导服务新模式、“十统四分”征迁新模式、“区域评估+标准地+告知承诺+综合服务”一体化审批新模式、开展“证照分离”改革全覆盖试点、实施环评审批正面清单制度、“多测合一”工程建设领域测绘服务管理模式、资金支持政策“一门受理、一门兑现”、商事纠纷“调解+”新模式、政务服务全领域无差别“一窗受理”改革、土地预告登记转让制度试点、“2+2+1”海域使用权审批新模式、试行海事政务办理告知承诺制、海事船检“协同办证”新模式、“照单点菜”放权新机制
京津冀协同发展（2 项）	综合保税区跨界共商共建共享新模式，打造京津冀协同发展示范样板四大机制
产业开放发展（1 项）	产业发展“多层次生态”培育模式

资料来源：河北新闻网．河北自贸试验区推出首批 16 项制度创新案例［EB/OL］．［2020-08-05］．http：//hebei. hebnews. cn/2020-08/04/content_ 8037785. htm；长城网．河北自贸试验区推出第二批（13 项）制度创新案例［EB/OL］．［2021-02-10］．https：//baijiahao. baidu. com/s？ id = 1691310795301514116&wfr = spider&for = pc.

（2）三大重点领域引领首创性改革试验。

推动数字领域开放创新。加强顶层设计，打出开放创新“组合拳”，河北自贸试验区总体方案明确了建设数字商务发展示范区的定位，省政府紧密结合河北实际，出台《关于支持数字经济加快发展的若干政策》等文件，制定《正定数字经济产业园发展规划（2021—2025 年）》，将高标准规划建设正定数字经济产业园作为优化河北省产业结构、推进经济转型升级的重大战略项目。省领导小组办公室首创形成了 2020 全球数字贸易规则与标准研究报告、数字贸易综合服务平台规划研究报告两项前瞻性研究成果，举办了中国（河北）自由贸易试验区数字贸易论坛，提出了 2020 全球数字贸易发展倡议。加快数字贸易发展，抓住石家庄市、唐山市获批国家跨境电商综合试验区机遇，正定片区跨境电商 1210 业务首单成功通关。

推动金融领域开放创新。强化首创性改革探索，雄安片区启动区内建设“金融岛”，在依法依规的前提下，探索监管“沙盒机制”，支持股权众筹试点在雄安股权交易所先行先试，已入盒 5 个创新应用；创新建设资金管理新模式，雄安片区首创了区块链技术在资金管理中的深度应用，构建了基于区块链技术的建设资金管理新模式，建立区块链技术应用的雄安标准；推进数字人民币试点，落地全国首笔“区块链+数字货币”业务；雄安本外币账户一体化试点获批，相关工作正在积极推进；建成首个真正意义上的“5G+场景”智慧银行网点。强化金融机构建设，河北省领导小组办公室与省中行、农行、工行、建行和交行签署战略合作协议，各商业银行在片区设立了多家自贸试验区分行和支行。强化金融支持服务，河北省银保监局出台金融 15 条支持政策，国家外汇管理局河北省分局出台 9 项举措推进外汇管理改革试点，河北省商务厅在新冠肺炎疫情防控期间组织银企对接为片区企业提供信贷支持。

推动产业领域开放创新。在国际大宗商品贸易领域，2020 年 4 月在海关总署备案的“铁矿石保税筛矿”就是由曹妃甸片区提出，于 8 月正式落地实施，首批 5000 吨铁矿石已完成筛分。这项全国首创的政策允许将铁矿石筛分环节前移至保税仓库内，不仅提高了保税仓库利用率，还为国内钢铁企业提供了更多供货渠道，降低了国内钢铁企业物流成本，优化了进口矿石交付质量。在海事领域，河北海事局会同曹妃甸片区推出促进航运便利化的“海事 15 条”创新举措，“海事静态业务集约化办理模式”等 3 项举措获国家交通运输部充分肯定，船舶海上交通模式的经验做法在《国务院自贸试验区工作部际联席会议简报》（2020 年第 3 期）专版刊发。在生物医药领域，正定片区创新生物医药知识产权维权援助管理服务模式，建成全国首个自贸试验区生物医药知识产权维权援助中心。河北自贸试验区发展政策汇总如表 2-12 所示。

表 2-12　河北自贸试验区发展政策汇总

时间	文件
2019 年	《河北省市场监督管理局关于印发支持中国（河北）自由贸易试验区建设措施的通知》
	《关于支持中国（河北）自由贸易试验区正定片区高水平开放高质量建设的若干意见（试行）》
	《中国（河北）自由贸易试验区管理办法》
	《中国（河北）自由贸易试验区总体方案》
2020 年	《关于加强中国（河北）自由贸易试验区金融服务工作的指导意见》
	《唐山市曹妃甸区关于人才集聚政策相关规定（试行）》
	《中国（河北）自由贸易试验区条例》
	《曹妃甸海事局关于发布 15 项服务自贸片区经济建设相关举措的通告》

续表

时间	文件
2020 年	《河北省交通运输厅关于进一步做好自由贸易试验区交通运输“证照分离”改革全覆盖试点工作的通知》
	《河北省广播电视局关于支持河北自贸试验区建设发展的若干举措》
	《中共唐山市委唐山市人民政府关于支持中国（河北）自由贸易试验区曹妃甸片区高水平创新发展的意见（试行）》
	《关于加快推进中国（河北）自由贸易试验区正定片区重点产业高质量发展的若干政策措施（试行）》
	《关于进一步扩大自贸试验区服务业开放推动营业性演出、增值电信、印刷等领域对外合作的若干措施》
	《关于在中国（河北）自由贸易试验区正定片区开展“证照分离”改革全覆盖试点工作的实施方案》
2021 年	《关于进一步深化“放管服”改革持续推进河北自由贸易试验区创新发展的贯彻落实意见》
	《河北省高级人民法院关于为中国（河北）自由贸易试验区建设提供司法服务和保障的实施意见》

资料来源：河北自贸试验区官方网站，http：//ftz. hebei. gov. cn/.

（3）四大平台打造综合竞争新优势。

加快保税监管平台建设。雄安片区加快申报综合保税区，探索实施海关特殊监管区“智慧监管”新模式。正定片区推进口岸医药物流中心，医药展示交易中心，国际邮件互换局，石家庄综合保税区肉类、水果和冰鲜水产品指定监管场地，进口钻石指定口岸，产业发展孵化基地，A 类飞行服务站等功能平台建设；石家庄综合保税区进出口贸易在全国 139 家海关特殊监管区域中排名明显提升。曹妃甸片区完成首单国际船舶保税配件区港直供业务，取得国际航空运输协会正式批复城市代码 CFZ，全程提单货物在周边空港办理中转手续后可直接进出，使曹妃甸片区具备航空港功能，多式联运实现快速发展。

加快口岸开放平台建设。正定片区成功获批金伯利进程国际证书制度钻石指定口岸，可开展毛坯钻石进出口业务和实现境外毛坯钻“一站式”运达，已建成珠宝钻石检测中心，预计年交易额超亿美元；积极申建药品进口口岸，与药品进口口岸配套的医药展示交易中心和口岸医药物流中心项目主体已完工；加快 A 类低空飞行服务站建设，完成运维主体注册，飞行指挥所已开始建设；积极申请第五航权，石家庄正定国际机场 2020 年先后开通 9 条国际货运航线。唐山市国家第二批二手车出口试点已成功获批，曹妃甸片区正在加快制定管理办法和支持政策。

加快国际大宗商品贸易平台建设。曹妃甸片区大宗商品交易中心通过场地验收，该交易中心立足曹妃甸，凭借曹妃甸天然深水港、海运便利的港口条件，依托曹妃甸片区的政策红利，助推河北省大宗商品进出口以及相关产业的现货贸易发展。中国五矿曹妃甸国际矿石交易中心投产运营，交易中心涵盖保税、仓储、配矿、保值、融资、现货、期货交割库等功能，交易中心将针对矿石进港、混配、出港等环节建立大数据，精准开展运营管理，为钢铁企业提供一对一的定制服务和售后技术服务保障。建成30万吨原油码头和90亿立方/年的LNG（液化天然气）码头及储运设施，新天LNG项目加快建设；与中船燃达成合作共识，打造中国北方重要的船舶保税燃料油供应基地。

加快产业合作平台建设。推动装备制造产业开放创新，打造装备制造和再制造产业合作平台，曹妃甸片区积极申建国家进口高端装备再制造产业示范园区，试点高附加值大型成套设备及关键零部件进口再制造，放宽高端装备制造产品售后维修进出口管理；中铁十六局盾构机再制造项目竣工投产；打造科技创新合作平台，雄安片区建成区块链技术创新实验室、IPv6实验室、智能交通实验室等一批新型研发机构；正定片区产业发展孵化基地建设顺利，加快推进5G全覆盖；大兴机场片区廊坊区域推进中国航空科教产业园、国家新能源汽车大数据监控中心和德邦廊坊智慧城市服务总部建设。

（4）多措并举健全服务保障体系。

推进地方立法。2019年10月28日，以河北省人民政府令形式在全国第五批6个自贸试验区中率先印发实施《中国（河北）自由贸易试验区管理办法》。2020年9月24日，河北省第十三届人大常委会第十九次会议在全国第五批6个自贸试验区中率先表决通过《中国（河北）自由贸易试验区条例》，并于2020年11月1日起施行。

密集出台支持政策。省级层面，河北省领导小组办公室印发《关于中国（河北）自由贸易试验区引进高端创新人才的若干措施》，从引进急需高端创新人才、加大人才创新创业支持力度等16个方面着手，积极打造人才集聚高地，为河北自贸试验区高质量发展提供强力人才支撑和智力支持；河北省市场监管局、外汇管理局、银保监局等部门纷纷出台支持服务自贸试验区建设的创新举措。市级和片区层面，石家庄市、唐山市、廊坊市和正定县、曹妃甸区均已出台加快片区高质量发展的政策措施。

提升政务服务水平。实现“证照分离”改革全覆盖，在河北自贸试验区4个片区对540项涉企经营许可事项实行清单管理，清单之外不得违规限制企业（含个体工商户、农民专业合作社）进入相关行业或领域，企业取得营业执照即可自主开展经营。曹妃甸片区对中央层面和省级层面设定的涉企经营许可事项进行了分类归属，25家单位分别认领这540项涉企经营许可事项，制定各自单位的改革事项清单，并与曹妃甸片区申请下放的省级审批事项427项进行交叉筛选，确定曹妃甸片区省级“证照分离”改革事项，并为华能曹妃甸港口有限公司颁发全国试点改革“第一证”。优化政务服务环境，雄安片区推行“极简审批”，实现高频事项“一网通办、掌上办、指尖办、全程网办”，提升了业务办理效率，推动了政务服务向“两微一端”延伸拓展，努力提供多样性、多渠道、便利化的网上政务服务；正定片区269项服务事项实现“一门受理”，中国（河北）自由贸易试验区正定片区政务服务中心正式启用，该中心集中了河北自贸试验区正定片区、正定新区、正定县的服务事项，是集咨询服务、智能自助、窗口办件为一体的智慧政务中心；曹妃甸片区设立24小时自助服务专区，打破了传统的大厅排队办业务的局限，突破了时间和空间的限制，使政务服务“不打烊”变为现实；大兴机场片区廊坊区域最大限度推行“即来即办、立等可取”。

促进要素跨区域流动。着眼承接北京非首都功能疏解，河北省市场监管局出台了支持促进京津冀要素跨区域流动政策措施，简化搬迁至河北自贸试验区的北京、天津企业的原有资质、认证审核程序，允许符合条件的北京、天津企业将注册地变更到河北自贸试验区后可以继续使用原企业名称，雄安片区已吸引国网金融科技、中移股权基金等55家北京、天津企业落户[①]。着眼促进人才跨区域流动，京津冀人力资源和社会保障部门签署《关于京津冀专业技术人员职称资格互认协议》，促进了三地专业技术人员的自由流动，建立区域人才资质互认、双向聘任等制度，在待遇、职称评定等方面根据个人意愿予以保留或调整[②]。

① 陈发明，宋美倩．河北自由贸易试验区推动京津冀要素跨区域流动［N/OL］．经济日报，［2021-01-06］．http：//district. ce. cn/zg/202101/06/t20210106_ 36193541. shtml.

② 中国政府网．国务院关于印发6个新设自由贸易试验区总体方案的通知［EB/OL］．［2019-08-26］．http：//www. gov. cn/zhengce/content/2019-08/26/content_ 5424522. htm.

专栏 2-10

河北自贸试验区的五大特色解读

● 服务重大国家战略，推动京津冀协同发展。河北自贸试验区将北京大兴国际机场临空经济区部分区域纳入实施范围，紧紧围绕区域合理分工、资源优化配置和要素跨区域流动等方面提出制度创新举措，将进一步推动京津冀产业协同创新，增强开放协同效应，带动冀中南乃至整个河北的开放发展，与京津共同打造世界级城市群。具体措施包括：支持北京中关村、天津滨海新区及周边开发区与自贸试验区深度合作、创新发展；已在北京、天津取得生产经营资质、认证的企业搬迁到河北自贸试验区后，经审核继续享有原有资质、认证；允许符合条件的注册地变更到河北自贸试验区的北京、天津企业继续使用原企业名称等。

● 建设开放发展先行区，引领雄安高质量发展。河北自贸试验区将结合雄安新区总体规划和建设开放发展先行区的有关要求，建设高水平综合保税区，发展各类新型贸易业态；建设数字商务发展示范区，支持建立数字化贸易综合服务平台，推进公共数据利用改革试点，推进基于区块链、电子身份（EID）确权认证等技术的大数据可信交易等；推进生命科学与生物技术创新发展，鼓励企业进行免疫细胞治疗、单抗药物、基因治疗、组织工程等新技术研究，建立人类遗传资源临床试验备案制度，推动雄安片区建设基因数据中心等。

● 推动金融开放创新，建设金融创新先行区。河北自贸试验区将支持雄安新区建设金融创新先行区，探索监管“沙盒机制”，推进绿色金融第三方认证计划，培育环境权益交易市场，支持股权众筹试点等。扩大金融领域对外开放，支持商业银行设立金融资产投资子公司，开展 QFLP 和 QDIE 业务试点等。深化外汇管理体制改革，放宽跨国公司外汇资金集中运营管理准入条件，探索研究融资租赁公司和商业保理公司进入银行间外汇市场等。推动跨境人民币业务创新，探索开展境内人民币贸易融资资产跨境转让等。

● 推动高端高新产业开放发展，建设全球创新高地。河北自贸试验区将以新一代信息技术、生物医药和生命健康、高端装备制造等产业为重点，加快实施一系列产业开放创新政策措施，集聚国内外高端生产要素，引进全球创新资源，助力自贸试验区深度融入全球产业链，打造具有全球影响力的产业开放创新中心。主要措施包括：推动生物医药和生命健康产业开放发展，支持石家庄建设进口药品口岸，设立首次进口药品和生物制品口岸；支持建立基因检测技术应用示范中心和公共技术平台，开展医疗器械跨区域生产试点，设立医药知识产权维权援助分中心等。推动装备制造产业开放创新，支持建设国家进口高端装备再制造产业示范园区，试点高附加值大型成套设备及关键零部件进口再制造，放宽高端装备制造产品售后维修进出口管理等。

● 依托陆海空综合交通优势，打造国际贸易重要枢纽。河北自贸试验区从发挥雄安综合交通枢纽、大兴国际机场国际航空枢纽、曹妃甸天然深水大港、正定机场空铁联运的优势出发，在打造“一带一路”空中经济走廊、发展航空服务业和航运服务业、建设多式联运中心、开展国际大宗商品贸易等方面进行探索，将加快融入“一带一路”建设，形成国际贸易竞争新优势。具体措施包括：支持曹妃甸片区发挥资源区位优势，开展大宗商品现货交易，发展国际能源储配贸易，开展矿石混配和不同税号下保税油品混兑调和业务等；支持曹妃甸片区建设港口物流枢纽，开展汽车平行进口试点，建设国际海运快件监管中心，设立国际船舶备件供船公共平台和设备翻新中心等；支持正定片区建设航空物流枢纽，在对外航权谈判中积极争取石家庄航空枢纽建设所需的包括第五航权在内的国际航权，研究推进在正定片区申请设立A类低空飞行服务站。支持大兴国际机场申请设立水果、种子种苗、食用水生动物、肉类、冰鲜水产品等其他特殊商品进出口指定监管作业场地等。

资料来源：长城网．河北自贸试验区凸显五大特色亮点［EB/OL］．［2019－08－29］．https：//baijiahao. baidu. com/s？ id＝1643110533140904316&wfr＝spider&for＝pc.

2. 远景规划

“十四五”期间，河北自贸试验区将着眼务实管用，加大重点领域制度创新力度，在市场准入、项目审批、金融监管、人才引进等方面先行先试，形成一批制度创新成果，大力推广复制，切实为国家试制度、为地方谋发展。《河北省国民经济和社会发展第十四个五年规划和2035年远景目标纲要》提出，坚持以开放促改革、促发展、促创新，强化自由贸易试验区示范引领作用，集聚更多优质要素和高端高新企业，进一步增强开放发展新动能，打造高水平开放新高地。

落实功能定位。加快把雄安片区打造成高端高新产业开放发展引领区、数字商务发展示范区、金融创新先行区，把正定片区打造成航空产业开放发展集聚区、生物医药产业开放创新引领区、综合物流枢纽，把曹妃甸片区打造成东北亚经济合作引领区、临港经济创新示范区，把大兴机场片区打造成国际交往中心功能承载区、国家航空科技创新引领区、京津冀协同发展示范区。

创新制度供给。聚焦自贸试验区投资贸易便利化、金融业务创新、政府职能转变、产业开放发展等重点领域，主动开展首创性、差别化改革探索。积极争取赋予自贸试验区更大的自主发展、自主改革和自主创新管理权限，构建自贸试验区制度创新和开放政策体系，优化人才全流程服务体系，集聚全球优质生产要素，引领全省提高产业国际化水平和制度竞争力。对标国际先进规则，加快建设贸易投资自由便利、金融服务开放创新、政府治理包容审慎、区域发展高度协同的全球创新高地和开放发展先行区。

加快集聚发展。支持各片区创新招商引资优惠政策，优化精准招引机制，创新招商引资模式，引进一批创新型、外向型标志性项目和企业，推动一批大项目、好项目落地实施，打造外资外贸企业聚集新高地和开放发展新引擎。建立京津冀自贸试验区深度合作机制，推动自贸试验区与河北省内周边区域、重点开放平台优势叠加、协同开放、联动发展，最大限度释放自贸试验区开放红利。

专栏 2-11

河北自贸试验区大事记

【2019 年】

● 8 月 2 日，国务院批复同意新设河北自贸试验区。

● 8 月 26 日，《中国（河北）自由贸易试验区总体方案》正式公布，涵盖四个片区，是全国唯一跨省市的自贸试验区。

● 8 月 30 日，河北自贸试验区揭牌仪式在雄安新区举行。

● 9 月 1 日，河北自贸试验区推进工作领导小组第一次会议召开，扎实推动河北自贸试验区开好局、起好步。

● 11 月 30 日，《关于在自由贸易试验区开展“证照分离”改革全覆盖试点工作的实施方案》印发。

【2020年】

● 4月2日，《关于加快推进中国（河北）自由贸易试验区正定片区重点产业高质量发展的若干政策措施（试行）》出台。

● 6月19日，河北自贸试验区推进工作领导小组第二次会议召开，安排部署下一阶段重点工作。

● 7月27日，河北自贸试验区推出首批16项制度创新案例。

● 8月30日，河北自贸试验区揭牌一周年。

【2021年】

● 5月18日，河北自贸试验区重点产业国际投资对接洽谈会在京津冀大数据创新应用中心举行。

● 6月24日，河北自贸试验区重点产业中国澳门专场推介会成功举办。

● 7月6日，商务部作为国务院自由贸易试验区工作部际联席会议办公室印发了自贸试验区第四批“最佳实践案例”，河北自贸试验区“四大机制打造京津冀协同发展示范样板”案例，作为供各地在深化改革、扩大开放过程中的借鉴经验被选编在内。

● 10月9日，河北省自贸办组织召开河北自贸试验区专题调度会议。

资料来源：河北自贸区官方网站，http：//ftz. hebei. gov. cn/.

三、长三角地区

长三角地区作为当前中国经济最具活力、开放程度最高、创新能力最强的区域之一，具有在高起点上实现更好发展的优势与条件，也应成为推动全国高质量发展的重要动力源，成为国家甚至世界高质量发展的标杆，更是我国改革开放的前沿阵地。牵引长三角一体化发展的最强劲动力之一，就是全覆盖的自贸试验区，推动长三角自由贸易试验区联盟优势资源共建共享，提高联盟之间开放能力，做强做优联盟各项功能，打造更高水平的制度创新、更高质量的创新发展，营造更优的营商环境，进一步深化上海、江苏、浙江、安徽等自贸试验区的联动发展。

（一）上海自贸试验区

作为我国第一个自贸试验区，2021 年上海自贸试验区挂牌八年，从“破冰之旅”出发，打造了以开放促改革、以改革促发展的生动样板，一大批制度创新试点成果在全国复制推广，为我国实现高质量发展打下了良好的基础。面对新发展阶段、新发展格局，“十四五”乃至更长时期，上海自贸试验区将进一步对标最高标准、最高水平，实行更大程度的压力测试，打造参与国际合作竞争的“新高地”、产业集聚发展的“增长极”，更好发挥在全国自贸试验区新格局中的示范引领作用。上海自贸试验区片区详情如表 2-13 所示。

表 2-13　上海自贸试验区片区详情

片区	面积（平方公里）	功能定位	重点发展产业
外高桥保税物流园区	1.03（封关面积）	建设“区港联动”试点区域	现代国际物流等产业
外高桥保税区	10	建设国际贸易示范区	进出口贸易、转口贸易、保税展示、仓储分拨等服务贸易
上海浦东机场综合保税区	3.59	打造空运亚太分拨中心、融资租赁中心、快件转运中心、高端消费品保税展销中心等临空功能服务产业链	电子产品、医疗器械、高档消费品等产业
洋山保税港区	8.14	建设面向欧美的分拨配送基地、大宗商品产业基地，面向国内的进口贸易基地以及航运龙头企业集聚地	通信及电子产品、汽车及零部件、高档食品、品牌服装等产业
临港新片区	873	打造更具国际市场影响力和竞争力的特殊经济功能区	集成电路、人工智能、生物医药、航空航天、新能源和智能网联汽车、智能制造、高端装备等产业
张江高科技片区	37.20	打造上海贯彻落实创新型国家战略的核心基地	在国家科学中心、发展“四新”经济、科技创新公共服务平台、科技金融、人才高地和综合环境优化等重点领域开展探索创新
陆家嘴金融片区	28	建设上海国际金融中心的核心区、上海国际航运中心的高端服务区、上海国际贸易中心的现代商贸集聚区	国际金融、总部经济等现代服务业

续表

片区	面积（平方公里）	功能定位	重点发展产业
金桥开发区	67.79	打造上海先进制造业核心功能区、生产性服务业集聚区、战略性新兴产业先行区和生态工业示范区	先进制造业、生产性服务业、战略性新兴产业、生态工业等产业

资料来源：中国政府网．国务院关于印发中国（上海）自由贸易试验区总体方案的通知［EB/OL］．［2013-09-27］．http：//www.gov.cn/zhengce/content/2013-09/27/content_ 4036.htm.

1. 发展成果

上海自贸试验区“试验田”结出制度创新的累累硕果，在国务院先后推出的六批面向全国复制推广的自贸试验区制度创新改革经验中，约一半为上海自贸试验区首创，累计已有300多项改革经验向全国分层次、分领域进行复制推广。上海自贸试验区第十批金融创新案例如表2-14所示。

表2-14 上海自贸试验区第十批金融创新案例

分类	案例
金融开放创新	友邦保险上海分公司获批成为我国首家外资独资人身保险公司
	中国外汇交易中心在银行间外汇市场推出主经纪业务
	上海期货交易所推出低硫燃料油期货
	上海清算所完成人民币利率衍生品市场对境外商业类机构开放以来的首家境外参与者利率互换集中清算业务
	中国太保集团发行全球存托凭证（GDR）并在伦敦证券交易所上市
金融市场创新	中国外汇交易中心紧扣利率市场化改革要点推出挂钩基础利率（LPR）的利率期权业务
	上海票据交易所推出供应链票据平台并成功落地首批供应链票据贴现业务
	上海证券交易所科创板红筹新规下，首单“A+H”红筹企业——中芯国际发行上市
	中国金融期货交易所国债期货交易允许商业银行、保险机构参与
	中央结算公司上海总部与中国银行、交银租赁联合落地实施首单自贸试验区外币融资担保品管理业务
跨境金融业务创新	临港新片区率先开展境内贸易融资资产跨境转让业务
	临港新片区率先实施优质企业跨境人民币结算便利化
	国家外汇管理局上海市分局在上海自贸试验区启动高新技术企业外债便利化额度试点
	临港新片区探索开展外债登记管理改革试点

续表

分类	案例
金融服务创新	中国出口信用保险上海分公司创新推出“信保+银行+担保”融资方案
	建信期货风险管理子公司——建信商贸率先推出“口罩期权”
	安信农业保险公司推出首款在突发公共卫生事件期间面向长三角大中城市，保障农产品供应的一揽子保险方案——“农供保”
	浦发银行率先成立长三角一体化示范区管理总部，探索制定《长三角一体化授信业务方案专项授权》，并落地长三角地区首单一体化专项授信业务
金融环境创新	中国银联推出首款为短期入境人士提供境内移动支付便利服务的银联卡产品
	上海金融法院发布全国首个关于证券纠纷代表人诉讼制度实施的具体规定

资料来源：中国金融信息网．上海自贸区第十批金融创新案例发布［EB/OL］．［2020-07-31］．https：//thinktank. cnfin. com/thinktank-xh08/a/20200731/1949088. shtml.

（1）“两大投资管理制度”推进投资规则结构调整。

负面清单8年6次瘦身，190条减至30条。2013年9月，上海自贸试验区发布了全国首张外商投资负面清单，在与国际通行投资规则接轨方面率先迈出重要的一步，此项改革也成为上海自贸试验区最基础、最重要的改革。在此之后，上海自贸试验区又于2014年、2015年、2017年、2018年、2019年和2020年分别出台了多个版本的外商投资负面清单（见表2-15）。经过八年的不断更新，此清单不断缩减，经六次修订后从190条锐减到2020年版的30条。负面清单的不断调整，使上海自贸试验区的市场开放度和透明度进一步提高，外来企业的限制和束缚大大降低，上海自贸试验区的新设企业数量开始急速增多。

表2-15 上海自贸试验区负面清单（2020年版）

类别	清单
农林牧渔业	1. 小麦、玉米新品种选育和种子生产的中方股比不低于34% 2. 禁止投资中国稀有和特有的珍贵优良品种的研发、养殖、种植以及相关繁殖材料的生产（包括种植业、畜牧业、水产业的优良基因） 3. 禁止投资农作物、种畜禽、水产苗种转基因品种选育及其转基因种子（苗）生产
采矿业	4. 禁止投资稀土、放射性矿产、钨勘查、开采及选矿
制造业	5. 除专用车、新能源汽车、商用车外，汽车整车制造的中方股比不低于50%，同一家外商可在中国国内建立两家及两家以下生产同类整车产品的合资企业 6. 卫星电视广播地面接收设施及关键件生产

续表

类别	清单
电力、热力、燃气及水生产和供应业	7. 核电站的建设、经营须由中方控股
批发和零售业	8. 禁止投资烟叶、卷烟、复烤烟叶及其他烟草制品的批发、零售
交通运输、仓储和邮政业	9. 国内水上运输公司须由中方控股 10. 公共航空运输公司须由中方控股，且一家外商及其关联企业投资比例不得超过25%，法定代表人须由中国籍公民担任。通用航空公司的法定代表人须由中国籍公民担任，其中农、林、渔业通用航空公司限于合资，其他通用航空公司限于中方控股 11. 民用机场的建设、经营须由中方相对控股。外方不得参与建设、运营机场塔台 12. 禁止投资邮政公司（和经营邮政服务）、信件的国内快递业务
信息传输、软件和信息技术服务业	13. 电信公司：限于中国加入世界贸易组织承诺开放的电信业务，增值电信业务的外资股比不超过50%（电子商务、国内多方通信、存储转发类、呼叫中心除外），基础电信业务须由中方控股（且经营者须为依法设立的专门从事基础电信业务的公司）。上海自贸试验区原有区域（28.8平方公里）试点政策推广至所有自贸试验区执行 14. 禁止投资互联网新闻信息服务、网络出版服务、网络视听节目服务、互联网文化经营（音乐除外）、互联网公众发布信息服务（上述服务中，中国加入世界贸易组织承诺中已开放的内容除外）
租赁和商务服务业	15. 禁止投资中国法律事务（提供有关中国法律环境影响的信息除外），不得成为国内律师事务所合伙人（外国律师事务所只能以代表机构的方式进入中国，且不得聘用中国执业律师，聘用的辅助人员不得为当事人提供法律服务；如在华设立代表机构、派驻代表，须经中国司法行政部门许可） 16. 市场调查限于合资，其中广播电视收听、收视调查须由中方控股 17. 禁止投资社会调查
科学研究和技术服务业	18. 禁止投资人体干细胞、基因诊断与治疗技术开发和应用 19. 禁止投资人文社会科学研究机构 20. 禁止投资大地测量、海洋测绘、测绘航空摄影、地面移动测量、行政区域界线测绘，地形图、世界政区地图、全国政区地图、省级及以下政区地图、全国性教学地图、地方性教学地图、真三维地图和导航电子地图编制，区域性的地质填图、矿产地质、地球物理、地球化学、水文地质、环境地质、地质灾害、遥感地质等调查（矿业权人在其矿业权范围内开展工作不受此特别管理措施限制）
教育	21. 学前、普通高中和高等教育机构限于中外合作办学，须由中方主导（校长或者主要行政负责人应当具有中国国籍（且在中国境内定居），理事会、董事会或者联合管理委员会的中方组成人员不得少于1/2）（外国教育机构、其他组织或者个人不得单独设立以中国公民为主要招生对象的学校及其他教育机构（不包括非学制类职业培训机构、学制类职业教育机构），但是外国教育机构可以同中国教育机构合作举办以中国公民为主要招生对象的教育机构） 22. 禁止投资义务教育机构、宗教教育机构
卫生和社会工作	23. 医疗机构限于合资

续表

类别	清单
文化、体育和娱乐业	24. 禁止投资新闻机构（包括但不限于通讯社）（外国新闻机构在中国境内设立常驻新闻机构、向中国派遣常驻记者，须经中国政府批准。外国通讯社在中国境内提供新闻的服务业务须由中国政府审批。中外新闻机构业务合作，须中方主导，且须经中国政府批准） 25. 禁止投资图书、报纸、期刊、音像制品和电子出版物的编辑、出版、制作业务（但经中国政府批准，在确保合作中方的经营主导权和内容终审权并遵守中国政府批复的其他条件下，中外出版单位可进行新闻出版中外合作出版项目。未经中国政府批准，禁止在中国境内提供金融信息服务） 26. 禁止投资各级广播电台（站）、电视台（站）、广播电视频道（率）、广播电视传输覆盖网（发射台、转播台、广播电视卫星、卫星上行站、卫星收转站、微波站、监测台及有线广播电视传输覆盖网等），禁止从事广播电视视频点播业务和卫星电视广播地面接收设施安装服务（对境外卫星频道落地实行审批制度） 27. 禁止投资广播电视节目制作经营（含引进业务）公司（引进境外影视剧和以卫星传送方式引进其他境外电视节目由广电总局指定的单位申报。对中外合作制作电视剧（含电视动画片）实行许可制度） 28. 禁止投资电影制作公司、发行公司、院线公司以及电影引进业务（但经批准，允许中外企业合作摄制电影） 29. 禁止投资文物拍卖的拍卖公司、文物商店和国有文物博物馆（禁止不可移动文物及国家禁止出境的文物转让、抵押、出租给外国人。禁止设立与经营非物质文化遗产调查机构；境外组织或个人在中国境内进行非物质文化遗产调查和考古调查、勘探、发掘，应采取与中国合作的形式并经专门审批许可） 30. 文艺表演团体须由中方控股

资料来源：上海自贸试验区官方网站，http：//www.china-shftz.gov.cn/Homepage.aspx.

实施外商投资管理备案制，办理时间由 40 个工作日锐减至 3 个工作日。针对未在负面清单内的投资产业领域，上海自贸试验区实施除国务院采取保留核准的投资项目以外，其余的以核准制为主的外商投资项目都更新为备案制。备案管理制度简化了审批层级、申请材料和作业流程，办理时间从 40 个工作日锐减至 3 个工作日，境外企业办理入驻的时间大幅缩减，外商投资数额大幅增加。2013—2020 年上海外商直接投资合同金额如图 2-3 所示。

（2）“三大金融创新”推进金融环境不断开放。

创新形成金融制度框架体系，25 项细则落地实施。为推进上海自贸试验区金融创新和上海国际金融中心建设的联动，国家有关部门和上海市政府针对支持人民币资本项目可兑换、金融市场平台建设、人民币跨境使用、外汇管理体制改革以及监管转型等方面，先后出台了“金改 51 条”和“金改 40 条”，协同构成了一系列金融制度创新框架体系。在此之后，还围绕“金改 51 条”和“金改 40 条”出台了 25 项具体落地实施细则。

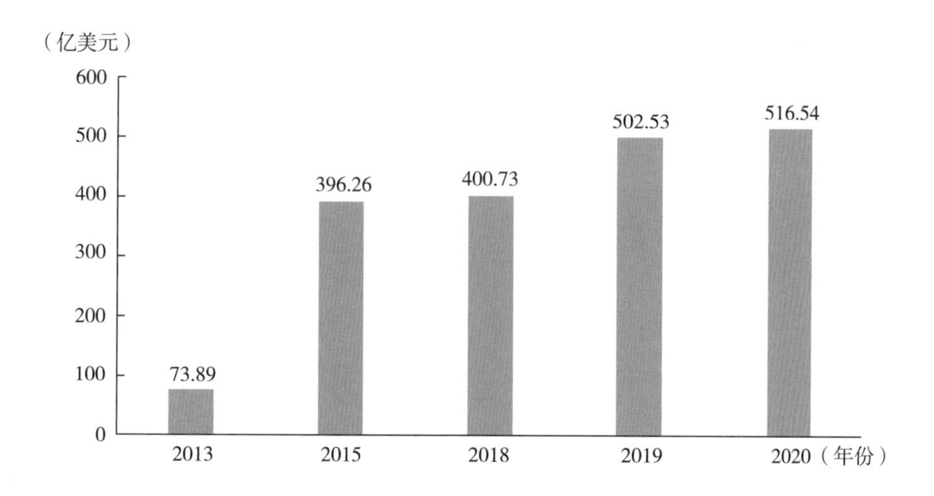

图 2-3　2013—2020 年上海外商直接投资合同金额

资料来源：上海自贸试验区官方网站，http：//www. china-shftz. gov. cn/Homepage. aspx.

创设自由贸易账户系统，实现境内、境外账户自由划转。2014 年 5 月 22 日，上海自贸试验区发布了《中国（上海）自由贸易试验区分账核算业务实施细则（试行）》①和《中国（上海）自由贸易试验区分账核算业务风险审慎管理细则（试行）》②。自此，由上海自贸试验区创新设立的自由贸易账户系统正式启动。该系统不仅具有一线宏观审慎监管、二线有限渗透、实时监测资金跨境流动、本外币一体化金融服务以及“电子围网”隔离等功能，可将企业境外市场、区内市场、区外市场相互链接，实现境外、境内账户自由划转，迅速打通市场。

创新形成金融开放制度和风险防范制度。一是建立了跨境资金流动监测机制和监管协调机制，设立了金融综合监管试点，确保不发生区域性、系统性金融风险；二是针对核心领域建立了金融改革的制度安排和操作路径，如利率全面市场化、资本项目可兑换、人民币国际化等；三是推进了人民币计价的特别提款权债券以及跨境双向人民币资金池等创新业务；四是实施了航运保险产品注册制改革；五是建立了银行业市场准入报告类事项监管清单制度。

（3）“四大监管模式”提升国际贸易便利化。

创新建立货物状态分类监管模式。为强化货物流通、分配的监管力度，2014

①② 国家外汇管理局上海市分局．人民银行上海总部发布《中国（上海）自由贸易试验区分账核算业务实施细则（试行）》和《中国（上海）自由贸易试验区分账核算业务风险审慎管理细则（试行）》［EB/OL］．［2014-05-22］．http：//www. safe. gov. cn/shanghai/2014/0522/31. html.

年 11 月，上海自贸试验区创新建立了货物状态分类监管模式。企业可以整合区内区外仓库，大幅节约了运营成本，提高了转运效能。上海自贸试验区在该模式的改革进程中取得了优异成绩，截至 2018 年，上海自贸试验区内货物状态分类监管改革试点运作票数达 3.6 万票，同比增长了 36.7%，对应货值达到了 88.62 亿元，同比增长了 89%。

创新建立海关监管模式。为实现物流数据的联动和共享，上海海关利用大数据、信息化等科技手段，在上海自贸试验区海关监管信息化系统中探索建立了“智能化卡口管理”模块，将自贸试验区海关监管信息化系统与机场物流监控、货站管理、监管车辆备案等系统联通，为企业提供“分工专业、优势集成、资源整合、功能互补”的一体化通关服务，帮助企业提速增效。该模块的建立，使上海自贸试验区的保税区域货物整体通关时间大大降低，海运和空运通关整体时间分别为 2 天和 24 小时以内，相较于上海自贸试验区外的其他地区，整体通关时间分别下降了 78.5%和 31.75%。

创新建立检验检疫监管模式。2017 年，上海自贸试验区发布了《中国（上海）自由贸易试验区检验检疫精准服务计划》①，推出了新的检验检疫监管举措。例如，在审批进口不具有特殊用途化妆品时，将原本需要 3 个月的审批流程简化为 5 个工作日。基于此，上海自贸试验区保税区内化妆品占全国进口化妆品总额的比例逐年递增，由 2017 年的 28.8%上升至 2019 年的 38%。

创新建立上海国际贸易“单一窗口”。2014 年，上海自贸试验区在全国率先推出了国际贸易“单一窗口”，并相继在 2015 年和 2016 年推出了“单一窗口”的 1.0 版本、2.0 版本，其中 2.0 版本还推出了移动互联网版本。截至 2021 年，“单一窗口”已建成 3.0 版本，并形成货物进出口、支付结算、运输工具、信息查询、快件与物品、人员旅客、资质与许可、金融服务、进博会专区和自贸专区 10 个兼具监管和服务特点的功能板块，以及 54 项功能应用，共对接 22 个政府部门的数据，服务企业 47 万家。如今，上海自贸试验区口岸 100%的货物申报、船舶申报、出口退税业务等都在“单一窗口”处理，业务处理规模达到全球最大。2018 年 11 月 3 日，世界银行专家站在上海亿通国际股份有限公司一楼的电子屏

① 国家食品质量监督检验中心. 中国（上海）自由贸易试验区检验检疫精准服务计划［EB/OL］.［2017-11-17］. http://www.cfda.com.cn/newsdetail.aspx?id=107127.

幕前，对上海国际贸易“单一窗口”赞不绝口，建议向全世界推广。随后，世界银行在《全球营商环境报告》当中向全球推荐了上海国际贸易“单一窗口”。至此，上海国际贸易“单一窗口”从自贸试验区名片、上海名片变成中国名片。

（4）“六大平台”提升国际贸易能级。

“黄金国际板”建成。2014 年，中国人民银行正式批准上海黄金交易所在上海自贸试验区设立上海国际黄金交易中心——“黄金国际板”，组织安排黄金、白银、铂金、钯金等贵金属产品和相关衍生品交易。“黄金国际板”的开设，一是通过引入境外投资者直接入市交易，将交易所打造成具有国际影响力的贵金属交易市场；二是通过在上海自贸试验区内建立黄金交割仓库，将上海建设成为亚洲乃至全球范围内具有影响力的黄金转口贸易中心；三是通过以人民币报价的黄金交易，将人民币标价的黄金产品推向国际市场，形成以人民币计价的黄金价格指数体系——“上海金”。

原油期货交易平台建成。2013 年，推进原油期货等能源类衍生品国际化交易的平台——上海国际能源交易中心在上海自贸试验区正式揭牌成立。该中心主要从事原油、天然气、石化产品等能源类衍生品的上市交易、结算和交割业务，是继郑州商品交易所、大连商品交易所、上海期货交易所和中国金融期货交易所后，经中国证监会批准的第五家全国性期货交易所。

沪港通正式启动。2014 年 11 月，连接中国香港和上海两地股市的沪港通正式启动，两地资本市场在真正意义上实现了互联互通，中国的资本市场也迎来了“沪港通时代”。沪港通是我国在探索人民币资本项目可兑换、推动人民币国际化道路上迈出的重要一步，开启了跨境证券投资的新模式。

沪伦通正式启动。2019 年 6 月，中国证监会和英国金融行为监管局发布联合公告，批准上海证券交易所和伦敦证券交易所开展沪伦通业务，沪伦通正式启动。在沪伦通业务机制下，上海的上市公司可以通过全球存托凭证在伦敦证券交易所上市交易，英国的上市公司可以在上海证券交易所挂牌中国存托凭证。

自贸试验区信用子平台启动。上海自贸试验区探索建立了自贸试验区信用子平台，在该平台上，政府部门为自贸试验区内的企业建立了“信用户口”，并形成评分。对于信用不好的企业，形成一份“信用负面清单”，政府部门则加大对清单内企业的特别监管；对信用好的企业，政府则会退后一步，减少干预，给予企业充分的便利。同时，该平台还推广使用电子信用标签，支撑在线信用服务。

“离岸通”平台启动。受新冠肺炎疫情影响，全球电子零配件生产处于不稳定状态，为使企业可以更好发挥海外库存的优势，提高供应链的稳定性，2021年10月14日，“离岸通”平台在上海自贸试验区外高桥保税区上线。该平台有效整合了境外数据，帮助银行更好地审核离岸贸易的真实性，便利自贸试验区“买卖全球、调度全球”。“离岸通”平台一经启动，便已获取境外17个国家和地区的海关报关数据，并对接覆盖约60%国际海运业务的船公司和港口装卸信息。通过对全球数据整合，未来“离岸通”平台不仅能够支持判断浦东新区内企业离岸贸易的真实性，还将扩展服务范围至长三角地区及全国。上海自贸试验区发展政策汇总如表2-16所示。

表 2-16　上海自贸试验区发展政策汇总

时间	文件
2013年	《中国（上海）自由贸易试验区总体方案》
	《中国（上海）自由贸易试验区外商投资准入特别管理措施（负面清单）（2013年）》
	《中国人民银行关于金融支持中国（上海）自由贸易试验区建设的意见》
2014年	《中国（上海）自由贸易试验区进一步扩大开放的措施》
	《中国（上海）自由贸易试验区条例》
	《中国（上海）自由贸易试验区外商投资准入特别管理措施（负面清单）（2014年修订）》
	《中国（上海）自由贸易试验区相对集中行政复议权实施办法》
	《中国（上海）自由贸易试验区管理委员会行政规范性文件法律审查规则》
2015年	《国务院关于推广中国（上海）自由贸易试验区可复制改革试点经验的通知》
	《进一步深化中国（上海）自由贸易试验区改革开放方案》
	《关于启动自由贸易账户外币服务功能的通知》
	《关于在中国（上海）自由贸易试验区开展平行进口汽车试点的通知》
	《关于在中国（上海）自由贸易试验区放开在线数据处理与交易处理业务（经营类电子商务）外资股权比例限制的通告》
2016年	《中央国债登记结算有限责任公司中国（上海）自由贸易试验区债券业务指引》
	《进一步深化中国（上海）自由贸易试验区和浦东新区事中事后监管体系建设总体方案》
2017年	《中国（上海）自由贸易试验区金融服务业对外开放负面清单指引（2017年版）》
2018年	《中国（上海）自由贸易试验区跨境服务贸易负面清单管理模式实施办法》
	《中国（上海）自由贸易试验区跨境服务贸易特别管理措施（负面清单）》
	《浦东新区关于实施企业市场准入“单窗通办”工作机制的方案》
2019年	《关于支持浦东新区改革开放再出发实现新时代高质量发展的若干意见》
2021年	《上海市服务业扩大开放综合试点总体方案》

资料来源：上海自贸试验区官方网站，http：//www. china-shftz. gov. cn/Homepage. aspx.

2. 远景规划

“十四五”时期，上海十分重视自贸试验区的整体谋划，《上海市国民经济和社会发展第十四个五年规划和二〇三五年远景目标纲要》（以下简称上海市“十四五”规划）专设一节对其进行了全面部署，要求对标最高标准、最好水平，构建更高水平的开放型政策和制度体系，使其成为参与全球经济治理的重要“试验田”。主要包括以下方面：

深化临港新片区制度创新。与以往的自贸试验区相比，临港新片区绝不仅仅是简单的面积扩大，而是代表着根本的制度创新，是深化改革开放的再升级。就如何推进临港新片区制度创新，上海市“十四五”规划指出，要研究临港新片区新一轮全方位高水平对外开放和深化改革方案，推动出台支持临港新片区自主发展、自主改革和自主创新的相关政策；探索在若干重点领域率先实现突破的政策和制度支持；率先试点在若干领域放宽外商投资准入、市场准入等限制。探索放宽或取消跨境交付、境外消费、自然人移动等跨境服务贸易市场准入限制；进一步完善“中国洋山港”籍船舶登记管理制度，扩大沿海捎带政策适用范围，积极探索发展国际中转集拼业务；进一步提升境外人才出入境、停居留便利水平，完善电子口岸签证制度，放宽境外专业人士从业限制。加快探索实施具有国际竞争力的税收政策，研究重点产业关键领域核心环节目录动态调整方案，积极探索支持总部经济、离岸业务、跨境金融服务、自由贸易账户等方面的特殊税制安排，在风险可控的前提下，探索支持企业服务出口的增值税政策；建立健全风险防范和安全监管制度体系。

专栏 2-12

有关《中国（上海）自由贸易试验区临港新片区发展“十四五”规划》发展聚集全球高端要素资源的现代服务业的安排（节选）

（四）发展配置全球高端要素资源的现代服务业

统筹在岸与离岸业务，加快发展新型国际贸易、跨境金融、数字经济、高端航运等现代服务业，不断提高全球高端要素资源配置能力。

● 推动金融开放创新发展

先行试点更加开放的金融政策及创新措施。探索开放创新政策制度及风险压力测试。全面落实外商投资国民待遇，在银行、保险、证券、资管等领域引入更多高水平国际竞争者，对接国际高标准规则，推动金融业高水平开放。以资金自由流动为目标，进一步实施更有利于资金便利收付的跨境金融管理制度体系。建立金融“监管沙盒”制度，试点跨境金融、离岸金融等领域政策和业务创新。

促进金融业快速集聚发展。加快国际金融资产交易平台建设，推动国家级大型场内贵金属储备仓库、跨境人民币贸易融资转让服务平台、上海航运金融服务一体化科技平台等高能级平台设立，推进人民币国际化进程和跨境人民币使用。加快滴水湖金融湾和中银西岛综合体建设，吸引各类金融机构入驻，打造金融科技集聚、资产管理创新、股权投资产业的新高地。推进融资租赁业务创新和资产交易。大力发展金融科技产业，鼓励国内外金融机构、龙头科技型企业设立赋能平台、金融科技事业部、金融科技公司等，打造金融科技生态圈。到 2025 年，累计引入各类金融机构和投资类企业 300 家左右。

提升金融对实体经济的服务能力。发挥政府产业投资基金引导作用，鼓励社会资本按市场化原则设立产业投资基金。鼓励金融机构对实体企业进行金融支持。鼓励金融机构为企业和非居民提供跨境发债、跨境投资并购、跨境资金集中运营、离岸转手买卖、跨境电商、供应链金融等金融服务。探索设立科创银行，为科技创新企业提供一体化科创金融服务，探索对优质科创企业进行初创期信用贷款、投贷联动、保险、贴息、融资担保、股权投资、跨境支付结算等方面的全过程特色综合金融支持。

● 集聚发展新型国际贸易

大力发展总部经济。实施总部激励计划，吸引跨国公司地区总部、贸易型总部、研发类总部和国际组织（机构）地区总部等功能性总部机构集聚，加快引进和培育民营企业总部。鼓励跨国公司在自贸试验区设立全球或区域功能性机构。鼓励引进具有投资、研发、运营、结算、人力资源等综合性功能的总部。

提升贸易规模能级。依托洋山特殊综合保税区，持续提升口岸贸易额，强化大宗商品配置能力。聚焦有色金属、石油化工等领域，探索布局交割仓库、物流网络以及交易经济业务，增强转口贸易功能。加快重大贸易平台建设，打造大宗商品“洋山价格”体系。加强国际分拨中心建设，进一步提高货物流转通畅度和自由度。做强国家外贸转型升级基地（汽车及零部件）。

深度拓展贸易新业态。加快发展服务贸易，支持企业承接软件信息、生物医药、研发设计等国际服务贸易业务，推动服务贸易向价值链中高端转型升级。完善上海国际服务贸易总部示范基地平台功能，加快信息通信、文化服务、检验认证、技术产品等领域服务贸易发展。加快建设跨境电商综合试验区，建设跨境电商综合服务平台、国际配送平台，支持企业建设海外仓。加快离岸贸易发展，加大对离岸贸易结算、税收等制度创新的支持力度。

● 提升现代航运服务能级

优化航运功能设施。加快完善“两海港（洋山深水港、南港）+两枢纽（四团站、芦潮港站）”布局，构建洋山港水公铁集疏运系统，建设临港集疏运中心。推进小洋山北侧综合开发。加快完善内河航道网络化，推进内河出海通道建设，进一步优化江海直达、江海联运配套港口设施。强化港航物流联动信息资源共享，打造港航物流公共信息平台，持续推动自动化、智能化港口建设。

发展高端航运服务业。重点围绕航运金融、航运交易、船舶检验、海事法律、航运咨询等业态，发展航材租赁、航运仲裁、航运保险、航运结算、航运金融等高端航运产业，打造高端航运服务业集聚区。提升航运综合服务功能，打造洋山保税船供公共服务平台，吸引全球船舶管理龙头企业、航运服务专业机构等。构建国际航运补给服务体系，强化飞机船舶备品备件供应、维修保养等综合服务，开展船用保税低硫燃油加注业务。发展航空专业服务、航空中转集拼等衍生产业，打造区域性航空快件国际枢纽中心和航空总部基地。

创新发展港航物流联动模式。推动航运公司、港口运营公司向仓储物流领域延伸，打造集仓储物流、高端制造、港航联运等功能于一体的物流产业集聚区。支持对拼拆箱货物进行简单加工、包装组装，延伸物流增值服务。建设航空物流服务平台，形成具备国际货代、空空中转的物流能力。打造全球维修航材分拨中心，提供全天候航材物流配送服务。

● 加速发展数字经济

全力打造国际数据港。依托“信息飞鱼”全球数字经济创新岛，分领域打造10个跨境产业协同创新示范区，汇聚100家跨境数据配套服务企业和重点领域头部企业，打造1000亿规模的产业生态体系。探索建设国家数据跨境流动试验示范区，建设以产业集聚、展示交易为一体的跨境便捷交互的“国际数据港”。开展数据跨境流动安全评估，搭建跨境数据流通公共服务平台，确保数据跨境安全可控。在不涉及国家秘密和个人隐私的前提下，探索特定领域数据非本地化存储。加快推进数字产业化与监管创新，集聚数字创新型企业，推动智能网联汽车、电子商务、金融等领域数据跨境流通。加快信息服务业对外开放，有序放开外商投资增值电信业务领域准入限制，完善云计算等新兴业态外资准入与监管。

建设数字经济高地。以产业数字化为核心，推进工业互联网建设，打造国际领先的工业互联网功能转化平台、数字经济产业链，推进标准实验室、高质量工业数据集等创新示范项目。强化工业智能融合创新场景示范应用，打造一批“数字工厂”。加快发展“在线新经济”，培育一批以“在线、智能、交互”为特征的龙头企业，发展高端化数据处理、数据分析、数字挖掘等数据增值服务。

建设国际信息通信设施。依托海缆登陆站，新建和扩容直达亚太、通达全球的海底光缆系统。建设连接长三角区域的骨干光缆网络。统筹区域互联网数据中心、边缘计算节点发展，探索推进全球数据枢纽平台、新型互联网交换中心建设，构建多功能集约化基础设施体系。

资料来源：上海市政府官方网站．中国（上海）自由贸易试验区临港新片区发展“十四五”规划［EB/OL］．［2021-08-12］．https：//www. shanghai. gov. cn/nw12344/20210812/bd6b7c5e895d42ac8885362bd0ae6e0c. html.

持续推进上海自贸试验区改革创新。自贸试验区是新时期对外开放的核心平台，改革创新是其使命，也是核心要求。对于上海自贸试验区下一步将如何扛起深入改革的重任，上海市“十四五”规划作出了全面部署。[①] 一是对标国际公认的竞争力最强的自贸园区，聚焦强化“四大功能”，持续深化差别化探索，建设

① 上海市政府网．上海市国民经济和社会发展第十四个五年规划和二〇三五年远景目标纲要［EB/OL］．［2021-01-30］．https：//www. shanghai. gov. cn/nw12344/20210129/ced9958c16294feab926754394d9db91. html.

投资贸易自由、规则开放透明、监管公平高效、营商环境优越的国际一流自贸园区。二是研究建立自贸协定综合利用服务促进平台，为企业充分利用各类自贸协定提供“一站式”服务。三是在电信、教育、医疗、文化等领域加大开放力度，争取在货物贸易、服务贸易、金融、知识产权、环境保护等领域进一步加大风险压力测试，率先优化原产地规则，促进再制造等新业态发展，优化完善“一带一路”多层次跨境服务平台。四是做强新型国际贸易、国际航运枢纽等功能，提升自贸试验区全球服务辐射能力。五是瞄准价值链高端领域、产业链核心环节推动产业高质量发展，创新海关监管模式，推动企业研发用生物制品等特殊物品的通关便利化，探索建立集成电路全产业链保税模式。六是进一步吸引集聚全球优秀人才，高标准建设知识产权保护高地，加快形成全球化、高能级的创新创业生态圈。

专栏 2-13

上海自贸试验区大事记

【2013 年】

● 9 月 27 日，国务院公布了《中国（上海）自由贸易试验区总体方案》。

● 9 月 29 日，上海自贸试验区正式成立。

● 12 月 2 日，中国人民银行出台《关于金融支持中国（上海）自由贸易试验区建设的意见》。

【2014 年】

● 4 月 8 日，中国首部自贸试验区仲裁规则在上海颁布。

● 4 月 22 日，上海海关推出 14 项自贸试验区监管服务创新制度。

● 5 月 9 日，上海自贸试验区预检验制度实现进口货物出区“零等待”。

● 5 月 15 日，中国保监会公布《关于简化行政审批支持上海自贸试验区的通知》。

● 7 月 7 日，税务总局 10 项创新服务支持上海自贸试验区发展。

● 7 月 25 日，上海市人大常委会第十四次会议高票通过《中国（上海）自由贸易试验区条例》。

● 9 月 27 日，上海市公安局自由贸易试验区分局正式揭牌成立。

● 9 月 28 日，上海自贸试验区建设首个智能化健康管理服务平台。

● 10 月 30 日，微信平台“上海自贸试验区销售中心”正式开启。

● 12 月 28 日，国务院扩展上海自贸试验区区域。

【2015 年】

● 1 月 7 日，上海自贸试验区启动平行进口汽车试点。

● 1 月 29 日，国务院下发《关于推广中国（上海）自由贸易试验区可复制改革试点经验的通知》。

● 4 月 20 日，国务院印发《进一步深化中国（上海）自由贸易试验区改革开放方案》。

● 4 月 22 日，中国人民银行上海总部发布《关于启动自由贸易账户外币服务功能的通知》。

● 6 月 13 日，国家博物馆与上海自贸试验区公布一批金融创新案例。

● 10 月 29 日，国家七部门发布《进一步推进中国（上海）自由贸易试验区金融开放创新试点加快上海国际金融中心建设方案》。

【2016 年】

● 3 月 15 日，“上海市跨境电子商务示范园区”在外高桥保税区正式启动。

● 4 月 27 日，上海自贸试验区推进平行进口汽车认证等六项“惠民生”改革。

● 12 月 20 日，上海自贸试验区实现保税与非保税货物“同仓共管”。

【2017 年】

● 3 月 30 日，上海自贸试验区全面深化改革方案正式印发。

● 8 月 11 日，上海自贸试验区首票中瑞“原产地自主声明”货物通关。

● 9 月 18 日，2017“上财中国自由贸易试验区发展指数”发布，上海处于领先地位。

● 9 月 29 日，上海自贸试验区首批制度创新十大经典样本企业出炉。

【2018 年】

● 1 月 23 日，上海自贸试验区全球商品直销中心入驻徐州。

● 6 月 21 日，上海自贸试验区出台扩大金融开放 25 条举措。

● 6 月 22 日，上海自贸试验区跨境科创中心揭牌成立。

● 6月30日，2018年版自贸试验区负面清单再缩短50条。

【2019年】

● 8月6日，国务院正式印发《中国（上海）自由贸易试验区临港新片区总体方案》。

● 8月6日，上海自贸试验区临港新片区推出12条吸引人才新政策。

● 8月20日，上海自贸试验区临港新片区正式揭牌。

● 8月20日，首批13张上海自贸试验区临港新片区营业执照诞生。

● 8月30日，上海自贸试验区临港新片区"50条"特殊支持政策出台。

● 10月20日，上海自贸试验区临港新片区"双满月"，上海市市长亮出成绩单。

【2020年】

● 4月20日，上海自贸试验区临港新片区发布5年规划，加速推进数字基建。

● 9月1日，上海自贸试验区临港新片区启动强化竞争政策实施试点。

【2021年】

● 10月14日，全国首个自贸试验区"离岸通"平台在上海上线。

资料来源：上海自贸试验区官方网站，http：//www.china-shftz.gov.cn/Homepage.aspx.

（二）江苏自贸试验区

江苏是开放型经济大省，是中国开放型经济的"领头羊"。建设江苏自贸试验区，是党中央、国务院在新时代赋予江苏的光荣使命。2021年8月30日，是江苏自贸试验区正式揭牌的两周年纪念日。2019年8月30日，江苏自贸试验区正式揭牌，强调要高标定位、高点起步，推动集成超越、后发先至，努力建设"国内一流、国际公认"的自贸试验区。设立两年来，江苏自贸试验区着力推动开放发展提质增效，取得阶段性重要成效，百余项制度创新成果从江苏自贸试验区走向全省、迈向全国。江苏自贸试验区片区详情如表2-17所示。

表 2-17 江苏自贸试验区片区详情

片区	面积（平方公里）	功能定位	重点发展产业
南京片区	39.55	建设具有国际影响力的自主创新先导区、现代产业示范区和对外开放合作重要平台	集成电路、生命健康、人工智能、物联网和现代金融等产业
苏州片区	60.15	建设世界一流高科技产业园区，打造全方位开放高地、国际化创新高地、高端化产业高地、现代化治理高地	新一代信息技术、高端装备制造两大主导产业，生物医药、纳米技术应用、人工智能三大新兴产业以及现代服务业
连云港片区	20.27	建设亚欧重要国际交通枢纽、集聚优质要素的开放门户、“一带一路”沿线国家（地区）交流合作平台	现代服务业

资料来源：国务院官方网站．国务院关于印发6个新设自由贸易试验区总体方案的通知［EB/OL］．［2019-08-26］．http://www.gov.cn/zhengce/content/2019-08/26/content_5424522.htm?_zbs_baidu_bk.

1. 发展成果

挂牌以来的两年时间里，江苏自贸试验区以全省1‰的区域面积，贡献了约全省6%的新设立企业数、约10%的实际使用外资、约13%的进出口额，集聚了9%的高新技术企业，为江苏省高质量发展发挥了重要的引擎作用。

（1）形成151项制度创新成果，全国全省首创87项。

自成立以来，江苏自贸试验区着力深化首创性、集成化、差别化探索，总体方案113项试点任务落地实施率超过97%。同时，三大片区先后总结形成151项制度创新成果，其中全国全省首创87项。江苏自贸试验区制度创新案例如表2-18所示。

表 2-18 江苏自贸试验区制度创新案例

片区	制度创新案例
南京片区	1. “生态眼”助力长江大保护 2. 上线全国首个自贸试验区原创知识产权认证平台 3. 搭建生物医药集中监管和公共服务平台 4. 打造知识产权交流融资服务运营平台 5. 全国首创知识产权质押融资风险分担模式

续表

片区	制度创新案例
苏州片区	6. 率先在全国探索高端制造全产业链保税模式 7. 搭建"关证一链通"保税货物公证辅助销毁处置平台 8. 打造全国首个以制造业服务化为特色的新型离岸国际贸易创新示范区 9. 实行进口研发（测试）用未注册医疗器械分级管理 10. 打造智慧物流服务平台 11. 打造跨境海运数据通道助力"智慧物流" 12. 知识产权证券化助推生物医药产业链高质量发展 13. 首创地方全口径服务贸易统计方法 14. 设立全省首家外商独资经营性职业技能培训机构 15. 开发面向外籍人士的移动支付工具（Su-Pay） 16. 扩容苏州国际互联网数据专用通道 17. 探索研发政策计算器 18. 建设新型离岸国际贸易综合服务平台
连云港片区	19. 首创中欧班列"保税+出口"集装箱混拼模式 20. 建立"1+4"船载危险货物联合查验机制 21. 成立国内首个海事海关危险品联合查验中心

资料来源：江苏自贸试验区官方网站，http：//swt. jiangsu. gov. cn/col/col79270/index. html.

（2）新增注册企业5.4万家，新支柱产业年产值超7200亿元。

2020年，江苏自贸试验区三大片区新增注册企业2.9万家。截至2021年7月底，新增注册企业5.4万家。自挂牌起，江苏自贸试验区重点培育新支柱产业。2020年江苏自贸试验区新一代信息技术、高端装备制造、人工智能、纳米技术应用等新支柱产业年产值超过7200亿元，集聚生物医药企业2600余家，年产值占全省一半以上。

其中，苏州片区致力打造以国家生物药技术创新中心、第三代半导体技术创新中心、国家新一代人工智能为首的"四个千亿级"产业集群。创新发展试验区于2021年3月获批落地，生物医药产业竞争力连续两年居全国首位。南京片区全力打造"两城一中心"，集成电路、生命健康产业2020年主营业务收入较上年分别增长63%、30%。连云港片区2021年1月—7月出口机械车辆同比增长71.78%，2020年货物吞吐量完成2.52亿吨，增幅居全国海港前列。

专栏 2-14

江苏自贸试验区“六大工作成效”

● 改革任务加速落地。江苏省全力支持三大片区大胆闯、大胆试、自主改，赋予自贸试验区更大改革自主权。一方面推动地方立法，另一方面下放一批省级权限，一次性赋予自贸试验区 273 项省级管理事项。同时出台一批配套政策，省、市和片区共制定出台配套政策文件 100 余份。

● 制度创新成果丰硕。南京片区“搭建生物医药集中监管与公共服务平台”，苏州片区“进口研发（测试）用未注册医疗器械分级管理”和“打造智慧物流服务平台”入选国务院深化服务贸易创新发展试点最佳实践案例。

● 开放发展动能强劲。制定出台金融支持江苏自贸试验区建设配套政策，贸易外汇收支便利化试点拓展至服务贸易领域，跨境人民币创新业务取得实质性进展。

● 创新活力充分释放。江苏自贸试验区深入落实创新驱动战略，创新资源加速集聚，三大片区引进各类高端人才 2000 余人；创新平台加快建设。南京片区国家集成电路设计服务产业创新中心加快申报，苏州片区国家生物药技术创新中心加快筹备建设，连云港片区高效低碳燃气轮机试验装置开工建设。

● 产业基础有力夯实。围绕产业链部署创新链，围绕创新链布局产业链，着力打造自主可控的现代产业体系。高质量产业项目带动作用明显，先后签约落地亿元以上重大产业项目 100 余个；先进制造业集群效应明显，连云港片区获评国家五星级新型工业化产业示范基地；三大片区生物医药产业共性优势明显，苏州片区生物医药产业竞争力位居全国第一，连云港片区 2019 年生物医药科创产出位居全国前列。

● 营商环境持续优化。加快推进“证照分离”改革全覆盖试点，积极探索商事主体登记确认制改革，推动商事登记从“主观许可”向“客观确认”转变。创新优化事中事后监管体制机制，推行信用承诺制度，探索实施信用分类监管。

资料来源：中国新闻网．江苏自贸区：敢闯敢试　打造制度创新“江苏样本”［EB/OL］．［2020-09-07］．https：//baijiahao. baidu. com/s？id=1677150811557280501&wfr=spider&for=pc.

（3）联动57家平台载体，大力拓展“朋友圈”。

江苏自贸试验区积极拓展“朋友圈”，截至2021年6月，共有5个服务国家、9个国际合作园区和台港澳合作园区、43家国家级开发区和江苏省重大发展战略的平台载体被确定为江苏自贸试验区联动创新发展区。除此之外，2021年5月，江苏、上海、浙江、安徽共同推动成立长三角自贸试验区联盟，签署《长三角自贸试验区联动发展合作备忘录》，共同推进长三角一体化协同发展。

（4）打造中新合作新平台、新品牌。

挂牌以来，苏州片区发挥中新联合协调理事会平台优势，学习借鉴新加坡自贸港经验，加快建设“新加坡苏州中心”“苏州新加坡中心”，推动共建国际化走廊等46个中新合作重点项目，推进离岸贸易、保税维修等率先实现政策突破。据不完全统计，苏州工业园区在新加坡投资企业超30家、投资金额超10亿美元。苏州工业园区共有新加坡投资项目超400个、累计实际利用新加坡资本超34亿美元。

（5）打造东西开放新高地，新亚欧陆海联运通道自由贸易试验区联盟成立。

2021年10月18日，新亚欧陆海联运通道自由贸易试验区联盟成立大会暨首届自由贸易试验区创新发展高峰论坛在江苏成功举办。由江苏自贸试验区连云港片区，河南自贸试验区郑州片区、开封片区、洛阳片区，陕西自贸试验区中心片区、西安国际港务区片区、杨凌示范区片区，安徽自贸试验区合肥片区、蚌埠片区及霍尔果斯经济开发区、阿拉山口口岸等单位联合发起的新亚欧陆海联运通道自由贸易试验区联盟正式成立。联盟成立以后，江苏自贸试验区将积极构建“双循环”战略链接，依托国际国内“两个市场”，充分利用“两种资源”，深度参与供应链体系建设，持续优化口岸营商环境，完善多式联运体系，提升港口集疏运能力，加大对外开放步伐，全力服务东中西协同开放，打造东西双向开放新高地。

（6）建设“全域自贸试验区”，形成“1+4+4+N”自贸格局。

连云港片区实施“全域自贸试验区”建设，将4家省级经济技术开发区作为市级联动创新区，与4家省级联动创新区构建以“4+4”为主体的联创区体系，形成“1+4+4+N”的自贸格局，并先后与淮海经济区成员城市、霍尔果斯等就共建共享自贸试验区签订战略合作协议。在实施“全域自贸试验区”建设的两年时间内，连云港片区积极推进徐圩新区石化产业发展。截至2021年8月，已有近100家油品贸易类企业落户连云港片区。江苏自贸试验区发展政策汇总如表2-19所示。

表 2-19　江苏自贸试验区发展政策汇总

时间	文件
2019年	《中国（江苏）自由贸易试验区总体方案》
2020年	《江苏省商务厅关于支持中国（江苏）自由贸易试验区改革创新的若干措施》
	《关于加强中国（江苏）自由贸易试验区南京片区知识产权保护体系建设的若干意见》
	《中国（江苏）自由贸易试验区南京片区促进总部经济高质量发展暂行办法》
	《南京江北新区关于进一步深化绿色金融创新促进绿色产业高质量发展的实施意见（试行）》
	《关于促进自贸试验区人才发展、优化升级“创业江北”人才计划十策实施办法》
	《关于促进中国（江苏）自由贸易试验区南京片区法律服务业高质量发展的若干意见（试行）》
	《中共南京市委南京市人民政府关于促进中国（江苏）自由贸易试验区南京片区高质量发展的意见》
	《苏州工业园区优化营商环境创新行动2020》
	《连云港经济技术开发区“中华药港”招商引资政策（试行）》
	《连云港市商事登记确认制改革实施方案》
	《关于促进中国（江苏）自由贸易试验区连云港片区发展的若干意见（试行）》
2021年	《中国（江苏）自由贸易试验区条例》

资料来源：江苏自贸试验区官方网站，http：//swt. jiangsu. gov. cn/col/col79270/index. html.

2. 远景规划

江苏自贸试验区的未来发展被纳入江苏省“十四五”规划，《江苏省国民经济和社会发展第十四个五年规划和二〇三五年远景目标纲要》提出，[①] 赋予自贸试验区改革自主权，突出全产业链开放创新，探索投资贸易、服务业开放、现代金融、数字经济等领域更具竞争力的制度安排，在激发市场主体活力、高水平利用外资、高质量发展贸易、推进产业链供应链现代化等方面作出示范。

① 江苏省政府网．省政府关于印发江苏省国民经济和社会发展第十四个五年规划和二〇三五年远景目标纲要的通知［EB/OL］．［2021－02－19］．http：www. jiangsu. gov. cn/art/2021/3/2/art_46143_9684719. html.

专栏 2-15

“十四五”时期高水平建设江苏自贸试验区

● 聚焦战略定位，赋予江苏自贸试验区更大的改革自主权，加快推进《中国（江苏）自由贸易试验区总体方案》改革试点任务落实。支持南京、苏州、连云港片区开展差别化探索，推动特色化发展，促进平台资源要素共享，实施联动创新发展。对标 CPTPP 等高标准国际经贸规则，扎实推进规则、规制、管理、标准等制度型开放，在投资、服务贸易、知识产权等领域加强改革探索，支持有条件的片区先行先试。

● 优化口岸通关流程和研发用特殊物品进境查验流程，压缩整体通关时间。探索建立食品、农产品检验检疫和追溯标准国际互认机制。探索跨境服务贸易负面清单管理模式，加快发展数字贸易、新型离岸国际贸易、保税检测维修等新业态新模式。加快培育新一代信息技术、生物医药、数字经济等新经济新支柱产业。

● 加强与上海、浙江等自贸试验区在制度创新、产业创新、要素资源等方面的合作联动。支持在江苏省内符合条件的国家级开发区、国际合作园区以及其他开放平台设立自贸试验区联动创新发展区，复制推广自贸试验区改革试点经验。

资料来源：江苏省政府官方网站．省政府办公厅关于印发江苏省“十四五”贸易高质量发展规划的通知［EB/OL］．［2021-08-26］. http：//www. jiangsu. gov. cn/art/2021/9/2/art_46144_ 9997626. html.

除了“十四五”规划，江苏原省委书记、江苏自贸试验区工作领导小组原第一组长娄勤俭也对“十四五”时期江苏自贸试验区下一阶段的重点工作进行了全面部署。强调要立足国内领先，锚定世界一流，努力打造全国高水平开放、制度型开放的先行示范。要深刻领会中央构建高标准自贸试验区网络的战略安排，自觉把自贸试验区发展融入“一带一路”建设、长江经济带发展、长三角一体化发展重大国家战略，在形成“全域自贸区”示范效应上展现江苏作为。要深刻领会中央以自贸试验区建设助力构建新发展格局的战略谋划，努力建设服务国内大循环的关键支点、国内国际“双循环”的重要枢纽。要着力深化首创性、集成化、差别化改革，创造出更多探索性、创新性、引领性的成果。对于每一个片区，要坚持工作下落一个层面，紧扣各自功能定位，着眼发挥特色优势，南京片区要注重做好和国家级新区结合的文章，苏州片区要注重做好中新开放合作的文章，连云港片区要注重做好“一带一路”交汇点战略支点的文章。要通过三大片区和联动创新发展区的联动改革、联动创新、联动开放，辐射带动江苏省更大范围的发展，努力达到“自贸试验区+联动创新区+辐射带动区”的“全域自贸区”效果。各联创区要善于学习、勇于创新，一方面要在国家政策允许范围内，全面复制推广三大片区的成功经验和有效做法，努力实现自贸试验区红利最大化；另一方面要立足自身禀赋，“以我为主”，深化差异化探索和特色化发展，为三大片区的改革创新提供借鉴。要重点围绕制约生物医药产业发展的体制机制障碍和“卡脖子”问题，着力攻克一批关键核心技术，打造一批龙头企业，建设一批重大平台，引进一批顶尖人才，营造一流产业生态，力争早日培育出世界级的生物医药产业集群。

专栏 2-16

江苏自贸试验区大事记

【2019 年】

● 8 月 30 日，江苏自贸试验区揭牌仪式在南京江北新区举行。

● 8 月 31 日，连云港市委、市政府召开江苏自贸试验区连云港片区建设动员大会。

● 9 月 1 日，江苏自贸试验区苏州片区挂牌仪式暨建设动员大会在苏州工业园区举行。

● 9 月 2 日，南京江北新区召开高质量推进江苏自贸试验区南京片区建设动员大会。

● 10 月 5 日，江苏自贸试验区首个 5G 智慧港口项目正式启动。

● 12 月 18 日，江苏自贸试验区南京片区 1 项总体政策和 9 项专项支持政策重磅发布。

● 12 月 18 日，江苏自贸试验区南京片区揭百日“成绩单”，累计吸引注册资本 350 亿元。

【2020 年】

● 3 月 20 日，江苏自贸试验区苏州片区落地首笔服务贸易外汇收支便利化试点业务。

● 7 月 23 日，江苏自贸试验区苏州片区启动“共享服务伙伴计划”。

● 8 月 18 日，江苏省政府举行江苏自贸试验区设立一周年新闻发布会，并发布周岁“成绩单”。

● 9 月 4 日，江苏自贸试验区南京片区支持航运创新发展大会召开，发布 20 条政策支持南京片区航运发展。

● 9 月 29 日，江苏自贸试验区南京片区知识产权法律保护联盟正式成立。

● 11 月 7 日，江苏自贸试验区国际合作峰会在沪举行。

【2021 年】

● 3 月 1 日，《中国（江苏）自由贸易试验区条例》正式施行。

● 8 月 20 日，江苏自贸试验区苏州片区发布 2021 年度制度创新十佳案例。

● 10 月 18 日，新亚欧陆海联运通道自由贸易试验区联盟成立大会在连云港举行。

资料来源：江苏自贸试验区官方网站，http：//swt. jiangsu. gov. cn/col/col79270/index. html.

（三）浙江自贸试验区

浙江是中国革命红船起航地、改革开放先行地，同时拥有独特的区位优势与岸线资源、良好的大宗商品产业发展基础、便利的综合交通运输体系以及优越的自然生态及人居环境，具备“一带一路”“长江经济带”“浙江舟山群岛新区”“舟山江海联运服务中心”“自由贸易试验区”等多重国家战略的叠加效应。浙江自贸试验区挂牌特别是扩区的 4 年时间里，围绕“国际石化基地、建设国际油品交易中心、国际油品储运基地、国际海事服务基地和大宗商品跨境贸易人民币国际化示范区”的目标任务，形成了龙头企业引领、产业链条完善、辐射带动突出的油气产业集群，在全球油气领域打响了“无中生油”的浙江品牌，闯出了一条独具特色的浙江新路子。浙江自贸试验区片区详情如表 2-20 所示。

表 2-20　浙江自贸试验区片区详情

片区	面积（平方公里）	功能定位	重点发展产业
舟山片区	119.95	建设东部地区重要海上开放门户示范区、国际大宗商品贸易自由化先导区和具有国际影响力的资源配置基地	以油品为核心的大宗商品中转、加工贸易、保税燃料供应、装备制造、航空制造、国际海事服务、国际贸易和保税加工等业务
宁波片区	46	建设链接内外、多式联运、辐射力强、成链集群的国际航运枢纽，打造具有国际影响力的油气资源配置中心、国际供应链创新中心、全球新材料科创中心、智能制造高质量发展示范区	航运、油气资源配置、新材料、智能制造等产业
杭州片区	37.51	打造全国领先的新一代人工智能创新发展试验区、国家金融科技创新发展试验区和全球一流的跨境电商示范中心，建设数字经济高质量发展示范区	人工智能、跨境电商、数字经济等产业
金义片区	35.99	打造世界“小商品之都”，建设国际小商品自由贸易中心、数字贸易创新中心、内陆国际物流枢纽港、制造创新示范地和“一带一路”开放合作重要平台	数字贸易、国际物流等产业

资料来源：中国政府网．国务院关于印发中国（浙江）自由贸易试验区总体方案的通知［EB/OL］．［2017-03-31］．http：//www.gov.cn/zhengce/content/2017-03/31/content_5182288.htm.

1. 发展成果

浙江自贸试验区的扩区使得其从舟山区域扩展到了宁波、杭州和金华。四年的时间里，浙江自贸试验区舟山片区依托油气全产业链为核心的大宗商品的贸易自由化、投资便利化，探索出了一条“无中生油”“聚气发展”的差异化、特色化发展之路。浙江省自贸办副主任、浙江省商务厅长胡真舫在中国（浙江）自由贸易试验区建设暨第四届世界油商大会新闻发布会上介绍，2021 年 1 月—8 月，浙江自贸试验区新增注册企业超 3 万家，新增外商投资企业 649 家，同比分别增长近 1 倍和 3 倍。市场主体的集聚发展推动浙江自贸试验区 1—8 月利用外资 15.5 亿美元，1—7 月实现进出口超 4300 亿元。浙江自贸试验区制度创新典型经验做法如表 2-21 所示；浙江自贸试验区制度创新案例如表 2-22 所示。

表 2-21　浙江自贸试验区制度创新典型经验做法

片区	制度创新典型经验做法
舟山片区	1. 浙沪跨港区供油助推长三角海事服务一体化 2. 国际航行船舶转港数据复用模式 3. 保税船用燃油供应驳船和仓储资源共建共享 4. 保税船用燃油供应管理平台数据协同共享 5. 构建保税低硫燃料油船供舟山报价机制 6. 国内成品油非国营贸易出口资质和配额试点
杭州片区	7. 以区块链技术创新数据知识产权质押融资和证券化改革新模式 8. 金融科技创新监管试点赋能数字自贸 9. “一企一策，一事一议”为新型离岸国际贸易发展率先“探路” 10. 生物医药全产业链服务新模式 11. 建立“全球中心仓” 12. 知识产权集成服务改革
宁波片区	13. 抵港外国籍船舶“港口国监督远程复查”创新机制 14. “外汇金管家”线上一站式服务 15. 海事审判刑事行政民事审判“三合一”改革 16. 基于区块链数字仓单的大宗商品交易及融资新机制 17. “易跨保”跨境电商金融服务方案
金义片区	18. “双抬头”原产地证签发改革试点 19. 海铁联运全程提单改革 20. 推进以综保区为核心的大宗商品交易和分拨配送中心建设 21. 出口退税备案单证数字化管理模式 22. 打造“义新欧”中欧班列双平台 23. 自贸试验区数据集成平台

资料来源：浙江自贸试验区官方网站，http：//china-zsftz. zhoushan. gov. cn/.

表 2-22　浙江自贸试验区制度创新案例

批次	单位部门	主题
第一批	舟山片区	浙沪跨港区供油助推长三角海事服务一体化
	宁波片区	抵港外国籍船舶“港口国监督远程复查”创新机制
	金义片区	出口退税备案单证数字化管理模式
	舟山片区	国际航行船舶转港数据复用模式
	金义片区	打造“义新欧”中欧班列双平台
	金义片区	自贸试验区数据集成平台
	杭州片区	“全球中心仓”
	舟山片区	保税船用燃油供应驳船和仓储资源共建共享
	杭州片区	知识产权集成服务改革
	宁波片区	“外汇金管家”线上一站式服务

续表

批次	单位部门	主题
第二批	浙江省经信厅	国家传统制造业改造升级示范区建设
	浙江省公安厅	外国人管理服务“一站式”
	浙江省市场监管局	以数字化协同平台深化“证照分离”改革
	浙江银保监局	保税油仓单质押融资
	宁波海关	优化转关监管模式
	浙江海事局	海事“一船多证，一次通办”服务创新机制
	浙江省邮政管理局	国际快递业务经营许可下放
	舟山片区	保税船用燃油供应管理平台数据协同共享
		构建保税低硫燃料油船供舟山报价机制
		国内成品油非国营贸易出口资质和配额试点
	宁波片区	海事审判刑事行政民事审判“三合一”改革
		基于区块链数字仓单的大宗商品交易及融资新机制
		“易跨保”跨境电商金融服务方案
	杭州片区	以区块链技术创新数据知识产权质押融资和证券化改革新模式
		金融科技创新监管试点赋能数字自贸
		“一企一策，一事一议”为新型离岸国际贸易发展率先“探路”
		生物医学全产业链服务新模式
	金义片区	“双抬头”原产地证签发改革试点
		海铁联运全程提单改革
		推进以综保区为核心的大宗商品交易和分拨配送中心建设

资料来源：浙江自贸试验区官方网站，http：//china-zsftz. zhoushan. gov. cn/.

（1）四大创新成果全国突围。

在油气贸易自由化领域，浙江自贸试验区在全国率先实施了成品油非国营贸易出口、油品“批发无仓储”经营、原油非国营贸易进口等多项重大改革举措。2020年，浙江自贸试验区油气贸易额高达5580亿元，成为我国油气企业最集聚的地区。2018—2020年浙江自贸试验区油气贸易额如图2-4所示；2019—2020年浙江自贸试验区新增油品企业数量如图2-5所示。

在油气交易体制领域，2015年5月，浙江国际油气交易中心（以下简称浙油中心）正式成立。2020年浙油中心深化油气“期现结合”改革，同年12月，上海期货交易所（以下简称上期所）战略入股浙油中心，这是上期所首次对证监系统以外的地方机构进行股权投资。为进一步推进大宗商品期现市场联动发展，

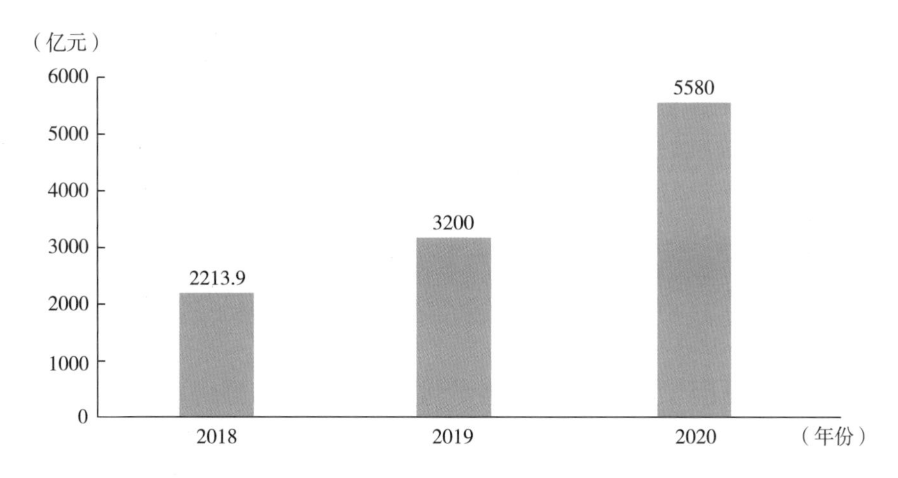

图 2-4　2018—2020 年浙江自贸试验区油气贸易额

资料来源：天眼新闻．浙江自由贸易试验区：三年聚集万亿级油气产业［EB/OL］．［2020-04-23］．https：//baijiahao. baidu. com/s？ id=1664729751598301183&wfr=spider&for=pc.

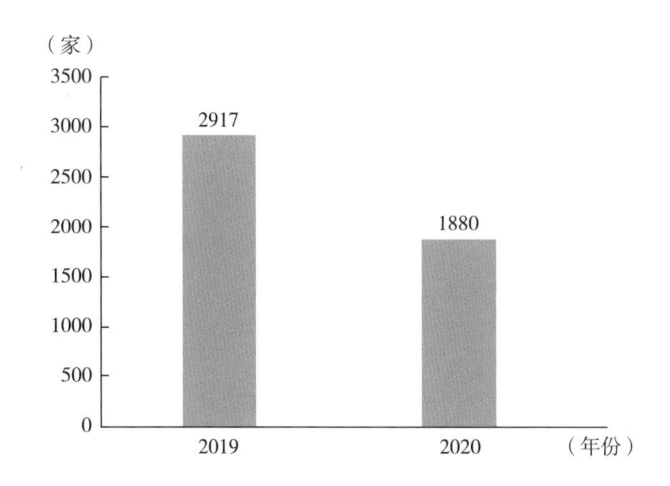

图 2-5　2019—2020 年浙江自贸试验区新增油品企业数量

资料来源：天眼新闻．浙江自由贸易试验区：三年聚集万亿级油气产业［EB/OL］．［2020-04-23］．https：//baijiahao. baidu. com/s？ id=1664729751598301183&wfr=spider&for=pc.

浙油中心继续深化与上期所的全面合作，2021 年 3 月，上期所首批 8 名专家入驻浙油中心，重点推进以仓单互认互通体系、保税商品登记系统、舟山保税燃料油为主的价格形成机制、产能预售等改革落地。

在国际海事服务领域，在全国率先开展保税船用燃料油经营改革试点，承接国家审批权限下放，在全国首创了跨关区直供、一船多供、一库多供、港外锚地供油等 38 项改革举措。

在营商环境领域，在“最多跑一次”改革的基础上，推进建设数字自贸试验区。为提高加注效率，率先建成了保税船用燃料油加注电子调度系统。为增加口岸通关效率，率先创新推出“船舶通关一体化改革”，成为全国首个无纸化通关口岸，通关时间由16小时缩减至2小时，改革成果向全国推广。

专栏2-17

浙江自贸试验区油气全产业链建设五大亮点成效

建设以油气为核心的大宗商品资源配置基地是浙江自贸试验区一直以来的重要功能定位，自国务院针对浙江自贸试验区专门出台了《推动油气全产业链深化改革开放的若干措施》（以下简称《若干措施》）后，落地成效明显，11方面26项措施已100%启动实施，257项重点任务有效实施率达96%，有力推动了油气全产业链新一轮的高质量发展。亮点成效主要体现在以下五方面：

石化炼化产业进一步升级。浙江石油化工有限公司（以下简称浙石化）4000万吨项目将于2021年底投产，成为全国单体规模最大的炼化一体化基地，年工业总产值将达2500亿元。此外，德荣化工一期、浙石化—霍尼韦尔催化剂等一批项目加快建设，下游精深加工产业链不断延伸。

油品贸易自由化进一步推进。《若干措施》发布后，新招引落地韩国SK集团、中化能源股份有限公司、中国船舶燃料有限责任公司等国内外知名企业，四年累计集聚8000余家油气贸易企业。其中，浙石化成为全国首家获得成品油出口资质和配额的民营炼化企业，浙江省石油股份有限公司新获原油非国营贸易牌照。2021年上半年，油气贸易额超3900亿元，为国家油品市场化改革积累了实践经验。

大宗商品期现市场进一步联动。上期所战略入股浙油中心，共建长三角期现一体化交易市场；正式发布“中国舟山·低硫燃料油保税船供报价”，率先形成以国内期货市场价格为定价基础，采用人民币报价的价格机制，有望逐步形成燃料油等油品领域的中国价格指数。

燃料油加注领域进一步集成创新。率先落地低硫船用燃料油出口退税业务，《若干措施》发布后，浙江本地企业实现退税总额1.6亿元；与上海合作，实现浙沪跨港区供油。在制度创新集成效益下，舟山港域加注和结算量分别约占全国的1/3和1/2，进一步巩固全国第一、全球前八大加油港的地位。

油气全产业链进一步完善。发布全国首部保税LNG加注行业管理规范，推进建设LNG接收中心，新奥500万吨LNG接收站项目全面投产，船用LNG加注试点工作稳步推进，为国家清洁能源供给和“气化长江”战略作出积极贡献。

资料来源：中国政府网．商务部召开“北京、湖南、安徽自贸试验区及浙江自贸试验区扩展区域建设一周年”专题新闻发布会［EB/OL］．［2021-09-28］.http：//www.gov.cn/xinwen/2021-09/28/content_ 5639887.htm.

（2）五大领域改变全球产业格局。

在油气加工领域，我国首个炼化能力最强、投资规模最大、由民营企业主导建设的“浙石化4000万吨/年炼化一体化项目”一期已经在2020年实现满负荷安全生产，二期在2022年1月12日投产。成功引领了中国石化产业转型升级，甚至影响了全球石化产业格局。

在油气储备领域，随着一批油气管道、油气储罐的建成投用，成为了全国最大的油气储备基地，油气储备能力达到3230万方，占全国的1/5，为保障国家能源战略安全作出贡献。

在保税船用燃料油加注领域，浙江自贸试验区舟山片区不断对标国际一流港口，提升供油服务效率，优化升级舟山保税船用燃料油智能调度系统，通过数字化手段寻求解决路径，打造舟山保税船用燃料油供应“智慧大脑”。截至2021年9月，舟山保税船用燃料油智能调度系统已累计保障锚地供油4920艘次，保障供油量360万吨，供油锚地使用效率同比增长20%，推动舟山保税船用燃料油年供应量突破472万吨，年均增长45%，连续位居全国第一、全球第八大加油港。

在国际海事服务领域，自2019年以来，浙江自贸试验区参考借鉴新加坡等国际一流海事服务基地经验做法，重点围绕“船舶、船东、船员”三大服务主体，依托大宗商品中转储运、保税船用燃料油加注、船舶维修等产业优势，拓展船用物料、生活物资、船用备件等外轮供应业务，在国际海事服务基地建设方面成绩斐然。2019年11月，浙江自贸试验区成功开展了首单锚地综合海事服务业务。至此，“锚地物料供给”成为浙江自贸试验区综合海事服务的“金字招牌”。除此之外，浙江自贸试验区还创新打造了“一船多供”模式，即一条供给船供应油、水等多种物料，在为物料公司节约物流成本的同时，更提高了驳船效率。

在人民币国际化领域，浙江自贸试验区建设以来，人民币国际化示范区建设效应显著。在中国人民银行的支持下，浙江自贸试验区紧紧围绕人民币国际化示范区建设的目标任务，先行先试开展资本项目收入结汇支付便利化试点、跨境人民币结算便利化试点，并重点聚焦"大宗商品跨境贸易"和"跨境人民币结算量"两方面，有效推动人民币国际化。从 2017 年挂牌伊始的 33 亿元跨境人民币结算量，到 2018 年的 728 亿元的跨越式突破，到 2019 年超 960 亿元的跨境人民币结算量，再到 2020 年完成 1048 亿元，浙江自贸试验区在跨境人民币结算量上不断增长。浙江自贸试验区发展政策汇总如表 2-23 所示。

表 2-23 浙江自贸试验区发展政策汇总

时间	文件
2017 年	《中国（浙江）自由贸易试验区条例》
	《中国人民银行杭州中心支行关于金融支持中国（浙江）自由贸易试验区建设的指导意见》
	《关于为中国（浙江）自由贸易试验区建设提供海事司法服务和保障的意见》
	《中国（浙江）自由贸易试验区国际航行船舶保税油经营管理暂行办法》
2018 年	《浙江省食品药品监督管理局关于在中国（浙江）自由贸易试验区实施进口非特殊用途化妆品备案管理试点工作有关事项的公告》
	《中国（浙江）自由贸易试验区权责清单》
2019 年	《舟山市（浙江自贸试验区）开展"证照分离"改革全覆盖试点实施方案》
	《浙江自贸试验区营商环境特色指标体系》
	《浙江省人民政府办公厅关于进一步推进中国（浙江）自由贸易试验区改革创新的若干意见》
	《自由贸易试验区外商投资准入特别管理措施（负面清单）（2019 年版）》
2020 年	《中国（浙江）自由贸易试验区深化改革开放实施方案》
	《中国（浙江）自由贸易试验区管理委员会关于加强浙江自贸试验区油气全产业链安全生产工作的指导意见》
	《浙江自贸试验区打造 10 张"高分报表"行动方案》
	《中国（浙江）自由贸易试验区管理委员会关于推动油气全产业链开放发展的行动方案》
	《浙江自贸试验区制度创新工作促进办法（试行）》
	《最高人民检察院关于全面履行检察职能依法服务和保障自由贸易试验区建设的意见》
	《浙江自贸试验区营商环境特色指标体系（2020 年版）》
	《浙江省人民政府关于支持中国（浙江）自由贸易试验区油气全产业链开放发展的实施意见》

资料来源：浙江自贸试验区官方网站，http：//china-zsftz.zhoushan.gov.cn/.

2. 远景规划

“十四五”时期，《浙江省国民经济和社会发展第十四个五年规划和2035年远景目标纲要》提出，在油气交易方面，要聚焦和落实油气全产业链开放发展的持续性创新，全力推进建设长三角期现一体化油气交易市场，积极打造区域能源贸易结算中心。在建设数字经济发展示范区方面，要着力推进数字贸易先行先试，做好“数字+自贸试验区”的大文章。在区域联动方面，全力推动与长三角地区自贸试验区的联动发展，以洋山港为支点，共同谋划建设长三角自由贸易港。同时，要深入推进温州、嘉兴、台州等联动创新区的建设及合作，释放自贸试验区改革红利。

专栏2-18

“十四五”时期浙江自贸试验区的15大标志性项目

● 数字自贸试验区。利用数字化手段赋能贸易、投资、运输、人员、资金、数据等要素流动自由，实现一体化、现代化的数字监管、数字服务，打造数字化的国际一流营商环境，成为浙江数字化改革的“试验田”。

● 国家新一代人工智能创新发展试验区。实施智能制造升级工程，推动以数字安防、智能视觉、人工智能等为重点的智能产业发展。

● 进口贸易促进创新示范区。打造以“新型进口市场+全牌照口岸+专业市场群”为标志的特殊贸易功能区、大宗商品和优质消费品进口集散中心。

● 国家油气战略储备基地。启动宁波大榭300万立方米、舟山黄泽山500万立方米等地下油库建设，规划新增一批油气储备项目，打造辐射长三角地区的中转分销体系。

● 世界级绿色石化基地。浙石化二期建成投产，形成4000万吨/年炼化能力；三期启动建设。

● 国际矿石中转基地。依托鼠浪湖、马迹山岛矿石中转码头，建设国际配矿贸易中心，开展矿石保税储存、加工、出口和现货交易。

● 东北亚燃料油加注中心。推进国际海事服务2.0版建设，在全球第8大加油港基础上不断争先进位。

● 国际能源贸易交易和结算中心。建设国际能源贸易总部基地，构建由龙头企业、重点企业、集群企业组成的能源结算综合体，共同打造具有国际影响力的油气等大宗商品贸易平台。

● 长三角南翼空港经济中心。围绕“航线+航权”的国际运输开放路线，开辟国际客运货运新航线，高水平建设临空经济示范区。

● 全球新材料科创中心。谋划建设微纳加工、化工新材料等研发平台，加快建设石墨烯、磁性材料等技术创新中心。

● 世界一流强港。把宁波舟山港建设成为全球重要的港航物流中心、战略资源配置中心和具有鲜明特色的航运服务基地。

● 全球智慧物流枢纽。完善海陆空运输、口岸服务、分拨运转、保税仓储、快递配送等功能，加快物流枢纽建设，推进物流全产业链要素数字化、智能化运营。

●“义新欧”中欧班列 2.0 版。实现“义新欧”中欧班列市场化运营和高质量发展，到 2025 年班列数量突破 3000 列。

● 世界油商大会。打造油气领域具有国际影响力的高峰论坛和招商引资主平台。

● 全球数字贸易博览会。对标中国进出口商品交易会（广交会）、中国国际服务贸易交易会、中国国际进口博览会，举办国家级数字贸易博览会。

资料来源：浙江省政府官方网站．浙江省人民政府办公厅关于印发浙江省商务高质量发展“十四五”规划的通知［EB/OL］.［2021-06-08］. http：//www. zj. gov. cn/art/2021/6/8/art_1229019365_ 2301821. html.

专栏 2-19

浙江自贸试验区大事记

【2017 年】

● 4 月 1 日，浙江自贸试验区正式挂牌，涵盖舟山离岛、舟山岛北部、舟山岛南部三个片区（现舟山片区）。

【2018 年】

● 10 月 18 日，浙江自贸试验区在舟山举办第二届世界油商大会，涉及总金额 1656 亿元的 25 个项目在会上签约。

【2019 年】

● 1 月 1 日，舟山口岸 2018 年船用燃料油供应量突破 359 万吨，首次跻身全球十大加油港。

● 2 月 1 日，商务部批准物产中大石油公司浙江省首家原油非国营贸易进口资质。

● 3 月 7 日，中化兴中岙山石油基地完成原油期货交割业务，成为全国唯一一家同时实现原油期货和燃料油期货交割业务的石油仓储企业。

● 4 月 11 日，浙江自贸试验区累计跨境人民币结算额突破千亿大关。

● 6 月 1 日，浙江自贸试验区完成全国首单利用不同税号油品调和低硫燃料油的业务。

● 7 月 1 日，普氏能源正式发布符合 IMO 标准（国际海事组织标准）的舟山船用燃料油估价。

● 8 月 23 日，全国首票进口货物“两步申报”改革试点业务在浙江自贸试验区落地。

● 8 月 30 日，浙江与上海、江苏共同签署长三角自贸试验区联动发展战略合作框架协议。

● 10 月 1 日，浙江自贸试验区首单油品贸易跨境人民币结算便利化试点业务落地。

● 11 月 22 日，全国首单锚地综合海事服务业务在浙江自贸试验区成功开展。

● 12 月 19 日，浙江省政府批复设立 6 个浙江自贸试验区联动创新区。

● 12 月 31 日，浙石化 4000 万吨/年炼化一体化项目（一期）全面投产。

【2020 年】

● 4 月 3 日，浙江自贸试验区挂牌 3 周年新闻发布会在杭州举行，会上发布了自贸试验区十大建设成果。

● 9 月 21 日，浙江自贸试验区宁波片区、杭州片区、金义片区正式挂牌。

● 11 月 30 日，国家邮政局扩大下放国际快递业务经营许可审批事项适用范围，从舟山扩展到宁波、杭州、金义三个新片区。

● 12月9日，宁波片区首次开展中资非五星旗船沿海捎带业务。

● 12月11日，宁波片区建设推进大会召开。

● 12月28日，杭州片区开工总投资24亿元的杭州萧山国际机场改扩建（国际货站及机坪）工程项目，这是国内第一个“多层结构+智能化”的机场货站，同时萧山国际机场获批成为浙江离境退税政策首个实施口岸。

● 12月30日，浙江自贸试验区杭州联动创新区总投资182亿元的杭州大会展中心项目一期工程开工。

● 12月31日，浙江首笔QFLP落地宁波片区，这是浙江首次接受境外战略性资本以私募基金模式参与境内股权投资项目。

【2021年】

● 1月15日，浙江自贸试验区落地全国首笔保税油仓单质押融资业务。

● 1月15日，全球产业科技发现与科创服务平台落地杭州片区滨江区块，为企业开展知识产权投融资运营活动和拓宽融资渠道提供有效支撑。

● 1月15日，浙江自贸试验区落地全国首笔保税油仓单质押融资业务。

● 1月21日，浙江自贸试验区诞生浙江省内首张国际快递经营许可证。

● 2月3日，舟山片区大鼎油储有限公司成为华东地区首家获批原油期货指定交割仓库资质的民营企业。

● 2月8日，浙江全省首家专门办理金融与破产案件的人民法庭——义乌法院福田金融法庭在金义片区正式揭牌。

● 3月8日，舟山片区与上海签订《保税船用燃料油一体化供应协议》，两地共建一体化供油船舶名录库，相关经营备案手续、供油市场监管实施互认，成为长三角港口海事服务一体化的重要阶段性成果。

● 3月10日，金义片区上线浙江全省首个电商平台信用监管系统。

● 3月12日，全国首艘多功能海事服务“舟山船型”成功下水。

资料来源：浙江自贸试验区官方网站，http：//china-zsftz. zhoushan. gov. cn/.

（四）安徽自贸试验区

安徽自贸试验区定位“一带一路”与长江经济带的重要节点和内陆开放的新高地，以探索可复制可推广的制度创新作为核心，深度融入创新驱动发展、长三角一体化发展等重大国家战略，推进经济结构在实体与科创两方面的融合，加快新兴产业、先进制造业等科技创新产业的集聚。在此基础上，力争通过探索产生一批符合国际高水准的实践成果、积累一批对标国际高标准的创新经验，争取使制度创新成果覆盖科技、产业、企业、产品、市场等多个领域，使安徽自贸试验区成为在贸易、金融、投资、监管、创新、产业发展、辐射带动等多层面表现突出的高端自贸试验区。在2020—2021年的发展中，安徽自贸试验区试点任务完成率超过60%，市场活力、制度建设、区域协同、营商环境优化等都收获了积极的成果。安徽自贸试验区片区详情如表2-24所示。

表2-24　安徽自贸试验区片区详情

片区	面积（平方公里）	功能定位	重点发展产业
合肥片区	64.95	打造具有全球影响力的综合性国家科学中心和产业创新中心引领区	高端制造、集成电路、人工智能、新型显示、量子信息、科技金融、跨境电商等产业
芜湖片区	35	打造战略性新兴产业先导区、江海联运国际物流枢纽	智能网联汽车、智慧家电、航空、机器人、航运服务、跨境电商等产业
蚌埠片区	19.91	打造世界级硅基和生物基制造业中心、皖北地区科技创新和开放发展引领区	硅基新材料、生物基新材料、新能源等产业

资料来源：合肥市政府官方网站．中国（安徽）自由贸易试验区总体方案（全文）［EB/OL］．［2020-09-21］．https：//www.hefei.gov.cn/ssxw/wghf/105433569.html.

1. 发展成果

（1）112项试点任务落地见效73项。

安徽自贸试验区牢固树立“一盘棋”思想，系统谋划组织机构设置、实施方案编制、发展路径实践，为推进自贸试验区建设奠定坚实基础。高规格建立工作推进机制，成立了由省委书记、省长任组长的安徽自贸试验区建设工作领导小组，合肥、芜湖、蚌埠三个片区均成立管理机构。高质量构建政策支撑体系，出台《关于以中国（安徽）自由贸易试验区建设为先导打造具有重要影响力改革开放新高地的意见》，制定自贸试验区专项推进行动计划方案，配套出台20多个文件、近300项具体措施。起草《中国（安徽）自由贸易试验区条例（草案）》；建立自贸试验区特别清单212项，推进实施“自贸一单通”，保障片区改革创新自主权；创新上线“7×24”政务服务地图，实现268项“热门”政务服务事项的24小时自助办理。112项试点任务中有73项在实施后取得显著成果，达成了实施一半以上试点任务的年度要求，并在其中形成了一批创新举措，可在安徽全省范围内进行推广复制。安徽自贸试验区发展政策汇总如表2-25所示。

表2-25　安徽自贸试验区发展政策汇总

时间	文件
2021年	《中国（安徽）自由贸易试验区条例（草案）》
	《安徽省人民政府关于建立中国（安徽）自由贸易试验区特别清单的决定》
	《中国（安徽）自由贸易试验区商事主体登记确认制实施办法（试行）（征求意见稿）》
	《安徽自贸试验区建设专项资金管理暂行办法》
	《发展多层次资本市场服务“三地一区”建设行动方案》
	《安徽省人民政府关于中国（安徽）自由贸易试验区实施省级经济社会管理事项（第一批）的决定》
	《中国（安徽）自由贸易试验区专项推进行动计划方案》

资料来源：安徽自贸试验区官方网站，http：//ftz. ah. gov. cn/.

（2）976.6亿元进出口额彰显深化改革成果。

安徽自贸试验区对照海内外高标准制度规则体系的标杆，有的放矢地推动内部相关层面的改革，以更便利的投资和贸易环境激发市场活力与创业创新的激情。2021年上半年，安徽自贸试验区进出口额达到了976.6亿元，超过全省进出口额的1/5，实际利用12.4亿美元的外资，外商直接投资占全省的1/10，并获得了242.2亿元的税收。通过开展“长三角特殊货物检查作业一体化改革试点”、完善跨境电商监管等制度、实施新版外商投资负面清单、在外商投资的各流程上建设从头到尾的服务体系等创新举措①，有效营造了良好的贸易投资营商环境，提升了贸易的便利程度并吸引了一大批产业项目落户。此外，安徽自贸试验区加快与日本、欧洲等地航线联通，完善以中欧班列为基础的跨境电商运营模式，安徽自贸试验区的中欧班列路线数量超过60条，途经14个国家和地区的57个重要节点城市。

① 安徽省政府网．安徽自贸试验区一周年建设情况新闻发布会［EB/OL］．［2021-10-15］．https：//www. ah. gov. cn/zmhd/xwfbhx/554050261. html.

（3）14 家国际基地“科创+产业”制度创新。

安徽自贸试验区充分发挥科创和产业优势，坚持系统性、集成性改革，推动创新链与产业链融合发展，积极为科技创新策源地、新兴产业集聚地筑势赋能。在科创成果转化层面，通过对知识产权全方位服务体系建设、知识产权证券化试点等制度创新与调整，推动成立了 14 家科技创新基地，约 1300 家高新技术企业被吸引入驻。在人才招引层面，通过内部改革国有的新型研发机构、“一站式”服务国际人才、推出面向留学生的创业与创新孵化基地，吸引了上千名高素质人才。在金融开放层面，率先推行超过六项外汇政策及多项其他跨境金融政策，通过“金融超市”“自贸贷”“白名单加自律审核”等新平台、新产品、新模式①，使金融产业对实体经济的支持力度不断增强。

（4）积极加入长三角自由贸易试验区联盟。

安徽自由贸易试验区积极服务长三角一体化发展和中部崛起战略，共同组建长三角自由贸易试验区联盟，“长三角 G60 环境科技跨区域产业链集成创新机制”、“联动接卸、视同一港”监管创新等入选长三角自贸试验区联盟十大制度创新案例，在全国率先开展长三角双创示范基地联盟“双创券”通用通兑试点，长江下游集装箱转运中心建设加速推进。积极服务“一带一路”建设，合肥国际陆港申报国家中欧班列集结中心示范工程，安徽自贸试验区企业加快在“一带一路”沿线国家布局农业和光伏发电项目，带动国际产能合作。加快推进联动创新区建设，按照“成熟一批、建设一批”原则，推出安徽自贸试验区第一批 6 个联动创新区，放大自贸试验区辐射带动效应。安徽自贸试验区制度创新案例如表 2-26 所示。

表 2-26　安徽自贸试验区制度创新案例

批次	分类	主题
首批	江海联运	打造“联动接卸”江海联运新模式
	产业链集成	长三角 G60 环境科技跨区域产业链集成创新机制

资料来源：安徽自贸试验区官方网站，http：//ftz. ah. gov. cn/.

① 安徽省政府网．安徽自贸试验区一周年建设情况新闻发布会［EB/OL］．［2021-10-15］．https：//www. ah. gov. cn/zmhd/xwfbhx/554050261. html.

（5）一流营商环境引来新设企业 11320 家。

安徽自贸试验区系统推进“放管服”，完善事中事后监管体系，全面提升政府治理能力，以一流营商环境吸引要素集聚。至 2021 年秋，已有 11320 家企业落户，引进超过 4599.1 亿元资本。深化改革创新，推出安徽自贸试验区 212 项赋权事项的特别清单，推出涉企经营许可清单（自贸试验区版）54 项。实施“全省一单”权责清单制度、工程审批制度改革，“证照分离”改革全覆盖，环评审批监管改革、“一业一证一码”改革等试点举措，试行商事主体确认制改革。加强法治保障，编制《中国（安徽）自由贸易试验区条例（草案）》，保障改革创新有法可依、有法可循。组建安徽自贸试验区仲裁中心和知识产权纠纷人民调解委员会（调解中心）。强化涉企服务，深入实施“四送一服”工程，建立“互联网+营商环境监测”系统，开展企业开办涉税业务“一网集成”，探索“标准化”和“非标准化”行政服务体系，举办安徽自贸试验区专题推介、政银企对接及政策宣讲等活动，提升市场主体获得感和满意度。

专栏 2-20

安徽自贸试验区建设十件大事

● 安徽自贸试验区成功揭牌。2020 年 9 月 24 日，安徽自贸试验区揭牌，自贸试验区建设正式开启。

●《关于以中国（安徽）自由贸易试验区建设为先导打造具有重要影响力改革开放新高地的意见》（以下简称《意见》）出台。2021 年 7 月 8 日，安徽省委、省政府印发《意见》，明确“十四五”期间 73 项重点工作任务，提出安徽自贸试验区建设“三个从优”“政策优先”等保障机制。

● 共同组建长三角自由贸易试验区联盟。2021 年 5 月 10 日，长三角自由贸易试验区联盟在上海成立，沪苏浙皖自贸试验区代表签署联盟协议，发布长三角自贸试验区联盟十大制度创新案例。5 月 27 日，第三届长三角一体化发展高层论坛上，一市三省签署《长三角自贸试验区一体化发展备忘录》，启动建设安徽省内第一批联动创新区。

●《中国（安徽）自由贸易试验区条例（草案）》（以下简称《条例草

案》）制定。《条例（草案）》于2021年9月8日经省政府第154次常务会议审议通过，已提请省人大常委会审议。

● 推出安徽自贸试验区212项赋权事项的特别清单。2021年7月28日，《关于建立中国（安徽）自由贸易试验区特别清单的决定》由安徽省政府印发。

● 一批“国字号”开放创新平台获批建设。2020年10月，芜湖港口型国家物流枢纽正式获批，国家市场采购贸易方式试点落地蚌埠；同年11月，合肥经开区获批国家进口贸易促进创新示范区。2021年4月，国家技术标准创新基地（智能语音技术）获批筹建；同年6月，蜀山经开区晋升国家级经济技术开发区；同年7月，合肥高新区获批国家外贸转型升级基地（家电）。

● 跨境电商等一批外贸新业态新模式实现新突破。2021年5月，跨境电商出口包机首飞，新建安徽全省唯一快递类跨境电商监管场所；同年6月，“跨境电商+中欧班列”出口专列首发；同年7月，跨境电商B2B直接出口、首票B2B出口海外仓业务首单通关；同年9月，安徽全省首个跨境电商保税进口退货中心仓建成运营。保税维修、市场采购贸易实现新突破。

● 一批金融开放创新政策先行先试。在自贸试验区率先开展资本项目外汇改革试点；安徽省内首个针对自贸试验区专设的贷款产品出炉；使用跨境双向人民币资金池，完成首笔人民币资本项下输出、贸易项下回流；首发落地扩大提款币种自主选择权和优化审核收结汇业务；完成安徽省内首笔外汇NRA账户结汇业务。

● 与沪苏浙干部双向交流、多层次培训对接等深入推进。专门面向安徽自贸试验区，开展干部人才双向挂职、跟班学习、实践锻炼。在提升干部能力水平方面，举办了十余场专题培训班。

● 全面打造自贸试验区营商环境升级版。在安徽自贸试验区率先推行工程审批制度改革，试行商事主体登记确认制，开展“一照通”“一业一证一码”改革，施行安徽自贸试验区“证照分离”改革事项清单。

资料来源：安徽省政府官网．安徽自贸试验区一周年建设情况新闻发布会［EB/OL］．［2021-10-15］．https：//www. ah. gov. cn/zmhd/xwfbhx/554050261. html？ivk_ sa＝1024320u.

2. 远景规划

进入“十四五”时期，《安徽省国民经济和社会发展第十四个五年规划和

2035远景目标纲要》对安徽自贸试验区的高质量发展作出详细部署，以制度创新为核心，实施更大范围、更宽领域、更深层次的对外开放，深度参与“一带一路”建设，协同推进中部地区崛起，打造高能级的对外开放平台。

支持自贸试验区创新发展。进一步强化创新引领，大力实施自贸试验区推进行动，推动科技创新、产业创新、企业创新、产品创新、市场创新，促进科技创新和实体经济发展深度融合，将安徽自贸试验区建设成在金融、投资、监管、创新、产业发展、辐射带动等多个层面表现突出的高端自贸试验区。此外，推动合肥、芜湖与蚌埠三个片区差异化探索，分别在产业创新、江海联运、科技创新等领域探索符合自身定位与要求的发展途径。

加强制度创新探索。借鉴国内先进自贸试验区发展经验，深入推进系统改革、集成创新，建立自贸试验区特别清单，推动监管、投资与贸易层面的规范与世界高水平接轨。支持各片区开展差别化探索，在营商环境、投资贸易、金融开放、科技创新、产业发展等领域形成更多有国际竞争力的制度创新成果。完善不同方面对外开放平台的功能性建设，发挥综合保税区、海外仓等平台的独特效能。

全面放大辐射带动效应。强化三个片区协同联动，提升自贸试验区改革与管理创新经验成果的转化速率。推动安徽自贸试验区与省内经开区、高新区协同配合，推动合肥片区立足安徽中部、覆盖引领全省发展，芜湖片区着力发展长江沿江地区、覆盖引领安徽南部发展，蚌埠片区着力发展淮河沿江地区、覆盖引领安徽北部发展。按照“成熟一批、建设一批”原则，推动自贸试验区与经开区、郑蒲港之间的共同发展，支持有条件的城市开展联动创新区建设。

培育发展国际合作产业园。坚持国际特色、全球定位，加快中德、中韩等国际合作产业园发展。注重引资引智引技相结合，加强与合作国家（地区）在科技创新、人才培养等方面合作。在前沿技术、新兴业态、高端装备和先进制造等产业领域与合作国家（地区）进行精准的对接，快速切入国际产业链、价值链高端。支持外国机构、企业、资本依法合规参与国际合作产业园运营。围绕外资主要来源地、重大外资项目和国际友城资源，培育一批新的国际合作产业园。到2025年，建设15家左右高质量国际合作产业园，集聚一批世界500强、全球行业龙头、隐形冠军等具有代表性的外资企业。

加快海关特殊监管区域和口岸建设。整合优化海关特殊监管区域的保税加工、保税物流和保税展示交易业务，促进加工贸易创新发展，探索发展保税研发、境内外维修等高附加值产业，推进综合保税区、保税物流中心等海关特殊监管区域（场所）提质增效①。支持蚌埠、宣城等有条件的城市申建综合保税区、保税物流中心、快递类海关监管场所②。进一步提升口岸开放水平，积极申建国家一类口岸，推动阜阳、九华山、芜湖宣州等机场口岸开放，鼓励第一进境地口岸申建与本地产业发展关联度高的进境指定监管场地。

提升招商引资水平。支持各地依法推进招商引资政策创新，深化“六百”项目对接活动，充分运用专业招商、委托招商、“基金+产业”招商、以商招商、线上招商等模式，实行更加灵活的激励措施，大力引进国际知名企业和高端要素。加大境外招商引资工作力度，引导外资更多投向先进制造业、现代服务业等领域。积极有效借用国外优惠贷款。加强与港澳台地区合作交流，推动与台湾地区共建两岸产业合作园区，推动与澳门地区在金融、文化、展会、中医药等领域的合作，推动与香港地区在人才培养、基础研究、金融贸易、成果转化等领域的合作③。推动利用安徽省外资金提质增效，推进“徽商回归”，鼓励海内外皖籍人士回乡投资创业。高水平建设安徽（合肥）侨梦苑，打造海外华人华侨创新创业集聚区。

专栏 2-21

安徽自贸试验区大事记

【2020 年】

● 9 月 21 日，安徽自贸试验区总体方案公布。

● 9 月 21 日，安徽自贸试验区获批。

● 10 月 11 日，安徽自贸试验区芜湖片区首批企业注册入驻。

【2021 年】

● 1 月 8 日，长三角企业家联盟走进安徽活动项目推介会举行。

● 4 月 16 日，一季度安徽自贸试验区建设情况发布。

---

①②③　安徽省政府网．安徽省人民政府关于印发　安徽省国民经济和社会发展第十四个五年规划和 2035 年远景目标纲要的通知［EB/OL］．［2021－04－21］．https：//www.ah.gov.cn/public/1681/553978211.html.

● 5 月 11 日，长三角自由贸易试验区联盟成立。

● 6 月 1 日，安徽自贸试验区“加速跑”协议引资额已达 3648.35 亿元。

● 6 月 3 日，沪苏浙皖签订自贸试验区一体化发展备忘录。

● 7 月 12 日，安徽自贸试验区月度调度会暨上半年工作总结分析会在蚌召开。

● 9 月 26 日，安徽自贸试验区经发集团正式揭牌成立。

● 9 月 29 日，商务部召开“北京、湖南、安徽自贸试验区及浙江自贸试验区扩展区域建设一周年”专题新闻发布会。

资料来源：安徽自贸试验区官方网站，http：//ftz. ah. gov. cn/.

四、成渝地区双城经济圈

成渝地区双城经济圈连接东西、沟通南北，是“一带一路”和长江经济带的重要联结点，作为我国西部陆海新通道的起点，在推动区域协调发展、实现多地区互联互通中发挥着至关重要的作用。成渝地区双城经济圈是我国西部发展水平最高的地区，拥有强大的人口优势、雄厚的产业基础、杰出的创新能力、广阔的市场空间、高水平的开放程度，发展潜力巨大，是引领中国西部地区发展、连接国内国外、推进西部地区新型城镇化的重点区域。四川自贸试验区与重庆自贸试验区的建立，是下好“川渝一盘棋”的关键一步，对成渝地区构建疏密有致与集约高效的空间新格局、建设协同有序与相互融合的现代产业体系、打造科技创新中心与富有巴蜀特色的消费中心具有促进作用，将推动成渝地区建设成为具有全国影响力的重要经济中心、科技创新中心、改革开放新高地①，打造高质量发展的重要增长极与新的动力源。

（一）四川自贸试验区

四川属于长江流域，处于长江经济带与丝绸之路经济带的接合部，是承南接

① 中国政府网．习近平主持召开中央财经委员会第六次会议［EB/OL］．［2020-01-03］．http：//www. gov. cn/xinwen/2020-01/03/content_5466363. htm.

北、通东达西、推动两带联动发展的战略纽带，是我国向西开放的重要枢纽、推进西部大开发战略实施与促进长江经济带发展的主力军之一。四川自贸试验区的建立，将充分发挥成都的带动作用，在聚集与运筹国际国内高端要素、构建现代化产业体系等方面持续发力。建设四川自贸试验区是新形势下全面深化改革、扩大开放和深入推进西部大开发、长江经济带发展的重大举措，要立足内陆、承东启西，服务全国、面向世界，努力把四川自贸试验区建设成为西部门户城市开发开放引领区、内陆开放战略支撑带先导区、国际开放通道枢纽区、内陆开放型经济新高地、内陆与沿海沿边沿江协同开放示范区①。挂牌成立以来，四川自贸试验区实施内陆与沿海沿边沿江协同开放战略，锚定打造内陆开放型经济高地目标，深入推进西部大开发战略的实施，发挥在长江经济带高质量发展中的引领作用和示范作用，逐步实现从“试验田”走向“丰产田”。四川自贸试验区片区详情如表 2-27 所示。

表 2-27　四川自贸试验区片区详情

片区	面积（平方公里）	功能定位	重点发展产业
成都天府新区片区	90. 32	建设国家重要的现代高端产业集聚区、创新驱动发展引领区、开放型金融产业创新高地、商贸物流中心和国际性航空枢纽，打造西部地区门户城市开放高地	现代服务业、高端制造业、高新技术、临空经济、口岸服务等产业
成都青白江铁路港片区	9. 68	打造内陆地区联通丝绸之路经济带的西向国际贸易大通道重要支点	国际商品集散转运、分拨展示、保税物流仓储、国际货代、整车进口、特色金融等口岸服务业和信息服务、科技服务、会展服务等现代服务业
川南临港片区	19. 99	建设成为重要区域性综合交通枢纽和成渝城市群南向开放、辐射滇黔的重要门户	航运物流、港口贸易、教育医疗等现代服务业，以及装备制造、现代医药、食品饮料等先进制造和特色优势产业

资料来源：中国政府网．国务院关于印发中国（四川）自由贸易试验区总体方案的通知［EB/OL］．［2017-03-31］．http：//www. gov. cn/zhengce/content/2017-03/31/content_ 5182304. htm.

① 中国政府网．国务院关于印发中国（四川）自由贸易试验区总体方案的通知［EB/OL］．［2020-03-31］．http：//www. gov. cn/zhengce/content/2017-03/31/content_5182304. htm.

1. 发展成果

（1）做“乘法”率先试点协同改革释放制度创新红利。

2019 年 8 月，四川自贸试验区正式启动建设首批 7 个协同改革先行区，在德阳、资阳、眉山、南充、自贡、内江、温江“6 市 1 区”建设服务四川发展的高质量制度创新平台，实施范围合计 988.67 平方公里[①]。协同改革先行区与自贸试验区一样以开展制度创新为核心，不同的是，协同改革先行区更加注重产业方面的制度创新，既聚焦投资、贸易、政府职能转变等领域的制度试验，又立足于协同改革先行区本身的资源禀赋优势提升发展潜力，推动协同改革先行区内产业优势互补、协调联动与错位发展，破解阻碍区内产业发展的制度瓶颈，最大限度释放自贸试验区的发展红利。

2020 年，川渝两地携手共建川渝自由贸易试验区协同开放示范区，在金融、科技、医疗、贸易、数字经济、市场监管六大领域主动开展压力测试和风险测试，取得了明显成效[②]。经过一年多的发展，已形成“共同向上争取”“共同自主推进”“共同早期收获”3 张清单，主动开展目标、领域、产业、政策、机制、时序“六大协同”[③]。2021 年 1 月 1 日，首列中欧班列“成渝号”的顺利开行是川渝两地携手共建川渝自由贸易试验区协同开放示范区的重要成果之一，双方在探索建立中欧班列价格联盟等 20 个方面开展深入合作，合力建设国际新通道。2021 年上半年，四川自贸试验区内江协同改革先行区引进项目 40 个，总投资 151.86 亿元，其中 1 亿元以上项目 21 个，实际到位外资 7725.05 万元。四川自贸试验区省级创新案例汇总如表 2-28 所示。

（2）做“减法”破除制约创新体制机制障碍。

挂牌成立后，四川自贸试验区改革试验任务实施率超过 99%，地方事权全面实施；分三批同步下放 146 项省级管理权限到自贸试验区片区及协同改革先行区，

---

① 熊筱伟．四川自贸试验区首批协同改革先行区启动建设［N/OL］．四川日报，［2019-08-28］．https：//epaper. scdaily. cn/shtml/scrb/20190828/222036. shtml.

② 四川自贸试验区官方网站．川渝自贸试验区协同开放示范区建设六大领域率先发力——加大首创性、差异化改革［EB/OL］．［2021-10-27］．http：//scftz. gov. cn/zmdt/-/articles/5969086. shtml.

③ 四川自贸试验区官方网站．四川自贸试验区设立四周年系列报道之一｜“试验田”里的四川经济密码［EB/OL］．［2021-04-01］．http：//www. scftz. gov. cn/zmdt/-/articles/5577342. shtml.

表 2-28　四川自贸试验区省级创新案例汇总

创新案例	实践效果
“一单制+银担联合”全程货押融资模式	首笔业务为成都列布卡木业有限公司提供最高 300 万元循环额度授信，并发放首批货物质押贷款 190 万元
中欧班列运费分段结算估价管理改革	为宝马、正业信祥、宜海供应链等通过中欧班列运输的企业节约税费近百万
创新互联网医疗医保支付新模式	参保外籍人士在海尔森等成都定点互联网医院发生相关费用，按规定纳入医保支付范畴，依托“电子社保卡”可线上直接结算
区域外发保税维修监管模式	区内企业节省物流费用 40 万元以上，物流耗时可压缩 5~7 天；区外承接维修业务企业可节省约 50 万元关税成本和 300 万元的担保资金
“天府专线”跨境物流新机制	截至 2021 年 4 月，“天府专线”共发运货物 184 万件，重达 322040 吨，实现业务收入 16423.33 万元，分别比 2019 年增长了 16.5%、893%和 9.4%
涉企服务融合“e 窗通”改革	自此项改革实施以来，日均接受咨询 230 余人次，日均为 130 余家企业办结 150 余件业务

资料来源：四川自贸试验区官方网站，http：//www.scftz.gov.cn/.

放权频次居全国前列；在四川自贸试验区形成的制度创新经验中，有 11 项入选国务院发布的前三批制度创新成果。四川自贸试验区不断优化提升营商环境的“含金量”，吸引了一大批海内外市场主体在区内发展，4 年里累计新设企业 14 万家，注册资本超过 1.5 万亿元，新增外商投资企业 1349 家①。四川自贸试验区的面积不足四川全省的 1/4000，但全省约 1/4 的外商投资企业分布在四川自贸试验区各片区，四川自贸试验区的进出口额和新设企业数量均占四川全省的 1/10；在第三批设立的自贸试验区中，四川自贸试验区各项指标均处在前列。2021 年 2 月 8 日，天府新区落地首家跨境注册外资企业，标志着天府新区初步实现了企业离岸注册，外资企业招引服务迈入全新时代。2018 年和 2020 年四川自贸试验区累计新增企业数量如图 2-6 所示。

（3）做“加法”放大“三临”优势构建对外战略通道。

2017—2021 年，四川自贸试验区通过不断整合使得临空、临铁、临水“三临”叠加优势越发明显，逐步构建起了海陆空高效闭环的对外战略通道。在临空方面，成都双流国际机场国际航线增至 130 条；在临铁方面，中欧班列（成渝）

① 四川观察．挂牌四年　四川自贸区累计新设企业 14 万家［EB/OL］．［2021-04-01］．https：//baijiahao.baidu.com/s? id=1695803463394385455&wfr=spider&for=pc.

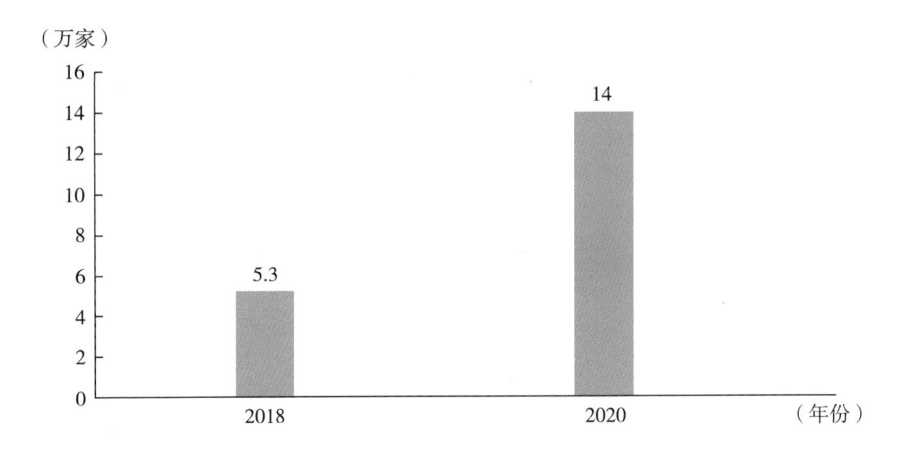

图 2-6　2018 年和 2020 年四川自贸试验区累计新增企业数量

资料来源：四川观察．广州市人民政府关于推广实施中国（广东）自由贸易试验区南沙新区片区第二批改革创新经验的通知［EB/OL］．［2004-04-01］．https：//baijiahao. baidu. com/s? id=1695803463394385455&wfr=spider&for=pc.

号成功连通 59 个境外城市、20 个境内城市；在临水方面，实现长江黄金水道与西部陆海新通道、中欧班列无缝连接。在对外战略通道的作用下，四川自贸试验区表现出强劲的经济带动效应，成都青白江铁路港片区凭借首创的多式联运一单制“银担联合体”融资模式实现融资金额超 3 亿元；2020 年跨境电商实现进出口约 240 万单，同比增长 280%；依托中欧班列，2020 年进出口增速高于四川全省 77. 49 个百分点。川南临港片区牢牢把握内陆水港优势，开展启运港退税政策试点，设立不同类型的功能区，提升口岸能级，2020 年跨境电商交易额突破 1 亿元；进境粮食中转量达 42. 5 万吨，同比增长 183%，居长江上游港口中的第一名。位于川南临港片区的泸州港努力打造粮食进口大通道，2021 年 1 月—2 月共进口粮食 9. 64 万吨，同比增长 4. 1 倍。四川自贸试验区发展政策汇总如表 2-29 所示。

表 2-29　四川自贸试验区发展政策汇总

时间	文件
2017 年	《四川省人民政府关于印发中国（四川）自由贸易试验区建设实施方案的通知》
2018 年	《四川省人民政府关于推进中国（四川）自由贸易试验区引领性工程建设的指导意见》
	《中国（四川）自由贸易试验区协同改革先行区建设实施方案》

续表

时间	文件
2019 年	《中国（四川）自由贸易试验区条例》
	《中国（四川）自由贸易试验区德阳协同改革先行区〈总体方案〉（征求意见稿）》
	《四川省人民政府关于支持中国（四川）自由贸易试验区深化改革创新的实施意见》
2020 年	《中国（四川）自由贸易试验区眉山协同改革先行区建设实施方案》
2021 年	《中国（四川）自由贸易试验区成都经开区协同改革先行区建设总体方案（征求意见稿）》

资料来源：四川省人民政府官方网站，http：//www. scftz. gov. cn/.

2. 远景规划

《四川省国民经济和社会发展第十四个五年规划和二〇三五年远景目标纲要》单列一章“打造高能级对外开放平台”，提出要高质量建设四川自贸试验区[①]。深入实施自由贸易试验区引领性工程，统筹推进双向投资管理、贸易便利化、金融开放创新、区域协同开放、现代政府治理等制度体系创新。加大赋能放权力度，有序推进省级管理权限下放，高质量建设自贸试验区协同改革先行区。推进川渝自贸试验区协同开放示范区建设，争取国家赋予更大的改革自主权，试行有利于促进跨境贸易便利化的外汇管理政策。支持在自贸试验区设立人民币海外投贷基金。

专栏 2-22

川南经济区共建高能级开放平台　加快建设自贸试验区

深入实施自贸试验区引领性工程，高质量建设川南临港片区和自贡、内江、宜宾协同改革先行区，统筹推进双向投资管理、贸易便利化、金融开放创新、区域协同开放等制度体系创新，形成一批制度创新成果。全面融入川渝自贸试验区协同开放示范区建设，学习借鉴上海、广东等自贸试验区及海南自贸港的经验，提升制度型开放水平，打造具有内陆水港特色的自贸试验区。

资料来源：四川省发改委官方网站．川南经济区“十四五”一体化发展规划［EB/OL］.

① 四川省政府网．四川省国民经济和社会发展第十四个五年规划和二〇三五年远景目标纲要［EB/OL］．［2021-03-16］．https：//www. sc. gov. cn/10462/10464/10797/2021/3/16/2c8e39641f08499487a9e958384f2278. shtml.

[2021 - 09 - 13]. http://fgw.sc.gov.cn/sfgw/c106051/2021/9/13/00e8c1c286654e258485803e49867a79.shtml.

“十四五”期间，四川自贸试验区将继续以制度创新为核心，利用好“三临”叠加优势提升开放平台能级，以更高标准、更高要求推动高水平建设川渝自贸试验区协同开放示范区，下好“川渝一盘棋”。发挥四川自贸试验区的平台作用，进一步推进高水平制度型开放，创建新一批协同改革先行区。加强与重庆协同发展，共同探索突破自贸试验区和协同改革先行区的建设瓶颈，搭建更高能级、更高水平的开放平台。以共同富裕为目标，增强自贸试验区各片区的联动开放功能和辐射带动作用，向周边城市推广应用制度创新成果，带动周边城市发展。

专栏 2-23

四川自贸试验区大事记

【2017 年】

● 4 月 1 日，四川自贸试验区正式挂牌。

● 6 月 16 日，成都高新自贸试验区将面向社会广泛征集市场主体痛点，从中选取重点领域和项目进行“压力测试”。

● 7 月 7 日，以“创新创造开发开放”为主题的中国（四川）自由贸易试验区建设与西部发展研讨会在成都举行。

● 11 月 17 日，四川自贸试验区成都区域海外首场推介会在新加坡举行。

● 11 月 21 日，《四川省人民政府关于印发中国（四川）自由贸易试验区建设实施方案的通知》发布。

【2018 年】

● 4 月 1 日，2018 中国自由贸易试验区协同开放发展论坛在四川成都举行。

● 8 月 31 日，《四川省人民政府关于推进中国（四川）自由贸易试验区引领性工程建设的指导意见》出台。

【2019 年】

● 3 月 8 日，《中国（四川）自由贸易试验区德阳协同改革先行区〈总体方案〉（征求意见稿）》等七个总体方案（征求意见稿）发布。

● 5月23日，《中国（四川）自由贸易试验区条例》发布。

● 6月24日，《2019年成都自贸试验区优化营商环境改革试点专项行动计划》发布。

● 6月29日，由四川省商务厅与商务部国际贸易经济合作研究院共同主办的第二届中国自由贸易试验区协同开放发展论坛在成都举行。

● 8月27日，四川自贸试验区眉山协同改革先行区举行揭牌仪式。

【2020年】

● 1月8日，四川省首台保税融资租赁飞机发动机交付仪式在成都高新综合保税区双流园区（双流综合保税区）举行。

● 8月26日，中欧班列（成都）累计开行量在全国率先突破6000列。

● 9月29日，成功交付首架国产民航租赁客机。

【2021年】

● 2月8日，四川自贸试验区成功注册首家跨境外资企业。

● 6月18日，公布《中国（四川）自由贸易试验区成都经开区协同改革先行区建设总体方案（征求意见稿）》等五个总体方案（征求意见稿）。

● 7月27日，首架空客A321-271N型飞机落地成都双流自贸试验区。

资料来源：四川自贸试验区官方网站，http：//www. scftz. gov. cn/.

（二）重庆自贸试验区

重庆位于长江上游经济带的核心地区，是我国西部大开发战略的重要战略支点，同时也是联结“一带一路”和长江经济带的重要节点。重庆工商业发达，是我国重要的现代制造业基地；水陆交通及航运发达，是我国西南地区的综合交通枢纽。在重庆建立自贸试验区，就是要把重庆建成为服务于“一带一路”建设和长江经济带发展的国际物流枢纽和口岸高地，推动构建西部地区门户城市全方位开放新格局，带动西部大开发战略深入实施①。挂牌以来，重庆自贸试验区推进“一带一路”和长江经济带联动发展、推动长江经济带和成渝城市群协同发

① 中国政府网．国务院关于印发中国（重庆）自由贸易试验区总体方案的通知［EB/OL］．（2017-03-15）［2017-03- 31］．http：//www. gov. cn/zhengce/content/2017-03/31/content_ 5182300. htm.

展，把重庆自贸试验区打造成为推动经济高质量发展的重要引擎、培育国际合作竞争新优势的重要平台、联通国内国际“双循环”的重要载体，为重庆市建成高质量发展，高品质生活新范例贡献力量。重庆自贸试验区片区详情如表2-30所示。

表2-30 重庆自贸试验区片区详情

片区	面积（平方公里）	功能定位	重点发展产业
两江片区	66.29	打造高端产业与高端要素集聚区	高端装备、电子核心部件、云计算、生物医药等新兴产业及总部贸易、服务贸易、电子商务、展示交易、仓储分拨、专业服务、融资租赁、研发设计等现代服务业
西永片区	22.81	打造加工贸易转型升级示范区	电子信息、智能装备等制造业及保税物流中转分拨等生产性服务业
果园港片区	30.88	打造多式联运物流转运中心	国际中转、集拼分拨等服务业，探索先进制造业创新发展

资料来源：中国政府网．国务院关于印发中国（重庆）自由贸易试验区总体方案的通知［EB/OL］．［2017-03-15］．http：//www.gov.cn/gongbao/content/2017/content_5186969.htm.

1. 发展成果

（1）发挥开放通道优势开展差异化探索。

重庆自贸试验区创新制定国际货运代理铁路联运作业规范等3项标准，对国际物流的各个领域提出规范化要求；批量化运用具备增信、流转、进口押汇、远期承兑等功能的“铁路提单国际信用证”，截至2021年2月底实现融资金额约2200万欧元；司法审判实践延伸到铁路提单背书转让领域，解决了国际贸易中的新类型纠纷；创新“铁路原箱下海、一箱到底”全程多式联运模式，利用多式联运提单压缩通关时间40%以上；联动上海自贸试验区，创新水运口岸进出口货物江海联运一体化便利通关新模式；联合上海港开行渝申集装箱直达快线，充分发挥长江“黄金水道”的“黄金效益”；携手上海开展水运转关“离港确认”模式试点，为江海联运货物提供转关便利政策。2021年，重庆自贸试验区通过跨境金融区块链赋能企业融资、多式联运“一单制”推广应用、探索集装箱共享调拨新规则等方式，创新探索市场相通规则，全面助力提升西部陆海新通道互联互通水平，重庆自贸试验区在促进国内国际“双循环”中的战略枢纽作用越发凸显。

（2）79 项制度创新成果量质齐升。

重庆自贸试验区扎实推进改革试点任务落地，截至 2020 年底已全部落实总体方案确定的 151 项改革试点任务，并培育形成 79 项制度创新成果；积极学习借鉴其他地区的制度创新经验，复制推广全国改革试点经验和案例 216 项；铁路提单信用证融资结算等 6 项改革试点经验和最佳实践案例向全国复制推广，海关特殊监管区域“四自一简”入选优化营商环境典型做法，创新物流大通道运行机制改革入选“中国改革 2020 年度 50 典型案例”。2021 年 6 月 23 日，重庆自贸试验区九龙坡板块发布创新案例评价指标体系，政府类创新案例评价以便利性、集成性为拓展维度，企业类创新案例评价以服务性、实效性为拓展维度，分类对创新案例予以评价。2020 年重庆自贸试验区渝中板块十大创新案例如表 2-31 所示。

表 2-31　2020 年重庆自贸试验区渝中板块十大创新案例

序号	创新案例
1	探索涉外法律服务新模式
2	“教学医院+工程中心+生物技术公司”三方联动干细胞临床研究新模式
3	重庆首家百亿级全国性金融总部
4	重庆首个“商业保险+医疗服务”新模式
5	实施市场主体风险分级分类监管新模式
6	创新成渝两地证照“互办互发互认”模式
7	重庆首个“一带一路”国际合作医疗养老项目
8	创新境外游客境内小额支付服务外包统计新模式
9	“在岸融资性保函+离岸外债贷款+汇率风险锁定”离在岸联动融资创新
10	“互联网+高效货运物流”供应链体系

资料来源：重庆市渝中区政府官方网站 . 重庆自贸试验区渝中板块发布十大创新案例［EB/OL］.［2020-12-11］. http：//www. cqyz. gov. cn/bm_ 229/qsww/zwxx_ 97154/dt/202012/t20201211_ 8598927. html？ECSN4C=J95EQW.

（3）加大压力测试提升开放水平。

根据《关于支持自由贸易试验区深化改革创新若干措施的通知》（国发〔2018〕38号）①，重庆获批成为我国除北京、上海、广州外的第四个首次进口药品和生物制品口岸。重庆自贸试验区实行外国人由重庆航空口岸过境144小时免签政策；实施启运港退税新政，降低企业成本；实行跨境电商B2B出口新模式，通畅跨境电商非零售出口业务出口、申报、退税全流程；继北京、上海、深圳之后，开展QDLP业务试点推动金融市场双向开放；获批“利用中欧班列开展邮件快件进出口常态化运输”，开行全国首趟“中国邮政号”专列。重庆自贸试验区四年来累计新增市场主体超过5万户，是设立之初的3.5倍。截至2021年3月，重庆自贸试验区内新兴制造业增加值占规模以上工业增加值比重已从设立之初的48.5%提升至60.2%。2021年10月，重庆自贸试验区发布联动创新区第一批成员名单，着力打造一流开放平台，培育一流开放主体，营造一流开放环境，助力重庆基本建成内陆开放高地，带动引领西部地区开放发展。2018—2020年重庆自贸试验区累计新增注册企业数如图2-7所示；重庆自贸试验区发展政策汇总如表2-32所示。

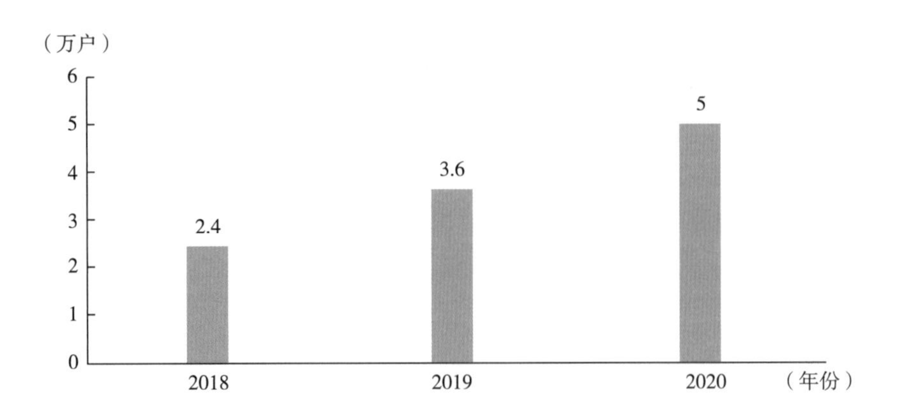

图2-7　2018—2020年重庆自贸试验区累计新增注册企业数

资料来源：新华社．重庆自贸试验区“成绩单”：4年新增超5万户市场主体［EB/OL］．［2002-04-15］．http：//m. xinhuanet. com/cq/2021-04/01/c_ 1127281444. htm.

① 中国政府网．国务院关于支持自由贸易试验区深化改革创新若干措施的通知［EB/OL］．［2018-11-23］．http：//www. gov. cn/zhengce/content/2018-11/23/content_ 5342665. htm.

表 2-32　重庆自贸试验区发展政策汇总

时间	文件
2018 年	《关于简化中国（重庆）自由贸易试验区银行业机构和高管准入方式的实施细则（试行）》
	《中国（重庆）自由贸易试验区产业发展规划（2018—2020 年）》
	《推进中国（重庆）自由贸易试验区外汇管理改革试点实施细则》
	《中国（重庆）自由贸易试验区管理试行办法》
2019 年	《中国（重庆）自由贸易试验区条例》
2021 年	《中国（重庆）自由贸易试验区“十四五”规划（2021—2025 年）（征求意见稿）》

资料来源：重庆自贸试验区官方网站，http：//www. liangjiang. gov. cn/2017/cqzmq. htm.

2. 远景规划

《重庆市国民经济和社会发展第十四个五年规划和二〇三五年远景目标纲要》提出，创新推进重庆自贸试验区建设，以制度创新为核心，积极对标自由贸易港，加快知识产权、创新要素流动、竞争政策、争端解决等制度探索，形成适应国际规则新要求的制度体系。开展陆上贸易规则、物流金融、多式联运等首创性、差异化改革探索，扩大金融、科技、医疗、贸易和数字经济等领域开放，加快构建适应高水平开放的管理体制机制和离岸账户体系。探索实施更高水平的对外开放政策，试行有利于促进跨境贸易便利化外汇管理政策。探索开展国际贸易货物便捷流转试点。促进自贸试验区与其他开放平台和区域功能互补、政策叠加、协同发展，探索推进信息共享、制度共建、模式共创。①

“十四五”时期，重庆自贸试验区要继续以制度创新为核心，不断提高自贸试验区发展水平，把自贸试验区建设成为新时代改革开放的新高地。探索构建适应国际规则新要求的制度体系，创新知识产权、竞争政策、争端解决等制度，全面提升自贸试验区在贸易、投资、运输、资金、就业、数据等方面的开放度和竞争力。积极对标自贸港，探索实施更高水平的对外开放政策，针对陆上贸易规则、贸易金融、多式联运等领域开展首创性、差异化改革探索，加快构建适应高水平开放的行政管理体制。与四川共建川渝自贸试验区协同开放示范区。促进自

① 重庆市政府网．重庆市人民政府关于印发重庆市国民经济和社会发展第十四个五年规划和二〇三五年远景目标纲要的通知［EB/OL］．［2021-03-01］．http：//www. cq. gov. cn/zwgk/zfxxgkml/szfwj/qtgw/202103/t20210301_8953012. html.

贸试验区与其他开放平台和区域的功能互补、政策叠加、协同发展，推动自贸试验区创新成果经验复制推广。

专栏 2-24

重庆自贸试验区大事记

【2017 年】

● 4 月 1 日，重庆自贸试验区正式挂牌。

● 10 月 30 日，《关于金融支持中国（重庆）自由贸易试验区建设的指导意见》发布。

【2018 年】

● 1 月 14 日，《关于印发简化中国（重庆）自由贸易试验区银行业机构和高管准入方式的实施细则（试行）的通知》发布。

● 2 月 23 日，《推进中国（重庆）自由贸易试验区外汇管理改革试点实施细则》发布。

● 5 月 10 日，重庆自贸试验区中英合作系列工作论坛第一次论坛在西部物流园口岸贸易服务大厦举行。

● 9 月 17 日，《中国（重庆）自由贸易试验区管理试行办法》发布。

● 12 月 24 日，重庆两江新区（自贸试验区）人民法院挂牌成立。

【2019 年】

● 5 月 15 日，作为第二届中国西部国际投资贸易洽谈会系列主题活动之一的“自由贸易试验区对接交流会”在重庆举行。

● 8 月 16 日，平安银行重庆自由贸易试验区分行在两江新区举行开业仪式。

● 10 月 28 日，发布《中国（重庆）自由贸易试验区条例》。

【2020 年】

● 3 月 31 日，重庆自贸试验区工作领导小组办公室举行重庆自贸试验区挂牌运行三周年成果新闻发布会。

● 12 月 9 日，重庆自贸试验区渝中板块发布了十大创新案例。

【2021 年】

● 3 月 31 日，召开重庆自贸试验区成立四周年新闻发布会。

● 4 月 1 日，重庆自贸试验区北碚板块总部基地落成。

● 4 月 1 日，重庆自贸试验区北碚板块 2021 年第一轮重点项目集体“上新”，共集中签约、开竣工项目 49 项，投资总额达 280 亿元。

● 6 月 18 日，重庆自贸试验区工作领导小组办公室组织开展 2021 年第一次重庆自贸试验区现场观摩活动。

● 6 月 23 日，重庆自贸试验区九龙坡板块发布全国首个创新案例评价指标体系。

● 10 月 20 日，《成渝地区双城经济圈建设规划纲要》发布。

资料来源：重庆自贸试验区官方网站，http：//www. liangjiang. gov. cn/2017/cqzmq. htm.

五、海南省

海南是我国最大的经济特区，具有实施全面深化改革和试验高水平开放政策的独特优势。海南自贸港在新时代我国对外开放中扮演特殊角色。建设海南自贸港，是党中央着眼于国际国内发展大局，深入研究、统筹考虑、科学谋划作出的重大决策，是彰显我国扩大对外开放、积极推动经济全球化决心的重大举措。2018 年 4 月 13 日，习近平总书记出席庆祝海南建省办经济特区 30 周年大会，提出要支持海南全岛建设自贸试验区，稳步推进中国特色自贸港建设。2020 年中共中央、国务院印发《海南自由贸易港建设总体方案》，其后一年多时间，海南积极落实各项政策，创造了一个个“第一”。2021 年 6 月，《中华人民共和国海南自由贸易港法》审议通过，该法第一次赋予海南制定涉及中央事权的法规的权力；同年 8 月，我国首张跨境服务贸易负面清单正式在海南施行。“十四五”时期，海南自贸港将推进封关运作，推进重点领域和关键环节改革，织密重大风险防控网络，努力将海南自贸港打造成为我国开放型经济新高地。海南自贸港片区详情如表 2-33 所示。

表 2-33 海南自贸港片区详情

片区	面积（平方公里）	功能定位	重点发展产业
海南自贸港	海南岛全岛	建设全面深化改革开放试验区、国家生态文明试验区、国际旅游消费中心和国家重大战略服务保障区，实行更加积极主动的开放战略，加快构建开放型经济新体制，推动形成全面开放新格局，把海南打造成为我国面向太平洋和印度洋的重要对外开放门户	以发展旅游业、现代服务业、高新技术产业为主导，科学安排海南岛产业布局

资料来源：中国政府网．国务院关于印发中国（海南）自由贸易试验区总体方案的通知［EB/OL］．［2018-10-16］．http：//www.gov.cn/zhengce/content/2018-10/16/content_ 5331180.htm.

1. 发展成果

在实现贸易自由便利方面，海南洋浦保税港区试行“一线放开、二线管住”的货物进出境管理制度，三亚凤凰机场保税物流中心（B 型）、海口空港综合保税区获批设立。建设高标准中国（海南）国际贸易“单一窗口”。货物贸易快速增长，服务贸易提质增效。

在投资自由便利方面，海南自贸港外商投资准入负面清单（见表 2-34）、放宽市场准入若干特别措施出台实施。海南国际投资“单一窗口”正式上线。至 2021 年 5 月 31 日，海南全省新设市场主体 37.5 万户，市场主体总数达到 130.7 万户。

表 2-34 海南自贸港负面清单（2020 年版）

类别	清单
“农林牧渔”业	1. 小麦、玉米新品种选育和种子生产的中方股比不低于 34% 2. 禁止投资中国稀有和特有的珍贵优良品种的研发、养殖、种植以及相关繁殖材料的生产（包括种植业、畜牧业、水产业的优良基因） 3. 禁止投资农作物、种畜禽、水产苗种转基因品种选育及其转基因种子（苗）生产
制造业	4. 卫星电视广播地面接收设施及关键件生产
电力、热力、燃气及水生产和供应业	5. 核电站的建设、经营须由中方控股
批发和零售业	6. 禁止投资烟叶、卷烟、复烤烟叶及其他烟草制品的批发、零售
交通运输、仓储和邮政业	7. 国内水上运输公司须由中方控股 8. 公共航空运输公司须由中方控股，且一家外商及其关联企业投资比例不得超过 25%，法定代表人须由中国籍公民担任。通用航空公司的法定代表人须由中国籍公民担任，其中农、林、渔业通用航空公司限于合资，其他通用航空公司限于中方控股 9. 民用机场的建设、经营须由中方相对控股。外方不得参与建设、运营机场塔台 10. 禁止投资邮政公司（和经营邮政服务）、信件的国内快递业务

续表

类别	清单
信息传输、软件和信息技术服务业	11. 电信公司：限于中国入世承诺开放的电信业务，增值电信业务的外资股比不超过50%（电子商务、国内多方通信、存储转发类、呼叫中心除外），基础电信业务须由中方控股（且经营者须为依法设立的专门从事基础电信业务的公司）。上海自贸试验区原有区域（28.8平方公里）试点政策推广至所有自贸试验区执行 12. 禁止投资互联网新闻信息服务、网络出版服务、网络视听节目服务、互联网文化经营（音乐除外）、互联网公众发布信息服务（上述服务中，中国入世承诺中已开放的内容除外）
租赁和商务服务业	13. 禁止投资中国法律事务（提供有关中国法律环境影响的信息除外），不得成为国内律师事务所合伙人 14. 广播电视收听、收视调查须由中方控股。社会调查中方股比不低于67%，法定代表人应当具有中国国籍
科学研究和技术服务业	15. 禁止投资人体干细胞、基因诊断与治疗技术开发和应用 16. 禁止投资人文社会科学研究机构 17. 禁止投资大地测量、海洋测绘、测绘航空摄影、地面移动测量、行政区域界线测绘，地形图、世界政区地图、全国政区地图、省级及以下政区地图、全国性教学地图、地方性教学地图、真三维地图和导航电子地图编制，区域性的地质填图、矿产地质、地球物理、地球化学、水文地质、环境地质、地质灾害、遥感地质等调查（矿业权人在其矿业权范围内开展工作不受此特别管理措施限制）
教育	18. 学前、普通高中和高等教育机构限于中外合作办学，须由中方主导（校长或者主要行政负责人应当具有中国国籍（且在中国境内定居），理事会、董事会或者联合管理委员会的中方组成人员不得少于1/2） 19. 禁止投资义务教育机构、宗教教育机构
卫生和社会工作	20. 医疗机构限于合资
文化、体育和娱乐业	21. 禁止投资新闻机构（包括但不限于通讯社） 22. 禁止投资图书、报纸、期刊、音像制品和电子出版物的编辑、出版、制作业务 23. 禁止投资各级广播电台（站）、电视台（站）、广播电视频道（率）、广播电视传输覆盖网（发射台、转播台、广播电视卫星、卫星上行站、卫星收转站、微波站、监测台及有线广播电视传输覆盖网等），禁止从事广播电视视频点播业务和卫星电视广播地面接收设施安装服务 24. 禁止投资广播电视节目制作经营（含引进业务）公司 25. 禁止投资电影制作公司、发行公司、院线公司以及电影引进业务 26. 禁止投资文物拍卖的拍卖公司、文物商店和国有文物博物馆 27. 文艺表演团体须由中方控股。

资料来源：商务部官网，http：//www.mofcom.gov.cn/.

在跨境资金流动自由便利方面，金融市场更加开放，服务实体经济能力进一步增强。贸易外汇收支便利化试点、新型国际贸易外汇管理等政策相继出台。金融业规模快速增长，自由贸易账户业务稳健发展。

在人员进出自由便利方面，制定出台海南自贸港外籍“高精尖缺”人才认定标准、高层次人才分类标准和认定办法，选取三个试点职位面向全球招聘境外人员担任法定机构、事业单位、国有企业领导职务。海南自贸港第十三批七项制度创新案例如表2-35所示。

表2-35 海南自贸港第十三批七项制度创新案例

批次	主题
第十三批	构建耕地“数量、质量、效益、生态”四位一体保护制度
	医药招采价格引导机制
	保税港区物流分离监管
	境外船舶移籍“一事联办”
	国际商事纠纷“三位一体”多元化解机制
	链上化、一体化、智能化财政电子票据“区块链”管理
	乡村振兴“外事直通车”

资料来源：海南自贸港官方网站，https：//www. hainan. gov. cn/hainan/hnzy/zymy. shtml.

在运输来往自由便利方面，设立“中国洋浦港”船籍港，建立国际船舶登记制度，“中国洋浦港”船籍港的国际船舶增加29艘，吸引90多家航运企业在洋浦集聚。开放第七航权、第五航权，博鳌机场升级为国际口岸。海南自贸港发展政策汇总如表2-36所示。

表2-36 海南自贸港发展政策汇总

时间	文件
2018年	《中国（海南）自由贸易试验区商事登记管理条例》
	《国家市场监督管理总局等部门关于支持中国（海南）自由贸易试验区建设的若干意见》
	《中国（海南）自由贸易试验区总体方案》
2019年	《中国（海南）自由贸易试验区开展“证照分离”改革全覆盖试点实施方案》
2020年	《关于授权国务院在中国（海南）自由贸易试验区暂时调整实施有关法律规定的决定（草案）》
	《海南自由贸易港海口江东新区条例》
	《海南自由贸易港“零关税”进口交通工具及游艇管理办法（试行）》
	《海南自由贸易港国际船舶登记程序规定》
	《中共海南省委海南省人民政府关于促进中医药在海南自由贸易港传承创新发展的实施意见》
	《海南自由贸易港制度集成创新行动方案（2020—2022年）》

续表

时间	文件
2020 年	《海南自由贸易港高层次人才分类标准（2020）》
	《海南自由贸易港高层次人才认定办法》
	《海南自由贸易港境外人员执业管理办法（试行）》
	《海南自由贸易港境外人员参加职业资格考试管理办法（试行）》
	《关于开展海南自由贸易港国际人才服务管理改革试点工作的实施方案》
	《海南自由贸易港外籍“高精尖缺”人才认定标准（2020—2024 年试行）》
	《海南自由贸易港博鳌乐城国际医疗旅游先行区制度集成创新改革方案》
	《海南自由贸易港享受个人所得税优惠政策高端紧缺人才清单管理暂行办法》
	《吸引留住高校毕业生建设海南自由贸易港的若干政策措施》
	《海南自由贸易港博鳌乐城国际医疗旅游先行区条例》
	《加强海南自由贸易港事中事后监管工作实施方案（试行）》
2021 年	《海南自由贸易港优化营商环境条例》
	《海南自由贸易港创业投资工作指引（2021 年版）》
	《海南自由贸易港深化“证照分离”改革进一步激发市场主体发展活力实施方案》
	《外籍邮轮在海南自由贸易港开展多点挂靠业务管理办法》
	《海南自由贸易港洋浦经济开发区促进港航物流产业发展暂行办法》
	《海南自由贸易港境外人员参加税务师职业资格考试实施办法》
	《海南自由贸易港免税商品溯源管理暂行办法》
	《海南省人民政府关于推进气象事业高质量发展助力海南自由贸易港建设的意见》
	《海南自由贸易港投资新政三年行动方案》
	《海南自由贸易港聘任境外人员担任法定机构、事业单位、国有企业领导职务管理规定（试行）》
	《海南省人民政府办公厅关于构建海南自由贸易港以信用监管为基础的过程监管体系的实施意见》

资料来源：海南自贸港官方网站，https：//www. hainan. gov. cn/hainan/hnzy/zymy. shtml.

在数据安全有序流动方面，海南自贸港国际互联网数据专用通道已正式开通，海口区域性国际通信业务出入口局获批。首条国际海底光缆项目顺利推进。

在现代产业体系方面，构建以旅游业、现代服务业、高新技术产业和热带特色高效农业、制造业为支撑的“3+1+1”现代产业体系。11 个重点园区同步挂牌，成为自贸港建设的重大功能平台。

在税收制度方面，离岛免税购物新政率先落地、成效显著。“一负三正”“零关税”政策中三张清单已出台实施。鼓励类产业企业所得税和高端紧缺人才个人所得税15%优惠等政策落地实施。简税制改革已启动研究。

在社会治理方面，推动政府职能转变，打造共建共治共享的社会治理格局，创新生态文明体制机制。

在法治建设方面，海南自贸港法已颁布实施，第一批调法调规事项全部落地，第二批调法调规事项已报请国务院审议，多元化商事纠纷解决机制逐步完善。

在风险防控体系方面，成立15个风险防控专项小组，对贸易、投资、金融、税收、房地产、公共卫生、生态环境等领域风险防范作出系统安排。

2. 远景规划

“十四五”时期是海南自贸港建设的黄金机遇期和重要窗口期，更是落实阶段性重点任务、形成早期收获的关键五年。对标世界最高水平开放形态，高质量、高标准建设中国特色自贸港，是党中央赋予海南的重大历史发展机遇。为贯彻落实中共中央、国务院关于推进贸易高质量发展的战略部署，努力开创贸易高质量发展新局面，海南省“十四五”规划围绕贸易投资自由化便利化、有序推进要素自由流动、落实自贸港税收政策等方面，对海南自贸港进行了新一轮的建设部署。

（1）推动贸易投资自由化便利化。

为了进一步激发各类市场主体活力，海南对标国际高水平的经贸规则，争取大幅放宽市场准入，全面推进服务贸易自由化，建立健全投资便利制度。

在贸易自由便利方面，提出要推动出台海南自贸港跨境服务贸易负面清单。全力推动取消重点商品进出口经营资格、配额限制。加快推进“一线”放开、“二线”管住的政策落地实施，按需扩大到其他具有条件的海关特殊监管区域。

在投资自由便利方面，提出要实施海南自贸港放宽市场准入特别清单、外商投资准入负面清单。建立健全国家安全审查、产业准入环境标准等制度。高标准优化“海南E登记”平台、国际投资“单一窗口”。实行以过程监管为重点的投资便利制度，建立健全设立、经营、注销、破产的全周期投资便利制度。

专栏 2-25

海南自贸港加快服务贸易创新发展的愿景规划

开展服务业扩大开放综合试点。对充分竞争性服务业、有限竞争性服务业、自然垄断领域竞争性业务、特定领域服务业等不同领域的服务业实施分类开放。优化服务业开放发展的体制机制，加快简政放权，深入推进“放管服”改革，全面实施市场准入负面清单制度，进一步减少服务业领域禁止和限制条款；推进监管标准规范制度建设，加快构建行政监管、行业自律、社会监督、公众参与的综合监管体系。加强服务业开放发展的政策和要素保障，开展国际贸易“单一窗口”国际合作试点，逐步扩大到共建“一带一路”有关国家和地区，依托“单一窗口”开展服务贸易国际结算便利化，提供人才保障，完善财税支持政策，加强金融风险防控，强化数据及知识产权保护。

加快发展新兴服务贸易。以服务业扩大开放为契机，夯实产业基础，构建产业生态环境，提升产业基础人才保障条件，完善为实体经济服务的金融产品，加强开放政策解读，强化知识产权保护，做好风险防范，吸引境内外服务提供者在海南设立分支机构，鼓励企业总部落户；落实好《跨境服务贸易特别管理措施（负面清单）》制度下的开放措施，鼓励境外服务提供者以跨境方式为自贸港提供更加优质的服务，支持省内企业与境外服务提供商合作开拓国际市场，推动电信计算机和信息服务、保险服务、金融服务、商业服务、维护和维修服务、知识产权服务等新兴服务贸易加快发展。

提升传统服务贸易竞争力。以国际旅游消费中心建设为抓手，用好离岛免税、入境免签等政策，为外国人来琼旅游提供更多便利，实现旅行服务恢复性增长并逐渐扩大规模。以洋浦西部陆海新通道枢纽港建设为抓手，用好“中国洋浦港”、启运港退税、保税油加注等政策；用好第七航权、保税航油加注等政策，推动开通更多国际航线，扩大运输服务规模。

培育特色服务贸易竞争新优势。加快推进国家中医药服务出口基地和数字服务出口基地建设，促进中医药和数字服务出口；以推进国家对外文化贸易基地建设为抓手，大力发展数字出版、数字影视、游戏、创意设计等新型文化业态，扩大影视剧、网络游戏等文化产品与服务出口，争取培育 3~5 家国家文化出口重点企业；以国际教育创新岛建设为抓手，做强“留学海南”品牌，打造具有国际竞争力的留学教育。

巩固提升重点区域。海口依托综合保税区、复兴城互联网信息产业园、高新区等重点服务业集聚区，大力发展计算机信息服务、知识产权使用、服务外包、融资租赁、文化贸易等；依托临空产业园，扩大航空运输服务，推动保税维修发展。三亚在巩固旅行服务的同时，加快推进崖州湾科技城、中央商务区建设，促进科技服务、专业服务发展。澄迈依托海南生态软件园，大力发展数字贸易。洋浦依托石化、仓储等产业优势，以及加工增值、船籍港等政策优势，大力发展海洋运输服务、加工服务。

培育新的增长极。琼海充分利用博鳌亚洲论坛的影响力，打造会展旅游服务贸易示范区；依托博鳌乐城国际医疗旅游先行区加快发展医疗健康服务。陵水依托黎安国际教育创新试验区，打造国际教育、国际培训服务贸易的集聚区。儋州依托海花岛、电影学院，打造会展、影视服务集聚区。

打造服务外包基地。打造特色鲜明、机制灵活的服务外包基地。支持海口复兴城国际离岸创新创业基地建设，促进离岸服务外包发展，扩大服务外包规模。推进海南国际设计岛建设，以汽车、影视文化、动漫、珠宝玉石、时装、奢侈品等为重点打造设计服务外包集聚区域。依托博鳌乐城国际医疗旅游先行区、海口药谷，大力发展生物医药研发服务外包业务。探索对外工程承包服务。

资料来源：海南省商务厅．海南省“十四五”贸易发展规划（征求意见稿）［EB/OL］．［2021-10-15］．http：//dofcom.hainan.gov.cn/dofcom/0400/202110/79080b787e234cce84c2b4e7ae795ee7.shtml.

（2）有序推进要素自由流动。

为打造全球优质生产要素集聚区，海南提出要在推进人员进出自由便利、运输来往自由便利、数据安全有序流动以及跨境资金流动等方面加大力度。

在实施人员进出自由制度方面，海南将深入实施“百万人才进海南”行动计划，实施更加开放的免签入境政策。

在加强运输来往自由便利度方面，海南将进一步完善国际船舶登记制度及相关配套政策；建设“中国洋浦港”船籍港；落地实施加注保税油、启运港退税政策；实施更加开放的航空运输政策；大力支持航空公司开拓国际航线；探索实施航空国际中转旅客及其行李通程联运。

在推动数据安全有序流动方面，海南将加快培育数据要素市场；开展数据跨境传输安全管理试点；推动开放增值电信业务；积极推动安全有序开放基础电信业务。

在促进跨境资金流动便利方面，海南将健全多功能自由贸易账户体系；逐步提高非金融企业跨境融资杠杆率；在跨境直接投资交易环节和跨境证券投融资领域，提高汇兑便利性；加快推进合格境外和境内有限合伙人发展，促进双向投融资便利化。

（3）落实自贸港税收政策。

在有效推动海南自贸港财税政策早日落地方面，海南“十四五”规划紧紧围绕“零关税、低税率、简税制”，逐步建立与高水平自贸港相适应的税收制度。

在落实“零关税”政策方面，海南将实施“一负三正”四张清单，实行部分进口商品零关税政策；加快推动在洋浦保税港区实施加工增值免关税政策，积极争取放宽适用区域。

在用足用好“低税率”政策方面，将建立健全享受税收优惠政策争议的协调工作机制；完善鼓励类产业目录和人才清单；对自贸港内符合条件的企业，免征企业境外所得税。

在适时启动简税制方面，加快研究推动简税制以及制定自贸港内进口征税商品目录，争取在海南全岛封关运作之际，依法将现行城市维护建设税、增值税、教育附加费、车辆购置税、消费税等税费进行简并，并适时启动在货物和服务零售环节征收销售税相关工作。

专栏 2-26

海南自贸港大事记

【2020 年】

● 6 月 1 日，《海南自由贸易港建设总体方案》发布。

● 6 月 3 日，《中华人民共和国海关对洋浦保税港区监管办法》发布。

● 6 月 3 日，海口江东新区等 11 个重点园区同时举行挂牌仪式。

● 6 月 23 日，财政部、税务总局对海南自贸港企业所得税、个人所得税进行重大调整。

●9月14日，海南发布《关于开展海南自由贸易港国际人才服务管理改革试点工作的实施方案》，部署开展国际人才服务管理改革试点。

●9月17日，《文昌国际航天城管理局设立和运行管理规定》实施，赋予文昌国际航天城自主发展权，规范航天城管理局运作。

●9月29日，国家税务总局印发《海南离岛免税店销售离岛免税商品免征增值税和消费税管理办法》。

●11月5日，一架湾流公务机在金鹿公务海南公务机维修基地顺利接受高级别定检，这是海南首个公务机维修基地开展的首次定检维修。

●11月26日，国家外汇管理局海南省分局印发《海南自由贸易港内公司境外上市登记试点管理办法》。

●12月13日，《海南省产业园区管理暂行办法》印发。

●12月17日，海南自贸港特医特药跨境医疗保险项目落地。

●12月18日，海南省财政厅、税务局、省委人才发展局等部门联合下发《关于落实海南自由贸易港高端紧缺人才个人所得税优惠政策有关问题的通知》。

●12月22日，我国自主研制的新型中型运载火箭长征八号在文昌首飞成功，首飞搭载的5颗试验性卫星准确进入预定轨道。

●12月23日，海南省首次设立院士创新平台科研专项项目，共39个专项项目，其中有6名外籍院士担任项目主持。

●12月24日，教育部与海南省政府在陵水举行部省会商暨海南国际教育创新岛建设工作推进会。

●12月25日，经国务院同意，财政部、海关总署、税务总局联合印发《关于海南自由贸易港交通工具及游艇“零关税”政策的通知》。

●12月28日，经国务院批准，财政部、商务部、海关总署、国家税务总局四部委正式批复，同意海南新设6家离岛免税店。

【2021年】

●1月1日，《海南自由贸易港三亚崖州湾科技城条例》施行。

●1月5日，海关总署发布2021年第1号公告，制定印发《海南自由贸易港交通工具及游艇“零关税”政策海关实施办法（试行）》。

●2月1日，国家发展和改革委公布《重大区域发展战略建设（推进海南全面深化改革开放方向）中央预算内投资专项管理办法》。

● 2月2日，财政部、海关总署、税务总局联合发布公告，增加海南离岛旅客免税购物提货方式。

● 3月4日，财政部、海关总署、税务总局联合印发《关于海南自由贸易港自用生产设备“零关税”政策的通知》。

● 4月9日，《国务院关于同意在天津、上海、海南、重庆开展服务业扩大开放综合试点的批复》对外发布。

● 4月19日，经国务院同意，商务部等20部门联合印发《关于推进海南自由贸易港贸易自由化便利化若干措施的通知》。

● 4月21日，经国务院同意，商务部印发《海南省服务业扩大开放综合试点总体方案》。

● 4月29日，长征五号B遥二运载火箭搭载天和核心舱，在文昌航天发射场发射升空。

● 5月7日，首届中国国际消费品博览会在海南国际会展中心开幕。

● 5月10日，《海南自由贸易港投资新政三年行动方案（2021—2023年）》印发，明确了海南自贸港未来三年投资新政的主要目标和任务。

● 5月29日，天舟二号货运飞船在海南文昌航天发射场准时点火发射，这是空间站货物运输系统的第一次应用性飞行。

资料来源：海南自贸港官方网站，https：//www. hainan. gov. cn/hainan/hnzy/zymy. shtml.

六、东部地区

推动东部地区率先发展，是党中央基于我国发展实际和经济内在规律，对区域经济布局作出的重要战略部署。从渤海之滨到南海之隅，京津冀协同发展、粤港澳大湾区建设、长三角一体化发展、海南全面深化改革开放，东部地区是我国经济发达地区和改革开放前沿地区，肩负着“创新引领率先实现东部地区优化发展”的历史使命。从经济特区、沿海开放城市到先行示范区，东部地区一直是制度创新的先行者和我国对外开放格局中的“优等生”，尤其是东部地区自贸试验区也承担着“排头兵”的角色，在制度集成创新和产业高质量发展中担当着

“试验田”的任务。开展自贸试验区建设后，除了长三角所辖省市外，福建和山东同样在自贸试验区发展中走在了全国前列，探索海峡两岸融合发展新模式，构筑中国、日本、韩国交流合作新平台，开拓海洋经济发展新思路，取得了不少在全国推广的制度创新成果，大幅度提升了地区经济能级，闯出了一条自贸试验区发展新路。面对未来，两省作出了自贸试验区发展中长期规划，紧紧抓住“一带一路”建设、长江经济带发展、长三角一体化发展重大战略叠加交汇的历史性机遇，构筑国际贸易规则体系和经济高质量发展高地，为全国经济社会高质量发展提供经验借鉴。

（一）福建自贸试验区

中国（福建）自由贸易试验区（以下简称福建自贸试验区）是新时代海峡两岸合作与对外开放的重要“排头兵”。福建自贸试验区立足自身区位优势，在深度融入“一带一路”对外开放战略、深入探索两岸经济合作新机制等方面不断破解难题、积累经验，啃“硬骨头”。同时，发挥好自身自贸试验区建设的先发优势，利用好自贸试验区建设的多年经验，进一步探索对外制度型开放与营商环境进一步优化的制度创新举措，当好“先行者”。自 2014 年自贸试验区成立至 2021 年，福建自贸试验区在改革创新、营商环境优化、两岸融合发展、“一带一路”枢纽建设、发展动能转化等方面取得了突出成果。“十四五”时期，福建自贸试验区将继续深化贸易投资领域自由便利化改革，建设高质量发展集聚区、两岸融合发展示范区、开放合作引领区和现代治理体系示范区。福建自贸试验区片区详情如表 2-37 所示。

表 2-37　福建自贸试验区片区详情

片区	面积（平方公里）	功能定位	重点发展产业
平潭片区	43	建设两岸共同家园和国际旅游岛	旅游业等产业
厦门片区	43.78	建设两岸新兴产业和现代服务业合作示范区、东南国际航运中心、两岸区域性金融服务中心和两岸贸易中心	新兴产业、现代服务业、金融等产业

续表

片区	面积（平方公里）	功能定位	重点发展产业
福州片区	31.26	建设先进制造业基地、21世纪海上丝绸之路沿线国家和地区交流合作的重要平台、两岸服务贸易与金融创新合作示范区	先进制造业、服务贸易、金融等产业

资料来源：中国政府网．国务院关于印发中国（福建）自由贸易试验区总体方案的通知［EB/OL］．［2015-04-20］．http：//www.gov.cn/zhengce/content/2015-04/20/content_ 9633.htm.

1. 发展成果

（1）34项试点经验被国务院发文推广。

福建自贸试验区通过横向拓展、纵向延伸、疏通堵点等措施，整合形成了投资体制改革“四个一”、国际贸易“单一窗口”等34项内容更丰富、功能更完备的制度创新经验集群，有效解决创新举措“碎片化”问题，提升改革的系统性、整体性、协调性。福建自贸试验区第八批可复制创新成果如表2-38所示。

表2-38　福建自贸试验区第八批可复制创新成果

类别	创新制度
在全省复制推广	1. 以加工贸易方式对集成电路研发设计实施保税监管 2. 海关特殊监管区域货物外发保税维修 3. 优化外贸集装箱“水水”转运监管模式 4. 海运国际转运货物“散进集出”监管模式 5. 保税仓储商品集中检验分批核放模式 6. 出口大宗散装货物“抵港直装” 7. 卸船直提 8. 危险货物集装箱装箱电子检查 9. 海事船舶证书（文书）便利办理 10.《残骸清除责任保险或其他财务保证证书》远程预先审核 11. 航运公司安全管理体系审核发证便利化措施 12. 中国台湾渔船停泊点边检管理服务系统 13. 社会投资小型工程项目和带规划设计方案出让用地工程项目“7+1”审批机制 14. 中国台湾建筑专业人士在建设工程企业从业考核认定方式 15. 食品经营连锁企业“申请人承诺制” 16. 远洋渔企跨境外汇集成“快捷通”模式 17. 金融跨境业务区块链服务平台 18. 设立台胞台企服务专窗（中心） 19. 跨部门涉案财物集中管理模式 20.“互联网+”公证 21. 税案“双查”机制 22. 知识产权保护保全“两互两共”联动协作

续表

类别	创新制度
在省内部分区域复制推广	23. 旅客通关候检智能计时预警

资料来源：福建自贸试验区官方网站．福建省人民政府关于推广福建自贸试验区第八批可复制创新成果的通知［EB/OL］．［2020-11-20］．http：//www.china-fjftz.gov.cn/article/index/aid/16145.html.

自设立到2021年，福建自贸试验区在开始之初明确的322项任务试点中，实施了307项，完成率达到95%。福建自贸试验区累计推出515项创新举措。其中，全国首创221项，对台特色107项，有34项试点经验被国务院及国务院办公厅发文在全国复制推广（其中7项入选全国自贸试验区“最佳实践案例”，数量全国最多），占同期全国的31%，走在全国自贸试验区的前列。福建自贸试验区创新举措如图2-8所示。

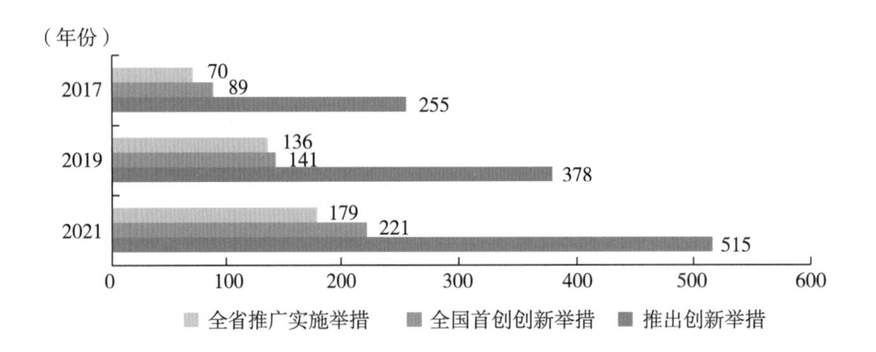

图2-8 福建自贸试验区创新举措

资料来源：人民网．福建奋力打造改革开放新高地［EB/OL］．［2021-11-08］．https：//baijiahao.baidu.com/s? id=1715818135611904038&wfr=spider&for=pc.

（2）突出两岸融合发展，产业金融经贸深度合作。

深化两岸产业融合。探索放宽台资在文旅、医疗、建筑、影音等领域的准入限制，鼓励台资投向产业链关键环节，依托海峡两岸集成电路产业合作试验区、两岸“三创”基地、两岸影视基地等产业平台，深化集成电路、光学仪器、精密机械、生物医药等先进制造业和现代服务业对台合作。

加强两岸经贸合作。探索两岸共同市场建设路径和方式，深入推进两岸农渔产品交易中心、对台中药材交易市场等两岸合作项目建设，组织台企参加“台商台企福建行”以及各类展会、对接会，帮助台企扩展大陆市场。

推进对台金融合作。推动银行业金融机构创新开展本外币跨境业务、新台币现钞兑换等业务，鼓励大陆银行保险机构与中国台湾银行保险机构在同业资金往来、银团贷款、人民币清算、跨境融资、保险理赔等方面开展业务合作。推进资本市场交流合作，为台资企业提供更便捷的投融资服务。

落实台企台胞同等待遇。深化惠台利民政策，不断完善保障台企台胞福祉和享受同等待遇的政策服务体系。深化两岸专业技术人才交流，支持台湾地区专业技术人才参加职称评审和职业资格考试，拓展台湾地区职业资格采认范围和应用。推进两岸执法人员交流和学术研讨，健全涉台多元化纠纷解决机制。推进民间基层和青少年交流，持续举办各具特色的“小而精”交流活动，提升台胞参与度，吸引更多台胞来闽创业、就业。

（3）突出集成性，打造国际贸易“单一窗口”4.0版系统。

福建自贸试验区通过横向拓展、纵向延伸、疏通堵点等措施，整合形成了投资体制改革“四个一”、国际贸易“单一窗口”等一批内容更丰富、功能更完备的制度创新经验集群，有效解决创新举措“碎片化”问题，提升改革的系统性、整体性、协调性。

外商投资管理的方式实现了从审批制到信息报告制的历史性变革，准入前国民待遇进一步改进，外商投资负面清单减少到30项，累计新增外资企业4578家，累计新增合同外资额346.6亿美元。

4.0版国际贸易“单一窗口”大幅提升了通关效率，在大数据、人工智能等的帮助下实现了口岸服务、政务管理、贸易服务等“一口受理”，进一步响应企业诉求，塑造了领先全国的便利化营商环境。通过意愿结汇制，降低了外币资金集中运营管理与跨境双向资金池业务的准入门槛，累计办理了5434.87亿元的跨境人民币业务，彰显了金融服务实体经济的效果。先后通过聘请71位建设顾问、建立100位专家人才库并联合厦门大学成立全国首家“中国（福建）自贸试验区学院”，推动了人才和智力保障的持续强化。通过快速维权中心与“云服务”等，创新知识产权专利、商标、版权“三合一”综合管理体制，通过知识产权调解中心、巡回法庭等方式，链接海关保护、司法保护与行政保护，进一步完善了知识产权保护机制。

（4）突出超前性，大力优化营商环境。

福建自贸试验区从建设法治社会、服务型政府入手，打造法治化、国际化、市场化的营商环境，激发市场主体活跃度。制定全国首张风险防控清单，明确55个风险点和88条防控措施；首创“台胞权益保障法官工作室”“企业送达信息共享”“涉台涉自贸试验区纠纷法律查明”“税案‘双查’”等机制①，有效提升法治营商环境。

通过推动实施“证照联办”“一企一证”“证照分离”改革全覆盖试点等简政放权措施，同步提升了“准入”和“准营”的速率，激发了创业激情。福建自贸试验区新增外资与台资企业数量如图2-9所示。

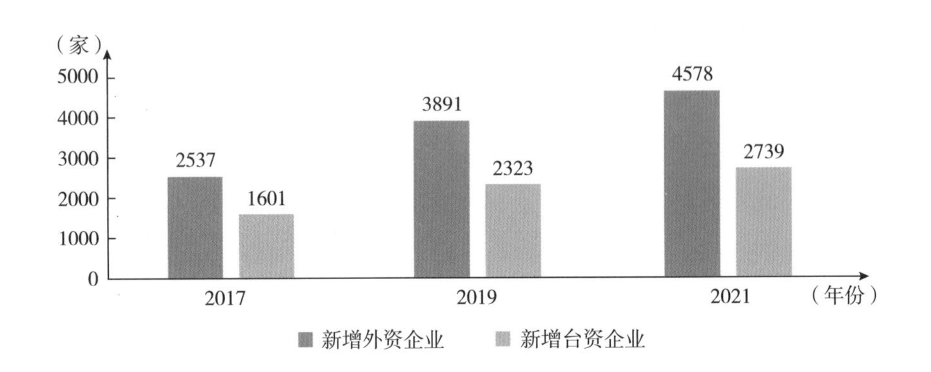

图2-9 福建自贸试验区新增外资与台资企业数量

资料来源：福建自贸试验区官方网站，http：//www.china-fjftz.gov.cn/article/index/aid/16145.html.

对监管方式进行创新，施行“双随机、一公开”监管，在监管过程中随机抽取监察对象，随机选派执法监察人员，抽查情况及结果及时公开。实现跨部门联合监管，结合企业的信用信息的公示情况对企业进行风险分类，优化并简化高信用度企业的监管流程与手续，使事中、事后监管更加精准。

将省、市、县（区）三级管理权限下放给各片区，大幅简化、优化相关手续与流程，推行一个窗口受理相关申请、一张申请表涵盖所有事项，各部门并联同步审查、证照统发，公司设立登记“即办制”，相关手续可以在网上高效办结，材料齐全的办理时间最快少于30分钟，使对企业的服务更加高效便捷。

营造法制化营商环境，推动法务产业集聚，自贸试验区法庭、国际商事调解中心、人民调解委员会等机构纷纷成立。推动自贸片区法务先行区建设，为法律服务

① 陈德提．福建自贸试验区：在服务和融入新发展格局中走前头迈大步［N/OL］．国际商报，［2021-05-25］．http：//epaper.comnews.cn/xpaper/news/584/6249/30404-1.shtml.

机构提供了公平有序、普惠均等的制度环境，使法治保障能力得到大幅提升。

通过推出重点企业挂钩帮扶机制与非接触式办税缴费等服务助力企业复工复产，统筹推进疫情防控工作与社会经济发展。福建自贸试验区新增企业与注册资本累计数如图 2-10 所示。

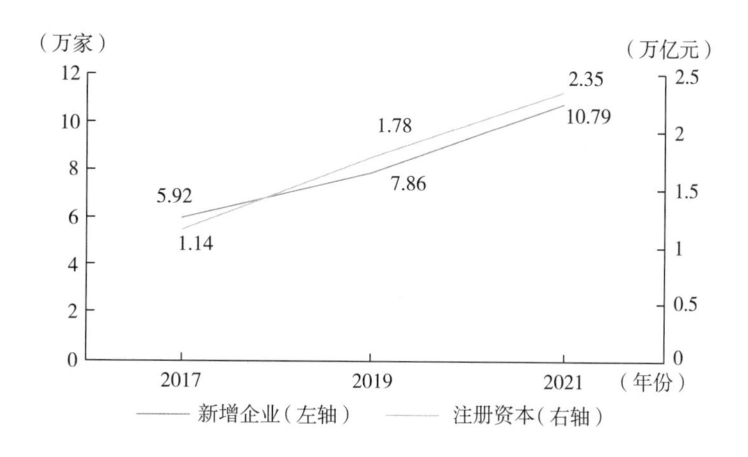

图 2-10　福建自贸试验区新增企业与注册资本累计数额

资料来源：福建自贸试验区官方网站，http：//www. china-fjftz. gov. cn/article/index/aid/16145. html.

（5）突出立体性，945 列中欧班列构建“海丝”枢纽。

通过争取先行先试政策，先后获批“二手车进口试点、国家文化出口基地、金砖国家创新基地、跨境电商综试区、集装箱过境运输资质”等近百项政策支持①。

加强国际经贸合作，建设《区域全面经济伙伴关系协定》的相关合作项目，推动深化中国与印度尼西亚的合作，推进“两国双园”项目建设。启动全国首个以航运为主题的“一带一路”国际综合物流服务品牌——“丝路海运”平台，发展“丝路电商”电子商务国际合作，拓展“一带一路”电子商务国际大市场，推动超过 110 余个海外仓的建立，使出口企业将货物批量发送至国外仓库，实现销售与配送不出本地的便利化运作，完成了 270 亿元的成交量。中国到中亚地区再到欧洲地区的货运班列突破 1000 列，形成“海丝”与“陆丝”无缝连接，货

① 陈德提．福建自贸试验区：在服务和融入新发展格局中走前头迈大步［N/OL］．国际商报，［2021-05-25］．http：//epaper. comnews. cn/xpaper/news/584/6249/30404-1. shtml.

值超过200亿元。

提升互联互通水平，开通福建自贸试验区至欧美8条洲际货运航线。中国台湾南部、中部与北部至福建自贸试验区平潭片区的三条客运、货运航线通行，其海空联运物流通道格局初步显现为“平潭自贸片区—中国台湾—全球”。“一带一路”国际物流服务平台“丝路海运”累计开通航次超过4500次，平台名下集装箱的吞吐量突破475万标准箱。

推进区域协同发展，推动代表对外开放的自贸试验区与代表自主创新的自创区联动发展，促进其功能优势互补；整合优化海关特殊监管区；推动创新成果在全省推广，发挥政策叠加优势，将改革红利赋能更多、更好的发展。

（6）突出综合性，多领域平台发展产生联动效应。

福建自贸试验区重视产业平台的规模经济效应，把平台建设作为建设高水平自贸试验区的“先手棋”。出台重点平台提升行动方案，推动物联网、基金小镇、航空维修、进口燕窝、两岸影视基地等一批具有示范带动作用的产业平台做大做强。发挥“保税+”“金融+”“互联网+”等政策优势，加快培育发展物联网、跨境电商、融资租赁、离岸贸易等一批新业态。

高端制造业提质增效。通过推进产业园区平台基地的建设，福建自贸试验区在多个产业领域实现了平台优化下的产业集聚化发展。厦门集成电路双创平台涵盖了上下游配套产业与研发、生产、制造等全流程产业链条；厦门太古飞机工程有限公司等十几家航空服务产业项目落地厦门“一站式”航空维修基地，产值几乎占据国内市场的25%；中国科学院与市、区政府共同成立福州物联网开放实验室，支持推动了行业的标准化建设与生态圈建设。

国际商贸业繁荣壮大。近百家企业入驻厦门自贸片区的东南燕都产业园，使其成为我国最大的燕窝进口加工地，形成了线上线下结合的燕窝产业集群。厦门自贸片区的国际酒类交易平台是国内最早开展进口酒贸易的口岸之一（已成为全国第二），同时其也是全国啤酒进口量最大的口岸。福州海峡水产品交易中心不仅是福建最大的海鲜批发市场，同时也是我国最大的水产品入境口岸与远洋渔业集散地，我国远洋渔货六成以上经此销往全国各地，水产品年进口超过20万吨。

通过运用现代数字技术、区块链、人工智能与大数据技术，完善海港、口岸等的服务体系。福州海关全球质量溯源体系成为国际上公认理念先进的溯源体系，在商品入境前录入商品的生产商、原产国、第三方检测机构质检证书等信息，商品抵岸前启动风险预判，抵岸后精准监管、快速验放，流动后线上溯源，大幅提升了物流和监管的效率，增强了企业的满意度和消费者的信任度。

离岸贸易已实现“跨境贸易电子商务”“保税跨境贸易电子商务”“跨境电商 B2B 直接出口”“跨境电商出口海外仓”的海关监管业务全覆盖。福建自贸试验区发展政策汇总如表 2-39 所示。

表 2-39　福建自贸试验区发展政策汇总

时间	文件
2015 年	《中国（福建）自由贸易试验区管理办法》
	《中国（福建）自由贸易试验区相对集中行政复议权实施办法》
	《中国（福建）自由贸易试验区人才激励个人所得税管理办法（试行）》
	《中国（福建）自贸试验区危险化学品进口企业登记管理办法》
	《中国（福建）自由贸易试验区保险机构和高级管理人员备案管理办法》
	《中国（福建）自由贸易试验区外商投资项目备案管理办法》
	《中国（福建）自由贸易试验区监管信息共享管理试行办法》
	《中国（福建）自由贸易试验区境外投资项目备案管理办法》
	《促进中国（福建）自由贸易试验区市场公平竞争工作暂行办法》
	《中国（福建）自由贸易试验区开展境内外维修业务试点管理暂行办法》
	《中国（福建）自由贸易试验区境外投资开办企业备案管理暂行办法》
	《中国（福建）自由贸易试验区商业保理业务试点管理暂行办法》
	《中国（福建）自由贸易试验区福州片区相对集中行政复议权实施办法》
	《厦门自贸试验区政府性投资项目立项管理暂行办法》
	《中国（福建）自由贸易试验区厦门片区财政资金审批管理办法》
	《中国（福建）自由贸易试验区厦门片区管理委员会顾问团暂行管理办法》
	《中国（福建）自由贸易试验区厦门片区促进进口商品展示交易业务发展的办法》
2016 年	《中国（福建）自由贸易试验区条例》
	《中国（福建）自由贸易试验区厦门片区管理委员会财政投融资建设项目资金管理办法》
	《中国（福建）自由贸易试验区厦门片区国有房屋租赁价格临时管理办法》
	《中国（福建）自由贸易试验区厦门片区建设项目代建制管理办法》
	《中国（福建）自由贸易试验区厦门片区经济违法违章行为举报奖励管理办法（试行）》
	《中国（福建）自由贸易试验区厦门片区管理委员会柔性引才引智暂行办法》
	《中国（福建）自由贸易试验区福州片区企业简易注销登记管理办法（试行）》

续表

时间	文件
2017 年	《中国（福建）自由贸易试验区厦门片区电力获取改革实施办法》
	《中国（福建）自由贸易试验区厦门片区招商引资引荐人奖励办法》
	《中国（福建）自由贸易试验区厦门片区建设工程保险制度试点暂行办法》
	《关于支持中国（福建）自由贸易试验区平潭片区融资租赁业加快发展的实施办法》
2018 年	《中国（福建）自由贸易试验区厦门片区知识产权扶持与奖励办法》
	《2018 年平潭自贸片区建设专项资金管理暂行办法》
2019 年	《关于进一步支持福建自贸试验区厦门片区邮轮物供服务业发展的暂行办法》
	《福建自贸试验区厦门片区企业投资建设项目备案管理办法》
	《中国（福建）自由贸易试验区厦门片区产业引导基金管理办法》
	《中国（福建）自由贸易试验区厦门片区整车进口供应链服务平台认定和管理办法》
	《福建自贸试验区厦门片区促进企业改制上市发展办法》
	《重点行业重点企业招收中国台湾青年来榕就业补助实施办法》
2020 年	《中国（福建）自由贸易试验区福州片区管理委员会关于应对新冠肺炎疫情抓复工促发展若干政策》
	《中国（福建）自由贸易试验区厦门片区集群注册场所管理暂行办法》
	《福建自贸试验区厦门片区促进供应链创新发展若干办法》
	《厦门自贸试验区两岸贸易中心核心区企业发展扶持办法》
	《中国（福建）自由贸易试验区厦门片区知识产权要素发展扶持办法》
	《中国（福建）自由贸易试验区厦门片区激励人才创新创业的若干措施》
2021 年	《关于进一步促进海丝商城发展若干措施》
	《中国（福建）自由贸易试验区厦门片区促进法务先行区建设暂行办法》
	《中国（福建）自由贸易试验区厦门片区国家文化出口基地建设的若干政策》
	《福建自贸试验区厦门片区加快发展厦门综合保税区扶持政策》
	《中国（福建）自由贸易试验区福州片区管理委员会关于实施外籍人才聘雇单位信誉等级制度评定办法（试行）》

资料来源：福建自贸试验区官网，http：//www. china-fjftz. gov. cn/.

2. 远景规划

进入“十四五”时期，《中国（福建）自由贸易试验区“十四五”发展规划》对新阶段自贸试验区高质量发展作出全面部署，将持续在创新发展、对台先行、开放合作、体制机制、平台流量、人才培养等方面发力，围绕贸易投资自由便利化改革和高质量发展，着力打造新时代改革开放先行区、高质量产业发展集聚区、两岸融合发展示范区、“海丝”和“金砖”开放合作引领区，构建国内国际双循环相互促进的重要枢纽。

专栏 2-27

“十四五”时期福建自贸试验区发展目标

到 2035 年，建成具有国际影响力和竞争力的特殊经济功能区，形成更加成熟的制度型开放成果，全域联动效应明显。建立现代产业体系，迸发创新活力，汇聚全球高端资源和生产要素，优化人才队伍结构，提升产业综合实力，基本实现产业基础高级化、产业链现代化。实现两岸应通尽通、融合发展，共同参与国际合作竞争。建立与“海丝”沿线国家深度合作网络，成为融入全球化的重要前沿基地、东南沿海重要开放门户。建成金砖和“金砖+”国家合作的重要桥梁纽带，以及金砖国家新工业革命伙伴关系高质量发展引领示范区。

● 新时代改革开放先行区。主动对标高标准国际经贸规则和国内先进经验，加大开放型经济的风险压力测试，深化投资、贸易、金融、运输、人员往来等领域自由化、便利化改革，实施自由贸易港的某些政策，打造具有国际影响力的特殊经济功能区、东南沿海重要开放门户。

● 高质量产业发展集聚区。围绕重点产业链开放发展出台政策措施，推动先进制造业、现代服务业、战略性新兴产业强链、固链，打造数字化、专业化的智慧供应链，构建以自贸试验区特色优势产业为核心、联通国内国际的产业链供应链网络。

● 两岸融合发展示范区。探索对台自主开放和全方位合作新突破口，深化对台各领域融合，建设两岸共同市场，实施更加开放、更加自由、更加便利的政策措施，将国家重大发展战略和改革成果与台湾同胞的现实关切紧密结合，台胞台企登陆第一家园建设取得新进展，对台先行示范作用进一步凸显。

●“海丝”和“金砖”开放合作引领区。充分发挥“侨”的优势，创新可持续合作模式，建设高水平合作平台，织密联通合作网络，开启“一带一路”建设新征程，打造亚太地区“海丝”与“陆丝”连接枢纽。加强金砖国家间政策协调、人才培养、项目开发等领域合作，建设金砖国家新工业革命伙伴关系创新基地，打造面向金砖及“金砖+”国家的国际化开放合作平台。

● 现代治理体系示范区。坚持和完善社会主义基本经济制度，建立更加灵活高效的法治管理体系，构建统筹有力、运转协调的管理模式和运行机制，推动有效市场和有为政府更好结合，以更深层改革提高资源配置效率，持续优化营商环境。

资料来源：福建自贸试验区官网．中国（福建）自由贸易试验区“十四五”发展规划［EB/OL］．［2021-09-30］．http：//www. china-fjftz. gov. cn/.

（1）探索海峡两岸融合发展新路。

提升产业合作新高度。在文化娱乐、旅游、医疗健康、建筑规划、专业服务等领域，探索进一步放宽台资准入条件的路径。依托海峡两岸集成电路产业合作试验区、两岸影视产业基地、对台中药材交易市场等平台，进一步加强与台湾地区在“集成电路、光学仪器、精密机械等先进制造业和冷链物流、航空经济、中医药、医疗健康养生、文化创意等现代服务业”领域的合作①。加快建设中国台湾农渔产品交易中心，争取放宽台湾地区特色农机具、肥料、种子等进口许可，推动对台农业合作持续走前头。积极促进两岸技术研发合作，打造新一代信息技术、高端装备制造、新材料、新能源等高科技产业的研发和技术服务中心。

创新通关合作新模式。支持完善进出口商品质量安全风险预警和快速反应监管体系，科学稳妥地推进台湾地区输入大陆商品第三方检验结果采信。加快建设平潭对台邮件处理中心，打造两岸邮件往来中转和集散地，做大自贸试验区跨境电商业务。推动闽台海铁多式联运，为台湾地区货物经中欧班列运输出口提供更便利的过境通关。加快建设海西进出境动植物检疫隔离处理中心。推动将平潭两岸检验检疫数据交换中心升级为两岸经贸数据交换中心，更好地服务闽台经贸融合发展。

拓宽金融合作新领域。支持符合条件的台湾地区投资者在闽设立金融机构、新型金融组织或开展股权合作。完善两岸货币现钞调运机制。鼓励大陆银行保险机构与台资银行保险机构在同业资金往来、银团贷款、人民币清算、跨境融资、保险理赔等方面开展业务合作。加快推进海峡股权交易中心和厦门两岸股权交易中心“台资板”创新试点，培育形成服务台资企业的专业化区域性股权市场。

① 中国政府网．国务院关于印发进一步深化中国（福建）自由贸易试验区改革开放方案的通知［EB/OL］．［2018-05-24］．http：//www. gov. cn/zhengce/content/2018-05/24/content_5293013. htm.

增加向台商台胞颁发金融信用证书试点，深化“台商台胞金融信用证书”应用，进一步提升对台金融服务水平。

打造台胞台企新家园。加快建设台胞台企登陆第一家园先行区，推进创业园吸纳台胞创业群体，推进创业社区建设以实现企业高效协作与信息高效沟通，推进创业家庭等载体建设，建立台胞创业支持服务中心，加大力度吸引台胞特别是台湾地区的青年来闽创业就业。推动平潭片区打造区域性乃至全国的台胞考证“一体化”服务中心，形成台胞培训考证、实习实训、创业就业全链条服务。推进基本公共服务均等化、普惠化、便捷化，使在自贸试验区就业、生活的台胞在医疗、融资、购房、住宿等更多方面享受与大陆居民同等待遇。支持更多台企参与工程研究中心、企业技术中心和工业设计中心建设，支持台湾地区企业在科研经费申请等方面享受与大陆企业同等待遇。深化行业标准共通，探索建立台湾地区企业资质、行业标准有效认证及监管体系。支持台企在自贸试验区设立第三方检验检测、认证机构，参与制定国家行业和地方标准。推动开展两岸规划设计、建筑施工、运营管理、基础治理等多领域全方位融合试验，打造两岸标准共通示范标杆项目。

（2）深度融入共建“一带一路”。

完善互联互通网络。深化与“海丝”沿线国家和地区在海上通道、航空枢纽、陆海联运、信息通道等的互联互通。支持做大做强“丝路海运”“丝路飞翔”，建设“丝路海运”综合信息服务平台，促进港口、航运、物流企业与口岸数据互联互通。拓展中欧班列回程货源，提高对国际航线、客货资源的集聚和配置能力，打造亚太地区无缝连接“海丝”与“陆丝”的全球重要海空枢纽中心。

深化互利共赢合作。继续扩大与东南亚等“海丝”沿线国家和地区的贸易往来与双边投资，打造“海丝”经贸合作的前沿平台。创新发展“丝路电商”双边合作框架，推动与共建国家电子商务市场融合，打造国别合作典型示范，与共建国家电子商务集聚区、产业园区等开展对口合作，建设“一带一路”电子商务大市场。高标准构筑国际合作园区，开辟国际合作新模式，积极支持“两国双园”模式的推广与发展，积极支持境外经贸合作园区建设。应用经核准出口商制度叠加原产地区域累积规则，推进与《区域全面经济伙伴关系协定》（Regional Comprehensive Economic Partnership，RCEP）成员国产业链供应链合作。

专栏 2-28

拓展建设海陆空通道　推进监管便利化与数据互通共享

拓展海上新通道。加强与“海丝”沿线国家和地区的港航合作，推动沿海港口与沿线重要港口缔结友好港口。依托国际贸易单一窗口拓展提升通关服务数字化水平，建设“智慧口岸”。

建设高能级航空枢纽。争取通过加密东南亚地区航班，实现东南亚地区首都、重点城市的全覆盖，争取在已有纽约航线的基础上，加密北美地区航线航班，提升福州机场的中转功能。适时开辟欧洲航线，将厦门建成中国至东盟的国际航班中转地，积极争取开通第五航权货运航线。

拓展中欧班列运输服务能力。进一步完善优化班列运输方案，压缩运行时间，固定运行路径和开行周期，提高班列开行质量。加大市场开拓力度，统筹整合班列途经省市出口欧洲、中亚的货运资源，提升班列在途经国家和地区的知名度，提高班列往返运载率。推动在中欧班列合作城市和境外设立办事和合作机构，利用当地资源，完善国际后段操作。

打造陆海贸易新通道。以铁路箱为载体，吸引中西部省市的腹地外贸货源通过厦门港、福州港进出，通过海铁联运的方式，运往马来西亚、菲律宾等东南亚国家，实现外贸铁路箱全程运输、货物“一箱到底”的全程多式联运新模式。

推进便利化大通关。创新监管方式，加强与沿线海关合作，建立信息互联互通机制，与相关国家海关进行数据交换、互认对方的监管结果。推进国际贸易“单一窗口”国际化进程，深化与亚太示范电子口岸网络（APMEN）、国际航空运输协会（IATA）等国际试点项目的合作。

推进数据互通共享。发挥国家级互联网骨干直联点数据交换口岸作用，增强辐射海峡和“海丝”沿线国家与地区的通信率先在“一带一路”沿线国家和地区探索开展跨境数据流动的对等措施，构建数据跨境流动的信任体系。

资料来源：福建自贸试验区官网．中国（福建）自由贸易试验区“十四五”发展规划［EB/OL］．［2021-09-30］．http：//www.china-fjftz.gov.cn/.

拓展人文交流空间。充分发挥侨资侨智优势，积极引导侨资进入自贸试验区建设急需的产业集群。支持企业、高校院所与“海丝”沿线国家和地区共建联合实验室、科技创新园、技术转移中心。推动游戏、动漫、网络视听、影像处理、城市 IP 数字文创等业务向“海丝”沿线国家和地区拓展。发挥福建作为海上丝绸之路重要起点和南岛语族文化发源地的独特优势，进一步推动对福建海洋文化的研究，拓展与东南亚、南太平洋等国家之间的人文交流，加强海丝文化和南岛语族考古文化研究成果交流发布，开拓多层次、宽领域的对外交往渠道。

服务金砖创新基地建设。从工业化、创新、投资、包容增长、数字化等角度与巴西、俄罗斯、印度、南非等金砖国家以及更多新兴市场国家和发展中国家深化开展政策协调、人才培养、项目开发等合作。建设金砖国家示范电子口岸网络，推进智慧通关国际合作。建设金砖特色跨境电商综合服务平台，率先推动金砖国家电子商务市场一体化。推进与金砖国家维修检测服务、技术服务、离岸服务外包、供应链服务等新业态国际产能深度合作。

专栏 2-29

福建自贸试验区大事记

【2018 年】

● 1 月 23 日至 1 月 26 日，商务部在厦门举办全国自贸试验区改革试点经验复制推广工作培训班。

● 3 月 8 日，国家食品药品监管总局发布《关于在更大范围试点实施进口非特殊用途化妆品备案管理有关事宜的公告》，在福建等 10 个自贸试验区扩大试点实施进口非特殊用途化妆品备案管理工作。

● 7 月 14 日，国务院总理李克强主持召开国务院常务会议，决定在厦门等 22 个城市新设一批跨境电子商务综合试验区。

● 11 月 13 日，经省政府研究同意，省自创办和省自贸办联合印发《福厦泉国家自主创新示范区与中国（福建）自由贸易试验区联动发展第一批可复制改革创新政策举措的通知》。

● 11 月 29 日至 11 月 30 日，省商务厅（自贸办）在福州举办自贸试验区改革创新成果复制推广专题培训班。

● 12月6日，“改革开放40周年‘福建影响力’案例”发布会暨海峡（东南网）传媒智库平台启动仪式在福州举行。

● 12月24日，福建省率先开行的“丝路海运”正式启动。

● 12月26日，《关于推进中国（福建）自由贸易试验区深化行政审批制度改革六项措施的通知》由省人民政府引发。

【2019年】

● 3月14日，省商务厅举行“福建国际贸易‘单一窗口’五大贸易便利化系统”上线启动仪式。

● 4月21日，由省商务厅（自贸办）与厦门大学合办的全国首个自贸试验区学院成立。

● 5月10日，省政府新闻办举行福建自贸试验区建设四周年新闻发布会。

● 7月11日，“海峡号”高速客滚轮首航平潭至高雄客运航线。

● 11月27日，省商务厅（省自贸办）举办福建自贸试验区最佳创新举措和平台发布活动。

● 11月29日，福建省人民政府印发《福建自贸试验区“证照分离”改革全覆盖试点实施方案》。

【2020年】

● 1月15日，国务院印发《关于在自由贸易试验区暂时调整实施有关行政法规规定的通知》。

● 2月17日，中国证监会核准设立金圆统一证券有限公司，标志着首家两岸合资全牌照证券公司正式落地厦门。

● 4月21日，“改革引领，开放先行——福建自贸试验区五周年成果展”在福建省商务厅举办。

● 8月14日，福建自贸试验区五周年评估报告评审会暨高质量发展研讨会在福州召开。

● 8月27日至9月4日，由中央网信办组织实施的“行走自贸试验区”网络主题活动在福建站开展。

● 11月7日至11月27日，福建、海南两省联合举办公务员“推进自由贸易区（港）建设”专题培训班。

● 11月16日，福建省政府印发《关于推广福建自贸试验区第八批可复制创新成果的通知》。

【2021 年】

● 7 月 8 日，福建泉州首个保税物流中心封关运营。

● 7 月 30 日，厦门外代国际货运有限公司签发了福建省首份多式联运“一单制”提单。

● 10 月 27 日，福州自贸片区办理福建省资本项目数字化服务试点首笔业务。

资料来源：福建自贸试验区官方网站，http：//www.china-fjftz.gov.cn/.

（二）山东自贸试验区

从山东所处的区位来看，无论是在环渤海，还是在东北亚开放格局当中，山东都占有重要位置；同时毗邻日本和韩国，与日韩建立的密切的经贸合作关系以及青岛的中国—上海合作组织、地方经贸合作示范区的建设等都是山东独具特色的发展优势。设立自贸试验区后，无论在引领区域开放，还是在环渤海区域经济发展联动效应方面，山东都发挥重要作用。2019—2021 年，中国（山东）自由贸易试验区（以下简称山东自贸试验区）本着建成新旧动能转换先行区、海洋经济引领区、“一带一路”建设示范区的目标，大力推进营商环境创新、投资贸易便利化创新、金融领域开放创新、科技策源创新、海洋经济发展创新、中日韩区域合作模式创新，取得了一大批在全国领先的改革开放成果。谋划“十四五”乃至更长时期发展大计，山东自贸试验区将搭建参与国际合作的战略性、引领性开放平台，形成更多首创式、差异化、集成性制度创新成果，强化高水平开放载体支撑。山东自贸试验区片区详情如表 2-40 所示。

表 2-40　山东自贸试验区片区详情

片区	面积（平方公里）	功能定位	重点发展产业
济南片区	37.99	建设全国重要的区域性经济中心、物流中心和科技创新中心	人工智能、产业金融、医疗康养、文化产业、信息技术等产业
青岛片区	52	打造东北亚国际航运枢纽、东部沿海重要的创新中心、海洋经济发展示范区，助力青岛打造我国沿海重要中心城市	现代海洋、国际贸易、航运物流、现代金融、先进制造等产业

续表

片区	面积（平方公里）	功能定位	重点发展产业
烟台片区	29.99	打造中韩贸易和投资合作先行区、海洋智能制造基地、国家科技成果和国际技术转移转化示范区	高端装备制造、新材料、新一代信息技术、节能环保、生物医药和生产性服务业

资料来源：国务院官方网站．国务院关于印发 6 个新设自由贸易试验区总体方案的通知［EB/OL］．［2019-08-26］．http：//www.gov.cn/zhengce/content/2019-08/26/content_ 5424522.htm.

1. 发展成果

（1）400 多项创新制度遍地开花。

2019 年挂牌至 2021 年两年时间里，山东自贸试验区以制度创新为核心，打造便利化营商环境，不仅首创企业设立智能登记系统，实现用电脑取代人工进行智能审批，使企业设立登记时可以通过“秒批”系统进行备案、打印证照、信息查询，有效解决企业在办理登记手续时的跑腿问题、疫情防护问题、人工干预的低效问题；还在全国首推“远程帮办代办”服务模式，一次性通过率提高至 95%以上。山东自贸试验区创新案例如表 2-41 所示。

表 2-41　山东自贸试验区创新案例

类别	创新制度
加快政府职能转变	1. 济南、烟台片区分别创新推出“拿地即开工、建成即使用”“四书合一、三一审批”工程建设项目审批模式 2. 济南片区推出“一区一照一证”登记模式，连锁直营分店实现开门即营业 3. 青岛片区设立企业智能登记系统，24 小时自动审核
深化投资领域改革	4. 济南片区建立外企服务直通车机制 5. 青岛片区实现外商投诉与调解事项网上办业务 6. 烟台片区在全国首次允许自然人设立外商独资培训机构
推动贸易转型升级	7. 济南片区齐鲁软件园入围首批国家数字服务出口基地 8. 青岛片区首创保税铁矿混矿“随卸随混”、货物储运状态分类监管、保税原油混兑调和、进口棉花“集成查检、分次出区”、进口大宗商品智慧鉴定监管和出口成品油“云计重”快速鉴定等模式 9. 烟台片区创新进口散装葡萄酒保税加工模式
深化金融开放创新	10. 济南片区推动跨境使用人民币业务 11. 青岛片区办理首笔境外机构境内外汇账户（NRA 账户）不落地结汇业务 12. 烟台片区办理首笔基于区块链平台的跨境融资业务
推动创新驱动发展	13. 省级层面落实资金 5 亿元支持山东产业技术研究院 14. 济南片区推动国际科技成果转化平台（ITOT）总部落户 15. 青岛片区增设 4 家海外人才离岸创新创业工作站 16. 烟台片区成立全国首家自贸试验区知识产权保护中心，组建专家咨询委员会

续表

类别	创新制度
高质量发展海洋经济	17. 青岛片区首创海铁联运货物“全程联运提单”模式，实现“一单到底、一票结算、一次委托、一口报价” 18. 建立“企业进口生物样本年度清单”，样本检疫审批周期由 20 天压缩至 2 天 19. 烟台片区率先引入“生态链式”理念，出台渔业资源增殖放流规定，通过“精准指导+精准施策+精准检测”，探索形成海洋生态修复新模式 20. 推出海洋牧场平台确权机制和融资风险评判标准体系，创新引入海域权抵押、深海网箱抵押、海水养殖天气指数保险等产品
深化中日韩合作	21. 着力打造“东联日韩、西接欧亚”的国际物流大通道，首次开通“日韩—缅甸”海转陆过境业务 22. 青岛海关、济南海关与韩国釜山海关签订备忘录，相互给予 AEO 企业降低查验率、优先通关、简化单证审核等便利措施 23. 济南片区打造对日合作离岸创新服务平台 24. 青岛片区日本“国际客厅”正式运行 25. 烟台片区签约全省首家韩资律师事务所，落地中韩科创孵化基地，推出进口测试车辆海关便利化举措

资料来源：山东自贸试验区官方网站，http：//www. sd. gov. cn/col/col97340/index. html.

其中，济南片区已累计推出 480 项改革创新措施，形成 151 项创新案例和成果，5 项全国首创性改革经验获国家部委认可，15 项在全省复制推广；青岛片区制度创新“试验田”日益丰沃，106 项试点任务全部完成，形成 143 项创新案例，平均 5 天推出一项创新成果；烟台片区 100 项总体方案试点任务已全部实施，先后形成制度创新成果 147 项，1 项入选全国“最佳实践案例”，7 项参评国家改革试点经验，8 项在全国示范推广，12 项在全省复制推广。山东自贸试验区各片区创新成果比较如图 2-11 所示。

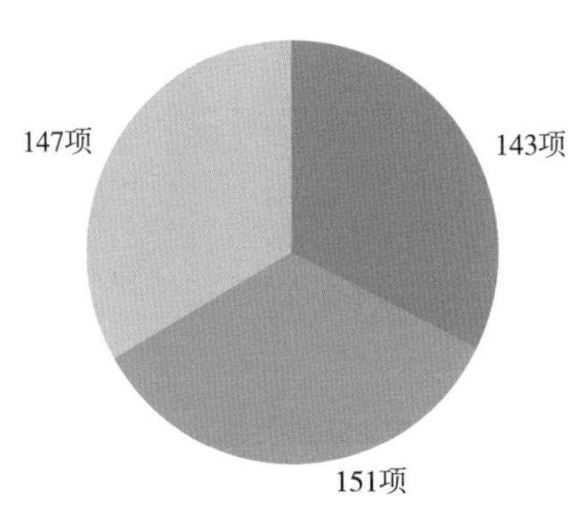

图 2-11　山东自贸试验区各片区创新成果数量比较

资料来源：山东自贸试验区官方网站，http：//www. sd. gov. cn/col/col97340/index. html.

（2）超22亿美元实际利用外资凸显新发展动能。

在贸易方面，山东自贸试验区通过改善过境贸易的操作办理程序，使港口中转作业所需的停留时间减少了近六成，东北亚国家过境货物所需的成本减少了近八成。在物流方面推行了简化物流供应链中间环节的新模式，通过海铁联运“全程提单”，便利了内陆地区和港口地区之间的流通。青岛前湾保税区启动国际中转集拼业务，实现了集装箱拆拼作业在舱单状态下无须报关的简便运作。

在投资方面，山东自贸试验区全面实行了国家发展和改革委与商务部发布的2020年版“负面清单”，推动了外商投资环境的改善并吸引了东丽株式会社等一众被财富杂志评选为世界五百强的企业入驻。截至2020年，山东自贸试验区实际利用外资22.1亿美元，实现进出口2916亿元，新设外资企业288家，其中济南片区实现进出口592亿元，实际利用外资7.6亿美元。2020年山东自贸试验区实际利用外资如图2-12所示。

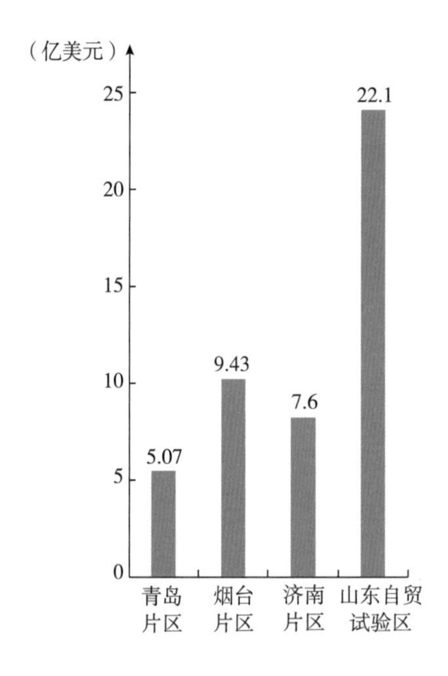

图2-12　2020年山东自贸试验区实际利用外资

资料来源：齐鲁晚报．山东省政府新闻办举行展望“十四五”主题系列发布会［EB/OL］．［2021-03-01］．https：//baijiahao.baidu.com/s？id=1693017251254154952&wfr=spider&for=pc.

在金融方面，伴随着人民币不断国际化，山东自贸试验区进一步便利人民币在投资贸易领域的跨境支付结算，倡导符合要求的企业进行跨境双向人民币资金池业务，实现境内外人民币资金池内资金的双向流动。2020 年，两家外资银行进入烟台片区；青岛片区首家合格境外有限合伙人企业展开试点；德国安顾集团股份有限公司以近 9 亿元入股泰山保险，成为第二大股东；中国重型汽车集团有限公司等 4 家企业通过跨境双向人民币资金池业务实现收付资金达 17.5 亿元。2020 年山东自贸试验区外贸进出口总额如图 2-13 所示。

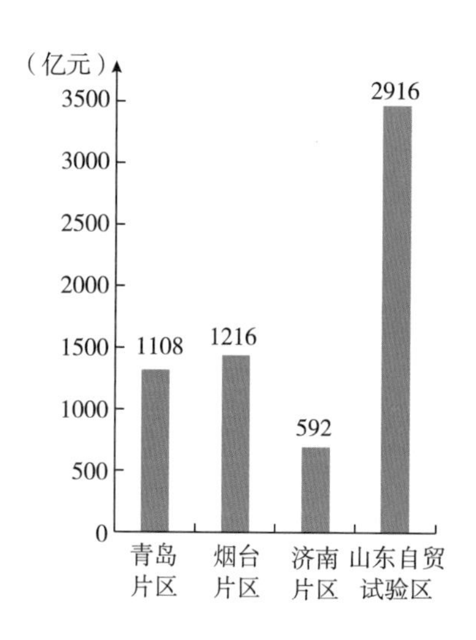

图 2-13　2020 年山东自贸试验区外贸进出口总额

资料来源：齐鲁晚报．山东省政府新闻办举行展望“十四五”主题系列发布会［EB/OL］．［2021-03-01］．https：//baijiahao. baidu. com/s？ id=1693017251254154952&wfr=spider&for=pc.

（3）超 2.1 万家新办企业体现营商环境之优。

山东自贸试验区稳步推进完善营商环境的法律保障体系、提升国际开放程度、增加贸易投资便利性，创新探索管理服务模式的高效化、便捷化改革方向。

济南片区探索极简审批，较传统模式提早 90 天使费斯托济南全球生产中心投产；“数字保险箱”智慧政务，使企业开办时间压缩 85%，提交材料减少 60%以上，为 2.1 万家新开办企业、4.4 万人提供数字化政务服务；税务部门出台服务创新 21 条，外贸企业出口退税“当天申报、当天到账”，最快 4 小时内办结；教育、投资促进、科技等部门出台大量创新举措，从不同角度全面落实外商投资准入前国民待遇和负面清单制度，海外教育、外商独资培训机构等新业态生根。

青岛片区建立“点线面”相互结合的工作机制，建立片区督查工作机制、企业家督查工作机制与营商环境云督查机制，强化查处违法违纪行为的力度、问题办理的速度、问题统计分析与通报的效度，以“三环合力”优化青岛片区的营商环境。

烟台片区针对投资建设项目，创造性地建立了极简审批制度，将申请、节能等四份报告合一评审、形成一份报告、审查内容一次性提出、综合审查文件一个文号出具，使审批时间压缩到原来的1/4，降低了六成成本。创新实施企业开办集成服务，将“企业登记窗口、刻章公司、银行网点、税务窗口”四个窗口、四套材料，优化为“进一扇门、一个窗口受理、一套材料申报、2小时办结”，申请材料由原来25份压至6份，压减率76%。实行“公章免费刻制”“证照免费邮递”“全环节免费代办”，在全省率先实现企业开办“零成本、零见面、零跑腿”。压缩审批层级，推动审批“扁平化”，区级局领导层级审批事项占比由51.8%压减至28.2%；平均办理时限由3.93天压缩至2.56天，提速34.86%。

（4）首创技术频出彰显差异化探索成果。

山东自贸试验区的差异化探索旨在立足各片区自身的相对优势与资源禀赋，深化探究东北亚经济合作与海洋经济的高质量发展新路。

在海洋工程装备的研发、建设与应用方面，青岛片区创新推出了“空箱查验无人化”“岸边集装箱起重机无人化”“岸边理货无人化”“集装箱锁垫职能拆装”等十项与码头相关的自动化技术，包括氢动力自动化轨道吊等在世界上具有领先水平的技术，吊桥单机可在60分钟内突破性地装卸44.6自然箱；建设世界领先的智能空中轨道集疏运系统，融合了码头集装箱业务与空轨技术，可将海陆铁联运整合在同一交通枢纽内，不出枢纽直达目的地，立体化了港口集装箱集疏运交通。

在海洋种业与海洋资源领域，青岛片区以“清单式”方法重塑进口生物样本通关流程，大幅缩减检疫审批周期至48小时；烟台片区构筑海洋水产种业资源的现代化、国际化引进中转基地，探索包含引进、科研、培育等全链条的海洋种业发展新模式。

此外，烟台片区还在海洋金融领域创新优化了海洋牧场平台确权，使其“海洋牧场平台”颁证数量领先全国，同时太平财产保险有限公司山东分公司以海水养殖天气指数保险管控了该产业的投融资风险；设立了海洋经济发展局，一方面大幅压缩原有的部门，另一方面整合剩下部门的职能，极大增强了部门内统筹规划的效率；推动“行业+文旅”全面起势，建立“以海为媒、以文带旅、以旅兴农”的“大融合”体系。

（5）中日韩经济合作提升对外开放新高度。

山东自贸试验区围绕构建更密切的东北亚区域经济合作，充分发挥对东北亚国家的区位优势，创新探索国际合作园区的建设，摸索新制度、新模式来降低通关合作的成本。济南中日国际医疗科技园吸引佳能株式会社、东丽株式会社等五百强企业入驻；青岛日本“国际客厅”为青岛与日本多地的合作交流提供了有力支持；烟台中韩产业园则推动中韩在法律、培训、创新等多个领域的合作①。此外，“经认证经营者”企业的便利化通关模式在釜山海关与济南片区和青岛片区之间运作。

济南片区着力为外籍及港澳台人员来济南片区工作、居留开辟绿色通道，积极争取外籍大学毕业生在济南片区内工作政策，高端外籍人才无须单位推荐，48小时内可获得《外国人工作许可证》，优化外国人出入境政策，设立“服务金卡”专门窗口、开设“人才绿色通道”，为外籍特殊人才提供永久居留、出入境便利，2020年有53名外国人获得2~5年居留许可、6名外国人获得永久居留许可；研究制定RCEP济南片区行动方案，积极参与山东中日韩地方经贸合作示范区建设，进一步拓展国际市场空间，探索与日本、韩国农产品进出口标准互认，引进培育一批农产品进出口企业，扩大“6小时内放行”覆盖范围，优化检疫审批手续，增强高水平市场供给能力，畅通国内国际双循环；上线运行“链上自贸”2.0版，借助中检集团、国际贸易“单一窗口”等国内外资源，探索链上自贸海外数据的延伸和应用，打通产品国际国内数据链。

2021年开放合作项目落地大会上，青岛片区与多家被《财富》杂志评选为全球最大五百家公司的中国企业、外资企业集中签约，斩获包括10个外资项目在内的48个重点项目，总投资额达503亿元，2021年可到账1.03亿美元外资并创造408亿元进出口。其中海洋及相关产业项目35个，计划总投资380.7亿元。烟台片区首创性实施“中日韩跨国审批”，推行企业名称自主申报、住所（经营场所）自主承诺申报、经营范围自主确定，使外籍人士不出国门就能在自贸试验

① 中国政府网．商务部召开山东等自贸试验区和上海自贸试验区临港新片区建设一周年专题新闻发布会［EB/OL］．［2020-09-02］．http：//www.gov.cn/xinwen/2020-09/02/content_5539448.htm.

区投资注册企业，截至2021年9月已为日本、韩国、马来西亚等6家外资企业提供“跨国审批”服务，有效提升了外商投资便利化水平。山东自贸试验区发展政策汇总如表2-42所示。

表2-42 山东自贸试验区发展政策汇总

时间	文件
2019年	《中国（山东）自由贸易试验区济南片区金融改革试点实施方案》
	《中国（山东）自由贸易试验区青岛片区前湾保税港区油品贸易企业“一窗受理、集成服务”实施方案》
2020年	《中国（山东）自由贸易试验区条例》
	《推动中国（山东）自由贸易试验区济南片区信用体系建设措施十条》
	《中国（山东）自由贸易试验区强化竞争政策实施试点方案》
	《中国（山东）自由贸易试验区济南片区人力资本价值出资管理办法（试行）》
	《推动中国（山东）自由贸易试验区济南片区投资促进创新发展工作措施》
	《关于支持中国（山东）自由贸易试验区济南片区创新审批服务的若干措施》
	《济南市人民政府关于向中国（山东）自由贸易试验区济南片区下放部分市级行政权力事项的通知》
	《关于在中国（山东）自由贸易试验区济南片区推行留抵退税“确认制”有关事项的通告》
	《中国（山东）自由贸易试验区青岛片区外商独资设立经营性职业技能培训机构（非学制类）的实施办法（试行）》
	《关于落实外籍及港澳台高校毕业生在中国（山东）自由贸易试验区青岛片区享受就业创业政策有关事项的通知》
	《关于向中国（山东）自由贸易试验区青岛片区和中国—上海合作组织地方经贸合作示范区下放部分市级行政权力事项的通知》
	《中国（山东）自由贸易试验区烟台片区设立外商独资经营性职业技能培训机构（非学制类）的办法（试行）》
	《中国（山东）自由贸易试验区烟台片区国际招商顾问、国际经济咨询管理服务办法（试行）》
	《关于在中国（山东）自由贸易试验区济南片区和烟台片区开展外汇创新业务的通知》
2021年	《中国（山东）自由贸易试验区青岛片区关于先行先试开展市场主体住所（经营场所）登记的试行意见》
	《关于在中国（山东）自由贸易试验区济南片区内开展职业资格国际互认的通知》
	《山东自贸试验区烟台片区关于支持工业企业稳岗留工促增的8条意见》

资料来源：山东自贸试验区官网，http://www.sd.gov.cn/col/col97340/index.html.

2. 远景规划

山东省“十四五”规划和2035年目标纲要对山东自贸试验区的建设提出了具体要求，提出要高标准建设中国（山东）自由贸易试验区。山东自贸试验区将在“十四五”期间建立省直部门、中央驻鲁单位和片区业务直通车制度，合力推进试点任务落实。与此同时，谋划实施自贸试验区2.0版，主动争取中央的赋权，完善建设，联动发展，特色化发展济南、青岛、烟台三个片区，进一步对具有创新性、独特性和整合性的制度创新路径进行摸索，形成更多具有复制推广意义的成果。

提升便利化、自由化水平。制定自贸试验区先进制造业、现代服务业市场准入工作指引，提高负面清单操作性。建立完善事中、事后管理的标准，完善前沿新兴市场准入的规则，赋予各片区金融科技、供应链金融、数字经济、区块链等新金融、新贸易、新科技管理职能。推进青岛片区山东国际大宗商品交易市场建设，支持有条件的市建设自贸试验区联动创新区。

培育产业新动能。聚焦差异化探索和提升产业链供应链现代化水平，开展制度集成创新行动，按照目标集成、政策集成和效果集成，制定产业培育方案，推动形成更多高质量、系统化制度创新成果。济南片区重点推动医疗康养、文化产业发展；青岛片区重点推动航运贸易金融耦合创新发展和工业互联网建设；烟台片区重点推动化工新材料、海工装备产业发展。

强化制度创新集成。抢抓RCEP、中欧投资协定窗口期机遇，对标RCEP、CAI①、CPTPP②等高标准经贸规则，先期开展压力测试，在深化中日韩区域经济合作、服务贸易、外贸新业态等领域开展创新探索，推动规则、规制、管理、标准等制度型开放，延伸产业链供应链，深入参与国际产业合作。

推动联动创新。进一步促进联动创新区与各片区进行联动发展与优势互补，发挥自贸试验区与海关特殊监管区、新旧动能转换综试区、经开区等在政策作用层面的叠加、杠杆和放大的效应。创新性推出在制度性改革层面的成果评价、自贸试验区先行先试容错纠错免责、深化统计制度改革等方面的机制，利用大数据

---

① CAI，The China-EU Comprehensive Agreement on Investment，中欧全面投资协议。

② CPTPP，Comprehensive and Progressive Agreement for Trans-Pacific Partnership，《全面与进步跨太平洋伙伴关系协定》。

客观评价创新实效，突出正向激励，营造鼓励自贸试验区“大胆试、大胆闯、自主改”、推动对外开放高质量发展的良好环境。

专栏 2-30

山东自贸试验区大事记

【2019 年】

● 1 月 6 日，山东自贸试验区申建工作正式启动，建立了工作专班和联络员制度。

● 1 月 19 日，原则通过《中国（山东）自由贸易试验区总体方案（初稿）》，研究同意设立自贸试验区工作领导小组。

● 1 月 26 日，山东省向商务部呈报了《中国（山东）自由贸易试验区总体方案（初稿）》。

● 2 月 13 日，省政府根据商务部反馈的修改意见，形成《中国（山东）自由贸易试验区总体方案（征求意见稿）》正式呈报商务部。

● 4 月 25 日，各部委完成会签，商务部、省政府联合向国务院呈报了《商务部山东省人民政府关于设立中国（山东）自由贸易试验区有关事宜的请示》。

● 8 月 8 日，省委召开深化改革工作会，听取省商务厅、三个片区自贸试验区工作情况汇报。

● 8 月 14 日，省委召开会议，研究部署自贸试验区有关工作。

● 8 月 26 日，《中国（山东）自由贸易试验区总体方案》由国务院正式发布。

● 8 月 30 日，中国（山东）自由贸易试验区揭牌仪式和新闻发布会在济南举行。

【2020 年】

● 1 月 2 日，《中国（山东）自由贸易试验区青岛片区金融改革创新试点实施方案》出台。

● 3 月 2 日，省商务厅举办山东自贸试验区制度创新案例视频培训会议。

● 3 月 4 日，山东自贸试验区济南片区推行“证照分离”改革全覆盖试点，持续深化“一次办成”改革。

●3月12日，济南“泉贸通”供应链金融平台上线缓解外贸企业疫情期间融资难题。

●4月7日，山东自贸试验区济南片区历城区块法律服务中心挂牌运行。

●4月10日，山东自贸试验区济南片区国际医疗科技园合作项目签约仪式举行。

●4月23日，《自贸试验区济南片区产业规划布局》与《关于自贸试验区济南片区产业用地管理的实施意见（试行）》出台。

●6月1日，济南章锦综合保税区正式获得国务院批复。

●6月10日，山东自贸试验区立法突出山东特色，设立海洋经济和区域经济合作章节。

●8月19日，山东自贸试验区烟台片区改革创新推介会成功举办。

●8月30日，山东自贸试验区青岛片区获批“国际化营商环境建设十佳产业园区”。

●8月31日，山东自贸试验区设立一周年建设成果发布会召开。

●9月16日，山东首次全流程保税展示交易。

●9月16日，夏普超高清（8K）产业研究院在烟台片区揭牌。

●9月21日，山东自贸试验区青岛片区青岛（华大）区域细胞制备中心正式获批。

●11月4日，山东自贸试验区济南片区“链上自贸”保税展示展销试点启动。

●11月10日，青岛片区与欧力士签署中日科技园合作框架协议。

●11月27日，山东省首家自贸试验区保险支公司落户烟台片区。

●12月8日，山东自贸试验区首家自贸服务驿站落户齐鲁软件园。

【2021年】

●1月6日，山东自贸试验区烟台片区创新推出“信用承诺制审批”闭环机制。

●1月28日，山东自贸试验区烟台片区率先推行诊所开办、备案即发证制度。

●2月1日，博科全球美丽中心项目落户山东自贸试验区济南片区。

● 2月23日，山东自贸试验区烟台片区创新构建公共资源交易“不见面招投标”新模式。

● 3月30日，山东自贸试验区青岛片区发布10条措施“硬核”推进强化竞争政策实施试点。

● 4月13日，“三区叠加—三级一体”在线审批新模式在济南诞生。

● 4月22日，山东自贸试验区青岛片区落地“跨区全时查验”改革项目。

● 5月26日，山东自贸试验区烟台片区全国率先建成NQI+服务云平台。

● 6月14日，山东自贸试验区青岛片区发出首张电子施工许可证。

● 6月29日，山东自贸试验区青岛片区全球首创智能空轨集疏运系统（示范段）竣工。

● 7月6日，山东自贸试验区烟台片区首创“税银融”交互式惠企新模式。

● 7月12日，山东自贸试验区济南片区扁鹊智慧中药房正式启用。

● 9月15日，“济南（山东）跨境自贸法律研究中心、法律服务中心”在济南福瑞达自贸创新产业园揭牌成立。

● 9月17日，山东自贸试验区烟台片区创新出口退税“信易退”模式。

● 9月17日，省内首单船舶融资租赁业务落地山东自贸试验区青岛片区。

资料来源：山东自贸试验区官方网站，http：//www. sd. gov. cn/col/col97340/index. html.

七、中部地区

中部腹地，承东启西，连南接北。从20世纪和21世纪之交“谨防中部塌陷”的呼吁，到中央促进中部崛起战略的正式实施，再到2021年《中共中央国务院关于新时代推动中部地区高质量发展的意见》文件的发布，中部地区不断推动高质量崛起，谱写创新驱动、区域协同、绿色崛起的新篇章。推进中部地区自贸试验区发展，是推进中部地区高质量发展和拉动我国经济创新发展的战略引擎。建设河南、湖北、湖南自贸试验区，打造内陆高水平开放平台，推动内陆开放型经济试验区发展，全面助力中部地区崛起。

（一）河南自贸试验区

河南有着“九州腹地、十省通衢”之称，是我国重要的综合交通枢纽中心、人流物流信息流中心。将中国（河南）自由贸易试验区（以下简称河南自贸试验区）建设成为服务于“一带一路”建设的现代综合交通枢纽、全面改革开放试验田和内陆开放型经济示范区，是设立河南自贸试验区的总体战略定位。经过4年的发展，河南自贸区建设取得了阶段性的成果，发挥了中部地区深化改革开放的带头引领作用。河南自贸试验区片区详情如表2-43所示。

表2-43 河南自贸试验区片区详情

片区	面积（平方公里）	功能定位	重点发展产业
郑州片区	73.17	打造多式联运国际性物流中心，发挥服务“一带一路”建设的现代综合交通枢纽作用	智能终端、高端装备及汽车制造、生物医药等先进制造业以及现代物流、国际商贸、跨境电商、现代金融服务、服务外包、创意设计、商务会展、动漫游戏等现代服务业
开封片区	19.94	构建国际文化贸易和人文旅游合作平台，打造服务贸易创新发展区和文创产业对外开放先行区，促进国际文化旅游融合发展	服务外包、医疗旅游、创意设计、文化传媒、文化金融、艺术品交易、现代物流等服务业，提升装备制造、农副产品加工国际合作及贸易能力
洛阳片区	26.66	打造国际智能制造合作示范区，推进华夏历史文明传承创新区建设	装备制造、机器人、新材料等高端制造业以及研发设计、电子商务、服务外包、国际文化旅游、文化创意、文化贸易、文化展示等现代服务业，提升装备制造业转型升级能力和国际产能合作能力

资料来源：中国政府网．国务院关于印发中国（河南）自由贸易试验区总体方案的通知［EB/OL］．［2017-03-31］．http：//www.gov.cn/zhengce/content/2017-03/31/content_5182296.htm.

1. 发展成果

（1）159项试点任务全部实施。

自2017年挂牌成立以来，河南自贸试验区顺利完成了阶段性的目标，共计159项试点任务，较好地发挥了改革试验田的作用。通过先行先试的政策优势，在政务、金融、法律、监管、多式联运五个领域构建了五大服务体系，积极推动融入“一带一路”建设。充分发挥河南交通枢纽的区位优势，全力推动形成陆、海、空、网四条丝绸之路并举的开放通道。河南自贸试验区发展政策汇总如表2-44所示。

表2-44 河南自贸试验区发展政策汇总

时间	文件
2017年	《关于支持中国（河南）自由贸易试验区建设的意见》
	《中国（河南）自由贸易试验区监管服务体系建设专项方案》
	《中国（河南）自由贸易试验区法律服务体系建设专项方案》
	《中国（河南）自由贸易试验区政务服务体系建设专项方案》
	《中国（河南）自由贸易试验区多式联运服务体系建设专项方案》
	《中国（河南）自由贸易试验区金融服务体系建设专项方案》
	《中国（河南）自由贸易试验区管理试行办法》
	《中国（河南）自由贸易试验区开展企业投资项目承诺制试点实施办法》
	《中国（河南）自由贸易试验区开封片区商事登记管理办法（试行）》
	《中国（河南）自由贸易试验区开封片区企业投资项目承诺制实施办法（试行）》
	《中国（河南）自由贸易试验区开封片区市场主体事中事后综合监管工作暂行办法》
	《中国（河南）自由贸易试验区开封片区企业投资项目“承诺制”事中事后监管暂行办法》
2018年	《中国（河南）自由贸易试验区郑州片区承接省级下放经济社会管理权限事项过渡期实施办法》
2019年	《河南自由贸易试验区和跨境电子商务综合试验区省级专项资金管理暂行办法》
	《中国（河南）自由贸易试验区郑州片区金水区块企业集群注册登记管理办法（试行）》
	《中国（河南）自由贸易试验区开封片区建设工程规划指标承诺制暂行办法》
	《国家外汇管理局河南省分局关于进一步在中国（河南）自由贸易试验区试点开展外汇创新业务的通知》
	《中国（河南）自由贸易试验区郑州片区郑东区块金融服务业对外开放清单指引》
2020年	《中国（河南）自由贸易试验区郑州片区金水区块产业扶持办法（试行）》
	《中国（河南）自由贸易试验区开封片区综合服务中心管理办法》
2021年	《中国（河南）自由贸易试验区条例》
	《中共河南省委、河南省人民政府关于推进中国（河南）自由贸易试验区深化改革创新打造新时代制度型开放高地的意见》

资料来源：河南自贸试验区官网，http：//hnsswt.henan.gov.cn/zt/2021/186190/index.html.

（2）425项制度创新成果丰硕。

河南自贸试验区牢记“为国家试制度”的使命担当，大胆试、大胆创、自主改，4年以来在制度创新上已形成了425项成果。投资贸易便利化、商事制度等方面的改革，位居全国前列。其中，有50项改革创新成果在全省乃至全国进行复制推广，例如“跨境电商零售进口正面监管模式”“建设项目水电气暖‘现场一次联办’模式”。2019年，全国企业登记身份管理实名验证系统在河南上线服务，郑州片区是全国首家启动该系统的区域，“一经注册验证、全国联网应用”在全国领先迈出了重要的一步。开封片区率先探索的“一码集成服务”改革在全国推广，实现“一企一照一码”走天下，深受企业欢迎。洛阳片区探索的递进式多元化解商事纠纷模式，是贯彻习近平总书记“坚持把非诉讼纠纷解决机制挺在前面”重要指示精神的创新举措，使区内企业解决纠纷更高效、更低成本、更为柔性，企业和群众对自贸试验区法治化营商环境有了更切身的感受。河南自贸试验区制度创新成果如表2-45所示。

表2-45　河南自贸试验区制度创新成果

类别	创新制度
政务服务	1. “五轮驱动”破解民营经济职称评审瓶颈 2. 国有土地出让“考古前置”改革 3. 企业开办“照章税保”联办 4. 推行“多证集成、一照通行”改革助力市场主体快入准营 5. 企业专属服务V3.0版 6. 企业集群注册新模式 7. 便企简易注销
投资管理	8. “四链融合”促进老工业基地转型升级 9. 建设项目水、电、气、暖“现场一次联办” 10. 企业投资项目承诺制 11. 区域规划环评和差别化清单分类管理 12. 优化食品生产许可证办理模式 13. 涉企土地测绘“多测合一” 14. 跨境电商零售进口退货中心仓模式 15. 邮政口岸“三关合一”监管模式
金融服务	16. 标准仓单买断式回购交易 17. 构建自贸试验区进出口企业二元多维评价体系 18. “信贷+信用”普惠金融模式解决中小微企业融资难题

续表

类别	创新制度
多式联运	19. 郑州机场航空电子货运试点 20. 建立中欧班列运邮进出口双向集散通道 21. 快件“公铁空”联运试点
事中事后监管	22. 创新无仓储危化品经营企业管理服务新模式 23. 建设工程规划许可告知承诺+精准监管

资料来源：河南商报．河南自贸试验区 2020 年最佳实践案例［EB/OL］．［2020-09-11］．https：//baijiahao. baidu. com/s? id=1677486630726453050&wfr=spider&for=pc.

（3）9. 48 万家企业入驻显现产业集聚效应。

河南自贸试验区挂牌成立 4 年以来，已有 9. 48 万家企业入驻，其中 123 家世界 500 强企业，99 家国内 500 强企业。河南自贸试验区 3 个片区入驻企业数均比设立自贸区之前翻了 3 倍以上。2020 年，面对突如其来的新冠肺炎疫情，在稳外贸、稳外资方面，河南自贸试验区也有出色表现，2020 年实际吸收外资同比增长 51. 8%，是 2016 年的 4. 5 倍；外贸进出口同比增长 40. 1%，比 2016 年翻了一番，外资外贸的增速远远高于全省平均水平。河南自贸试验区入驻企业累计数量见图 2-14；河南自贸试验区注册资本累计金额见图 2-15；河南自贸试验区实际利用外资累计金额见图 2-16。

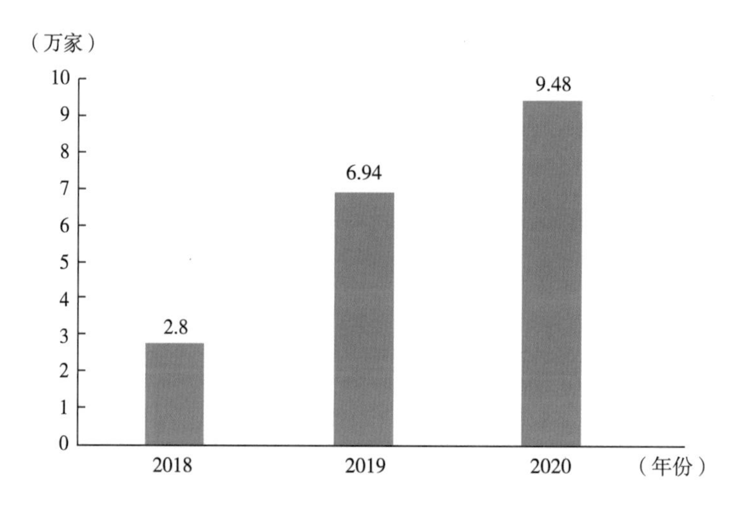

图 2-14　河南自贸试验区入驻企业累计数量

资料来源：国务院新闻办公室网站．河南举行自贸试验区建设新闻发布会［EB/OL］．［2021-04-15］．http：//www. scio. gov. cn/xwfbh/gssxwfbh/xwfbh/henan/Document/1702182/1702182. htm.

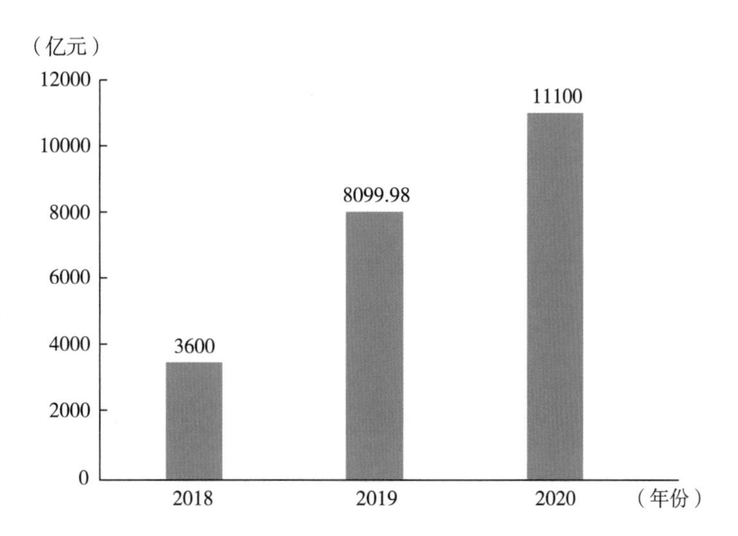

图 2-15　河南自贸试验区注册资本累计金额

资料来源：国务院新闻办公室网站．河南举行自贸试验区建设新闻发布会［EB/OL］．［2021-04-15］．http：//www. scio. gov. cn/xwfbh/gssxwfbh/xwfbh/henan/Document/1702182/1702182. htm.

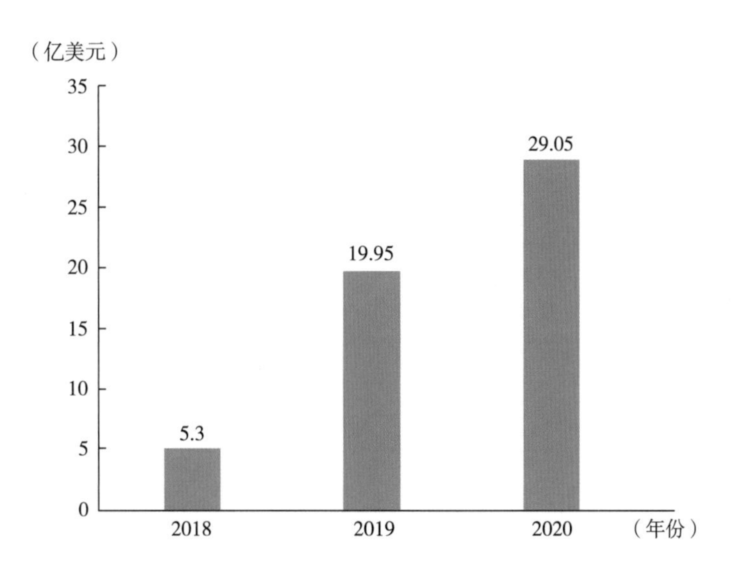

图 2-16　河南自贸试验区实际利用外资累计金额

资料来源：国务院新闻办公室网站．河南举行自贸试验区建设新闻发布会［EB/OL］．［2021-04-15］．http：//www. scio. gov. cn/xwfbh/gssxwfbh/xwfbh/henan/Document/1702182/1702182. htm.

（4）贸易便利化由“边界措施”向“边界内措施”延伸。

自贸试验区在贸易便利化方面的改革成果主要集中在三个方面：一是国际贸

易“单一窗口”服务模式创新；二是海关特殊监管区域整合优化措施；三是探索“一线放开、二线安全高效管住”的通关监管模式创新。河南“单一窗口”为河南省跨境电商发展提供全面技术服务和基础支撑，跨境电商监管流程得到进一步优化，为跨境电商发展开启了高速通关模式，河南“单一窗口”服务跨境电商的运行效能和服务水平均居全国前列。“跨境电商 1210 网购保税进口模式”“跨境电商零售进口正面监管模式”“跨境电商零售进口退货中心仓模式”等创新成果已被复制推广到全国。

（5）“四路并举”提升交通物流枢纽功能。

河南省自贸试验区是我国唯一一个以交通物流为战略特色的自贸试验区。自设立以来，以“两体系、一枢纽”建设为中心，统筹国际国内、强化内捷外畅，助推全省形成空中、陆上、海上、网上“四路并举”的开放之道，积极建设现代化、国际化、服务于“一带一路”的综合交通枢纽，扩大改革开放的步伐，加强与世界的联系，充分发挥交通枢纽优势，探索建设内陆型自由贸易港。

（6）新试点、新平台助推改革开放。

自挂牌成立以来，河南自贸试验区推动了一系列新平台和新试点的落地。比如，2018 年，国务院发文支持郑州机场利用第五航权助推河南打造开放高地的新平台；河南跨境电商进口药品和医疗器械试点实施；中部地区首个国际艺术品保税仓在开封片区开仓运行；洛阳综合保税区获国务院批复设立；等等。2020 年，河南自贸试验区开展“证照分离”改革全覆盖试点，截至 2021 年 6 月，共办理涉企经营许可业务 4 万多件，惠及市场主体 1.3 万户。河南自贸试验区营商环境明显改善，创新创业活力不断激发，形成了改革成果共享、开放红利普惠的良好局面。

2. 远景规划

进入“十四五”时期，河南自贸试验区将着力打造自贸试验区发展 2.0 版本，进一步明确发展方向，深化重点领域，创新方式方法，研究探索新的路径，打造改革开放新高地，开启高质量发展新篇章。2021 年，河南省委省政府出台《关于推进中国（河南）自由贸易试验区深化改革创新打造新时代制度型开放高地的意见》指出，要建成新时代制度型开放高地。该意见主要从五大方面内容进行了规划：

第一，加强完善投资管理制度。对标国际通行规则，进一步加大压力测试和优化营商环境力度。在教育、卫生、电信、科研和技术服务等领域放宽注册资本和投资方式等限制。探索新技术、新产业、新场景领域新的规则规制。持续深化“放管服”改革，确保各类市场主体在市场准入等方面享有公平竞争的市场环境。

第二，建立开放型政策制度体系。从四个方面建立贸易自由便利化的政策制度体系：一是创新海关监管制度；二是推动服务贸易更加自由便利；三是构建跨境电商新型监管体系；四是拓展国际贸易载体平台功能。

第三，创建国际化竞争力强的现代产业体系。从先进制造业、服务业、文化和旅游、金融服务等领域，探索发展新模式，构建创新服务体系，完善协同创新机制，打造国际化、品牌化会展平台，加快高质量发展。

第四，构建内外畅通的国际物流通道枢纽。充分利用第五航权打造郑州国际航空枢纽，建立“陆上丝绸之路”全球通道体系，打造境外物流集散中心，建设铁海联运国际通道，加快多式联运创新发展。

第五，建设服务国家战略的高水平国际合作平台。在河南自贸试验区，支持“一带一路”沿线国家及国际组织设立办事机构，畅通国际合作交流及建立合作渠道。积极推动共建黄河流域自贸试验区发展联盟，打造沿黄地区要素流动和产业合作新平台。积极申建河南自贸试验区扩展区域和“空中丝绸之路”自由贸易港。

专栏 2-31

河南自贸试验区大事记

【2017 年】

● 4 月 1 日，中国（河南）自由贸易试验区正式挂牌。

【2018 年】

● 3 月 23 日，中国（河南）自由贸易试验区国际物流金融洽谈会在郑州国际会展中心举行。

● 8 月 2 日，《中国（河南）自由贸易试验区郑州片区空间布局规划

（2017—2035）》正式公示。

● 9月30日，河南首个区域发展综合规划——《中国（河南）自由贸易试验区洛阳片区综合规划》审议通过。

【2019年】

● 4月9日，首届中国（河南）自由贸易试验区高质量发展论坛在郑州市举行。

● 7月4日，《关于印发中国（河南）自由贸易试验区郑州片区三年行动计划（2019—2021年）的通知》发布。

● 8月2日，《关于进一步在中国（河南）自由贸易试验区试点开展外汇创新业务的通知》印发。

● 8月6日，深圳文化产权交易所河南自贸试验区运营中心在开封片区启动。

● 11月19日，河南自贸试验区洛阳片区发布优化营商环境70条（第一批）。

● 12月29日，金水海关正式挂牌成立。

【2020年】

● 4月20日，中国（河南）自由贸易试验区线上招商周推介会暨郑州片区重点项目签约仪式在河南自贸大厦成功举办。

● 6月17日，河南自贸试验区洛阳片区国际贸易示范基地成立。

● 10月20日，中国（河南）自由贸易试验区高质量发展高级研修班在河南省委党校顺利开班。

● 11月24日，《中国（河南）自由贸易试验区条例（草案）》提请审议。

【2021年】

● 4月14日，《关于推进中国（河南）自由贸易试验区深化改革创新打造新时代制度型开放高地的意见》发布。

● 5月12日，省商务厅和郑州、开封两市领导共同启动“郑开同城自贸通办”，河南自贸试验区郑州、开封两片区实现涉企行政审批服务事项跨片区通办。

● 7月6日，河南自贸试验区洛阳片区《“四链融合”促进洛阳老工业基地转型升级》案例，被国务院自由贸易试验区工作部际联席会议办公室评为全国自贸试验区第四批“最佳实践案例”。

● 10月18日，新亚欧陆海联运通道自由贸易试验区联盟成立。

资料来源：河南自贸试验区官网，http：//hnsswt.henan.gov.cn/zt/2021/186190/index.html.

（二）湖北自贸试验区

中国（湖北）自由贸易试验区（以下简称湖北自贸试验区）自2017年挂牌成立以来，紧密围绕《中国（湖北）自由贸易试验区总体方案》的战略定位和发展目标，贯彻落实各项实施要求，经过4年多的改革与探索，已取得较好成效，正努力建成改革开放的试验田，打造内陆对外开放发展的新高地。湖北自贸试验区片区详情如表2-46所示。

表2-46 湖北自贸试验区片区详情

片区	面积（平方公里）	重点发展产业
武汉片区	70	新一代信息技术、生命健康、智能制造等战略性新兴产业和国际商贸、金融服务、现代物流、检验检测、研发设计、信息服务、专业服务等现代服务业
襄阳片区	21.99	高端装备制造、新能源汽车、大数据、云计算、商贸物流、检验检测等产业
宜昌片区	27.97	先进制造、生物医药、电子信息、新材料等高新产业及研发设计、总部经济、电子商务等现代服务业

资料来源：中国政府网．国务院关于印发中国（湖北）自由贸易试验区总体方案的通知［EB/OL］．［2017-03-31］．http：//www.gov.cn/zhengce/content/2017-03/31/content_5182299.htm.

1. 发展成果

（1）23项制度创新成果被国家采纳推广。

湖北自贸试验区成为制度创新“高产田”，2017年4月挂牌至2021年，累计发布5批共199项制度创新成果，包括77条改革试点经验和122个实践案例，成果数量在同批次自贸试验区中名列前茅，其中23项成果在国家层面得到复制推广。湖北自贸试验区第一批制度创新成果如表2-47所示。

表 2-47　湖北自贸试验区第一批制度创新成果

类别	创新制度
在全省范围内复制推广事项	1. 国地税一窗通办 2. 先放行、后改单 3. 减免税手续汇总办理 4. 内外贸同船运输货物智能放行 5. 先出区、后报关 6. 便捷保税货物流转 7. 加工贸易扁平化改革 8. 中欧班列（武汉）运单归并、简化申报 9. 中欧班列（武汉）车边验放
在湖北自贸试验区范围内推广事项	10. 不动产抵押权变更登记 11. 不动产登记业务实现“马上办、网上办、一次办” 12. 出口食品生产企业备案采信模式 13. 外资企业设立及变更商务审批和工商登记实现“四个一”

资料来源：中国（湖北）自由贸易试验区工作办公室．中国（湖北）自由贸易试验区第一批制度创新成果汇编，https：//www.china-hbftz.gov.cn/attachment/base/file/20181119/20181119153838_ 506.pdf.

（2）创新举措优化营商环境打造经济发展新引擎。

湖北省首创全省企业开办事项异地通办业务，并启动“一照通”改革试点，企业设立程序简化，迈入高效便捷的“秒批”时代；全省率先推行建设项目施工许可豁免制度；不动产交易、纳税、登记“一网通办”率先在全省实现；专门打造基于政务数据共享的征信融资综合服务平台，为中小微企业解决融资难和融资贵等问题；综保区物流货物触发申报新模式在全国率先试点；借助信息化系统，快件在申报、审核和查验上实现了电子化、智能化和无纸化。探索实现“点单式”放权，各片区不仅承接了省和市下放的1500多项经济社会管理权限，而且还承接了直接由省级分两批下放的96项经济社会管理权限。湖北自贸试验区发展政策汇总如表2-48所示。

表 2-48　湖北自贸试验区发展政策汇总

时间	文件
2017年	《中国（湖北）自由贸易试验区建设管理办法》
	《省地方税务局关于支持中国（湖北）自由贸易试验区创新税收服务的通知》
	《武汉东湖新技术开发区关于东湖综合保税区推进自由贸易的投资促进办法》
	《中国（湖北）自由贸易试验区第一批检验检疫改革创新事项》
	《质检总局关于推进检验检疫改革创新进一步支持自由贸易试验区建设的指导意见》

续表

时间	文件
2017年	《加强中国（湖北）自由贸易试验区知识产权工作的意见》
	《湖北自贸试验区金融改革综合实施方案》
	《服务“自贸试验区”建设的税收优惠政策清单（国税部分）》
	《中国（湖北）自由贸易试验区宜昌片区建设管理实施办法》
	《武汉东湖新技术开发区关于促进跨境电子商务发展的支持办法》
2018年	《中国（湖北）自由贸易试验区条例》
	《推进中国（湖北）自由贸易试验区外汇管理改革试点实施细则》
2019年	《中国（湖北）自由贸易试验区保险机构和高级管理人员审批备案管理办法》
	《中国（湖北）自由贸易试验区武汉片区商业保理业务管理暂行办法》
2020年	《湖北省人民政府关于在中国（湖北）自由贸易试验区试行进一步激发人才创新创业活力措施的意见》
2021年	《关于进一步加强中国（湖北）自由贸易试验区产业招商工作的实施办法》
	《支持中国（湖北）自由贸易试验区深化改革创新若干措施》
	《中国（湖北）自由贸易试验区示范仲裁规则》

资料来源：湖北自贸试验区官方网站，https：//www. china-hbftz. gov. cn/index. html.

（3）探索搭建新平台推进产业集聚。

武汉片区重点建设一批重大项目，吸引众多世界500强企业和龙头企业落户。截至2020年，集聚2000余家生物企业，总收入超过1200亿元。国家存储器基地、国家信息光电子创新中心和武汉光电管家实验室等重大项目的建设形成了“芯片—显示—智能终端”新一代信息技术全产业链。

襄阳片区重点建设新能源和智能网联汽车。截至2020年，国内首个具有完全自主知识产权的环境风洞试验室和国家智能网联汽车质量监督检验中心试车场三期均已建成。在整车研发、生产、检测、售后等环节，形成了新能源汽车全产业链。

宜昌片区重点发展现代物流、生物医药和智能制造产业，并创新发展海关特殊监管区域外以保税方式开展飞机及部件全球维修业务等新业态。吸引了一大批龙头企业入驻，如亚洲最大的活性干酵母研发生产企业安琪酵母、亚洲最大的医用丁基胶塞生产企业华强科技、麻醉药品最大批发企业人福药业等。

湖北自贸试验区自揭牌成立至2020年，新设企业累计47273家，新设外商投资企业279家（见图2-17），进出口累计总额3117.4亿元（见图2-18），实际利用外资41.3亿美元（见图2-19），对外开放呈现强劲效应，推动经济高质量发展。

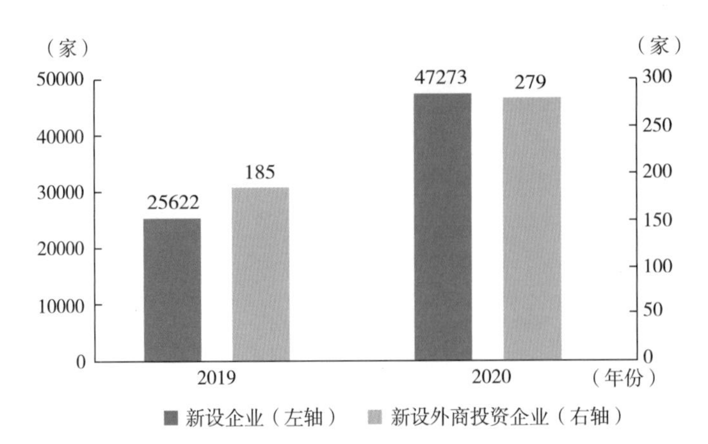

图 2-17　湖北自贸试验区新设企业与外商投资企业累计数量

资料来源：中国新闻网．湖北自贸试验区累计新增企业 47273 家［EB/OL］．［2020-04-28］. https：//baijiahao. baidu. com/s？id=1665223913477698339&wfr=spider&for=pc.

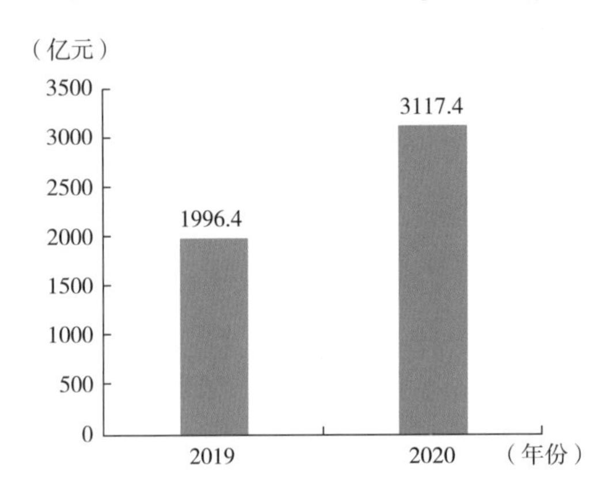

图 2-18　湖北自贸试验区进出口累计总额

资料来源：中国新闻网．湖北自贸试验区累计新增企业 47273 家［EB/OL］．［2020-04-28］. https：//baijiahao. baidu. com/s？id=1665223913477698339&wfr=spider&for=pc.

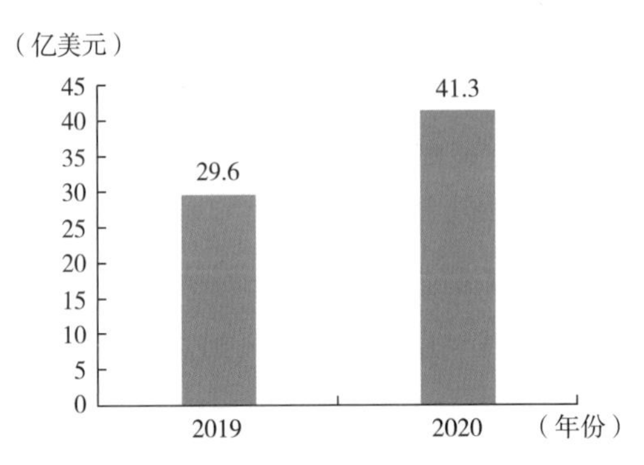

图 2-19　湖北自贸试验区实际使用外资累计金额

资料来源：中国新闻网．湖北自贸试验区累计新增企业 47273 家［EB/OL］．［2020-04-28］. https：//baijiahao. baidu. com/s？id=1665223913477698339&wfr=spider&for=pc.

2. 远景规划

湖北省“十四五”规划对湖北自贸试验区发展作出全面部署，着力推进湖北自贸试验区首创性、差异化改革，试行有利于促进跨境贸易便利化的外汇管理政策和贸易监管制度，扩大金融、科技、医疗、贸易和数字经济等领域开放。推广湖北自贸试验区改革创新成果，加强自贸试验区与省内经济技术开发区、高新技术产业开发区等联动发展。

推进武汉片区扩容，推动设立襄阳、黄石、鄂州、荆州综合保税区和武汉天河机场保税物流中心（B 型），高水平建设已有的综合保税区、保税物流中心和各类海关指定监管场地。全面推进“口岸+”建设，拓展国际贸易“单一窗口”功能，推进口岸作业科技化、海关监督智能化、互联互通信息化、通关服务多元化。推动口岸提效降费，推进跨部门一次性联合查验，进一步压缩货物通关时间。

积极推动鄂州、襄阳、十堰等空港口岸扩大开放。推动临空临港产业园区和现代国际物流园区建设，大力促进保税维修、研发设计、物流分拨、销售服务等业务，积极发展出口加工贸易和口岸经济。支持武汉、宜昌、鄂州、黄冈、黄石等地加快临空经济区建设。

专栏 2-32

湖北自贸试验区大事记

【2017 年】

● 4 月 1 日，中国（湖北）自由贸易试验区正式挂牌。

● 5 月 12 日，襄阳片区政务服务中心发出了全省首张“九证合一”的营业执照。

● 8 月 10 日，宜昌片区全国首创“四类外籍专家按需申领签证和停居留证件”新政正式实施。

【2018 年】

● 1 月 14 日，宜昌片区全省首推集成服务，“找一个窗口、交一套资料、办所有事项”。

● 1月19日，襄阳片区颁发全省首张自贸试验区自制《外国人工作许可证》。

● 3月1日，宜昌片区在全国首推外国人申请签证免护照留存政策。

● 3月20日，宜昌片区在全省首推建设项目环境影响评价负面清单和豁免清单。

● 4月4日，襄阳片区政务服务中心大厅办结全省首个“证照分离”改革事项。

● 5月2日，湖北自贸试验区签发首张外国人才签证确认函，吸引“高精尖缺”人才，有效期可达10年。

● 9月13日，湖北省政府下发《关于做好自由贸易试验区第四批改革试点经验复制推广工作的通知》，在全省和特定区域内复制推广自贸试验区30项改革事项。

● 11月15日，中国（湖北）自由贸易试验区建设情况新闻发布会召开。

● 11月19日，国务院办公厅对湖北自贸试验区襄阳片区大幅简化退税流程的经验做法给予表扬。

● 12月3日，全国首个自贸试验区商标受理窗口落户湖北自贸试验区武汉片区。

● 12月10日，湖北自贸试验区综合信息管理系统正式上线运行。

【2019年】

● 4月9日，湖北省政府发布《关于做好中国（湖北）自由贸易试验区第三批改革试点经验复制推广工作的通知》，决定在省内复制推广12项改革试点经验。

● 10月16日，全国自贸试验区改革试点经验复制推广培训班在宜昌举行。

● 11月6日，成功举办中国（湖北）自由贸易试验区推介暨湖北省企业采购需求对接签约会。

● 12月23日，湖北自贸试验区工作领导小组印发《中国（湖北）自由贸易试验区第四批实践案例》。

【2020年】

● 1月22日，《湖北省人民政府关于在中国（湖北）自由贸易试验区试行进一步激发人才创新创业活力措施的意见》发布。

● 4 月 20 日，中国（湖北）自由贸易试验区建设三周年进展情况新闻发布会召开。

● 7 月 16 日，中国（湖北）自由贸易试验区研究院揭牌成立。

● 10 月 27 日，《省人民政府关于做好自由贸易试验区第六批改革试点经验复制推广工作的通知》印发。

● 12 月 20 日，《省人民政府关于做好中国（湖北）自由贸易试验区第五批改革试点经验复制推广工作的通知》印发。

● 12 月 25 日，宜昌综合保税区通过国家封关验收。

【2021 年】

● 1 月 21 日，《支持中国（湖北）自由贸易试验区深化改革创新若干措施》印发。

● 1 月 22 日，襄阳综合保税区获批设立。

● 3 月 22 日，宜昌综合保税区正式封关运营。

● 5 月 14 日，《关于进一步加强中国（湖北）自由贸易试验区产业招商工作的实施办法》印发。

● 5 月 24 日，湖北省自贸办举办湖北自贸试验区激发人才创新创业活力政策推进落实培训会。

资料来源：湖北自贸试验区官方网站，https：//www. china-hbftz. gov. cn/index. html.

（三）湖南自贸试验区

中国（湖南）自由贸易试验区（以下简称湖南自贸试验区）涵盖长沙片区、岳阳片区、郴州片区三个片区，有着长江经济带和沿海开放经济带结合部、东部沿海地区和中西部地区过渡带的区位优势。预计经过 3~5 年的改革与探索，推动先进制造业高质量发展，打造世界级先进制造业产业集群。湖南自贸试验区片区详情如表 2-49 所示。

表 2-49　湖南自贸试验区片区详情

片区	面积（平方公里）	功能定位	重点发展产业
长沙片区	79.98	重点对接“一带一路”建设，打造全球高端装备制造业基地、内陆地区高端现代服务业中心、中非经贸深度合作先行区和中部地区崛起增长极	突出临空经济，重点发展高端装备制造、新一代信息技术、生物医药、电子商务、农业科技等产业
岳阳片区	19.94	重点对接长江经济带发展战略，打造长江中游综合性航运物流中心、内陆临港经济示范区	突出临港经济，重点发展航运物流、电子商务、新一代信息技术等产业
郴州片区	19.84	重点对接粤港澳大湾区建设，打造内陆地区承接产业转移和加工贸易转型升级重要平台以及湘粤港澳合作示范区	突出湘港澳直通，重点发展有色金属加工、现代物流等产业

资料来源：中国政府网．国务院关于印发北京、湖南、安徽自由贸易试验区总体方案及浙江自由贸易试验区扩展区域方案的通知［EB/OL］．［2020-09-21］．http：//www.gov.cn/zhengce/content/2020-09/21/content_ 5544926.htm.

1．发展成果

（1）制度创新百花齐放。

围绕总体方案 121 项改革试点任务，湖南自贸试验区提出 321 项具体落实举措，发展蓝图基本绘就。出台《中国（湖南）自由贸易试验区条例》，为自贸试验区建设提供法制保障。在实践中，湖南自贸试验区总体方案 121 项改革方案已经落地 101 项，实施率达到 83.5%；建设实施方案 321 项，已实施 273 项，实施率达到 85%，形成了一批特色鲜明的制度创新成果，10 余项改革成果为全国首创。

长沙片区改革任务率先落地，形成制度创新成果共 33 项，其中全国首创 12 项，全省首创 21 项。首创案例多点突破，顺利完成首单中非易货贸易，非洲首个入非资源性产品——卢旺达干辣椒入境上市；发布全国首个跨境电商专业人才评价规范，打造国内首个标准化产业集聚区“芙蓉标准化小镇”；实现国际邮件、国际快件、跨境电商三种业态“一站式”通关，日均处理能力提升 6 倍，差异探索成果丰富。打造制造业企业数字化转型新模式，“5G+工业互联网”应用场景数位列全省第一；构建中非经贸“政研商”一体化推进体系，建立“线下展示+线上交易”双平台，形成非洲非资源性产品直采供应链。

专栏 2-33

湖南自贸试验区长沙片区十大改革创新实践

自2020年挂牌至2021年，长沙片区以制度创新为核心，大胆试、大胆闯、自主改，在79.98平方公里的土地上，结出了以十大案例为代表的30余项改革硕果。未来，长沙将围绕“一基地、一中心、一先行、一增长极”的战略目标持续发力，让越来越多的首创性成果在长沙片区开花结果。

● 中非经贸“政研商”一体化推进体系。打造中非经贸深度合作先行区是国家赋予湖南自贸试验区的重要战略任务，中非经贸“政研商”一体化推进体系通过“地方政府引导、社会资本运营、中非研究会支持、市场主体孵化”模式，打造了“六位一体”的中非经贸创新创业生态平台，突破了中非经贸业务发展限制，顺利完成首单易货贸易。打通了非资源型产品产业链，推动非洲卢旺达干辣椒中国首批上市。全国对非合作资源正在向长沙片区聚集。

● 国际邮件、国际快件和跨境电商业务集约式发展新模式。长沙片区联合邮政、海关、口岸部门探索国际邮件、国际快件和跨境电商业务集约式发展新模式，同一运营主体在同一场地内实现了国际邮件、国际快件、跨境电商三种业务24小时全天候、“一站式”通关，日均处理能力提升6倍。

● 鲜活海产品混合规格进口监管创新模式。探索实行鲜活海产品混合规格进口监管创新模式，鲜活海产品混合包装后直运长沙，在国内进行分拣分级，降低了人工成本，增加本地就业，在新冠肺炎疫情背景下降低了病毒传播风险，使鲜活海产品进口更为安全、高效、快捷。

● 知识产权“前置保护”新模式。通过区块链技术对企业尚未注册成为知识产权的数字化成果进行保护，探索构建知识产权全流程存证模式，提高电子数据效力，加强司法验证，解决了企业生产经营过程中知识产权前置保护缺失的问题，建立了司法、行政、企业三位一体的证据留存认证体系。

● 打造标准化聚集区，赋能产业高质量发展。通过“实验室+协会+院校+公司”建设模式，强化了标准化技术、人才、资金支撑。引进20余家国际标准化组织和企业形成产业聚集区，率先制定工程机械、农业等领域标准10余项，构建“农产品（茶叶）出口标准体系”，为推动长沙片区先进制造业等特色产业高质量发展提供技术支持。

● 创新会展配套服务，助推会展业国际化发展。发挥长沙国际会议中心、长沙国际会展中心处于湖南自贸试验区核心区战略平台优势，通过推进会展行政审批改革、会展安保服务、展品通关便利、展会政策支持等全链条创新，打造会展业长沙样板。

● 行业综合许可登记改革。通过实施容缺受理和告知承诺制，对药品、医疗器械、食品、小餐饮四个行业的经营许可办理事项合并现场核查流程、简化申请流程，实现“一件事一次办”，有效解决“准入不准营”的问题。

●“一码集成”规范涉企检查。针对涉企检查频次过多、多主体重复检查等问题，长沙片区通过一个二维码实现“检查事项归总、检查过程规范、检查结果共享、检查信息追溯”，创新推出“一码集成”规范涉企检查，相关职能部门涉企检查同比下降40%，有效减轻了企业负担，实现了服务监管“无事不扰”。

● 打造高端人才精准服务新高地。选才机制靶向匹配、引才模式灵活多样、留才政策精准务实，长沙片区构建了从顶层设计到引进人才再到人才落户集聚发展的全链条闭环发展体系，全力打造高端人才精准服务新高地。截至2021年9月，区内青年人才引进落户政策率先实现全流程网上办理，自贸试验区人才引进落户25281人，人才集聚效应进一步彰显。

● 解决“四大难题”打造制造业数字化转型新方案。创新将“合同约定、模块示范、多方合作、客观标准”等方法集成运用到传统技改类项目中，解决制造业企业智能化转型“不敢转、不会转、资源少、管理难”的四大难题，打造制造业数字化转型新方案，推动工程机械企业转型升级。

资料来源：湖南自贸试验区官方网站，http：//ftz. hunan. gov. cn/.

岳阳片区在湖南省121项改革试点任务中承接88项，截至2021年9月，已实施72项。其中，实施“扩大第三方检验结果采信商品和机构范围改革”，每年为汽车进口商节约转场检验运输费用约400万元，缩短检验时间2/3以上；实施“推进电力改革试点”，华能为园区企业开展直供用电，为企业节约成本520万元；实施“支持区内适用跨境电商零售进口政策”，跨境电商商品价格比进口零售价节省20%、运营成本比线下业务降低10%。初步形成15项

“首提首批首创”成果。其中，“进口转关货物内河运费不计入完税价格”创新事项是全省首个国家级试点案例，将带动外贸量年增300万吨以上；“进口药食同源食品通关便利化”创新事项是首个省级创新案例，岳阳也是全国唯一实施此创新事项的内河港口，改革后进口通关时间由15天缩至2天；“信息化赋能打造长江黄金水道”创新事项以5G导航实现智慧调度，已形成航道分析研究成果。

郴州片区102项改革试点任务已实施83项，实施率81.4%；264项落实举措已实施217项，实施率82.2%。初步形成了31项具有郴州特色的制度创新案例，其中区内包装材料循环利用监管模式、保税维修等6项有望申报全国或全省首创。制度创新让一大批企业享受到政策红利，项目报建审批时限由75个工作日缩短至10个工作日，为企业办理出口应收账款融资业务4534万美元。区域合作势头加强，“跨省通办”事项230项，累计办理业务2.29万件。与大湾区实现了“海关互通、物流畅通、人才流通”，累计签约入驻项目87个，同比增长93.3%，总投资235.68亿元，同比增长26.8%，招商洽谈项目80%以上来自大湾区。

专栏2-34

湖南自贸试验区十项税收创新举措

深挖税收政策潜力。对长沙、岳阳、郴州市跨境电商出口企业零售出口货物试行增值税、消费税免税及核定征收企业所得税。实行高桥大市场采购贸易方式出口货物免征增值税、黄花机场口岸境外旅客购物离境退税、城陵矶启运港退（免）税政策。在长沙、岳阳、郴州综合保税区推广增值税一般纳税人资格试点。积极协调地方政府优先办理自贸试验区内企业增值税期末留抵税额退税。重点围绕二手设备出口退税、深加工结转退税、停止代征进口租赁设备增值税、离境退税“即买即退”、完善综合保税区增值税一般纳税人试点退出机制等方面，会同有关部门和地方加强调查研究，向税务总局和省政府提出政策调整或试点推行的意见建议。

确保政策落地见效。聚焦“三高四新”战略，全面落实普惠性税费政策，支持实体经济、科技创新、开放发展等产业性政策，以及与自贸试验区关联较大的区域性政策。围绕自贸试验区航运物流、有色金属加工、现代物流、高端装备制造、生物医药等重点产业布局，按照“一类一策”原则，梳理发布自贸试验区税费政策指引，线上线下加强政策解读和宣传辅导，确保税费政策广为周知、易懂能会。深化大数据分析和应用，主动甄别符合优惠政策条件的纳税人缴费人，精准推送税费政策信息，及时监测政策落实情况，帮助自贸试验区纳税人缴费人应知尽知、应享尽享、应享快享税费优惠政策。

提速出口退税进度。对自贸试验区内出口退税管理类别为一类的出口企业的正常退税办理实行“即报即办”制度。将出口退税电子化退库的企业范围扩宽至由市州税务局审批退税的外贸企业，实现全部出口企业全流程电子化退税。扩大出口退税无纸化申报范围，推行无纸化单证备案。自贸试验区内企业正常出口退税业务平均办结时间比税务总局规定时限提速 50% 以上。

完善发票管理模式。自贸试验区内新办生产企业比照执行纳税信用 A 级纳税人发票领用激励措施，在申请领用或调整增值税发票用量时，主管税务机关按需供应、即时办结；设立满 12 个月后，按照纳税信用评定等级办理增值税发票有关事项。对自贸试验区内纳税信用 A 级纳税人，税务机关办理增值税专用发票（增值税税控系统）最高开票限额审批的时限由 10 个工作日压缩至 5 个工作日。对新办纳税人推行增值税专用发票电子化试点。

推进管理放权赋能。自贸试验区内纳税人申请房产税、城镇土地使用税困难减免的，税务机关核准权一律下放至县市区税务局。下放税费征管信息系统后台数据查询部分权限，为片区税务局自主开展制度创新强化数据做支撑。长沙、岳阳、郴州市税务局可按照便于服务管理、财政利益稳定等原则，统筹调整自贸试验区纳税人的主管税务机关。

深化办税便利改革。在自贸试验区试点推行办税事项“先办后审”清单制度。2021 年底前，除个别特殊、复杂事项外，自贸试验区基本实现企业办税缴费事项网上办理，个人办税缴费事项掌上办理。自贸试验区纳税人 2021 年纳税缴费时间比上年再压减 10% 以上。片区办税窗口开辟办税服务专窗或绿色通道，优先为自贸试验区纳税人办理涉税事项。

优化税务执法方式。在自贸试验区推行税收执法“首违不罚”清单制度。在自贸试验区试行税务行政处罚统一裁量基准，对常见的适用简易程序处罚的同一税收违法行为，量化并统一处罚金额标准。坚持“无风险不打扰、低风险预提醒、中高风险严监控”的新型税收管理方式，对自贸试验区内纳税人，除涉及重大举报及市级以上税务部门发布的中高风险事项外，原则上不再对其开展入户检查、纳税评估和税务稽查。

强化税企沟通联系。推动构建“亲”“清”税企关系，省、市税务局定期举行自贸试验区企业座谈会，市、区税务局建立重点企业联席帮扶制度，在权限范围内实行“特事特办”“一企一策”。鼓励自贸试验区纳税人与税务部门签订税收遵从合作协议，探索推行税收事先裁定制度。根据自贸试验区“走出去”纳税人需求，提供国别（地区）投资税收指南，帮助解决跨境税收疑难问题。纳税服务热线设置咨询专岗，安排业务骨干解答自贸试验区相关办税咨询。

加强经济运行监测。在税费征管信息系统对自贸试验区、综合保税区纳税人缴费人加注身份标识，强化系统功能支持，及时统计监测税费数据。定期开展自贸试验区专题税收经济分析，立足税收视角跟踪自贸试验区运行动态，积极发挥以税咨政作用。向财政、发改、科技等部门共享支持自贸试验区重点产业研发、高层次人才引进、招商引资等财政奖补政策所需税收数据。

激发制度创新活力。省级层面研究出台税收服务管理创新举措，需要先行先试的，优先在自贸试验区试点；自贸试验区主动探索税收服务管理创新举措，需要省级层面同意的，积极给予支持。落实自贸试验区制度创新容错机制，激励广大税务干部担当作为。及时总结挖掘、复制推广自贸试验区税收制度创新典型经验，辐射带动全省高水平开放、高质量发展。

资料来源：国家税务总局湖南省税务局．推进中国（湖南）自由贸易试验区高质量发展税收创新举措［EB/OL］．［2021-06-02］．http：//www. ctaxnews. com. cn/2021-05/27/content_981189. html.

（2）产业集群发展壮大。

湖南自贸试验区从成立至 2021 年的一年时间里，新设企业 5934 家（见图 2-20）；实际利用外资 7. 04 亿美元（见图 2-21）；新引进项目 270 个、总投资额 2743. 8 亿元；实现外贸进出口额 1460. 09 亿元（见图 2-22），占同期全省外贸总额的 30%以上。岳阳片区推行自贸片区与新港区、综保区联动招商，成功引进项目 109 个，其中 50 亿~100 亿元项目 8 个，100 亿元以上项目 3 个。新材料产业方面，攀华 400 万吨新型薄板材料一期项目预计年底投产；智能制造产业方面，汇川技术年产1100万台伺服电机生产销售基地开工建设；电子信息产业方面，引进中南智能工业互联生产基地、海铭德数字化工，5G+工业互联网应用加快发展；新经济产业方面，58科创、深圳陨石传媒、云端数字经济园等陆续进驻。湖南自贸试验区发展政策汇总如表2-50所示。

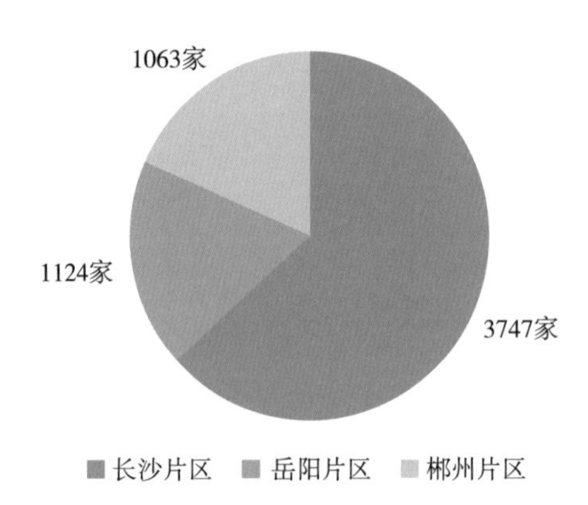

图2-20　2021年湖南自贸试验区各片区新设立企业数量比较

资料来源：湖南省政府网．中国（湖南）自由贸易试验区建设一周年新闻发布会［EB/OL］．［2021-09-22］．http：//www. hunan. gov. cn/hnszf/hdjl/xwfbhhd/wqhg/202109/t20210922_ 20628057. html.

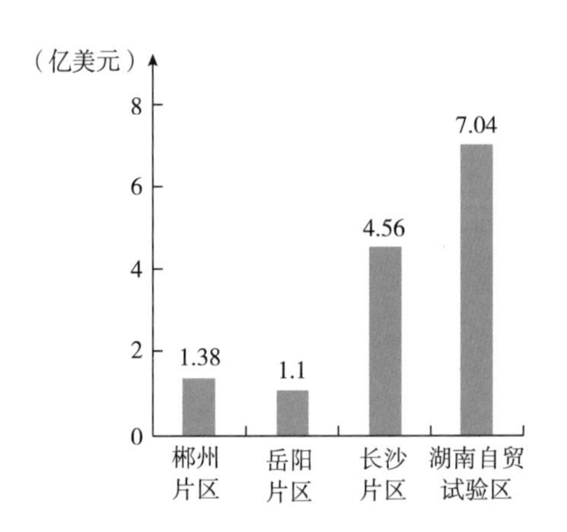

图2-21　2021年湖南自贸试验区实际利用外资额

资料来源：湖南省政府网．中国（湖南）自由贸易试验区建设一周年新闻发布会［EB/OL］．［2021-09-22］．http：//www. hunan. gov. cn/hnszf/hdjl/xwfbhhd/wqhg/202109/t20210922_ 20628057. html.

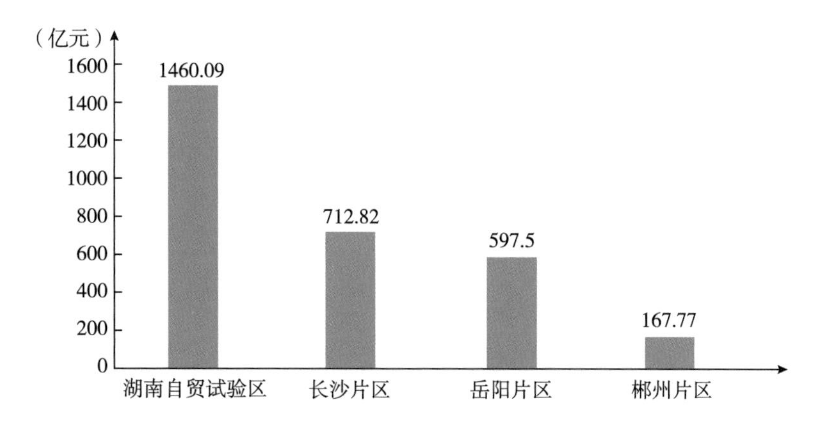

图 2-22　2021 年湖南自贸试验区外贸进出口额

资料来源：湖南省政府网．中国（湖南）自由贸易试验区建设一周年新闻发布会［EB/OL］．［2021-09-22］．http：//www. hunan. gov. cn/hnszf/hdjl/xwfbhhd/wqhg/202109/t20210922_ 20628057. html.

表 2-50　湖南自贸试验区发展政策汇总

时间	文件
2020 年	《长沙经济技术开发区关于加快湖南自贸试验区建设打造具有核心竞争力的高科技园区的实施办法》
	《关于加快湖南自贸试验区建设促进集成电路产业发展的实施办法》
2021 年	《中国（湖南）自由贸易试验区条例（草案）》
	《中国（湖南）自由贸易试验区管理办法（试行）》
	《关于加快推进中国（湖南）自由贸易试验区高质量发展的若干意见》
	《关于在中国（湖南）自由贸易试验区开展放权赋权极简审批的通知》
	《中国（湖南）自由贸易试验区长沙芙蓉区块商事主体住所（经营场所）登记申报承诺制实施办法（试行）》
	《关于为中国（湖南）自由贸易试验区建设提供司法服务和保障的实施意见》
	《关于为中国（湖南）自由贸易试验区建设提供优质高效公共法律服务的实施意见》
	《关于强化中国（湖南）自由贸易试验区自然资源要素保障工作的通知》
	《关于加强自由贸易试验区生态环境保护推动高质量发展的指导意见》
	《推进中国（湖南）自由贸易试验区高质量发展税收创新举措》
	《支持湖南自贸试验区高质量发展税费政策指引》
	《中国（湖南）自由贸易试验区长沙片区企业海外孵化基地、离岸基地海外工作站资助实施办法（试行）》
	《中国（湖南）自由贸易试验区长沙片区院校输送和企业吸纳毕业生奖励办法（试行）》
	《中国（湖南）自由贸易试验区郴州片区国有建设用地使用权作价出资（入股）管理办法（试行）》
	《郴州市关于支持在综合保税区内开展维修业务的实施办法》

资料来源：湖南自贸试验区官方网站，http：//ftz. hunan. gov. cn/.

（3）对外开放达到新高度。

长沙片区中非经贸合作促进创新示范园一、二期建成使用，非洲“一国一品”馆、“长株潭一体化名优产品出口展销”馆、中非跨境电商直播基地等启动运营。建成可可、咖啡、坚果三大非洲非资源型产品集散交易加工中心。国际金融港、国际人才港、黄花数字贸易港等功能平台辐射效应持续增强。自2020年挂牌至2021年，片区累计新增市场主体1.2万家、企业主体3747家。项目建设纵深推进，黄花综合保税区二期通过联合验收，奥凯航空长沙运营基地即将投入使用，三一科学城、上汽大众新能源车等一批重大项目正抓紧推进。片区新引进项目74个，总投资额1751.3亿元，其中“三类500强”项目13个。开放通道加快构建，2021年1—9月，中欧班列累计开行757列，同比增长84.2%，首开中欧班列湖南自贸专列。成立一年以来，累计开通或复飞国际货运航点15个，开通长沙至肯尼亚内罗毕客运航线；开展中欧班列出口货物“提前申报”改革，整体通关效率提升10倍。

郴州片区挂牌成立一年，新设企业1063家，同比增长187.4%；新增内资企业注册资本71.6亿元，增长34.7%；完成进出口总额167.77亿元，增长27.1%；实际使用外资1.38亿美元；完成税收收入7.91亿元，增长144.89%；固定资产投资70.51亿元，增长24.56%。片区联动创新发展区覆盖12家省级以上产业园区，湘南国际物流园运行了中欧班列。在全省率先出台“飞地经济”登记注册改革10条措施。

（4）营商环境持续优化。

长沙片区政务环境持续优化。推出40项自贸“一件事”套餐，推动25项极简审批事项落实落地；实现工程建设项目“三证合一”、社会投资工程项目“拿地即开工”、会展审批“一站式”集成服务；“一业一证”“容缺受理”“告知承诺制”等一大批涉企改革在片区内率先推行。政策支撑不断强化，21项配套政策相继出台，形成了全面完整的政策体系；对于符合要求的高层次人才，个人所得税超过15%的部分予以全额补贴；对于新一代半导体和集成电路、新一代人工智能等产业，分别设立3亿元和5亿元专项资金。投资贸易更趋简化，设立外商投资企业“一站式”服务联络点，简化流程，加快服务速度。金融改革日益深化，优化贷款服务，累计帮助中小企业解决融资超15亿元；建设中非跨境人民币中心，片区内新增金融机构23家。

岳阳片区省市两级 286 项赋权事项已全部承接到位，完成办件 8000 余件。发布了第一批 27 项极简审批事项目录和第一批 25 项“一件事一次办”事项目录，企业从注册到营运均不到 2 个月。每年可提供上千亿元的信贷支持和 1 万多名职业技能人才。

（5）平台功能持续放大。

岳阳片区用好口岸平台，发挥“三区一港四口岸”八大国家级开放平台优势，开通至香港地区直达航线和至重庆集装箱航线，松阳湖铁路专用线正式运营，实现进出口贸易额 579.5 亿元；综合保税区进出口贸易额总量居全省海关特殊监管区第一。搭建金融平台，组建 10 亿元新兴产业投资基金，融资规模同比增长 110%。优化服务平台，推进极简审批改革，22 项行政审批实现“一件事一次办”。

2. 远景规划

湖南省“十四五”规划对湖南自贸试验区发展作出全面部署，湖南省“十四五”商务和开放型经济发展规划对自贸试验区建设与发展也进行了详细安排，提出以“为国家试制度、为地方谋发展”的目标，建成辐射带动作用突出的自贸试验区，主动服务和融入国家战略。

（1）推动自贸试验区制度创新。

创新体制机制。按照“指挥有力、协调顺畅、运转高效”目标，不断完善湖南自贸试验区管理机制、选人用人机制，努力形成扁平化、市场化、专业化、国际化的管理体制。充分放权赋权，争取将国家有关权限下放至湖南自贸试验区，赋予湖南自贸试验区更大的改革自主权，允许开展更多先行先试。按照应放尽放的原则，下放更多省级管理权限至各片区。推动出台《中国（湖南）自由贸易试验区条例》。研究建立鼓励创新的激励机制和容错纠错机制，制定制度创新奖励实施办法。适时争取扩大湖南自贸试验区实施范围，推动新增片区或扩大原有片区面积。

深化制度创新。以“清单制+责任制+督导制”为抓手，加快落实 121 项改革试点任务和 321 项落地举措，确保圆满完成 11 项首创改革试点任务。突出“一产业、一园区、一走廊”的定位和三个片区的区位特色，开展差异化探索，大力开展首创性、集成性、系统性、链条式的制度改革创新。对标国际标准、规则，提高自贸试验区生产要素聚集和市场配置能力。注重政策集成、效果集成，深入推进贸易投资的自由化、便利化改革创新，在出口退税、矿石宝石、外汇结算、中非经贸合作等方面形成更多可复制、可推广、具有湖南特色的制度创新成果。

复制推广改革经验。按照国家统一部署，切实推进自贸试验区改革试点成功经验的复制推广，带动全省营商环境持续改善。深入挖掘制度创新经典案例，力争形成10项以上的经典案例在全国复制推广，并形成一批经典案例在全省复制推广。

（2）推进自贸试验区高质量发展。

高标准建设"一产业、一园区、一走廊"。加快实施"一产业、一园区、一走廊"三个专项规划和长沙片区、岳阳片区、郴州片区发展规划，推动三大片区联动发展。长沙片区重点突出临空经济，发展高端装备制造等产业，对接"一带一路"建设；岳阳片区重点突出临港经济，发展航运物流等产业，对接长江经济带发展战略；郴州片区重点突出湘港澳直通，发展有色金属加工等产业，对接粤港澳大湾区建设。

强化政策支撑。全面落实支持湖南自贸试验区建设的各项政策措施，推动出台更多更大力度的支持政策，加大省级财政资金支持力度。研究制定湖南自贸试验区地方专项债实施办法，明确一批重点支持项目。推动省直相关部门加大对湖南自贸试验区建设的政策支持和资金倾斜，推动长沙、岳阳、郴州三市人民政府及相关区县人民政府出台配套政策并安排配套资金。

（3）带动高水平开放发展。

推动区域协同开放。深入推进湖南自贸试验区与国内其他自贸试验区（港）的交流合作，推动组建长江经济带自贸试验区联盟。探索"自贸试验区核心区+联动区"融合发展模式，在有条件的市州、园区、平台分批确定协同联动发展区。加强湖南自贸试验区与长株潭国家自主创新示范区的联动融合，促进功能叠加。加强湖南自贸试验区与湘江新区、岳麓山国家大学科技城、马栏山视频文创产业园等产业园区及其他开放平台的协同联动，搭建国际经贸科技合作平台，增强湖南自贸试验区的科技研发功能、先进制造能力和文创贸易水平。

引领产业升级发展。支持长沙、岳阳、郴州三大片区及联动区加大金融创新力度，壮大战略性新兴产业和重点优势产业，着重打造形成工程机械、先进轨道交通装备、航空航天三个世界级先进制造集群和电子信息、先进材料、新能源与节能环保三个国家级产业集群。推动产业链创新升级，带动全省优势产业集群集聚发展。

专栏 2-35

湖南自贸试验区大事记

【2020 年】

● 9 月 24 日，中国（湖南）自由贸易试验区正式揭牌。

● 12 月 9 日，中国（湖南）自由贸易试验区建设辅导报告会在长沙举行。

【2021 年】

● 1 月 7 日，2021 年首批 72 家企业集中入驻湖南自贸试验区中非经贸合作促进创新示范园；中非经贸深度合作先行区“一站式”全程代办服务中心正式揭牌。

● 1 月 19 日，长沙海关出台 21 条举措服务“三高四新”战略，全力推进自贸试验区建设。

● 3 月 11 日，湖南自贸试验区建设长沙海关任务实施推进取得阶段性成效。

● 3 月 15 日，《中国（湖南）自由贸易试验区管理办法（试行）》在湖南省政府常务会议上原则通过。

● 3 月 18 日，中国—尼日利亚双边贸易全链条模式推介会在高桥大市场成功举办。

● 3 月 19 日，湖南自贸试验区首个数字贸易特色园区开园。

● 3 月 31 日，湖南自贸试验区长沙片区临空区块发放首张营业执照。

● 5 月 6 日，湖南首个市州驻湖南自贸试验区商务联络处成立。

● 5 月 24 日，《中国（湖南）自由贸易试验区条例（草案送审稿）》通过起草质量评估。

● 6 月 1 日，“中国（湖南）自由贸易试验区工作办公室”正式揭牌。

● 6 月 29 日，湖南自贸试验区长沙片区知识产权公共服务分中心在隆平高科挂牌。

● 7月20日，湖南自贸试验区易货贸易首单试单顺利完成。

● 7月31日，全划算数字经济产业园项目签约落户湖南自贸试验区郴州片区。

● 8月17日，上海灵才科技有限公司签约落户湖南自贸试验区郴州片区。

● 8月27日，湖南自贸试验区长沙片区外商投资企业“一站式”服务联络点挂牌。

● 10月14日，郴州开出首趟中欧卡班（跨境电商）跨境运输。

资料来源：湖南自贸试验区官网，http：//ftz. hunan. gov. cn/.

八、东北地区

自贸试验区是区域体制改革、机制创新、产业发展的对外开放高地，也是推动东北地区滚石上山、爬坡过坎的强劲动力，更是破解“投资不过山海关”窘境的新钥匙。中国（黑龙江）自由贸易试验区（以下简称黑龙江自贸试验区）、中国（辽宁）自由贸易试验区（以下简称辽宁自贸试验区）肩负着推动东北全面全方位振兴、着力深化产业结构调整的重要使命，就是要把东北地区打造成为向北开放的重要窗口和东北亚地区合作中心枢纽，要以自贸试验区为载体，继续以深化国有企业、金融服务、财税体制等多领域改革为主要路径，把自贸试验区打造成为东北全面全方位振兴的新引擎。自挂牌至2021年，黑龙江、辽宁两地自贸试验区以制度创新为核心，着力深化产业结构调整与市场取向体制机制改革，使得东北地区在东北亚经济一体化中的地位更加凸显。与此同时，两地自贸试验区联动发展，能够在更大范围、更广领域、更深层次进行新一轮开放探索，带动吉林一起整体加快东北振兴步伐，构建东北地区对外开放的桥头堡。

（一）辽宁自贸试验区

辽宁是我国的老工业基地，自然资源丰富，工业发达，拥有庞大的工业体系。区位优势明显，地处环渤海和东北亚地区中心地带，是“一带一路”建设的重要节点，是东北对外开放的重要门户和前沿地带。2018年9月28日，习近平总书记在深入推进东北振兴座谈会上强调，"要加快落实辽宁自由贸易试验区重点任务，发挥更重要的作用"①。在2017年揭牌至2021年这4年时间里，辽宁自贸试验区以制度创新引领对外开放，以深化"放管服"改革持续优化营商环境，以高水平开放推进面向东北亚开放合作，取得了丰硕成果。截至2020年底，已全部完成国家《中国（辽宁）自由贸易试验区总体方案》中赋予的123项试点任务，其中89项任务以突出效果获得国际知名机构的评估肯定，辽宁自贸试验区以昂扬之姿逐步打造起提升东北老工业基地发展整体竞争力和对外开放水平的新引擎②。辽宁自贸试验区片区详情如表2-51所示。

表2-51 辽宁自贸试验区片区详情

片区	面积（平方公里）	功能定位	重点发展产业
大连片区	59.96	推动东北亚国际航运中心、国际物流中心建设进程，形成面向东北亚开放合作的战略高地	港航物流、金融商贸、先进装备制造、高新技术、循环经济、航运服务等产业
沈阳片区	29.97	提高国家新型工业化示范城市、东北地区科技创新中心发展水平，建设具有国际竞争力的先进装备制造业基地	装备制造、汽车及零部件、航空装备等先进制造业和金融、科技、物流等现代服务业
营口片区	29.96	建设区域性国际物流中心和高端装备制造、高新技术产业基地，构建国际海铁联运大通道的重要枢纽	商贸物流、跨境电商、金融等现代服务业和新一代信息技术、高端装备制造等战略性新兴产业

资料来源：中国政府网．国务院关于印发中国（辽宁）自由贸易试验区总体方案的通知［EB/OL］．［2017-03-31］．http：//www.gov.cn/zhengce/content/2017-03/31/content_5182284.htm.

1. 发展成果

（1）9项国资国企改革创新案例质效双升。

加快市场取向体制机制改革、推动结构调整是中央赋予辽宁的一项重要任务。辽宁自贸试验区大力推进制度创新为深化国资国企改革提质增效，逐渐发展成为提升老工业基地发展整体竞争力的新引擎，在推进全面振兴东北老工业基地

① 国务院新闻办公室官方网站．辽宁举行中国（辽宁）自由贸易试验区挂牌四周年建设发展情况发布会［EB/OL］．［2021-04-09］．http：//www.scio.gov.cn/xwfbh/gssxwfbh/xwfbh/liaoning/Document/1702074/1702074.htm.

② 中国政府网．国务院关于印发中国（辽宁）自由贸易试验区总体方案的通知［EB/OL］．［2017-03-31］．http：//www.gov.cn/zhengce/content/2017-03/31/content_5182284.htm.

中发挥着“龙头”作用。辽宁自贸试验区持续推进国资国企改革创新试点，形成了一批可复制、可推广的创新实践案例，9 项国资国企改革创新案例有 3 项入选国家“最佳实践案例”，其余 6 项在全省复制推广①。辽宁自贸试验区第四批改革创新经验如表 2-52 所示。

表 2-52 辽宁自贸试验区第四批改革创新经验

领域	制度创新经验
政府职能转变领域	1. “一枚印章管审批”制度改革
	2. 政策兑现单一窗口
	3. 双元制职业教育标准创新
	4. 易制毒化学品运输管理创新模式
	5. 不动产抵押注销再登记无缝办理
	6. “一不三办”环评审批服务新模式
	7. 排污许可“审改结合”改革
	8. 建筑领域公共卫生防控模式
	9. “法人空间”专属服务新模式
	10. 工业建筑项目人防审批改革
	11. 缩小施工图设计审查范围
	12. 取消“强制性”工程建设监理
	13. 方案获批即开工
	14. 税务处罚标准化制度创新
贸易便利化领域	15. 维修物品综合保税区流转新模式
	16. 进境鲜活易腐商品“特定附条件放行”
	17. 进口汽车零部件“免抽样送检”监管模式
	18. 进口汽车零部件“先声明后验证”监管模式
	19. 综合保税区分类加工监管新模式
	20. 海关事务项目担保模式创新
	21. 出口货物检验检疫证书“云签发”平台
	22. 以加工贸易企业为“单元+全程信任”式监管新举措
	23. 海关“无感稽查”模式
	24. 委内加工进口商品监管新模式
	25. 保税船供油监管“集出分供”模式

① 国务院新闻办公室官方网站．辽宁举行中国（辽宁）自由贸易试验区挂牌四周年建设发展情况发布会［EB/OL］．［2021-04-09］．http://www.scio.gov.cn/xwfbh/gssxwfbh/xwfbh/liaoning/Document/1702074/1702074.thm.

续表

领域	制度创新经验
贸易便利化领域	26. 加工贸易风险类保证金管理新模式
	27. 进口润滑油跨关区直供监管创新
	28. “智能水尺计重”新模式
	29. “互联网+船舶疫情防控处置系统”新模式
	30. 区内报关企业备案“网上办、零见面”
	31. 谎报匿报四步稽查法
	32. 构建“非接触式”规费征管模式
金融创新领域	33. 基于新基建的供应链金融平台
	34. 农业供应链金融贷款新模式
	35. 营口“金小二”综合金融服务平台
	36. 保函线上办理新模式
国资国企改革领域	37. 检验检测单位“事转企”
	38. 基于“事转企”背景下的国有企业“三级跳”发展模式
	39. 装备制造业服务化转型升级创新模式
	40. 德泰控股深化国企薪酬改革新路径
	41. 中石化北方能源“他有我营”模式
	42. 重点突破整体推进的国资国企改革新模式
扩大开放领域	43. 中国智造“产品+服务”国际合作新模式
	44. 产融协同国际化创新模式
	45. 中欧班列“三优两并”通关模式创新
	46. 以科技人才驿站构建人才引进新模式

资料来源：辽宁省商务厅．辽宁省人民政府关于借鉴推广中国（辽宁）自由贸易试验区第四批改革创新经验的通知［EB/OL］．［2021－09－21］．http：//swt. ln. gov. cn/ywxxx/swdt/202012/t20201221_4053307. html.

（2）113 项省内制度创新经验中 12 项在国内复制推广。

自 2017 年挂牌成立至 2021 年，辽宁自贸试验区围绕放管服改革、贸易便利化、投资自由化、金融开放创新和服务国家战略开展制度创新，一批“辽字号”制度创新经验鱼贯而出，向全国复制推广制度创新经验 12 项，在省内复制推广制度创新经验 113 项①。辽宁自贸试验区进一步明确“4+2+X”制度创新方向，

① 国务院新闻办公室官方网站．辽宁举行中国（辽宁）自由贸易试验区挂牌四周年建设发展情况发布会［EB/OL］．［2021－04－09］．http：//www. scio. gov. cn/xwfbh/gssxwfbh/xwfbh/liaoning/Document/1702074/1702074. htm.

为进一步深化体制机制改革指明了道路。辽宁自贸试验区大连片区始终坚持以制度创新带动产业创新，2021 年 10 月，大连片区率先在国内海关监管场所推出海外矿山铁矿石“保税筛分+国际中转”模式并完成全国首笔业务，有力推动进口贸易促进创新示范区及大连国际航运中心建设。

专栏 2-36

“4+2+X”制度创新方向引领辽宁自贸试验区开放平台建设

按照国家赋予辽宁自贸试验区的试点任务，辽宁省自贸办组织三个片区和有关部门制定了《辽宁自贸试验区 2021 年工作要点》，经辽宁自贸试验区工作领导小组会议审议通过，进一步明确了“4+2+X”的制度创新方向。“4”是针对转变政府职能、深化投资领域改革、推进贸易转型升级和深化金融领域开放四个共性任务方面的创新；“2”是加快国资国企改革和面向东北亚区域开放合作两个特色任务方面的创新；“X”是紧扣企业需求，在企业经营、招商引资、项目落地过程中的创新。

辽宁自贸试验区紧扣企业需求，以更大力度推进制度创新，努力形成在全省乃至全国可复制、可推广的创新经验和实践案例，持续放大自贸试验区的溢出效应和辐射效应，努力打造自贸试验区高能级对外开放平台。

资料来源：国务院新闻办公室官方网站．辽宁举行中国（辽宁）自由贸易试验区挂牌四周年建设发展情况发布会［EB/OL］．［2021－04－09］．http：//www. scio. gov. cn/xwfbh/gssxwfbh/xwfbh/liaoning/Document/1702074/1702074. htm.

（3）制定 QFLP 政策吸引境外投资。

辽宁自贸试验区以金融为主要抓手，通过金融创新推动实体经济带动区域经济高质量发展。辽宁自贸试验区研究制定 QFLP 试点企业管理暂行办法，吸引私募股权投资基金，实行境外资金自由进出政策，从金融角度推动新时代辽宁振兴。沈阳片区 2020 年促成了东北首家 QFLP 基金管理企业落户，填补了东北空白，为辽宁利用外资、促进战略性新兴产业发展开了个好头。辽宁自贸试验区还支持试点企业发起成立辽宁省“一带一路”产业投资母基金，围绕高端制造、智能制造等产业转型升级和企业“走出去”战略，精准对接优质企业和项目①。2021 年 10 月 26 日，菜鸟网络在东北地区的唯一中心仓在沈阳片区正式投入运营，标志着沈阳片区跨境电商产业发展再上新台阶，对外开放水平进一步提高。

（4）入驻外资企业中东北亚外资企业超过三成。

辽宁自贸试验区强力推进面向东北亚开放合作创新，积极打造面向东北亚开放合作的“桥头堡”，东北亚外资企业占全部入驻外资企业的 31.6%②。沈阳片区实施“八大工程”共 30 项重点任务全力建设东北亚科技创新中心，提高区域创新体系整体效能，为我国建成世界科技强国贡献力量；大连片区与日本、韩国展开深度合作，利用国际国内优势打造“日韩精品在大连”品牌，建设日韩商品集散中心和分拨基地，并探索建设具有大连特色的自由贸易港；营口片区对接合作日本、韩国、俄罗斯，发挥地区优势打造东北亚跨境商品集散中心。辽宁自贸试验区近年进出口贸易总额如图 2-23 所示。

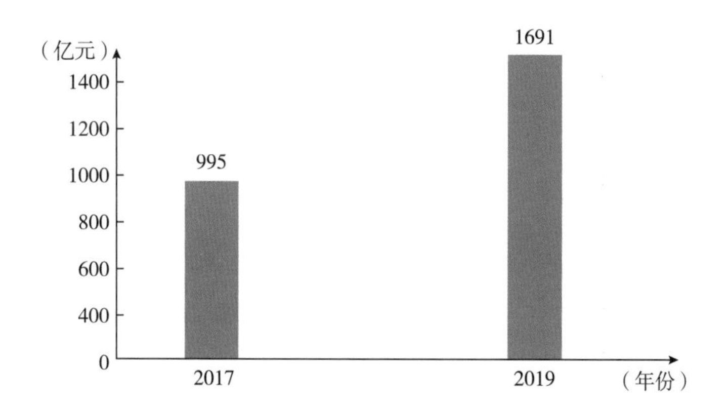

图 2-23　辽宁自贸试验区近年进出口贸易总额

资料来源：东方财富网．突出本地特色辽宁自贸区取得阶段性成果［EB/OL］．［2020-09-01］．https：//baijiahao. baidu. com/s？id=1676611395471726755&wfr=spider&for=pc.

（5）新兴特色产业与现代服务业融合发展。

辽宁自贸试验区发挥政策优势，大力发展跨境电子商务与生产性服务业，设立“信用数据实验室”“北京大学·沈阳自贸大数据联合实验室”等数字实验

① 中国经济网．沈阳自贸片区金融创新填补东北空白　将拉动投资 300 亿元［EB/OL］．［2020-08-29］．http：//m. ce. cn/bwzg/202008/29/t20200829_ 35629611. shtml.

② 国务院新闻办公室官方网站．辽宁举行中国（辽宁）自由贸易试验区挂牌四周年建设发展情况发布会［EB/OL］．［2021-04-09］．http：//www. scio. gov. cn/xwfbh/gssxwfbh/xwfbh/liaoning/Document/1702074/1702074. htm.

室，以5G、大数据、区块链等技术赋能企业数字化转型、智慧园区、数字贸易等领域。已集中开工的大连片区产业创新特区首批项目涵盖生产、生活、消费领域，是大连片区发挥先行先试优势推动产业创新特区高起点开局、高标准建设、高质量发展的重要示范。2021年10月21日，随着大连港毅都冷链全球中心仓项目和嘉圣通国际贵金属原料贸易物流中心项目开工建设，已有新能源、生命健康、数字信息、先进装备制造产业等30多个重点项目签约落地大连片区产业创新特区，大连片区产业创新特区建设一路高歌猛进，进入加速期。辽宁自贸试验区发展政策汇总如表2-53所示。

表2-53 辽宁自贸试验区发展政策汇总

时间	文件
2017年	《中国（辽宁）自由贸易试验区仲裁规则》
	《中国（辽宁）自由贸易试验区营口片区产业扶持政策》
	《中国（辽宁）自贸试验区沈阳片区促进先进制造业发展的若干政策》
	《中国（辽宁）自由贸易区大连片区联动招商管理暂行办法》
	《中国（辽宁）自由贸易试验区沈阳片区建设促进办法》
	《中国（辽宁）自由贸易试验区沈阳片区促进金融服务业发展的若干政策》
2018年	《中国（辽宁）自由贸易试验区条例》
2020年	《营口市人民政府关于中国（辽宁）自由贸易试验区营口片区进一步深化改革开放的实施意见》
	《营口市人民政府关于中国（辽宁）自由贸易试验区营口片区协同发展示范区建设实施意见》
2021年	《沈阳市"十四五"中国（辽宁）自由贸易试验区沈阳片区发展规划》
	《产业创新特区建设方案》

资料来源：辽宁自贸试验区官网，https：//www.dlftz.gov.cn/zmq/index.html.

2. 远景规划

辽宁省"十四五"规划和2035年远景目标纲要，对辽宁自贸试验区建设提出了具体要求，提出要发挥自贸试验区改革"试验田"作用，敢闯敢试，推进体制机制创新。[①]

深入推进制度创新。实施辽宁自贸试验区2.0版方案，加快制度集成创新和

① 辽宁省发展和改革委员会官方网站．辽宁省国民经济和社会发展第十四个五年规划和二〇三五年远景目标纲要［EB/OL］．［2021-05-10］．http：//fgw.ln.gov.cn/zc/zxzc/202105/P020210510479100827845.pdf.

政策创新。推进政府职能转变、投资领域改革、贸易转型升级、金融领域开放共性任务创新，在加快国企改革、面向东北亚区域开放合作等制度建设方面实现新突破，形成一批在全省乃至全国可复制、可推广的创新经验和实践案例。

扎实推进特色试验。稳妥推进国有企业混合所有制改革，探索各方优势互补、相互促进的体制机制。鼓励新型制造、高端装备、清洁能源、新材料等高端产业向自贸试验区集聚，搭建科技成果推广、科技管理咨询等公共服务平台。鼓励金融机构、装备制造企业在自贸试验区内设立租赁公司和专营租赁业务子公司。

专栏 2-37

沈阳片区落实 RCEP、对接 CAI、对标 CPTPP 率先探路制度型开放

“十四五”时期，“一带一路”合作持续深入，RCEP 和中欧投资贸易协定将落地实施，中央提出要积极考虑加入全面与进步跨太平洋伙伴关系协定（CPTPP），这些对自贸试验区改革创新将提出更高的要求，沈阳片区要对标高标准国际规则，推动更深层次的创新试验。

● 率先落实 RCEP，结合区位优势促进贸易合作

把握 RCEP 签署实施带来的全方位经济效应，支持区内企业优化国际市场布局，深耕日韩市场，促进区域贸易合作、稳定，强化区域产业链供应链，拓展与“一带一路”相关国家合作空间。

充分用好原产地规则。结合 RCEP 以及其他自贸协定，利用原产地规则，特别是累积规则、“背对背”原产地证明制度等，根据沈阳产业特色对交易流程和物流安排进行规划，优化产业和供应链布局。加大协定实施相关培训力度，帮助企业尤其是小微企业熟悉协定规则内容和成员国关税减让情况，熟练掌握原产地证书申领程序、证明材料等要求。

进一步提高通关效率。进一步推广空运进出口货物提前报关作业模式，在安全可控的前提下确保快运货物、生鲜易腐货物快速通关。深化实施海关通关一体化，探索在辽宁省区域内海关监管一致性行政机制。进一步扩大高级认证企业免担保数量和范围。

推进与东北亚全方位经济合作。按照沈阳片区产业规划，开展面向东北亚的

招商引资，推进重点产业集聚。拓展以日韩为主、面向东北亚开放的产业合作国际平台，建设多方合作的示范中心、网络中心和设计中心。加强与日本、韩国、俄罗斯、蒙古国等国家现有境外经贸合作区在园区管理、信息共享、产业对接、人员交流等方面的合作，实现资源和生产要素在境内外园区间双向流动，推动国际园区互动合作。

● 率先对接中欧CAI，结合市场需求把握开放机遇

结合沈阳片区产业基础和企业实际需求，把握中欧CAI时间窗口期，充分利用自贸试验区在服务业开放集聚方面的优势，争取重点领域进一步加大对外开放力度，同时将沈阳片区打造成为市场主体“走出去”的桥头堡。

放宽外商投资市场准入。进一步在制造业、汽车行业、金融服务、医疗服务、研发（生物资源）、增值电信、计算机服务、航空运输相关服务、商业服务、环保服务、建筑服务等重点领域加大对外开放力度，放宽注册资本、投资方式等限制，促进各类市场主体公平竞争。

探索推动服务贸易扩大开放。实施跨境服务贸易负面清单管理制度，放宽自然人移动、境外消费的重点领域有关限制措施。提升境外专业人士境内执业便利度，实施更为开放的出入境和停居留政策，与欧盟和RCEP国家相关行业协会加强资质互认、执业许可方面的交流合作。

深化金融服务对外开放。推动与投资有关的资金便利支付和转移，加大对跨境贸易和新型国际贸易的跨境支付便利化。试点开展新金融创新服务，探索支持有效防控金融风险的“沙盒监管”机制，在保留国内金融机构业务规制的基础上，避免歧视性监管。加强与欧盟、RCEP成员（特别是日本和韩国）之间金融交流合作。

完善双向投资促进合作机制。搭建双向投资促进平台，聚焦招商线索统筹、项目对接洽谈、投资落地推进和企业服务保障等，整合境外投资备案、外商投资审批等政务服务和金融、法律、咨询等专业服务，完善服务流程，形成闭环管理和持续优化投资促进服务的体制机制。支持区内企业“走出去”把握欧盟市场开放机遇，支持工程承包企业以多元方式承接海外项目，全面带动沈阳装备、沈阳技术、沈阳标准和沈阳服务出口。

保障投资可持续发展。加大环境、劳工等规则先行先试力度，高标准实施生态环境损害赔偿制度，引导区内企业主动适应国际劳工规则。提高公共资源分配

的机会公平、程序公平透明度，引领高水平可持续发展的机制建设，以增强市场主体获得感为目标，深化政府“放管服”改革。

● 率先对标 CPTPP，结合区域实际争取先行先试

更好发挥自贸试验区改革开放“试验田”作用，探索 CPTPP 等高标准国际经贸协定中“边境后”准入规则在沈阳片区先行先试，为高水平开放提供可复制、可推广经验，为我国参与国际自贸协定谈判进行制度性探索。

探索适用数字贸易国际规则。深化公共电信服务的对内、对外开放和市场化竞争，实施国际通行的电子商务管理模式，主动探索数据本地存储和数据跨境传输等国际规则新领域创新。开展数据跨境流动分级分类监管，研究制定数据出境安全评估流程方法等，并研究完善数据产权和隐私保护机制。

逐步开放政府采购市场。分行业、分领域开放政府采购市场，探索对标国际标准设立独立的政府采购仲裁机构。制定政府采购负面清单，逐步完善网站建设及信息公开机制。探索建立政府采购供应商统一认证制度，加快制定支持中小企业参与政府采购的具体实施方案。

提高国有企业市场竞争活力。深化国有企业改革。自贸试验区沈阳片区管委会跟踪国有企业相关国际经贸规则趋势和走向，探索将服务贸易和国际投资纳入国企非商业援助的范围。指导和督促国有企业做好信息公开工作和资源配备，积极“走出去”，提高沈阳国企国际竞争力。

实施更高标准的知识产权保护。加强知识产权司法保护，全面实现与 CPTPP 高标准对接。支持境外企业或个人按照国内商标相关规定申请商标注册和相关业务。完善知识产权边境保护制度，探索过境货物海关依职权实施知识产权边境保护的具体措施及流程，允许采用债券的方式提供边境知识产权保护的担保。

资料来源：沈阳市发展和改革委员会．沈阳市“十四五”中国（辽宁）自由贸易试验区沈阳片区发展规划［EB/OL］．［2021-08-25］．http：//fgw.shenyang.gov.cn/html/SYFGW/154415090240933/154415090240933/154415090240933/9024093382570033.html.

“十四五”时期，辽宁自贸试验区要继续以深化制度创新为核心，打造辽宁对外开放新高地。全面谋划新一轮创新试点任务，高水平编制《进一步深化中国（辽宁）自由贸易试验区改革开放创新 2.0 版方案》；紧扣企业需求开展制度创新，组织协调省市两级制度创新团队协同开展工作，制定完善辽宁自贸试验区制

度创新考评指标体系；牢牢把握“4+2+X”制度创新方向，围绕企业需求加大改革创新力度；进一步推进以制度创新优化营商环境，深化自贸试验区体制机制改革，积极争取国家更多系统化、集成化赋权；积极推动自贸试验区创新经验复制推广，向改革要效力，让创新经验见成效，充分释放改革创新红利。

专栏 2-38

辽宁自贸试验区大事记

【2017 年】

● 4 月 1 日，中国（辽宁）自由贸易试验区举行揭（授）牌仪式。

● 4 月 10 日，中国（辽宁）自贸试验区沈阳、大连、营口三个片区同时举行挂牌仪式。

【2018 年】

● 2 月 8 日，辽宁省自贸办在沈阳召开全省自贸试验区建设工作推进会议。

● 3 月 5 日，辽宁省政府办公厅印发《关于推进中国（辽宁）自由贸易试验区与重点产业园区协同发展的指导意见》（辽政办发〔2018〕8 号）。

● 3 月 6 日，辽宁省政府印发《关于赋予中国（辽宁）自由贸易试验区各片区管委会第一批省级行政职权的决定》（辽政发〔2018〕8 号）。

【2019 年】

● 1 月 28 日，“保税混油、离岸直供”业务在大连片区正式启动。

● 2 月 1 日，营口地区首笔利用资本项目收入结汇支付便利化政策办理的资本金结汇支付业务落地实施。

● 2 月 15 日—20 日，接待阿联酋沙迦酋长国哈姆利亚自由区管理局代表团，签订框架合作协议，召开辽宁自由贸易试验区与阿联酋沙迦酋长国哈姆利亚自由区合作对接会，陪同考察团一行考察辽宁自贸试验区大连片区和沈阳片区。

● 3 月 28 日，召开辽宁自由贸易试验区挂牌两年新闻发布会。

● 4 月 14 日，国务院印发《国务院关于做好自由贸易试验区第五批改革试点经验复制推广工作的通知》（国函〔2019〕38 号），大连片区“进境粮食检疫全流程监管”、沈阳片区“优化涉税事项办理程序，压缩办理时限”、营口片区

“实施船舶安全检查智能选船机制”三项改革试点经验入选。

【2020年】

● 3月6日，大连市委办、政府办印发《中国（辽宁）自由贸易试验区大连片区对标上海临港新片区进一步深化改革开放方案（试行）的通知》（大委办发〔2020〕5号）。

● 3月7日，大连市委办、政府办印发《探索建设大连自由贸易港先期行动计划（2020—2021年）的通知》（大委办发〔2020〕7号）。

● 4月9日，召开辽宁自由贸易试验区挂牌三年新闻发布会。

【2021年】

● 3月20日，辽宁自贸试验区大连片区推行出港船舶“零送单”制度。

● 4月9日，召开辽宁自由贸易试验区挂牌四年新闻发布会。

● 6月28日，辽宁自贸试验区大连片区联合金普海关在全国首创的“三互一协同”应急监管新模式正式推出。

● 8月26日，《沈阳市“十四五”中国（辽宁）自由贸易试验区沈阳片区发展规划》“出炉”。

● 8月31日，总投资额126亿元的20个重点项目在辽宁自贸试验区大连片区产业创新特区推介暨项目集中签约仪式上正式签约。

● 10月9日，辽宁自贸试验区大连片区完成首单跨境电商B2B出口业务。

● 10月15日，京沈联动发展战略合作签约仪式在北京金盏国际合作服务区管委会举行。

● 10月15日，辽宁自贸试验区大连片区产业创新特区首批项目集中开工。

资料来源：辽宁自贸试验区官网，https：//www. dlftz. gov. cn/zmq/index. html.

（二）黑龙江自贸试验区

黑龙江省与俄罗斯毗邻，是我国对俄经贸合作的第一大省。中俄经贸合作量质齐升，不断取得新发展。在黑龙江省建立自贸试验区，就是要将黑龙江打造成为国家向北开放的高地，发挥“东北—远东”合作新优势，以朝气蓬勃的姿态，吹响黑龙江振兴号角，引燃东北振兴新引擎。作为中国最北端的自贸试验区，黑龙江自贸试验区在对俄经贸合作方面前景广阔，未来要积极建设面向俄罗斯及东北亚的交通物流枢纽，不断提升沿边地区开放水平，建设以对俄罗斯及东北亚为重点的开放合作高地，打造对俄经贸合作的范本。在2019年挂牌成立后的两年时间里，黑龙江自贸试验区以制度创新为核心，着力深化产业结构调整，推动经济发展质量变革、效率变革、动力变革，努力建成营商环境优良、贸易投资便利、高端产业集聚、服务体系完善、监管安全高效的高标准、高质量自由贸易园区[①]。在这两年期间，黑龙江自贸试验区树立了“最北自贸试验区”鲜明的品牌形象，改革开放“排头兵”和“试验田”作用不断显现。黑龙江自贸试验区片区详情如表2-54所示。

表2-54　黑龙江自贸试验区片区详情

片区	面积（平方公里）	功能定位	重点发展产业
哈尔滨片区	79.86	建设对俄罗斯及东北亚全面合作的承载高地和联通国内、辐射欧亚的国家物流枢纽，打造东北全面振兴全方位振兴的增长极和示范区	新一代信息技术、新材料、高端装备、生物医药等战略性新兴产业，科技、金融、文化旅游等现代服务业和寒地冰雪经济
黑河片区	20	建设跨境产业集聚区和边境城市合作示范区，打造沿边口岸物流枢纽和中俄交流合作重要基地	跨境能源资源综合加工利用、绿色食品、商贸物流、旅游、健康、沿边金融等产业
绥芬河片区	19.99	建设商品进出口储运加工集散中心和面向国际陆海通道的陆上边境口岸型国家物流枢纽，打造中俄战略合作及东北亚开放合作的重要平台	木材、粮食、清洁能源等进口加工业和商贸金融、现代物流等服务业

资料来源：中国政府网．国务院关于印发6个新设由贸易试验区总体方案的通知［EB/OL］．［2019-08-26］．http：//www.gov.cn/zhengce/content/2019-08/26/content_5424522.htm.

1. 发展成果

（1）200余项制度创新成果中对俄特色创新案例达67项。

全力打造对俄和沿边开放合作新优势，是黑龙江自贸试验区制度创新的总目标。在挂牌后的两年时间里，黑龙江自贸试验区以制度创新为核心开展特色差异化探索，在第五批自贸试验区中率先推出首批省级创新实践案例，在形成的200余项制度创新成果中，有67项为对俄特色创新案例；在国家发布的自贸试验区第四批国家级最佳实践案例中，“创新中俄跨境集群建设”成功入选。截至2021

---

① 中国政府网．国务院关于印发6个新设自由贸易试验区总体方案的通知［EB/OL］．［219-08-26］．http：//www.gov.cn/zhengce/content/2019-08/26/content_5424522.htm.

年 8 月，黑龙江自贸试验区已发布三批共 80 项省级创新实践案例，机制体系不断健全、创新意识显著增强、营商环境持续优化、项目主体加速落地，树立了“最北自贸试验区”鲜明的品牌形象①。在黑龙江自贸试验区设立后的两年时间里，哈尔滨海关自主探索形成的自贸创新举措中有 5 项通过海关总署备案，已在黑龙江自贸试验区先行先试，创新举措数量居于同期全国海关首位。黑龙江自贸试验区前两批省级创新实践案例汇总如表 2-55 所示。

表 2-55　黑龙江自贸试验区前两批省级创新实践案例汇总

批次	片区	案例名称
第一批	哈尔滨片区	1. 企业“跨域”登记注册服务新模式
		2. 构建大数据与建筑安全管理相融合的“智慧工地”
		3. 依托“共享即惩戒”机制加快信用体系建设
		4. 境外机构境内外汇账户结汇业务
	黑河片区	5. 国际文化艺术品保税展示交易平台
		6. 创新跨境法律综合服务新模式
		7. 跨境电商货运物流“多仓联动”数字化集运新模式
	绥芬河片区	8. 构建中俄车辆联检快放新模式
		9. 创建互市贸易全流程监管模式
		10. 构建对俄特色医疗旅游模式
第二批	哈尔滨片区	11. 审批、监管、执法一体化综合平台
		12. 市场主体住所（经营场所）地址登记申报承诺制
		13. 产业用地弹性出让
		14. 完善市场主体退出机制
		15. “跨境多式联运+供应链平台”创新模式
		16. 创意与知识产权收储育成新机制
		17. 中小学教师“区管校聘”改革
	黑河片区	18. 政务事项“跨省通办”
		19. 创新获得用水新模式
		20. “两国双园”推进中俄跨境木材综合加工模式
		21. 数字边民互市贸易管理体系集成创新
		22. 边民互市贸易进口商品落地加工新模式
		23. 创新中俄跨境集群建设
		24. 直播电商选品中心集成服务平台

① 黑龙江省政府网．中国（黑龙江）自由贸易试验区成立两周年新闻发布会［EB/OL］．［2021-08-27］．https：//www. hlj. gov. cn/33/49/900/994.

续表

批次	片区	案例名称
第二批	绥芬河片区	25. 创新临时入境车辆监管新模式
		26. 项目环评审批公示同步受理新模式
		27. 创新不动产登记小微企业承诺制
		28. 边民互市贸易合作社制度创新
		29. 对俄现钞陆路跨境调运新渠道
		30. 构建中俄跨境农工贸产业链

资料来源：黑龙江自贸试验区官方网站，http：//ftz. hlj. gov. cn/.

（2）420余项优化营商环境措施鱼贯而出。

黑龙江自贸试验区对标国际先进经贸规则，持续打造市场化、法治化、国际化的一流营商环境，从5个维度提升哈尔滨片区在商事制度改革、办理建筑许可、财产登记等方面的办事效率，进一步打通困扰老百姓和市场主体的堵点、痛点、难点问题。以营商环境为抓手，推动试点任务和复制推广落地实施，全力打造对标国际标准新样板，黑龙江自贸试验区统筹推进总体方案实施，27个中省直部门出台31项文件、提出420余项政策措施，不断完善制度体系建设、持续加强政策供给。国家前六批次适合黑龙江省承接的改革试点经验的复制推广率达到93.9%；“证照分离”改革在三个片区实现全覆盖，一网通办、容缺受理、不见面审批等方面工作实现了新突破。与此同时，黑龙江自贸试验区主动引入国际第三方权威机构对自贸试验区营商环境开展评估，在“开办企业”“办理建筑许可”“获得电力”“执行合同”等领域位于全球前沿。在此基础上，黑龙江自贸试验区对标世界银行和国家营商环境指标体系，制订优化营商环境3年行动计划，着力打造市场化、法治化、国际化的一流营商环境。经国际知名机构评估，不到一年时间里自贸试验区哈尔滨片区营商环境在世界190个经济体中排名提升28位。黑龙江自贸试验区支持优质企业通过AEO认证，降低通关成本，提高通关效率。2021年10月26日，黑龙江自贸试验区首家AEO高级认证企业落户黑河。黑龙江自贸试验区实践创新案例如表2-56所示。

表 2-56 黑龙江自贸试验区实践创新案例

主要领域	主要措施	实践创新案例
政府职能转变	不断深化“放管服”改革，全面推进“证照分离”改革全覆盖	● 哈尔滨片区在黑龙江省内率先出台乙类大型医用设备配置许可备案细则，取消设备配置规划限制，促进医疗资源科学合理布局 ● 绥芬河片区推动企业高频办理事项“濒危物种允许进口手续”网上办理，大幅压缩办理时限、节省企业运营成本，已累计办理超过 2 万份相关许可事项
投资贸易自由便利化	持续完善投资服务促进体系，探索沿边特色贸易模式取得更大突破	● 黑河片区利用首个数字边民互市贸易综合服务平台，实现了业务申报审核备案、进口商品追溯防伪、互市贸易区数据统计分析等全流程信息化管理
金融开放创新	积极拓展沿边金融服务功能，促进跨境投融资便利化	● 哈尔滨片区依托哈尔滨银行提供本外币、内外贸、离在岸、商投行“一体化”的跨境金融服务，研发对俄 NRA 账户、CIPS 试点等特色金融服务产品，打造“一站式”对俄综合金融服务平台
产业创新发展	以制度创新带动产业集聚发展，加快科技赋能和特色产业培育	● 绥芬河片区为中小企业提供“双创”孵化、“保姆式服务”和融资服务等全链条服务功能，实现木业产业的规模化发展，打造形成境内外联动、上下游衔接的跨境木材产业链
对俄开放合作	在装备制造、跨境通道、金融服务等领域不断深化对俄开放合作	● 黑河片区推动专用车制造企业获取俄罗斯 OTTC 认证，对俄出口车辆实现重要突破

资料来源：黑龙江省人民政府网．中国（黑龙江）自由贸易试验区成立两周年新闻发布会［EB/OL］．［2021-08-27］．https：//www.hlj.gov.cn/33/49/900/994/.

（3）产业错位发展又相互支撑。

以产业集聚为引擎，大力开展招商推介，全力打造东北老工业基地发展新动能，黑龙江自贸试验区高度重视招商引资工作，将之作为高质量发展的“生命线”。在挂牌成立后的两年里，三个片区围绕自身功能定位和重点产业布局，充分发挥制度创新优势，为特色产业发展打造支撑平台，包括率先建立内贸货物跨境运输体系、开通首个铁路互贸交易市场、设立全国首个中俄边民互市交易结算中心等，不断释放自贸试验区制度与政策磁吸效应。三个片区积极搭建吸引产业集聚的政策支撑体系，通过线上、线下多渠道大力招商引资，形成既错位发展又相互支撑的产业联动发展格局。2021 年 8 月 18 日，黑龙江自贸试验区哈尔滨片区、黑河片区、绥芬河片区签订战略合作协议，重点加强产业要素优势互补，深化资源共享，协同推动黑龙江三个自贸片区联动发展。黑龙江自贸试验区产业发展布局如图 2-24 所示。

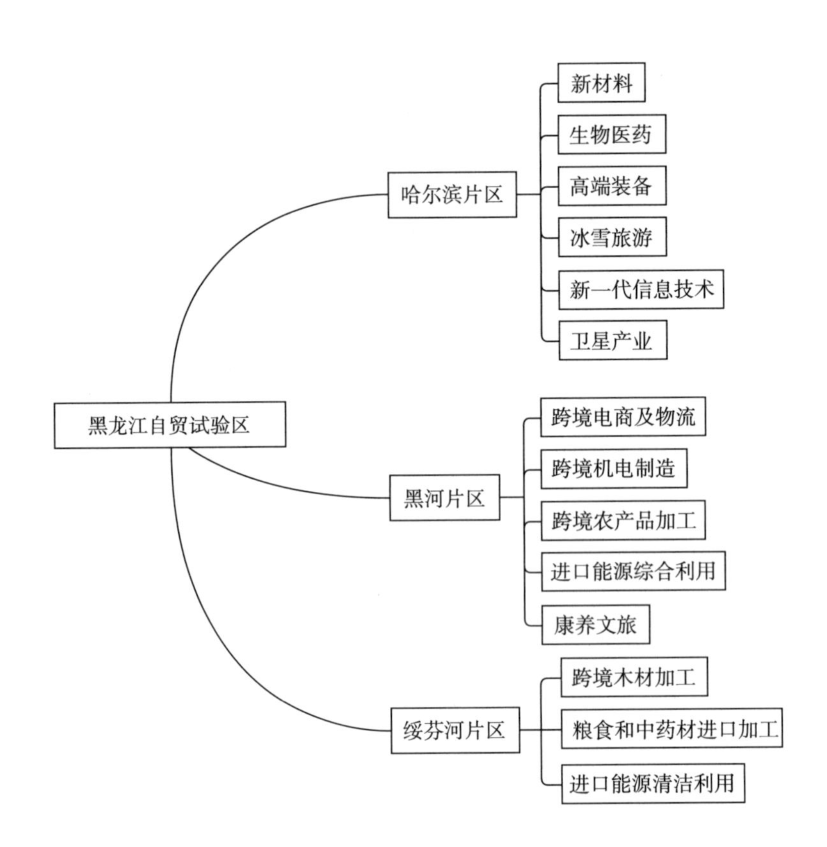

图 2-24 黑龙江自贸试验区产业发展布局

资料来源：黑龙江省人民政府网．黑龙江省人民政府办公厅关于印发中国（黑龙江）自由贸易试验区管理试行办法的通知［EB/OL］．［2020-11-11］．https：//www.hlj.gov.cn/n200/2020/1111/c668-11009752.html.

（4）外贸进出口总额超过全省的 1/8。

以示范引领为目标，助推企业提质增效，全力打造黑龙江开放经济新高地，黑龙江自贸试验区建设已进入提速发展、全面开花的新发展阶段，贡献了超过全省 1/8 的外贸进出口。2020 年，黑龙江自贸试验区创造了 204.9 亿元的外贸总额，同比增长 12.8%；截至 2021 年 7 月底，黑龙江自贸试验区新设企业 11403 家，与挂牌前相比增长约 66.8%，其中新设外资企业约占全省的 24.1%。2021 年上半年，黑龙江自贸试验区进出口总值 111.52 亿元，同比增长 50.9%，高于黑龙江进出口总值增速 32.5 个百分点。2021 年上半年黑龙江自贸试验区进出口总值各片区占比如图 2-25 所示。

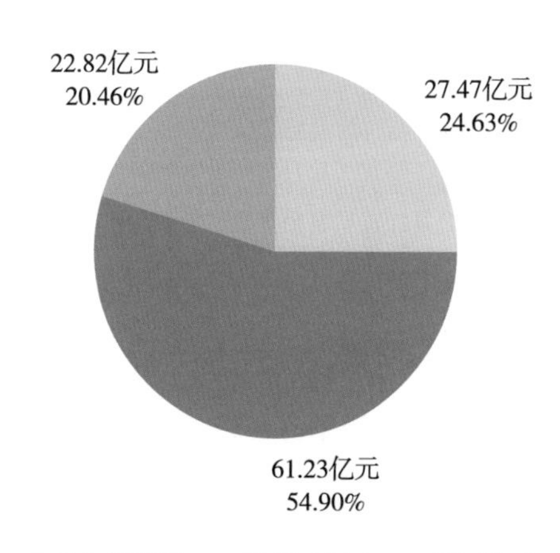

图 2-25　2021 年上半年黑龙江自贸试验区进出口总值各片区占比

资料来源：黑龙江省人民政府网．上半年我省外贸呈双增长态势［EB/OL］．［2020-07-22］. https：//www. hlj. gov. cn/n200/2021/0722/c35-11020230. html.

（5）对俄开放由点线式向连片式转变。

黑龙江自贸试验区对俄开放创新实现从点线式布局、差别化探索到连片式成果、引领式实践的跨越，大平台、大项目建设加快推进。万科中俄产业园涵盖金融协作、产能合作、跨境商贸等全方位业态，与莫斯科俄中产业园形成跨国姊妹园，实现中俄双园互动；中俄首座黑龙江公路大桥即将通车运行，将形成对俄经贸往来快速通道和口岸、贸易、加工融合发展的一体功能区；绥芬河互贸（国际）物流加工园区整合自贸试验区制度创新优势与互市贸易进口政策优势，将实现进口俄粮等原字号产品落地加工增值，构建互市贸易全产业链。2021 年 8 月 5 日，黑龙江自贸试验区对俄罗斯经贸合作线上推介会在黑龙江省哈尔滨市举行，中俄双方相关部门、相关商协会、企业代表等通过线上、线下形式参会，共同推动中俄经贸合作迈向新台阶。黑龙江自贸试验区发展政策汇总如表 2-57 所示。

表 2-57　黑龙江自贸试验区发展政策汇总

时间	文件
2019 年	《黑龙江省市场监督管理局关于支持中国（黑龙江）自由贸易试验区高质量发展的实施意见》
	《黑龙江省在自由贸易试验区推进“证照分离”改革全覆盖试点实施方案》
	《中国人民银行哈尔滨中心支行国家外汇管理局黑龙江省分局关于金融支持中国（黑龙江）自由贸易试验区建设的通知》
	《黑龙江银保监局支持中国（黑龙江）自由贸易试验区金融服务工作措施》

续表

时间	文件
2020 年	《关于支持中国（黑龙江）自由贸易试验区打造国际一流营商环境的指导意见》
	《优化中国（黑龙江省）自由贸易试验区税收营商环境十六条措施》
	《黑龙江省知识产权局加强中国（黑龙江）自由贸易试验区知识产权工作的支持措施》
	《黑龙江省商务厅支持中国（黑龙江）自由贸易试验区建设措施》
	《关于支持中国（黑龙江）自由贸易试验区加快发展的若干财税政策》
2021 年	《哈尔滨新区暨自贸试验区哈尔滨片区关于推动企业进入资本市场实现高质量发展的十条政策措施》

资料来源：黑龙江自贸试验区官方网站，http：//ftz. hlj. gov. cn/.

2. 远景规划

黑龙江省“十四五”规划和 2035 年远景目标纲要在“布局打造对外开放新前沿”一章中提出，要把黑龙江自贸试验区打造成为对外开放高地。推动黑龙江自贸试验区高质量发展，以贸易自由便利和投资自由便利为重点，对标国际先进规则，打造一流营商环境，建设以对俄罗斯及东北亚为重点的开放合作高地，打造服务国家战略的龙江样板。以制度创新为核心，赋予自由贸易试验区更大改革自主权，抓好集成式借鉴、首创性改革、差异化探索，形成更多有国际竞争力的制度创新成果，辟建体制机制改革“试验田”。实施一批利用外资的重大标志性工程，打造吸引利用外资活水池。探索构建与国际接轨的国际人才引进和技能人才评价体系，开展海外人才离岸创新创业试点，打造吸引汇聚人才大平台。① 黑龙江自贸试验区各片区“十四五”定位及重点项目如表 2-58 所示。

表 2-58 黑龙江自贸试验区各片区“十四五”定位及重点项目

片区	发展定位	重点项目
哈尔滨片区	建设对俄罗斯及东北亚全面合作的承载高地和连通国内、辐射欧亚国家的物流枢纽，打造东北全面振兴、全方位振兴增长极和示范区	哈尔滨新区金融中心、绿地东北亚国际博览城、哈尔滨自贸片区综合保税区、浙江东日对俄农产品进出口交易中心、中俄国际电力装备制造产业园、哈尔滨万科中俄产业园等

① 黑龙江省政府网．黑龙江省人民政府关于印发黑龙江省国民经济和社会发展第十四个五年规划和二〇三五年远景目标纲要的通知［EB/OL］．［2021-03-10］．https：//zwgk. hlj. gov. cn/zwgk/publiclnfo/detail？id=449066.

续表

片区	发展定位	重点项目
黑河片区	建设跨境产业集聚区和边境城市合作示范区，打造沿边口岸物流枢纽和中俄交流合作基地	黑河黑龙江大桥桥头区、银建国际货运物流中心、月星中俄跨境物流枢纽、雅尚进口能源储备及物流基地、农投（远东）进口粮食综合加工、黑河—阿穆尔中医药跨境产业集群等
绥芬河片区	建设商品进出口储运加工集散中心和面向国际陆海通道的陆上边境口岸型国家物流枢纽，打造中俄战略合作及东北亚开放合作重要平台	绥发国际冷链货运物流园、中俄清洁能源储运利用中心、集疏运国际物流产业园、华气巨能液化天然气储配站、俄农饲料加工、森和国际产业园等

资料来源：黑龙江省发展和改革委员会. 黑龙江省人民政府关于印发黑龙江省国民经济和社会发展第十四个五年规划和二〇三五年远景目标纲要的通知［EB/OL］.［2021-03-15］. http：//drc. hlj. gov. cn/art/2021/3/15/art_ 583_ 33338. html.

专栏 2-39

黑龙江自贸试验区大事记

【2019 年】

● 8 月 30 日，中国（黑龙江）自由贸易试验区挂牌成立。

● 10 月 18 日，黑河市在京举办中国（黑龙江）自由贸易试验区黑河片区招商推介会。

● 11 月 30 日，黑龙江与广东达成自贸片区对口战略合作。

【2020 年】

● 1 月 5 日—20 日，成功举办首届俄罗斯商家直销保税展销会。

● 4 月 22 日，黑龙江自贸试验区黑河片区知识产权调解中心和保护工作站正式揭牌。

● 9 月 8 日，召开黑龙江自由贸易试验区挂牌一周年新闻发布会。

● 10 月 20 日，黑龙江自贸试验区和云南自贸试验区在昆明签署《中国沿边自由贸易试验区协同制度创新框架协议》。

● 10 月 27 日，黑龙江自贸试验区绥芬河片区中俄商事调解中心暨牡丹江仲裁委员会自贸试验区（绥芬河片区）咨询服务中心正式揭牌。

【2021 年】

● 2 月 14 日，莫斯科—哈尔滨直达班列首开到达。

● 6 月 10 日，黑龙江自贸试验区绥芬河片区中俄合作对接会举行。

● 7 月 8 日，黑龙江自贸试验区“创新中俄跨境集群建设”案例成功入选自贸试验区第四批 18 个“最佳实践案例”。

● 8 月 5 日，黑龙江自贸试验区对俄罗斯经贸合作线上推介会在黑龙江省哈尔滨市举行。

● 8 月 18 日，黑龙江自贸试验区哈尔滨片区、黑河片区、绥芬河片区战略合作框架协议签约仪式在哈尔滨举行。

● 8 月 27 日，召开黑龙江自贸试验区挂牌两周年新闻发布会。

● 9 月 13 日，黑龙江自贸试验区哈尔滨片区日本线上招商推介会成功举办。

资料来源：黑龙江自贸试验区官方网站，http：//ftz. hlj. gov. cn/.

九、西部地区

西部地区是我国经济发展的重要战略回旋余地，地区发展不平衡、不充分问题桎梏着西部地区的发展。共建“一带一路”为西部地区高质量发展增添了新活力，随着共建“一带一路”深入实施，西部地区把握新机遇积极参与、深度融入，以共建“一带一路”为引领，逐步走向了开放的“前沿”。广西、云南和陕西自贸试验区与成渝地区双城经济圈的两个自贸试验区共同承担起西部对外开放的历史使命，以制度创新为核心，以共建“一带一路”为引领，推动西部地区形成更大范围、更高水平、更深层次、更多领域的开放新格局。与此同时，西部地区自贸试验区通过联动发展，将西部开发与向西开放结合起来，共同打造西部地区高质量发展的新引擎。

（一）广西自贸试验区

广西作为中国唯一同东盟国家既有陆地接壤又有海上连通的省（区），是我国面向东盟的国际大通道，在服务我国对东盟开放开发中的作用和责任重大。中国和东盟 GDP 合计约占世界的 1/4，在全球经济中占据较大份额。中国是东盟第一大贸易伙伴，东盟是中国的第三大贸易伙伴，中国—东盟自贸试验区是 21 世纪初世界人口最多、发展中国家间最大的自贸试验区。2015 年，习近平总书记对广西发展作出了“构建面向东盟的国际大通道、打造西南中南地区开放发展新的战略支点、形成 21 世纪海上丝绸之路与丝绸之路经济带有机衔接的重要门户”三大定位[①]的指示。在广西建设自贸试验区，发挥广西与东盟国家陆海相邻的独特优势，着力建设西南中南西北出海口、面向东盟的国际陆海贸易新通道，形成 21 世纪海上丝绸之路和丝绸之路经济带有机衔接的重要门户，把中国（广西）自由贸易试验区（以下简称广西自贸试验区）建设成为引领中国—东盟开放合作的高标准、高质量自由贸易园区[②]。广西自贸试验区在挂牌成立后的两年时间里，打造西部陆海联通门户港，建设中国—中南半岛陆路门户，推动着中国—东盟合作从“黄金十年”向“钻石十年”跨越。广西自贸试验区片区详情如表 2-59 所示。

表 2-59　广西自贸试验区片区详情

片区	面积（平方公里）	功能定位	重点发展产业
南宁片区	46.8	打造面向东盟的金融开放门户核心区和国际陆海贸易新通道重要节点	现代金融、智慧物流、数字经济、文化传媒等现代服务业，大力发展新兴制造产业
钦州港片区	58.19	打造国际陆海贸易新通道门户港和向海经济集聚区	港航物流、国际贸易、绿色化工、新能源汽车关键零部件、电子信息、生物医药等产业
崇左片区	15	打造跨境产业合作示范区，构建国际陆海贸易新通道陆路门户	跨境贸易、跨境物流、跨境金融、跨境旅游和跨境劳务合作

资料来源：广西自由贸易试验区官网，http：//gxftz. gxzf. gov. cn/index. php? case = archive&act = list&catid = 169.

1. 发展成果

（1）聚焦“三大特色”探索开放新模式、新路径、新机制。

积极探索国际陆海贸易新通道高质量建设的新模式。聚焦面向东盟、服务陆海新通道、沿边开放三大特色，依托陆海新通道海铁联运物流体系，加快建设连

① 中国人大网. 加快形成面向国内国际的开放合作新格局　不断谱写祖国南疆繁荣稳定新篇章. [EB/OL]. [2015-03-09]. http：//www. npc. gov. cn/zgrdw/npc/dbdhhy/12_ 3/2015-03/09/content_ 1917653. htm.

② 中国政府网. 国务院关于印发 6 个新设自由贸易试验区总体方案的通知 [EB/OL]. [2019-08-26]. http：//www. gov. cn/zhengce/content/2019-08/26/content_ 5424522. htm.

接东盟和国内市场的国际物流枢纽。首创铁路集装箱与海运集装箱互认机制，形成“原箱出口、一箱到底、海外还箱”全程国际多式联运模式①；加快推进与新加坡等东盟国家“单一窗口”数据信息互联互通；实施“船边直提，抵港直装”等新模式。2021 年 1—7 月，钦州港进口整体通关时间 16. 88 小时，比 2020 年压缩 19. 91%，跃升至全国一流水平。

积极探索促进沿边经济发展的新路径。“边境地区跨境人民币使用改革创新”获评全国自贸试验区第四批“最佳实践案例”；创新开展互市贸易“集中申报、整进整出”通关新模式②，边民互市通关作业无纸化实现 100%覆盖，整体通关时间压缩超 80%。

积极探索深化面向东盟开放合作的新机制。率先在全国沿边启用全信息化智能通关，实现全国边境陆路口岸一站式“秒通关”。积极构建金融开放生态，推动中国—东盟跨境金融改革创新示范，2020 年中国—东盟金融城累计引入 134 家金融机构（企业），跨境人民币结算量持续增长。创新开展中马“两国双园”跨境金融合作试点，形成点对点金融便利化合作新机制。截至 2021 年 6 月，广西跨境人民币结算累计总量已达 1. 37 万亿元，在 9 个边境省（区）、12 个西部省区中排名第一。2021 年上半年广西自贸试验区外贸进出口总额占全省比重如图 2-26 所示。

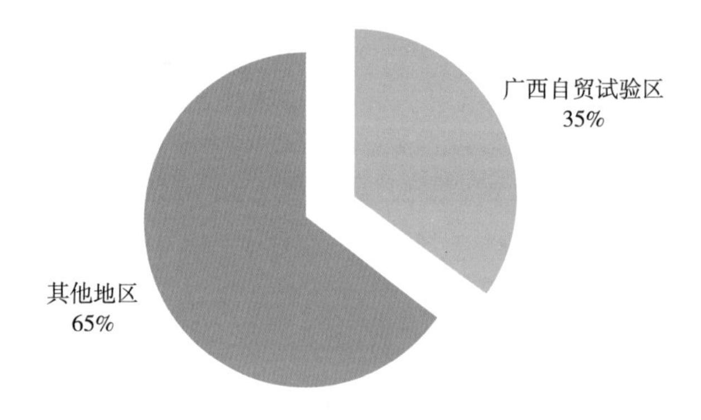

图 2-26　2021 年上半年广西自贸试验区外贸进出口总额占全省比重

资料来源：南宁海关 . 2021 年上半年广西外贸进出口情况［EB/OL］.［2021-07-24］. https：//baijiahao. baidu. com/s? id=1706115110703279528&wfr=spider&for=pc.

---

① 广西自贸试验区官方网站 . 陆海新通道海铁联运集装箱服务模式创新［EB/OL］.［2020-07-09］. http：//gxftz. gxzf. gov. cn/index. php? case=archive&act=show&aid=1537.

② 周红梅 . 广西自贸试验区制度创新取得早期收获［N/OL］. 广西日报，［2020-09-01］. http：//gxrb. gxrb. com. cn/html/2020-09/01/content_ 1711863. htm.

（2）突出制度创新完善对外开放规则。

对标国际贸易开放规则水平再提升。南宁片区打造全国首个“三合一”集约式监管新模式，实现海关监管通关服务“一站式”办理，通关时效从 24 小时以上缩短到 4 小时以内。钦州港片区开展集装箱“全生命周期”管理服务集成改革，口岸人工作业环节由 36 个减少到 8 个；实施“船边直提、抵港直装”等新模式，截至 2021 年 7 月，累计办理船边直提 286 票，节约费用超过 2000 万元。崇左片区在全国首创越南车辆直通厂区模式，凭祥口岸成为全国第一个铁路口岸水果进境指定监管场地，开行全国首趟中越、中泰进境水果班列，中越、中欧班列也首次联程运输开行。

面向东盟跨境金融合作机制再突破。开展中马钦州产业园区金融创新试点，拓宽跨境人民币双向流动渠道；广西区域货币交易市场成为全国挂牌币种最多、境外参与行最多、交易最活跃的市场；创新推动中柬两国货币实现直接兑换，开展人民币对柬埔寨瑞尔银行间市场区域交易；创新人民币对越南盾资金清算模式；设立互市贸易服务中心，上线“口岸贸易结算信息服务平台”；推动大宗商品人民币计价结算，全国首例以人民币结算的民营企业铁矿石交易落地。广西自贸试验区南宁片区积极开展跨境金融创新，出台并推动落实 QFLP 基金暂行办法，对 QFLP 企业实行准入零门槛，2021 年 10 月 14 日，首单 QFLP 基金在南宁片区落地。

国际化、市场化、法治化服务机制再优化。放宽经营性教育机构等领域外资准入门槛，西部省份面向东盟飞地经济合作新模式等改革试点经验在全区复制推广。建成自贸试验区招商引资“三大平台”。截至 2021 年 7 月，广西自贸试验区内新设企业 36827 家。广西自贸试验区创新案例汇总如表 2-60 所示。

表 2-60　广西自贸试验区创新案例汇总

序号	创新案例	实践效果
1	广西互市贸易创新发展改革	实现边民互市通关作业无纸化 100%覆盖
2	国际邮件、快件、跨境电商“三合一”集约式监管新模式	平均通关能力达到 100 万件/日
3	全信息化智能通关及“提前审结、卡口验放”监管创新模式	车辆通过卡口时间由 2~3 分钟缩短到 30 秒；不需查验的进口货物整体通关时间由平均 2~3 小时缩短至平均 10 分钟，日均通关能力由 800 辆提升至 1600 辆；在口岸区域因吊装、过驳、过夜停车等产生的费用减少逾九成

续表

序号	创新案例	实践效果
4	“信用+智慧”电子诚信卡场景应用	诚实信用排名大幅进步，2020年南宁市城市信用排名跻身全国第十名
5	“互联网+”不动产登记模式	不动产登记自助办理量达130万宗，日均业务处理能力达3000宗；已累计发放不动产登记电子证照193万份，自助查询不动产登记档案238万宗，日均自助查档超过5000宗
6	未获准入境动植物产品及动植物源性食品类展品监管模式创新	未获得我国检疫准入的东盟国家农产品可以用于博览会展示
7	土地征收“净地交付”新模式	实现和谐征地，征搬工作零上访；土地平整前期工作时间由90天减少到12天，供地率由40%提高到73%。成本每亩减少4.2万元，下降37%
8	外籍驾驶证验真快办	77%以上办理临时驾驶许可的外籍驾驶人免提供翻译解读资料
9	陆海新通道海铁联运集装箱服务模式创新	解决西部地区海运集装箱匮乏、铁路集装箱富余的问题；开行海铁联运铁路集装箱出境班列后，进出口合规成本分别下降43.5%、28.6%；综合物流成本降低18%~38%
10	铁路口岸设立进境水果指定监管场地	凭祥（铁路）口岸正式获批进境水果指定监管场地后已启动中越、中泰水果冷链集装箱班列项目，分别发运近300柜、6柜，共计12064吨；实现水果大宗过境并高效联运，分流公路口岸水果通关压力
11	援企惠企补贴“免申即办”兑现服务模式	2019年推出后全年发放1.9万家企业9053万元，惠及企业数超过前5年累计总和
12	创建保险创新综合试验区	保险业产品服务创新取得重大突破，对外交流合作取得重大进展，跨境保险走在全国前列
13	创新企业开办涉税事项“智能+”服务	截至2020年4月，已服务新办企业3.45万户
14	承诺制全覆盖审批新模式	企业从准入到退出的整体审批效率提高约80%，实现企业承诺即准入、项目拿地即开工、企业承诺即准营、企业承诺即退出

资料来源：广西自贸试验区官网，http：//gxftz. gxzf. gov. cn/.

（3）坚持扩大开放、持续优化环境。

面向东盟的跨境产业链供应链价值链加快构建。积极打造电子信息、汽车、化工新材料等跨境产业链供应链价值链。电子信息产业及技术孵化基地初步形成中国—东盟数字科创园等若干产业集聚发展平台。钦州港片区16个“双百双新”产业项目开工建设，钦州港30万吨级油码头通过工程竣工验收。崇左片区加快推进广西自由贸易试验区良维电子有限公司电源线加工项目。中国—东盟经贸中心挂牌运营，中国—东盟大宗商品交易平台加快推进。广西自贸试验区崇左片区积极推动“五跨”主导产业和跨境产业链集聚发展，2021 年 1 月—8 月，友谊关口岸进出境货车 28. 44 万辆次，同比增长 31. 21%；进出口货运量 292. 06 万吨，同比增长 42. 49%；进出口货值 2098. 57 亿元，同比增长 52. 50%；完成报关单 23. 69 万票，同比增长 44. 02%。

面向东盟开放产业特色营商环境持续优化。集成线上线下服务，基本实现“一窗受理”“一网通办”“一事通办”。推动广西政务服务一体化平台网站、广西政务 App 开设自贸试验区专区。全面落实外商投资准入前国民待遇加负面清单管理制度，完善企业“走出去”综合服务和风险防控体系。上线运行“桂企出海+”综合服务平台，在政策、金融等方面为广西企业“走出去”提供“一站式”服务。2021 年 9 月 10 日，广西自贸试验区推介会在南宁举行，吸引自贸试验区与东盟相关部门、相关自贸试验区（港）代表、企业代表等约 200 人参加推介会。

融合高质量发展和高品质生活城市建设加快推进。南宁宜家家居开业，步步高南城百货总部、南宁万象汇等于 2021 年底开业，打造南宁新商圈。钦州港片区打造一批高端社区和“15 分钟”高品质生活圈。崇左片区加快推进片区人才公寓等项目建设。广西自贸试验区已成为高质量发展与高品质生活的开放热土。广西自贸试验区发展政策汇总如表 2-61 所示。

表 2-61　广西自贸试验区发展政策汇总

时间	文件
2019 年	《促进中国（广西）自由贸易试验区高质量发展支持政策》
	《中国（广西）自由贸易试验区“证照分离”改革全覆盖试点实施方案》
	《中国（广西）自由贸易试验区“一事通办”改革实施方案》
	《南宁市人民政府关于印发加快建设中国（广西）自由贸易试验区南宁片区支持政策的通知》
2020 年	《促进中国（广西）自由贸易试验区钦州港片区高质量发展补充政策》
	《国家税务总局广西壮族自治区税务局关于创新税收服务支持中国（广西）自由贸易试验区发展的意见》
	《中国（广西）自由贸易试验区建设实施方案》
2021 年	《中国（广西）自由贸易试验区南宁片区产业发展规划》
	《2021 年良庆区服务中国（广西）自贸试验区南宁片区企业开办奖励办法》

资料来源：广西自贸试验区官网，http：//gxftz. gxzf. gov. cn/.

2. 远景规划

广西“十四五”规划和2035年远景目标纲要，单列一章专门对增强开放合作平台引领带动作用作出全面部署，提出对标国内一流水平，推动由商品和要素流动型开放向规则等制度型开放转变，提升重大开放合作平台能级，在开放合作中发挥更大作用，从制度创新、经济开放、产业发展三个方面高标准建设广西自贸试验区。①

形成制度创新高地。用好RCEP、中欧投资协定，推进投资贸易、产业合作、金融开放、人文交流等制度创新，深入开展系统集成制度创新改革，持续推进贸易投资自由化、便利化，构建有利于跨境产业链供应链发展的制度和政策支撑体系。赋予广西自贸试验区南宁、钦州港、崇左三大片区更大的改革自主权，实施负面清单制放权，持续开展要素市场化配置试点。

形成开放型经济高地。推动自由贸易试验区与面向东盟的金融开放门户、中国—东盟信息港等重大平台融合发展，大力发展跨境贸易、跨境物流、跨境金融、跨境旅游和跨境劳务合作，加快发展面向东盟的大宗商品交易平台、建成中国—东盟经贸中心。

实施产业高质量发展系统集成示范工程。聚焦电子信息、化工、汽车、东盟特色产品加工等产业，在高端制造、现代服务、跨境合作等领域打造一批领军企业，吸引更多总部经济落户，形成具有全国影响力的产业集群。基本建成“五区一港”和引领中国—东盟开放合作的高标准、高质量自由贸易试验园区。

专栏 2-40

“十四五”时期广西自贸试验区南宁片区重点产业集群发展规划

现代金融。力争到2025年，现代金融机构体系进一步完善，在金融开放、业务创新、先行先试等方面形成示范引领效应，优良的金融生态环境基本形成，

---

① 广西壮族自治区政府网．广西壮族自治区人民政府关于印发广西壮族自治区国民经济和社会发展第十四个五年规划和2035年远景目标纲要的通知［EB/OL］．［2021-04-26］．http：//www. gxzf. gov. cn/zwgk/fzgh/ztgh/t9137059. shtml.

中国—东盟金融城成为全国知名的金融集聚区，面向东盟的区域金融中心基本成形。

先进制造。南宁片区将推动中国—东盟跨境产业链条加快形成与完善，积极打造面向东盟及“一带一路”国家的国际先进制造业合作平台，积极申报创建国家加工贸易产业园，逐步建成面向东盟的现代化智能制造产业园和国际加工贸易转型升级的区域性服务基地。争取到2025年，以高端电子信息产品制造为核心的先进制造业产值达600亿元，形成特色突出、开放程度高、发展质量优的产业体系，培育形成3~5家百亿级龙头企业；建成科技创新能力强、技术水平高、品牌影响力大的特色先进制造业总部基地，南宁片区初步成为我国制造业向东盟辐射和转移的前沿和重要基地。同时，紧盯核心零部件、新能源汽车整车、汽车改装及后市场服务等重点领域，形成高附加值的零部件、组件、器件和中高端整车在国内，低附加值组装在东盟国家的跨境汽车产业链，打造新能源汽车关键零部件加工贸易产业集群。

数字经济。大力推动数字产业化，完善5G软硬件创新创业条件，发展众创空间，举办“5G场景应用”大赛。支持发展基于5G网络的物联网、AR/VR/MR、车联网、无人驾驶、智能制造成套解决方案，重点促进5G在智能制造、智慧教育、智慧医疗、智慧交通等领域的示范应用，打造5G应用推广示范区。争取到2025年基本形成数字产业化、产业数字化、智慧应用“三位一体”和由若干特色产业集群构成的数字经济发展格局，建成面向东盟的数字经济合作发展高地。

资料来源：广西自贸试验区官方网站．中国（广西）自由贸易试验区南宁片区产业发展规划［EB/OL］. http：//gxftz. gxzf. gov. cn/.

“十四五”开局之年，广西自贸试验区紧紧围绕新发展阶段自贸试验区建设新要求，准确把握“三大定位”新使命、RCEP签署和西部陆海新通道建设新机遇，加速构建面向东盟的跨境产业链供应链价值链，建成引领中国—东盟开放合作的高标准、高质量自由贸易园区，推动形成国内国际双循环相互促进的重要枢纽。

专栏 2-41

广西自贸试验区大事记

【2019 年】

● 8 月 6 日，中国（广西）自由贸易试验区获批设立。

● 8 月 30 日，中国（广西）自由贸易试验区揭牌。

● 8 月 30 日，广西自贸试验区南宁片区第一批注册企业获颁营业执照。

● 9 月 11 日，组建广西自贸试验区建设指挥部。

● 9 月 22 日，广西自贸试验区推介会在南宁举行。

● 12 月 9 日，广西壮族自治区科学技术厅在广西自贸试验区实施科技创新引才引智计点积分制度。

● 12 月 18 日，《促进中国（广西）自贸试验区高质量发展支持政策》《中国（广西）自由贸易试验区崇左片区发展支持政策》发布实施。

● 12 月 23 日，金融支持中国（广西）自由贸易试验区建设的若干政策措施发布实施。

【2020 年】

● 1 月 6 日，中国—东盟金融城一站式服务大厅揭牌。

● 1 月 22 日，《中国（广西）自由贸易试验区建设实施方案》发布实施。

● 2 月 19 日，钦州市人民政府印发《促进中国（广西）自由贸易试验区钦州片区高质量发展补充政策》。

● 2 月 25 日，凭祥铁路口岸正式验收通过，中国首班进境水果专列入境。

● 3 月 9 日，自治区人民政府下放第一批自治区级行政权力事项。

● 3 月 20 日，广西自贸试验区南宁片区实现项目“拿地即开工”。

● 5 月 7 日，“外国人工作、居留服务窗口”正式启用。

● 5 月 29 日，北部湾港保税燃油供应基地在钦州港运营。

● 6 月 6 日，广西自贸试验区首次面向全球“云”招商引资，揽金超 80 亿元。

● 6 月 21 日，自治区人民政府下放第二批自治区级行政权力事项。

● 7 月 28 日，南宁市政策兑现综合服务平台正式上线。

● 9 月 7 日，国内原油期货保税交割业务落地中国（广西）自由贸易试验区。

● 11 月 28 日，中国（广西）自由贸易试验区崇左片区投资商机推介会在南宁举办。

【2021 年】

● 3 月 4 日，中国（广西）自由贸易试验区钦州港片区举行商事登记确认制企业开办智能审批系统上线仪式。

● 5 月 6 日，《中国（广西）自由贸易试验区南宁片区关于支持新兴制造业发展的若干措施（试行）》发布实施。

● 7 月 18 日，2021 年中国（广西）自由贸易试验区重大项目签约仪式在中国—东盟经贸中心举行。

● 9 月 10 日，在南宁举办中国（广西）自由贸易试验区推介会。

● 10 月 11 日，钦州召开促进中国（广西）自由贸易试验区钦州港片区高质量发展大会。

● 10 月 14 日，首单 QFLP 基金落地自贸试验区南宁片区。

资料来源：中国（广西）自由贸易试验区官网，http：//gxftz. gxzf. gov. cn/.

（二）云南自贸试验区

云南东连珠三角、长三角经济圈，南可达河内、曼谷、新加坡、仰光等地，北通四川，西可通往印度洋进而去往中东、欧洲、非洲，区位优势十分明显，是我国重要的“三亚枢纽”，是连接东亚、面向东南亚和南亚的辐射中心，在构建第三亚欧大陆桥中发挥重要的枢纽作用，同时也是长江经济带的重要组成部分。在云南建设自贸试验区，着力打造“一带一路”和长江经济带互联互通的重要通道，建设连接南亚、东南亚大通道的重要节点，推动形成我国面向南亚、东南亚的辐射中心①。挂牌成立两年间，中国（云南）自由贸易试验区（以下简称云南自贸试验区）不断创新沿边经济社会发展新模式，加快建设我国面向南亚、东南亚辐射中心，通过推动经济发展质量变革、效率变革、动力变革，云南自贸试验区的经济枢纽作用越发明显。云南自贸试验区片区详情如表 2-62 所示。

---

① 中国政府网．国务院关于印发 6 个新设自由贸易试验区总体方案的通知［EB/OL］．［2019-08-26］．http：/www. gov. cn/zhengce/content/2019-08/26/content_ 5424522. htm.

表 2-62　云南自贸试验区片区详情

片区	面积（平方公里）	功能定位	重点发展产业
昆明片区	76	建设面向南亚东南亚的互联互通枢纽、信息物流中心和文化教育中心	高端制造、航空物流、数字经济、总部经济等产业
红河片区	14.12	打造面向东盟的加工制造基地、商贸物流中心和中越经济走廊创新合作示范区	加强与红河综合保税区、蒙自经济技术开发区联动发展，重点发展加工及贸易、大健康服务、跨境旅游、跨境电商等产业
德宏片区	29.74	打造沿边开放先行区、中缅经济走廊的门户枢纽	跨境电商、跨境产能合作、跨境金融等产业

资料来源：云南自由贸易试验区官网，https：//ftz. yn. gov. cn/page/index/id/140. html.

1. 发展成果

（1）22 项制度创新成果全国首创。

在云南自贸试验区设立后的两年时间里，以制度创新为核心，以可复制、可推广为基本要求，形成了诸多可复制、可推广的制度创新成果。102 项制度创新成果中，70 项制度创新成果作为第二批制度创新成果予以公开发布，其中属于全国首创的制度创新成果 22 项。2021 年 10 月，云南自贸试验区昆明片区案例“面向南亚东南亚跨境电力交易平台”被国务院采用推广。云南自贸试验区制度创新成果汇总如表 2-63 所示。

表 2-63　云南自贸试验区制度创新成果汇总

领域	数量（项）	创新成果
政府职能转变	15	包括归零商事登记成本、“区块链云签名”、打造企业登记注册在线服务新模式、电子劳动合同全程网办、“三缩减、六合一”新模式、搭建信用风险智能监管平台等
投资便利化	9	包括“线上+线下”一站式知识产权服务、招商引资“能进能退”模式、跨境园区联动优化产业链布局新模式等
贸易便利化	8	包括开展贸易调整援助试点、高效便捷跨境车险服务模式、“分段代驾”跨境运输模式等
金融开放创新	13	包括非主要货币“互开本币账户+货币对存+现钞调运”跨境金融合作模式、非涉外型境内企业境外融资国际商业转贷款、区域内银行间非主要货币参考性汇率形成应用机制等
沿边社会治理	11	包括边境地区疫情防控管理创新、以“七边工作法”提升疫情防控监督质效、边境城市生态环境精细化信息化管理等
辐射中心建设	14	包括能源跨境交易市场构建新模式、以跨境电商转关通道+跨境物流优化支撑大通道建设、旅客购物退货服务优化等

资料来源：云南自由贸易试验区官网，https：//ftz. yn. gov. cn/page/index/id/140. html.

（2）信用监管机制全面开花。

云南自贸试验区大力推动建立健全以信用为基础的事中、事后新型监管机制，明确规范15项政府承诺事项；围绕信用信息归集、共享、公示，推动信用承诺落地、信用评价和分级分类监管落地、联合惩戒落地；运用省信用平台归集市场主体信息、行政许可信息、行政处罚信息，建立自贸试验区信用体系。经过一年多时间的发展，云南自贸试验区有效促进了信用监管机制落地，逐步实现信用信息数据“一张网”，为云南省经济社会高质量发展贡献力量。云南自贸试验区发展政策汇总如表2-64所示。

表2-64　云南自贸试验区发展政策汇总

时间	文件
2019年	《中国（云南）自由贸易试验区红河片区招商引资办法（试行）》
	《中国（云南）自由贸易试验区德宏片区招商引资试行办法》
2020年	《云南省人民政府关于支持中国（云南）自由贸易试验区高质量发展的若干意见》
	《中国（云南）自由贸易试验区管理办法》
	《中国（云南）自由贸易试验区德宏片区全面提升外商投资服务实施方案》
2021年	《中国（云南）自由贸易试验区产业发展规划（2021—2025年）》
	《中国（云南）自由贸易试验区参与〈区域全面经济伙伴关系协定〉（RECP）行动方案》
	《中国（云南）自由贸易试验区昆明片区（昆明经开区）加强招商引资促进产业高质量发展若干政策实施细则》

资料来源：云南自由贸易试验区官网，https：//ftz. yn. gov. cn/page/index/id/140. html.

（3）100项优化营商环境措施层出不穷。

为充分发挥自贸试验区示范带头作用，聚焦云南自贸试验区存在的营商环境痛点、堵点、难点问题，云南自贸试验区出台了《中国（云南）自由贸易试验区深化营商环境制度创新的若干措施》，围绕市场准入、贸易便利、金融开放、社会治理、实施保障等领域，出台100项具体措施，发挥自贸试验区在打造市场化、法治化、国际化营商环境中的引领、带动、示范作用，培育新形势下参与国际合作和竞争的新优势①。2021年1—7月，云南自贸试验区累计实现进出口559.3亿元，同比增长2.5倍，占同期云南省外贸进出口总额的32.1%。其中，

① 韩成圆．努力打造国际一流营商环境［N/OL］．云南日报［2020-06-23］．https：//yndaily. yunnan. cn/content/202106/23/content_ 10284. html.

出口 440 亿元，进口 119. 3 亿元。云南自贸试验区 2021 年 1—7 月进出口总额占比如图 2-27 所示。

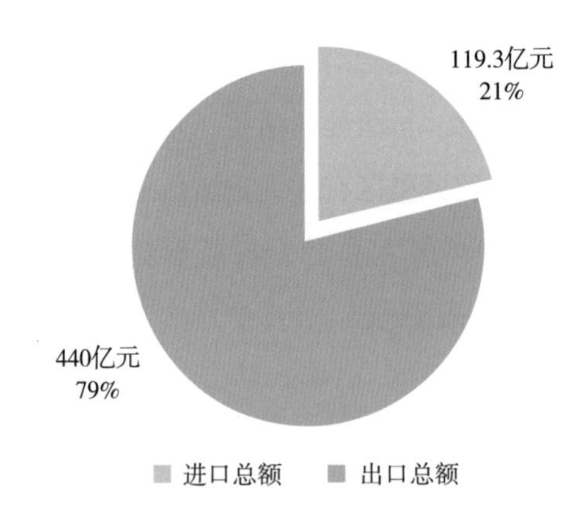

图 2-27 云南自贸试验区 2021 年 1—7 月进出口总额占比

资料来源：云南省发展和改革委员会官网 . 2021 年 1—7 月中国（云南）自贸试验区进出口额同比增长 2. 5 倍［EB/OL］.［2021-09-13］. http://yndrc. yn. gov. cn/ynfzggdt/77393.

2. 远景规划

云南省“十四五”规划和 2035 年远景目标纲要提出，要打造以云南自贸试验区为引领的高质量开放合作新平台。全面落实国务院批复的云南自贸试验区总体方案，以制度创新为核心，以产业发展为关键，以探索可复制、可推广经验为基本要求，对标国际先进规则，加强自主性、原创性、集成性改革，形成更多具有国家竞争力的创新成果。

统筹推进昆明、红河、德宏三个片区建设，完善三个片区功能布局，发挥昆明片区整体性、系统性和示范性效应，突出红河、德宏两个片区沿边特色优势，形成三个片区各具特色、协同发展的局面。推动试验区在产业发展、业态培育、招商引资、金融开放等方面实现重大突破，到 2025 年，试验区主营收入力争在“十三五”末的基础上实现“翻两番”。

大力发展跨境贸易、跨境电商、跨境产能合作、跨境金融、跨境人力资源合作、跨境园区建设、跨境物流、跨境旅游、边境旅游等新业态、新模式。加强自贸试验区与国家级经开区、滇中新区、国家级高新区、国家重点开发开放试验区等平台的联动发展，积极为自贸试验区扩区、扩容大胆探索。推动各部门、各领域、各环节制度创新、管理创新、服务创新，营造一流营商环境，激发市场主体活力，吸引国内外知名企业入驻，加快培育、引进贸易和投资新主体，着力推动一批重大项目落地，把自贸试验区建设成为对外开放新高地。① 云南自贸试验区制度创新赋能产业发展十大工程如表 2-65 所示。

表 2-65　云南自贸试验区制度创新赋能产业发展十大工程

工程	主要内容
市场准入便利化工程	● 实施高标准市场体系建设行动，按照便利、高效、透明的原则，畅通市场循环，疏通堵点，努力实现市场准入畅通、开放有序、竞争充分、秩序规范 ● 健全市场准入负面清单动态调整机制 ● 实行以过程监管为重点的投资便利措施，逐步实施市场准入承诺即入制 ● 开展个人破产制度改革试点
贸易及通关便利化工程	● 全面推广单证无纸化，推动海关直接使用市场监管、商务等部门数据办理进出口货物收发货人注册登记 ● 深化海关“两步申报、两轮驱动、两段准入、两类通关、两区优化”改革，进一步提高通关便利化水平
产业转移承接深化工程	● 按照“合建”园区分别管理、“共建”园区共同管理、“租借”园区自我管理模式，建立完善“飞地经济”产业合作区税收征管和利益分配机制及跨省迁移企业继续享有原有资质、认证
产业协同联动培育工程	● 推进昆明片区发挥整体性系统性示范性效果，红河片区、德宏片区突出沿边特色优势，形成三个片区既良性竞争又协同发展的高质量协同创新格局，拓展联动区域的示范作用 ● 加强与长三角、粤港澳大湾区、成渝经济圈等区域协同联动，更好地服务全国发展大局
财税和金融扶持工程	● 统筹省级部门专项资金，优先用于支持云南自贸试验区建设发展 ● 采取银团贷款、混合贷款、项目融资等方式，优先对云南自贸试验区内基础设施互联互通、政府合作、国际产能与装备制造合作、能源合作等领域重大项目给予合理的金融支持
土地资源精细化保障工程	● 全面提升土地资源精细化利用水平，建立完善低效用地盘活利用机制，探索土地混合使用和建筑复合利用的新模式，实行土地全生命周期管理
劳动力区域化配置工程	● 推进省级部门与毗邻国家签署跨境人力资源合作协议，探索建立外籍务工人员管理长效机制 ● 提高入外籍留学回国人员工作生活便利和外国人才工作许可便利
资本要素跨境合作工程	● 推动设立云南自贸试验区产业引导基金 ● 鼓励引导基金参股投资股权投资基金、并购基金，撬动民间资本向自贸试验区聚集 ● 加快推进金融信息、票据流通、信用体系一体化

① 云南省政府网．云南省人民政府关于印发云南省国民经济和社会发展第十四个五年规划和二〇三五年远景目标纲要的通知［EB/OL］．［2021－02－09］．http：//www.yn.gov.cn/zwgk/zcwj/yzf/202102/t20210209_217052.html.

续表

工程	主要内容
科学技术创新工程	● 建设创新型云南自贸试验区，加快科研成果从样品到产品再到商品的转化，带动新技术新产品新业态蓬勃发展 ● 大力促进创新链、产业链、资金链等相互交织、相互支撑，建立与国际接轨的知识产权保护和运营体系，打造国际一流创新环境
数字经济赋能工程	● 加快建设“数字经济、数字政府、数字社会、数字城市”，建立“数字云南自贸试验区”全景地图以及产业热力地图 ● 建立健全跨区域资源基础设施网络共享机制，鼓励第三方公平使用 ● 建立国际互联网数据专用通道，扩容国际通信出口宽带，推进面向南亚东南亚辐射中心数据枢纽建设

资料来源：中国（云南）自由贸易试验区工作领导小组办公室．中国（云南）自由贸易试验区工作领导小组办公室关于印发《中国（云南）自由贸易试验区产业发展规划（2021—2025 年）》的通知［EB/OL］．［2021-07-09］．http：//www. yn. gov. cn/ztgg/lqhm/lqzc/djzc/202201/t20220105_ 234270. html.

专栏 2-42

云南自贸试验区大事记

【2019 年】

● 8 月 30 日，中国（云南）自由贸易试验区挂牌成立。

● 11 月 11 日，德宏片区工作领导小组第一次会议召开。

● 11 月 29 日，红河片区公共法律服务中心揭牌。

● 12 月 2 日，昆明片区发出首份营业执照。

【2020 年】

● 1 月 15 日，昆明片区跨境电商平台上线。

● 3 月 30 日，昆明片区发出首张“告知承诺”执照。

● 5 月 18 日，全新升级改造后的云南自贸试验区昆明片区综合服务中心正式启用。

● 8 月 27 日，召开云南自贸试验区挂牌一周年新闻发布会。

● 10 月 27 日，云南（东盟）数字商业人才孵化基地在云南自贸试验区昆明片区揭牌。

● 12 月 14 日，2020 云南自贸试验区高质量发展论坛在昆明举办。

【2021 年】

● 1 月 8 日，云南自贸试验区红河片区一超亿元项目成功签约。

● 2 月 3 日，云南自贸试验区联动创新区挂牌仪式在昆明国家高新技术产业开发区举行。

● 5 月 6 日，云南首笔“跨境 E 证通”业务成功落地红河片区。

● 6 月 10 日，全国首单“绿色+乡村振兴”双标债券落地自贸试验区昆明片区。

● 6 月 29 日，昆明片区（昆明经开区）举行第二批招商引资项目签约仪式。

● 7 月 15 日，出台《中国（云南）自由贸易试验区产业发展规划（2021—2025 年）》。

● 8 月 20 日，信用监管机制落地。

● 9 月 13 日，首笔汇总征税保函业务落地红河片区。

● 10 月 8 日，红河片区召开高质量发展务虚会。

● 10 月 15 日，昆明片区“创业者港湾”揭牌。

资料来源：云南自贸试验区官网，https：//ftz. yn. gov. cn/.

（三）陕西自贸试验区

陕西是我国向西开放的门户，是“一带一路”的重要节点。在“一带一路”倡议指导下，陕西积极发展枢纽经济、门户经济、流动经济，区位优势越发明显。在陕西建立自贸试验区，是全面深化改革、扩大开放和加快推进“一带一路”建设、深入推进西部大开发的重大举措。在 2017 年挂牌后的 4 年里，中国（陕西）自由贸易试验区（以下简称陕西自贸试验区）发挥“一带一路”建设对西部大开发的带动作用，加大西部地区门户城市开放力度，不断扩大与“一带一路”沿线国家的经济合作，积极创建与“一带一路”沿线国家人文交流的新模式，深入推动西部大开发战略实施，努力将自贸试验区建设成为全面改革开放“试验田”、内陆型改革开放新高地、“一带一路”经济合作和人文交流重要支点[①]。陕西自贸试验区片区详情如表 2-66 所示。

① 国务院新闻办公室网站．陕西举行中国（陕西）自由贸易试验区四年建设情况新闻发布会［EB/OL］．［2021 - 04 - 07］．http：//www. scio. gov. cn/xwfbh/gssxwfbh/xwfbh/shan _ xi/Document/1701844/1701844. htm.

表 2-66　陕西自贸试验区片区详情

片区	面积（平方公里）	功能定位	重点发展产业
中心片区	87.76	打造面向“一带一路”的高端产业高地和人文交流高地	战略性新兴产业和高新技术产业，着力发展高端制造、航空物流、贸易金融等产业，推进服务贸易促进体系建设，拓展科技、教育、文化、旅游、健康医疗等人文交流的深度和广度
西安高新综合保税区	3.64	建设“一带一路”国际中转内陆枢纽港、开放型金融产业创新高地及欧亚贸易和人文交流合作新平台	国际贸易、现代物流、金融服务、旅游会展、电子商务等产业
杨凌示范区片区	5.76	打造“一带一路”现代农业国际合作中心	以农业科技创新、示范推广为重点，通过全面扩大农业领域国际合作交流

资料来源：陕西自由贸易试验区官网，http：//ftz.shaanxi.gov.cn/zjzmg/lbgc/3iUfee.htm.

1. 发展成果

（1）21 项制度创新成果国内推广。

在 2017 年挂牌后的 4 年里，陕西自贸试验区面对复杂多变的国内外形势，大胆试、大胆闯、自主改，各项工作取得显著成效，165 项改革试点任务全面实施，实施率达到 100%。累计形成创新案例 463 个，21 项制度创新成果在全国复制推广，53 项制度创新成果在全省复制推广，居同批次自贸试验区前列。2021 年，陕西自贸试验区西咸新区秦汉新城特色文化产业合作新模式、创新第三方医学检验检测实验室共享模式、“全球云端”零工创客共享服务平台、语言能力标准化服务体系及大数据平台建设创新模式四项案例在全国复制推广。2018 年陕西自贸试验区首批改革创新成果如表 2-67 所示。

表 2-67　2018 年陕西自贸试验区首批改革创新成果

分类	改革创新成果
省内复制推广（16 项）	1. 行政事项审批（备案）联办网上申请平台
	2. 建设项目审批“三合两联”模式
	3. 设立“互联网+政务服务”驿站
	4. 政务服务“容缺受理”
	5. 24 小时自助信包箱
	6. 国际高层次人才“一站式”服务平台

续表

分类	改革创新成果
省内复制推广（16项）	7. “一站式”境外投资服务平台
	8. “一带一路”语言服务及大数据平台
	9. “一带一路”沿线国家数字博物馆
	10. 职业农民创业创新
	11. 农业全产业链生产经营模式
	12. 文化企业股权融资
	13. 征信服务与政务服务联动
	14. “内保外贷”金融创新
	15. 推进税收征管方式改革
	16. 以企业为单元加工贸易监管模式
自贸试验区内复制推广（2项）	17. 信用金融服务创新
	18. 打造“云端自贸试验区”新模式

资料来源：陕西自由贸易试验区官网，http：//ftz. shaanxi. gov. cn/zjzmg/lbgc/3iUfee. htm.

（2）对外贸易规模占全省的7/10。

陕西自贸试验区自2017年挂牌成立以来，市场主体加速落户，新设市场主体74336家，新增注册资本8945. 87亿元，新设外资企业579家，新增企业数占全省新增企业数的1/14。货物贸易和利用外资稳步推进，对外贸易和实际利用外资规模分别占全省的7/10和近1/2。服务贸易加快发展，全面深化服务贸易创新发展成效显著。综合保税区建设成效突出，“一带一路”服务贸易数字医疗技术出口试点基地、跨境电商综试区以及各类商务服务平台取得新进展。2017—2020年陕西自贸试验区累计新增市场主体和企业如图2-28所示。

（3）六大特色产业发展蒸蒸日上。

以三星、美光等企业为龙头，推动集“芯—软—端—网”为一体的电子信息产业集群不断壮大；宝能、比亚迪、开沃等新能源汽车项目加速推进；无人机、智能机器人等项目加快引进；西安爱菊集团境外农业园等深度融入国际农业合作产业链；临空产业规模突破100亿元；西安丝路国际会展中心等会展业载体进一步丰富。截至2021年3月底，陕西自贸试验区引入东航、海航、南航等14家航空公司区域总部，聚集圆通、申通、普洛斯等176个国内外物流企业和77个

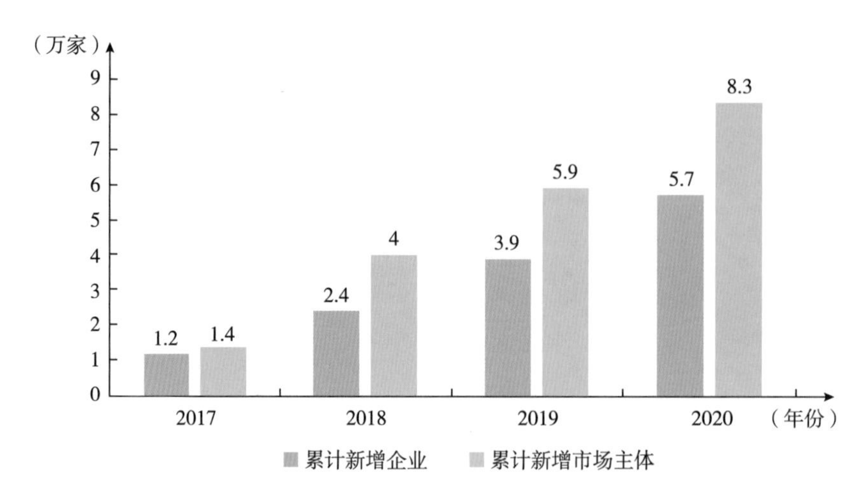

图 2-28　2017—2020 年陕西自贸试验区累计新增市场主体和企业

资料来源：陕西自由贸易试验区官网，http：//ftz. shaanxi. gov. cn/zjzmg/lbgc/3iUfee. htm.

临空产业项目，临空经济规模突破 100 亿元①。

（4）三大国家战略与自贸试验区发展深度融合。

深度服务和融入“一带一路”建设，国际产能合作持续深化，农业国际合作成效明显，科技教育合作不断拓展，人文交流合作取得新进展。积极服务和融入西部大开发战略，对西北地区的辐射带动作用持续放大，将自贸试验区 70 余项改革创新成果向西北地区复制推广。扎实推进黄河流域生态保护和高质量发展战略，黄河流域城市间政务合作机制不断健全，陕晋蒙黄河区域协同发展局面逐步形成。陕西自贸试验区发展政策汇总如表 2-68 所示。

表 2-68　陕西自贸试验区发展政策汇总

时间	文件
2017 年	《加快中国（陕西）自由贸易试验区杨凌示范区片区发展的若干政策》
	《陕西省省国税局强化十条措施助推中国（陕西）自由贸易试验区建设》
	《陕西省商务厅　陕西省国家税务局关于陕西自由贸易试验区内资租赁企业从事融资租赁业务试点有关问题的通知》
	《陕西检验检疫局关于印发支持中国（陕西）自由贸易试验区建设 20 项措施的通知》
	《金融服务中国（陕西）自由贸易试验区建设的意见》
	《陕西自贸试验区证照分离改革试点工作方案》
	《中国（陕西）自由贸易试验区管理办法》

① 国务院新闻办公室网站．陕西举行中国（陕西）自由贸易试验区四年建设情况新闻发布会［EB/OL］．［2021 - 04 - 07］．http：//www. scio. gov. cn/xwfbh/gssxwfbh/xwfbh/shan _ xi/Document/1701844/1701844. htm.

续表

时间	文件
2018 年	《进一步支持中国（陕西）自由贸易试验区建设的若干意见》
	《进一步推进中国（陕西）自由贸易试验区外汇管理改革试点实施细则》
	《中国（陕西）自由贸易试验区保险支公司高级管理人员备案管理实施细则》
	《陕西省商务厅关于支持中国（陕西）自由贸易试验区进一步创新发展的实施意见》
2019 年	《陕西省人民政府关于支持中国（陕西）自由贸易试验区深化改革创新若干措施的意见》
	《西安市人民政府关于深化中国（陕西）自由贸易试验区西安区域改革创新若干措施的通知》
2020 年	《中国（陕西）自由贸易试验区建设 2020 年重点工作》
	《支持陕西自由贸易试验区建设监管服务实施方案》
	《关于金融支持中国（陕西）自由贸易试验区杨凌示范区片区建设的意见》
	《关于加快推进陕西自由贸易试验区绿色产品发展的实施意见》
	《陕西省公安厅关于贯彻落实公安部复制推广有关出入境政策措施的业务规范》
	《陕西省高级人民法院关于为中国（陕西）自由贸易试验区建设提供司法服务保障的意见》
	《中国（陕西）自由贸易试验区知识产权纠纷多元解决指导意见》
	《中国（陕西）自由贸易试验区跨部门知识产权执法协作指导意见》
2021 年	《陕西省优化营商环境条例》
	《中国（陕西）自由贸易试验区进一步深化改革开放方案》
	《中国（陕西）自由贸易试验区“十四五”规划》

资料来源：陕西自由贸易试验区官网，http：//ftz. shaanxi. gov. cn/zjzmg/lbgc/3iUfee. htm.

2. 远景规划

进入“十四五”时期，陕西自贸试验区谋划大动作，《中国（陕西）自由贸易试验区“十四五”规划》[①] 提出，以制度创新为核心，以深化供给侧结构性改革为主线，以打造内陆改革开放高地为着力点，对标高标准国际经贸规则，深入推进高水平制度型开放，加强改革创新系统集成，加快建设“丝路自贸”“科创自贸”“农业自贸”，努力将陕西自贸试验区打造成为新发展阶段畅通国内大循

① 陕西自贸试验区杨凌片区官方网站．陕西省商务厅　陕西省发展和改革委员会关于印发《中国（陕西）自由贸易试验区“十四五”规划》的函［EB/OL］．［2021-09-23］．https：//ftz. yangling. gov. cn/zfxxgk/fdzdgknr/tzgg/1466250896478633986. html.

环的战略平台、联通国内国际双循环的战略节点。到 2025 年底，在全国复制推广的创新举措达到 15 个，在陕西省内复制推广的创新举措达到 100 个，发挥好改革开放排头兵示范作用。

推进丝路自贸建设。推进“一带一路”商贸物流中心建设，加快推进重点项目建设，增加适应国内消费升级需求的“一带一路”特色优质产品进口；推进“一带一路”国际产能合作中心建设，与共建“一带一路”国家合作搭建国别境外投资服务平台，拓展“一带一路”产能合作领域；推进“一带一路”人文交流中心建设，出台配套优惠财税金融政策，打造国内国外交流合作新载体；推进“一带一路”投融资中心，高质量建设“通丝路”平台、中欧班列“长安号”数字金融服务平台，推进金融、电子商务数字化发展；推进“一带一路”国际数据中心建设，加快大数据产业创新发展和应用。

推进科创自贸建设。创新科技创新发展体系，提升科技创新能力；依托高能级平台激发创新活力，搭建产学研平台、合作创新平台推进全球协同研发和开放创新；提升创新成果产业应用能力，实施智能制造升级工程、重大科技成果转化工程，培育若干国内外顶尖的智能制造示范企业；探索建设离岸创新中心，设立离岸创新平台，支持海外人才开展离岸创新创业活动；加强创新配套服务，探索建设公益性社会化创新创业公共服务机构，鼓励引进国内外各类科技创新中介机构，加强科技协同创新体系建设。

推进农业自贸建设。推进农业科研服务平台建设，打造农业科研资源的集中展示平台，优化杨凌农业种质资源共享利用交易平台建设；推进农业贸易服务平台建设，提升杨凌综合保税区的进出口服务能力，推进肉类、果蔬等重点农产品冷链物流建设；推动农业品牌影响力提升，打造“杨凌农科”品牌，完善“杨凌农科”品牌服务体系。

专栏 2-43

陕西自贸试验区大事记

【2017 年】

● 4 月 1 日，中国（陕西）自由贸易试验区正式揭牌运行。

● 4 月 26 日，由陕西省商务厅主办的中国（陕西）自由贸易试验区推介暨陕港金融合作交流会在西安举行。

● 5 月 11 日，陕西自贸试验区知识产权运营服务中心揭牌仪式在浐灞生态区举行。揭牌仪式后，举行了陕西自贸试验区知识产权运营服务中心首批项目集中签约仪式。

● 6 月 5 日，“中国（陕西）—韩国经贸合作交流会”在西安举办。

● 6 月 9 日，中国（陕西）自由贸易试验区工作领导小组办公室印发《中国（陕西）自由贸易试验区总体方案任务分工》(陕自贸组办发〔2017〕1 号)。

● 7 月 11 日，中国（陕西）自由贸易试验区工作办公室与中国（广东）自由贸易试验区深圳前海蛇口片区管委会在西安签署《合作备忘录》。

● 7 月 20 日，陕西省自贸办会同各成员单位制定印发《中国（陕西）自由贸易试验区建设督促检查工作机制》(陕自贸办发〔2017〕2 号)。

● 8 月 28 日，陕西—新加坡经贸合作推介会在西安举行。

● 8 月 30 日，陕西自贸试验区投资环境和重点项目推介会在上海举行。

● 11 月 20 日，作为第七届陕粤港澳经济合作活动周的重要活动之一，中国（陕西）自由贸易试验区推介交流会在新加坡香格里拉大酒店举行。

● 12 月 14 日，陕西省人民政府颁布实施《中国（陕西）自由贸易试验区管理办法》(陕西省人民政府令第 207 号)。

【2018 年】

● 3 月 26 日，陕西省自贸办印发《中国（陕西）自由贸易试验区建设督促检查实施办法（试行）》。

● 4 月 10 日，中国（陕西）自由贸易试验区工作领导小组办公室印发《中国（陕西）自由贸易试验区 2018 年重点工作》。

● 4 月 11 日，陕西省人民政府新闻办公室举办“中国（陕西）自由贸易试验区一周年建设情况及成果”主题系列新闻发布会第一场。

● 9 月 7 日，世界自由区组织首席执行官萨米尔在西咸新区空港新城为中国（陕西）自由贸易试验区空港功能区授牌，吸纳其成为世界自由区组织成员。

● 10 月 30 日，“一带一路”开放大通道建设与枢纽、门户、流动经济发展高峰论坛活动在西安国际港务区举行。

【2019年】

● 3月1日，中国（陕西）自由贸易试验区工作领导小组办公室印发《中国（陕西）自由贸易试验区建设2019年重点工作》。

● 3月5日，中国（陕西）自由贸易试验区创新发展第一次研讨会在西咸新区秦汉新城功能区召开。

● 4月9日，陕西省人民政府新闻办公室举办“中国（陕西）自由贸易试验区两周年改革创新情况及成果”主题系列新闻发布会第一场。

● 9月29日，陕西省商务厅党组第33次会议审议通过了《中国（陕西）自由贸易试验区条例（草案）》。

【2020年】

● 5月15日，陕西省自贸办印发《中国（陕西）自由贸易试验区建设考评实施办法》。

● 8月25日，“行走自贸试验区——高质量发展看陕西”网络主题活动在西安国际港务区启动。

● 11月20日，陕西省自贸办联合自贸试验区西咸新区在铜川市举办中国（陕西）自贸试验区西咸新区改革创新专题推介会。

【2021年】

● 2月8日，《中国(陕西）自由贸易试验区进一步深化改革开放方案》通过。

● 4月20日，陕西银保监局组织召开金融支持陕西自贸试验区建设工作推进会。

● 5月1日，《中国（陕西）自由贸易试验区条例》发布实施。

● 9月13日，陕西省商务厅、陕西省发展和改革委员会印发《中国（陕西）自由贸易试验区“十四五”规划》。

资料来源：陕西自由贸易试验区官网，http：//ftz. shaanxi. gov. cn/zjzmg/lbgc/3iUfee. htm.

3

中国自由贸易试验区实践案例>

作为改革开放的“试验田”，自 2013 年上海自贸试验区挂牌成立以来，各区域自贸试验区（港）为国家试制度，为地方赋动能，探索出许多可复制、可推广、利修法的新模式和新机制，有的创新经验案例在全国层面上复制推广，更多的创新经验在区域内广泛试用，为全国提供了具有区域特色的自贸样板，加快了创新制度模式从“盆景”到“苗圃”再到“森林”的改革开放步伐。

一、粤港澳大湾区案例

（一）广东自贸试验区：“一区一厅一中心”税费跨境智能联办[①]

广东自贸试验区横琴、南沙片区税务部门联合园区、粤港澳联营律师事务所、中国澳门粤澳工商服务中心等单位，通过设置智能办税微厅、港澳服务专区、跨境税务服务合作示范点、双创税务驿站、驻澳服务中心等灵活多样的服务前推界面，联通 V-Tax、南税云体验等线上线下税务服务平台，在粤港澳大湾区三地间形成跨境税费智能联办新模式，提供境内外涉税费业务远程办理、视频咨询实时连线、涉税费疑难实时处理等“云端办税服务”，探索打造“一次不用跑”办理和“家门口”就近办理的便利化粤港澳跨境智能办税缴费生态圈。

“一厅”——建设智能办税微厅，打造 5 分钟就近办税缴费“服务圈”。横琴税务部门在粤澳合作中医药科技产业园内建设了占地仅 50 余平方米的智能办税微厅，通过微厅主机即可实现相关办税业务后台实时办理、即时出票，并可将中国澳门居民参保原先需分别到社保局、税务局、银行、定点门诊办理的手续统一整合到微厅“一站式”办理，有效弥补网上办税的短板。南沙税务部门以区内的粤港澳联营律师事务所为窗口，联合多部门建立跨境税务服务合作示范点，拓展跨境税务服务渠道。

“一中心”——建设驻澳服务中心，打造跨境涉税服务“体验站”。横琴税务部门与粤澳工商联会开展突破性的合作，在粤澳工商服务中心设置税务服务

① 广东自贸试验区官方网站．案例五：“一区一厅一中心”税费跨境智能联办新模式［EB/OL］．［2021-05-14］．http：//ftz. gd. gov. cn/ztlm227/lznzdcxzjalzt/lzntzmy/content/post_ 3282491. html#zhuyao.

点，面向中国澳门居民免费提供办税缴费服务。中国澳门居民可以登录 V-Tax 远程可视自助办税系统或粤税通小程序体验税务登记、认定管理、发票办理、申报纳税等涉税事项“一次不用跑”办理。南沙税务部门打造大湾区双创税务驿站，设立“人工智能办税服务亭”，形成“一线一群一窗口”（咨询专线、服务微信群、专窗）多点网格分布的双创主题综合服务体系。

“一区”——建设港澳服务专区，打造税务服务创新“试验田”。横琴率先突破港澳居民证件认证限制，创新提供港澳通行证实名认证、港澳居民身份证信息采集等可视化线上服务。率先实现港澳新购房产缴税业务、社保登记等港澳定制特色服务全流程线上“一条龙”办理。南沙打造“南税云体验”税收智慧服务平台，形成集信息发布、政策答疑、税政导办、线上线下、关内关外于一体的开放、互动、个性化税务办理新体验，使港澳企业办税、咨询更便利。广东自贸试验区跨境人民币全程电子办税缴费“三个零”如图 3-1 所示。

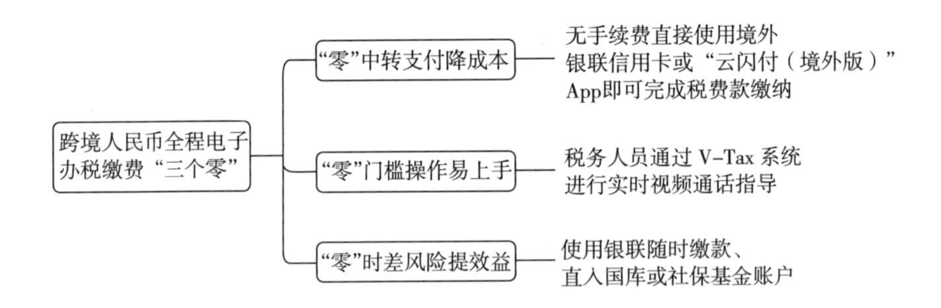

图 3-1 广东自贸试验区跨境人民币全程电子办税缴费“三个零”示意图

资料来源：中国（广东）自由贸易试验区官网．“一区一厅一中心”税费跨境智能联办新模式［EB/OL］．［2021-05-14］．http：//ftz. gd. gov. cn/ztlm227/lznzdcxzjalzt/lzntzmy/content/post_ 3282491. html#zhuyao.

（二）广东南沙片区：创建“1+1+N”粤港澳法律服务机制①

广东自贸试验区南沙片区根据港澳青年创新创业的现实需求，创新推出“1+1+N”粤港澳青年创新创业法律服务新机制。粤港澳青年创新创业法律服务

① 广东自贸试验区官方网站．案例二：粤港澳青年创新创业法律服务新机制［EB/OL］．［2021-05-14］．http：//ftz. gd. gov. cn/ztlm227/lznzdcxzjalzt/lzngjxsh/content/post_ 3282512. html#zhuyao.

新机制优化整合了保障港澳青年创新创业的法律服务举措，进一步完善了南沙国际化、法治化营商环境。

2021 年，服务港澳青年创新创业的各类基地大量涌现，帮助一大批港澳青年成功圆梦大湾区。除政策扶持外，港澳青年在内地发展遇到最大的“瓶颈”是法律和规则的不同，南沙片区港澳青年创新创业法律支援服务精准把握港澳青年的现实需求，为港澳青年推出量身定制的法律支援服务。

相比内地，港澳律师服务收费标准较高，“1+1+N”粤港澳法律服务机制，囊括了内地与港澳三方律师组成的法律服务团队，能提供“7×24”小时的公益法律支援服务，可为港澳青年和港澳青创企业节省大量法律服务方面的运营成本，有利于港澳青创企业快速做强做大。

可同步提供粤港澳三地服务，实现跨境法律服务“直通车”。“1+1+N”粤港澳法律服务机制（见图 3-2）充分发挥了粤港澳联营律师事务所可同时提供内地和港澳三地法律服务的独特优势，打造“一站式”法律支援实体平台。港澳青年及港澳青创企业在遇到法律问题时，可向南沙片区港澳青年创新创业法律支援

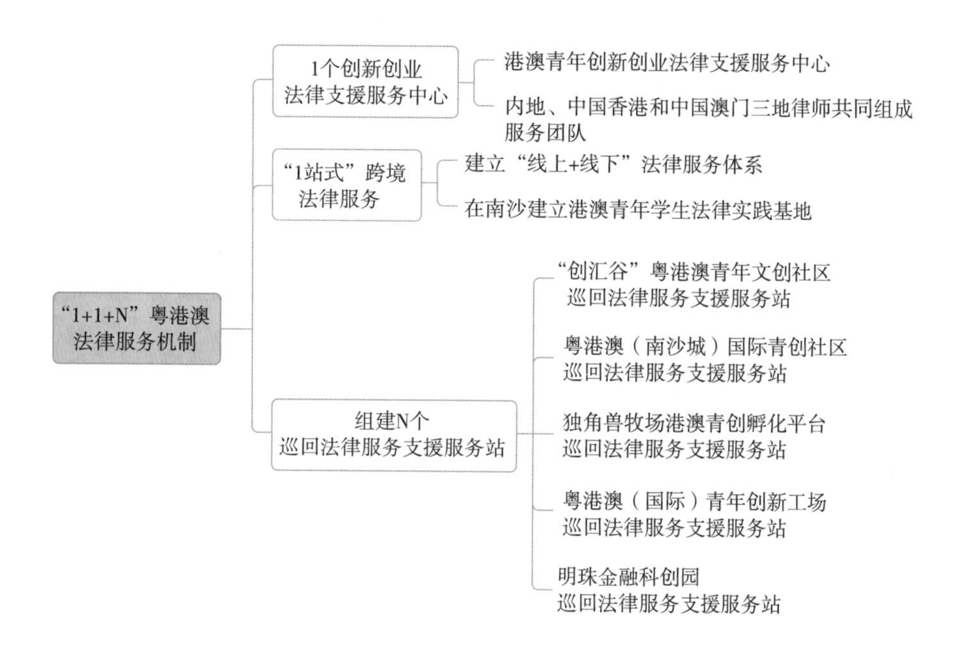

图 3-2　广东自贸试验区南沙片区“1+1+N”粤港澳法律服务机制示意图

资料来源：广东自贸试验区网站．案例二：粤港澳青年创新创业法律服务新机制［EB/OL］．［2021-05-14］．http：//ftz. gd. gov. cn/ztlm227/lznzdcxzjalzt/lzngjxsh/content/post_ 3282512. html#zhuyao.

服务中心寻求帮助，也可向金桥司徒邝（南沙）联营律师事务所等合伙联营律师事务所内的中国香港方律师和中国澳门方律师寻求法律支援，实现跨境同步服务“一站直达”。

（三）广东自贸试验区：全力打造深港国际法务区①

粤港澳大湾区具有“一个国家、两种制度、三个法域、三个关税区、三种货币”的独特性，广东自贸试验区全力打造深港国际法务区，法治建设呈现出“一个突破、两个支撑和三方联动”的发展态势。

一个突破——充分利用特区立法权，支持法律适用的规则对接，《深圳经济特区前海深港现代服务业合作区条例》允许前海法院民商事合同当事人一方为在前海合作区注册的港澳台资及外商投资企业协议选择合同适用的法律。该规定突破了《涉外民事关系法律适用法》，在不需要合同具有涉外因素和连接点的情况下可以让当事人选择适用境外法律，更加尊重合同当事人的意愿，更加具有开放包容性。

两个支撑——司法和仲裁两个支撑充分保障当事人适用境外法的选择得到真正落实。最高人民法院第一巡回法庭（第一国际商事法庭）以及深圳国际仲裁院已经确定永久落户前海，已经有 16 家国际知名仲裁机构确定进驻前海开展相关业务。前海法院和深圳国际仲裁院联合港澳地区，服务“一带一路”，面向全球积极推进“六个国际化”，包括治理结构国际化、仲裁员结构国际化、业务结构国际化、仲裁裁决执行国际化、仲裁合作平台国际化、仲裁规则国际化。

三方联动——通过律师事务所、法律查明机构和政府部门三方联动为当事人适用境外法提供服务保障。联动香港地区积极推动法律服务业在前海发展。联动最高人民法院在前海设立的中国港澳台和外国法律查明研究中心、最高人民法院港澳台和外国法律查明研究基地、最高人民法院港澳台和外国法律查明基地等机构，积极构建域外法治查明机制，制定《域外法律查明办法》和《适用域外法裁判指引》，完善法律查明与适用机制。联动专业法律服务机构倾力打造“一带

---

① 广东自贸试验区官方网站．案例三：涉外涉港澳台法治保障的系统集成［EB/OL］．［2021-05-14］．http：//ftz. gd. gov. cn/ztlm227/lznzdcxzjalzt/lzngjxsh/content/post_ 3282517. html#zhuyao.

一路”法治地图项目。全国自贸试验区“最佳实践案例”（广东）如表 3-1 所示。

表 3-1　全国自贸试验区“最佳实践案例”（广东）

批次	分类	主题
第一批	贸易便利化	跨境电商监管新模式
	事中事后监管体制改革	政府智能化监管服务模式
第二批	创新政务服务模式	“企业专属网页”政务服务新模式
第三批	市场监管新体制	以信用为核心的跨部门协同监管平台
	风险监测防控网络	智能化地方金融风险监测防控平台
	供电服务创新	供电服务新模式
第四批	粤港澳大湾区规则制度衔接	对接港澳地区跨境专业服务规则新探索

资料来源：中华人民共和国商务部官网．商务部关于印发自由贸易试验区“最佳实践案例”的函［EB/OL］．［2015-11-30］．http：//www.mofcom.gov.cn/article/fgsjk/201511/20151102649665.shtml；中华人民共和国商务部官网．商务部关于印发自由贸易试验区新一批“最佳实践案例”的函［EB/OL］．［2021-06-02］．http：//www.mofcom.gov.cn/zfxxgk/article/gkml/202106/20210603067286.shtml；中华人民共和国商务部官网．国务院自由贸易试验区工作部际联席会议办公室关于印发自由贸易试验区第三批“最佳实践案例”的函［EB/OL］．［2021-04-29］．http：//www.mofcom.gov.cn/zfxxgk/article/gkml/202104/20210403056818.shtml；中华人民共和国商务部官网．国务院自由贸易试验区工作部际联席会议办公室关于印发自由贸易试验区第四批“最佳实践案例”的函［EB/OL］．［2021-07-05］．http：//www.mofcom.gov.cn/article/zwgk/gztz/202107/20210703172994.shtml.

二、京津冀地区案例

（一）北京国际商务服务片区：通州组团发力绿色金融改革

绿色金融政策体系成功搭建。通州区委、区政府按照绿色金融承载地的战略要求，致力于在城市副中心以绿色发展打造“两区”建设新亮点和绿色金融功能先行示范区。围绕北京绿色金融国际中心战略定位，参照和借鉴国内外绿色金融建设体系的目标和任务，研究起草《北京绿色金融国际中心建设实施方案》。方案以“绿色金融赋能绿色发展”为主线，布局五方面 19 类重点任务，突出绿色金融引领改革创新、助力产业升级、推动生态转型、拓展国际合作等重点领域，为副中心绿色金融示范区建设提供了政策指导，谋划了实现路径，对推动面向国际市场的绿色金融产品研发和交易中心、绿色金融标准制定与发布中心、环境信息数据资源及能力建设中心这“三大中心”建设，对区域绿色金融政策体系的进一步完善具有里程碑意义。

绿色金融市场容量稳步扩充。城市副中心积极培育、发展和壮大绿色经济，高质量培育绿色金融市场主体，推动金融机构创新绿色金融产品和服务，高质量培育绿色金融市场，构建高效绿色金融服务体系，推动中国银行设立绿色专营支行，与兴业银行签署绿色金融战略合作协议，推动华夏理财、路孚特金融信息服务、北京绿色交易所等以ESG（环境、社会和公司治理）投资为重要业务板块的新型金融机构创新绿色金融产品和服务，加快引进三峡清洁能源、全国棉花交易所、红木交易所、北创低碳科技基金等绿色产业发展主体，吸引更多绿色资源落地落户，为绿色低碳发展赋予新动能。2020年，通州区银行金融机构共发放绿色信贷280余笔，贷款余额159亿元，首笔新奥燃气50亿元绿色债券成功获批；北京绿色交易所碳配额和环境权益交易市场实现自愿减排交易量720余万吨，金额近3亿元。北京绿色交易所绿色项目库一期成果发布，共征集全国6省9市近2300个项目入库。

绿色金融企业加速集聚。立足绿色金融可持续发展战略，从政策研发、市场运作等多个层面促进绿色金融企业加速集聚。一方面，在注重引入北京绿色交易所、北京绿色金融与可持续发展研究院等机构智力支持的基础上，主动对接北京绿色金融协会，设立城市副中心绿色发展专家委员会，加快夯实绿色金融发展的智力基础。另一方面，把发展基金作为支持绿色金融发展、促进产融结合的有效途径，支持和促进私募投资基金产业集聚发展。大力吸引北京长江资沅私募基金管理有限公司、北京中开丝路私募基金管理有限公司、北京北丰创新股权投资基金中心（有限合伙）等私募基金公司落地副中心，推动成立中美绿色基金管理公司，加快中美绿色私募基金产品设立筹备。同时，积极开展与北投集团、华夏理财、路孚特等企业的战略合作，加快推动碳金融集团组建筹备，在新能源和节能环保等领域及其产业链的上下游开展投融资业务，力争打造一流的专业化绿色金融集团。

绿色金融对外交流合作逐步深化。深化绿色金融国际交流，持续提升副中心绿色金融国际影响力。成功举办2020年绿色金融国际论坛、第二届中国资管行业ESG投资高峰论坛、城市副中心绿色发展论坛等大型活动，推动打造具有权威性和前瞻性的国际性金融论坛。2021年5月成功举办了首届金融支持绿色科技年会，近百家机构的绿色科技专家、投资者和研究人员围绕“30·60目标引领下的绿色科技创新”主题开展了深入研讨，并计划未来将年会打造成为绿色科技和金融资源进行交流和对接的常态化机制。依托绿色金融交往活动，筑牢绿色金融产业生态，推动副中心绿色金融国际合作。

专栏3-1

北京自贸试验区创新数字经济发展环境举措

● 增强数字贸易国际竞争力。对标国际先进水平，探索符合国情的数字贸易发展规则，加强跨境数据保护规制合作，促进数字证书和电子签名的国际互认。探索制定信息技术安全、数据隐私保护、跨境数据流动等重点领域规则。探索创制数据确权、数据资产、数据服务等交易标准及数据交易流通的定价、结算、质量认证等服务体系，规范交易行为。探索开展数字贸易统计监测。

● 鼓励发展数字经济新业态新模式。加快新一代信息基础设施建设，探索构建安全便利的国际互联网数据专用通道。应用区块链等数字技术系统规范跨境贸易、法律合规、技术标准的实施，保障跨境贸易多边合作的无纸化、动态化、标准化。依托区块链技术应用，整合高精尖制造业企业信息和信用数据，打造高效便捷的通关模式。探索建立允许相关机构在可控范围内对新产品、新业务进行测试的监管机制。

● 探索建设国际信息产业和数字贸易港。在风险可控的前提下，在软件实名认证、数据产地标签识别、数据产品进出口等方面先行先试。建设数字版权交易平台，带动知识产权保护、知识产权融资业务发展。对软件和互联网服务贸易进行高效、便利的数字进出口检验。积极探索针对企业的数据保护能力的第三方认证机制。探索建立适应海外客户需求的网站备案制度。

资料来源：中国政府网．重磅！北京自由贸易试验区总体方案公布［EB/OL］．［2020-09-21］．https：//www. sohu. com/a/41979145/-162758.

（二）天津自贸试验区：探索保税租赁海关监管新模式①

天津自贸试验区立足高效、便捷监管的原则，坚持以企业需求为导向，通过创新海关监管模式，推动异地委托监管、租赁资产交易等多项海关监管模式，解决了融资租赁业务发展中的突出问题，取得了明显成效（见图 3-3）。

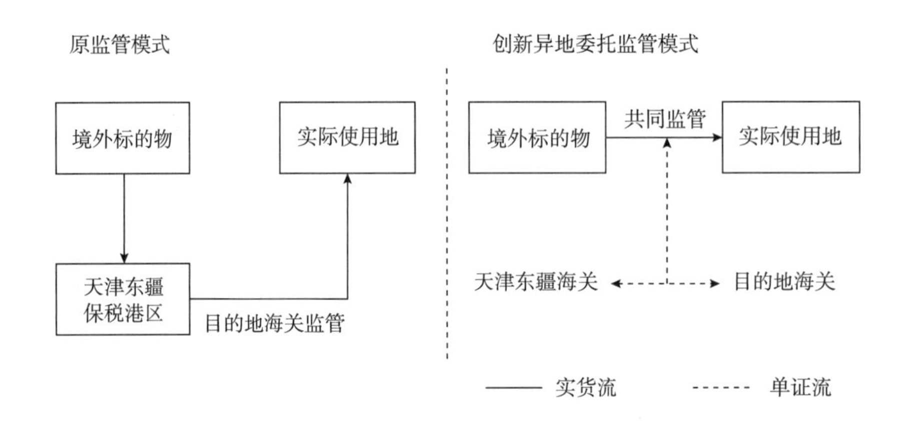

图 3-3 应用海关异地委托监管流程前后对比（以天津东疆海关为例）

资料来源：广东自贸试验区官网．涉外涉港澳台法治保障的系统集成［EB/OL］．［2021-05-14］．http：//ftz. gd. gov. cn/ztlm227/lznzdcxzjalzt/lzngjxsh/content/post_ 3282517. html#zhuyao.

异地委托监管进口租赁飞机、船舶、海洋工程结构物等大型设备。注册在天津自贸试验区海关特殊监管区域内的融资租赁企业进出口飞机、船舶和海洋工程结构物等大型设备，因无法移动、运输限制等难以实际运至海关特殊监管区域，天津海关在执行现行相关税收政策前提下，根据物流实际需要，经特殊区域主管海关核准，可通过派员监管、视频远程监控或委托异地海关协助监管等方式进行监管。通过海关间的联系配合，境外租赁标的可以直接运输至实际使用地，切实降低企业成本。

开展租赁资产交易业务监管模式创新。租赁资产交易的业务模式是租赁合同

① 中华人民共和国商务部官网．国务院自由贸易试验区工作部际联席会议办公室关于印发自由贸易试验区第四批“最佳实践案例”的函［EB/OL］．［2021-07-05］．http：//www. mofcom. gov. cn/article/zwgk/gztz/202107/20210703172994. shtml.

执行中承租企业不发生变化，租赁企业发生变更。改革前，飞机租赁企业开展业务时，飞机等租赁标的物必须实际出境再回到国内。天津海关通过充分调查研究论证，创新性提出通过申报保税核注清单的方式，完成租赁企业间和租赁企业与境外租赁企业间发生“租赁资产交易”的海关监管流程，解决了企业收付汇和后续租赁合同变更的问题。

完善监管体制，强化制度保障。2019 年 2 月，天津海关发布的《天津海关关于中国（天津）自由贸易试验区内海关特殊监管区域开展保税租赁业务相关管理的公告》，是全国首个保税租赁专项监管规定。同年 10 月，海关总署下发了《海关总署关于综合保税区内开展保税货物租赁和期货保税交割业务的公告》。两个文件将异地委托监管、租赁资产交易等多项海关创新监管模式，通过制度的形式固化下来，有力促进了融资租赁产业的健康发展。

（三）天津自贸试验区：探索平行进口汽车政府监管服务模式[①]

开展汽车平行进口试点是天津自贸试验区制度创新的重要内容。多年来，天津自贸试验区积极探索推动汽车平行进口试点工作的有效途径，基本实现了政府监管有体系、风险监控有机制、政策创新有平台、消费者合法权益有保障的“四有”目标，为国家探索出一套行之有效的监管服务模式，让汽车平行进口更好、更规范地发展，让平行进口汽车惠及广大消费者。

加强组织领导，科学规范管理。为支持天津自贸试验区开展汽车平行进口试点，成立了天津市汽车平行进口工作领导小组，成员包括：天津市商务委员会、天津市市场和质量监督管理委员会、天津滨海新区人民政府、天津海关、天津出入境检验检疫局。领导小组下设办公室，办公室设在滨海新区商务委员会，成员包括：滨海新区商务委员会，天津港保税区管委会，天津东疆保税港区管委会，滨海新区中心商务区管委会，自贸区内海关、检验检疫、市场监管机构。制定实施了全国首个平行进口汽车行政规范性文件《中国（天津）自由贸易试验区汽车平行进口试点管理暂行办法》，以及《支持中国（天津）自由贸易试验区开展

① 中华人民共和国商务部官网．国务院自由贸易试验区工作部际联席会议办公室关于印发自由贸易试验区第三批“最佳实践案例”的函［EB/OL］．［2021-04-29］．http：//www. mofcom. gov. cn/zfxxgk/article/gkml/202104/20210403056818. shtml.

平行进口汽车试点工作的若干措施》《支持平行进口汽车专项资金构成和管理的实施意见》等多项政策措施，形成了政策“组合拳”。

落实主体责任，完善售后网络。在筛选试点企业过程中，严把四道关口，包括必要条件初选、实地查验核对、重点能力评审排序及名单报备，将信誉良好、资质优良、无不良行为记录的企业作为试点单位。明确试点平台是本企业平行进口汽车产品质量追溯的第一责任主体，平台内会员企业为第二责任主体，试点企业是所售平行进口汽车产品质量追溯的唯一责任主体。试点单位均制定了《试点单位“三包”和质保实施方案》和《试点单位售后维修、召回及零配件供应解决方案》，售后维修服务体系进一步完善，试点企业通过自建、资源共享、多渠道合作等方式，基本形成了覆盖销售区域的售后服务网络。

创新服务措施，营造便利环境。海关部门对汽车物流和通关管理流程进行全面梳理，查找堵点，先后出台了《进口汽车通关作业流程的改革方案》《天津海关平行进口汽车保税仓储操作规程（暂行）》等便利化措施，天津口岸可实现企业申报后当日放行、集装箱当日回空。原检验检疫部门出台了《天津自由贸易试验区平行进口汽车检验监管管理规定（试行）》，发布了《天津检验检疫局关于对进口机动车实施检验结果采信的公告》，积极推行进口机动车第三方结果采信制度，企业预审价、保税仓储、第三方检验结果采信等政策实施后，大规模缩减了企业物流成本。落实《进一步深化中国（天津）自由贸易试验区改革开放方案》任务，天津海关第一时间取消了平行进口汽车保税仓储业务时限，减少企业资金占压，购车能力得到进一步增强，提高了企业在国外购车的话语权。

发挥专业优势，强化行业自律。根据天津从事汽车平行进口企业多、链条长的现实情况，推动成立了天津市滨海新区平行进口汽车商会和天津市平行进口汽车流通协会。行业组织成立后，在行业自律、规范制定、行业监测及预警、信息咨询、展销宣传、调解交易纠纷、维护消费者权益等方面积极开展工作，充分发挥专业特长，起到重要作用。

严格监控监管，实现全程可控。建立汽车平行进口政府监管和服务平台。通过对接商务、口岸、海关、检验检疫等部门的相关系统，统一每台平行进口汽车相关的自动进口许可证、入境货物报检单、进口货物报关单、车辆一致性证书等单证，使得政府相关部门掌握车辆的报关报检状态、物流仓储情况、车辆销售等信息时更加便利，实现对天津口岸每台平行进口汽车的全程可追溯。

（四）天津自贸试验区：构建“三个一”集成化行政执法监督体系[①]

天津自贸试验区按照市政府的统一部署和安排，运用系统整体思维，协调推进对行政权力的制约和监督，构建起了“一套制度做支撑”“一支队伍做保障”“一个平台为依托”的行政执法监督体系。

一套制度做支撑，发挥制度集成效应。天津市人民政府印发了《天津市行政执法监督规定》（以下简称《监督规定》）和《天津市人民政府关于加强行政执法监督工作的意见》（以下简称《监督意见》），明确了行政执法监督的范围和标准，进一步强调了规范行政执法监督的内容与要求。《监督规定》《监督意见》《天津市行政执法违法责任追究办法》和《天津市行政执法监督平台管理暂行办法》共同形成了规范行政权力运行、监督行政执法行为的基本构架。同时，天津市还出台了《天津市持证执法办法》《天津市行政执法投诉办法》《天津市行政执法监督证管理暂行办法》等一系列规章制度，基本构建起覆盖执法程序、投诉救济、监督追责全过程的行政执法监督制度体系，为行政执法监督工作顺利开展提供了集成化的有力制度支撑。

一支队伍做保障，形成监督集成合力。一是加强执法监督机构建设，在天津市和滨海新区政府法制机构加挂行政执法监督局牌子，代表本级人民政府统一组织行政执法监督工作。二是建立专职行政执法监督工作队伍，滨海新区政府在本级政府法制机构调剂增加人员，专门从事行政执法监督工作；各行政执法机关配备与本部门执法任务相适应的行政执法监督专职人员；行政执法数量大、任务重的部门，成立专门的行政执法监督机构并配备专职工作人员。

一个平台为依托，强化信息集成共享。利用信息化手段和“制度+科技”的方法，构建市、区两级统一的行政执法监督平台，对各行政执法机关的行政执法检查、行政处罚、行政强制等环节的执法信息进行全过程记录并归集，监督平台归集信息“全覆盖”“全过程”“实时化”的特点，使行政执法的每一个环节都能及时体现、随时查询、实时跟踪。一是全面归集行政执法信息。行政执法信息

---

① 中华人民共和国商务部官网．商务部关于印发自由贸易试验区新一批“最佳实践案例”的函［EB/OL］．［2021-06-02］．http：//www.mofcom.gov.cn/zfxxgk/article/gkml/202106/20210603067286.shtml.

化程度较高的部门，可以通过接口软件，直接将行政执法人员现场执法设备采集到的行政执法信息导入监督平台。二是加强数据统计分析。利用执法监督平台归集的大量行政执法数据信息，行政执法监督机构能够对执法总量、部门执法量、部门履职率、执法人员结构、执法参与率等进行统计分析，为科学合理配置执法资源和上级决策提供客观翔实的参考资料，通过数据比对和抽样分析，提升了发现问题的精准性，增强了行政执法监督效能。三是强化数据互联共享。作为行政处罚信息的权威数据库，监督平台为市场主体信用信息公示系统和信用天津系统定期提供行政处罚数据信息；通过衔接机制，允许司法检察机关获取监督平台的行政处罚案件信息，经过人为筛选，有效遏制“行政机关涉刑不移，司法机关涉刑不立”现象。

（五）天津自贸试验区：租赁资产证券化业务创新①

作为全国融资租赁业发展的重要聚集区之一，天津自贸试验区对标国际先进标准，加快推动租赁创新，形成的“租赁资产证券化业务创新”模式颇为亮眼。自资产证券化（ABS）产品发行由审批制改为备案制以来，按照国家金融监管部门的要求，天津自贸试验区融资租赁企业资产证券化业务实现快速发展。

明确发行主体和基础资产。区内某融资租赁公司根据融资需求，选择可进行资产证券化的租赁资产，打包入池资产共计 36 亿元，该公司作为原始权益人。公司经评估分析，确定租赁债权的期限、融资数额、经营业务匹配度、融资目的、资产出表、风险溢价水平、评估租赁资产等前期工作。设立特殊目的机构（SPV）作为专门的证券发行机构，实现资产隔离、风险隔离。

选定专业机构和设计交易结构。公司选定资产计划管理人，并确定托管银行、会计师事务所、律师事务所、评级机构、资产服务机构、主承销商和联合承销商等服务机构。租赁公司将基础资产形成的资金池转让给管理人，由管理人对其进行设计规划。此资产支持证券分为优先 A 级、优先 B 级和次级，次级由原始权益人自持。产品计划确定后，形成可售证券，确定销售方案。

---

① 中华人民共和国商务部官网．国务院自由贸易试验区工作部际联席会议办公室关于印发自由贸易试验区第三批“最佳实践案例”的函［EB/OL］．［2021-04-29］．http：//www. mofcom. gov. cn/zfxxgk/article/gkml/202104/20210403056818. shtml.

信用评价和增信。管理人在完成 ABS 产品设计后，委托专业的信用评级机构，对产品进行评级，以及增信、担保措施。级别确定并经交易所发行机构审核通过后，进入交易市场向合格的投资者销售。

对价支付。管理人将证券销售所得的收入，按照委托协议等相关交易文件的规定支付给融资租赁公司，融资租赁公司获取现金，改善现金流和财务数据。发行产品票面利率 5.45%，明显低于银行贷款综合利率水平。全国自贸试验区“最佳实践案例”（天津）如表 3-2 所示。

表 3-2　全国自贸试验区“最佳实践案例”（天津）

批次	主题
第一批	京津冀区域检验检疫一体化新模式
	以信用风险分类为依托的市场监管制度
第二批	集成化行政执法监督体系
第三批	平行进口汽车政府监管服务新模式
	租赁资产证券化业务创新
第四批	保税租赁海关监管新模式

资料来源：中华人民共和国商务部官网．商务部关于印发自由贸易试验区“最佳实践案例”的函［EB/OL］．［2015-11-30］．http：//www.mofcom.gov.cn/article/fgsjk/201511/20151102649665.shtml；中华人民共和国商务部官网．商务部关于印发自由贸易试验区新一批“最佳实践案例”的函［EB/OL］．［2021-06-02］．http：//www.mofcom.gov.cn/zfxxgk/article/gkml/202106/20210603067286.shtml；中华人民共和国商务部官网．国务院自由贸易试验区工作部际联席会议办公室关于印发自由贸易试验区第三批“最佳实践案例”的函［EB/OL］．［2021-04-29］．http：//www.mofcom.gov.cn/zfxxgk/article/gkml/202104/20210403056818.shtml；中华人民共和国商务部官网．国务院自由贸易试验区工作部际联席会议办公室关于印发自由贸易试验区第四批“最佳实践案例”的函［EB/OL］．［2021-07-05］．http：//www.mofcom.gov.cn/article/zwgk/gztz/202107/20210703172994.shtml.

（六）河北自贸试验区：“四个协同”推进京津冀协同发展[①]

河北自贸试验区立足实施京津冀协同发展战略，积极加强与天津自贸试验区、大兴机场片区（北京大兴区域）的协同联动，通过建设“载体、体制、规

① 中华人民共和国商务部官网．国务院自由贸易试验区工作部际联席会议办公室关于印发自由贸易试验区第四批“最佳实践案例”的函［EB/OL］．［2021-07-05］．http：//www.mofcom.gov.cn/article/zwgk/gztz/202107/20210703172994.shtml.

划、工作”四大协同机制、签署《津冀自贸试验区战略合作框架协议》等工作，深化京津冀协同发展，实现大兴机场片区廊坊区域与大兴机场片区大兴区域共商、共建、共享，形成区域协同开放、联动发展的新格局。

载体协同，打造协同发展的广阔空间。河北自贸试验区大兴机场片区地跨河北廊坊和北京大兴两个行政区域，片区内综合保税区是支撑国际贸易和外向型经济发展的重要载体，片区外接跨省级行政区域的大兴机场临空经济区，为大兴机场片区未来联动发展提供了广阔空间。

体制协同，强化改革发展的顶层设计。河北省与北京市共同推动组建了北京大兴国际机场综合保税区联合管理委员会，成立了河北自贸试验区推进工作领导小组，筹建了北京大兴国际机场临空经济区联合管理委员会，在多个层面构建协同有效的管理机制。同时，河北自贸试验区大兴机场片区（廊坊）管委会与北京大兴国际机场临空经济区（廊坊）管委会实行“一套人马，两块牌子”，河北自贸试验区大兴机场片区（北京大兴）管委会与北京大兴国际机场临空经济区（北京）管委会同样实行“一套人马，两块牌子”，合力推进自贸试验区建设发展。

规划协同，构建多层次的规划体系。河北省与北京市共同委托第三方设计《北京大兴国际机场临空经济区总体规划（2019—2035年）》、制定自贸试验区廊坊区域及大兴区域具体实施方案、设计《北京大兴国际机场综合保税区控制性详细规划》，在总体规划、自贸试验区建设及控制性详细规划三方面开展协同。

工作协同，建立全方位的协调推进机制。河北省与北京市统筹推进河北自贸试验区年度工作要点、制度协同创新、招商推介、业务培训等，一体安排相关工作。

（七）河北自贸试验区：改革完善航运管理机制①

曹妃甸片区抓住设立河北自贸试验区的重大机遇，以改革创新为引领，以建设东北亚经济合作引领区、临港经济创新示范区为目标，以制度创新为核心要

① 河北省政务服务管理办公室．曹妃甸创新四项改革举措促进自贸区营商环境再优化［EB/OL］．［2020-01-03］．http：//ggzy. hebei. gov. cn//zxzx/001002/001002004/20200103/04ae122c-b767-4c6b-aa6e-0ffbd55d930d. html.

求，从加快行政审批制度改革、促进航运便利化、打造优质通关环境、增强金融服务功能等方面入手，着手打造投资贸易便利化、自由化和公平法治的营商环境，争当国内一流的自贸试验区，做好改革开放的排头兵和创新发展的先行者。

研发推广具有自主知识产权的船舶智能交通服务系统。实现一系列先进实用功能，主要包括船舶进出港快速自动排序、船舶进出港航时间自动推算、船舶进出港信息自动记录、船舶进出港信息自动实时公开、船舶锚位自动推荐、船舶危险自动预警等，进一步提升海事交通服务的智能化水平。

完善海事集约登轮检查机制。通过集聚海事执法力量，进行一站式登轮检查，对海事部门涉及的各类检查项目，做到一次登轮将所有项目完成，以保障船舶在港正常作业。

实施船舶安全检查智能选船机制。根据船舶的风险属性来确定检查范围、频率和优先顺序，对高风险船舶增加检查频次，对标准风险和一般风险的船舶降低检查频率，尽可能缩减登轮次数。

创新港口监督检查缺陷快速处理机制。曹妃甸区委、区政府积极协调各口岸相关职能部门，通过联合登临检查，实现国际航行船舶口岸查验手续的“一站式”办理。对于检查过程中发现的不影响船舶适航性能的一般性缺陷，采取立即纠正措施；对于检查过程中发现的不影响船舶适航性能但在开航前无法纠正的缺陷，采取准予船舶离港但限期纠正措施；对于检查过程中发现的船体结构性缺陷，在不影响船舶稳性强度的情况下，可给予船方一段时间进行纠正；对于在检查过程中发现船舶存在影响适航性能的滞留性缺陷，指定专人全程指导船方对缺陷进行纠正；对于滞留性缺陷未完全纠正，但已进行了临时修理或采取了替代性措施的船舶，在不影响船舶适航性能的前提下，可根据实际情况准予下一港纠正，从而尽可能缩短船舶在港停留时间。

建立“四合一”并联办理船舶证书制度。全面运行“中国（河北）国际贸易单一窗口”标准版，自贸试验区国际航行船舶进口岸手续全部实现电子化，申报人无须出门即能在网上进行办理，将人员成本和时间消耗降到最低。实施船舶所有权证书、最低安全配员证书、国籍证书及油污保险证书联合办理，在办理所有权证书、国籍证书时，填写最低配员证书、油污保险证书并联办理申请表，完成船舶证书“四合一”并联办理，压缩船舶办证时间。

（八）河北自贸试验区：打造跨区域一体化运营管理创新机制[①]

河北自贸试验区大兴机场片区（廊坊）是全国唯一一个跨省市设立，临空区、自贸试验区、综保区三区政策叠加的发展高地。其中，综合保税区规划面积4.35平方公里，立足一体化发展，在区域内统筹规划了加工制造、研发设计、物流分拨、检测维修和销售服务五大功能中心。为实现五大功能中心的有序建设，该综保区持续探索跨区域的协同管理机制。

监管机制创新，一个海关监管机构全权负责。经海关总署授权，北京海关统一负责京、冀两个关区的日常监管，在综保区与机场间、口岸功能区与保税功能区间，率先建立“一个系统、一次理货、一次查验、一次提离”的高效通关监管体系。

管理载体创新，一个管委会统筹管理。北京、河北联合管委会，集聚服务力量，力争实行“统一授权、统一管理、集中审批”。当出现跨省市管理权限障碍、跨省市管理机制差异化等方面的问题时，采取共同商讨机制做出优化调整，确保及时出具解决方法，有效保障两地企业政策共享、权益平等，化解跨省市共管过程中事项权责及口径不一的问题。

运营机制创新，一个平台公司统筹运营。成立一个综保区平台公司，由北京新航城公司、河北临空集团及首都机场集团三方共同建设，主要负责园区运营、市政设施、招商运营、服务保障和物业管理等，充分解决跨省市管理过程中众多载体、协同难度大的问题。

管理模式创新，创设“分建统管”模式。分开建设以加快建设速度，通过建设统一的标准实现无缝衔接，通过“统一项目清单、统一建设标准、统一管理运营”，切实解决了双方在基础设施建设标准方面不统一的难题。

分配机制创新，推行协商分配。原则按照1∶1分享比例，在税收分成、进出口贸易额等方面进行商讨，突破“一亩三分地”的思维定式，共同分享发展收益，共同打造京冀协同发展示范区。全国自贸试验区“最佳实践案例”（河

① 胡晓梅．打造跨区域一体化运营管理创新机制［N/OL］．河北经济日报，［2021-10-12］．http：//epaper.hbjjrb.com/jjrb/202110/12/con94474.html.

北）如表 3-3 所示。

表 3-3 全国自贸试验区“最佳实践案例”（河北）

批次	主题
第四批	四大机制打造京津冀协同发展示范样板

资料来源：中华人民共和国商务部官网．国务院自由贸易试验区工作部际联席会议办公室关于印发自由贸易试验区第四批“最佳实践案例”的函［EB/OL］．［2021-07-05］．http：//www. mofcom. gov. cn/article/zwgk/gztz/202107/20210703172994. shtml.

三、长三角地区案例

（一）上海自贸试验区：国际贸易“单一窗口”模式在全球领先[①]

上海国际贸易“单一窗口”于 2015 年 6 月上线，由上海市口岸办牵头，海关、海事、经信、金融等 17 个部门参与建设。“单一窗口”通过“一个平台、一次提交、结果反馈、数据共享”，使企业的申报由原来换单半天、报检半天、报关半天模式，变为 24 小时运行，自动接收、处理、批准和返还电子申报的模式，并在国内首创货物报关报检大表录入方式，实现了申报模式的改革创新。

1. “六大主要功能”贯穿全部环节

上海国际贸易“单一窗口”涵盖了“货物进出口、贸易许可、运输工具申报、资质办理、支付结算以及信息查询”等功能，全面贯通了口岸通关监管和国际贸易活动的主要环节。

货物进出口申报。企业可将申报数据和随附单证通过“单一窗口”的报关报检一张大表以录入或导入的方式一次性递交，企业可选择同时报关和报检，也可以只报关或只报检。对于需要查验的货物，海关检查可通过“单一窗口”进行对比和检验。外贸企业与报关报检代理，也可通过该窗口进行申报数据的相互

① 中华人民共和国商务部官网．商务部关于印发自由贸易试验区“最佳实践案例”的函［EB/OL］．［2015-11-30］．http：//www. mofcom. gov. cn/article/fgsjk/201511/20151102649665. shtml.

交换。

运输工具申报。“单一窗口”可进行船舶进出口岸申报、船舶出口岸联网核放；货物舱单信息申报和共享；航空器出入境申报等。企业还可以在“单一窗口”自助打印国际航行船舶证明。

贸易许可申领。“单一窗口”接入了商务部门的五类贸易许可申领系统（进口许可证、自动进口许可证、化肥进口关税配额证明、出口许可证、两用物项和技术进出口许可证），接入了国家林业局（濒管办）的野生动植物允许进出口证明书申领系统。同时，“单一窗口”研发了农产品（小麦、玉米、大米、棉花）进口关税配额证明的申报功能、食药监局的药品进口通关单申报系统等。

税费办理和支付。“单一窗口”接入了关税支付、出口退税办理、外汇收付汇报告、检验检疫和海事规费支付等系统。

企业资质办理。商务部门的对外贸易经营者、海关报关、检验检疫报检等资质办理，结果信息通过“单一窗口”与关检共享，可减少企业重复录入的数据量。

信息查询。企业通过“单一窗口”查询口岸通关的申报状态和结果，以及关税支付状态；监管部门通过“单一窗口”可以查询和共享监管信息，以及上海市公共信用信息平台和法人库的企业基础数据、信用信息。

2. 部门与企业共建

为了及时获取试点企业的建议和诉求，靶向攻坚，从而推动监管流程优化与监管手续简化。“单一窗口”的设计与开发由查验单位和试点企业共同参与，项目建设的技术实现和运维由上海电子口岸运维单位负责。

依托电子口岸，各部门合作共建。通过上海电子口岸平台原有的应用功能及其技术开发力量，“单一窗口”在海关、海事、边检、检验检疫等17部门之间实现了系统对接和数据共享，企业的申报数据和各部门的信息处理均可通过“单一窗口”进行处理。

采用互联网模式，统一登录管理。“单一窗口”货物申报采用B/S网页模式，实行用户登记注册制，企业及部门使用原有的身份和账户即可登录“单一窗口”并进行申报。

充分参考企业需求。在“单一窗口”的建设前期，上海自贸试验区邀请了多家不同类型的试点企业，对货物申报功能的论证、设计、体验、应用和完善工作进行全程参与。“单一窗口”专门为自身信息化条件较好的试点企业提供导入导出接口，企业可在系统中自动生成申报准备数据，批量导入“单一窗口”，企业的工作效率得到大幅提升。

各单位合作开展运维。由参与建设的各单位组成联合运维团队，共同承担“单一窗口”的运维保障工作，形成统一的运营服务规范，提供7×24小时服务响应。全国自贸试验区“最佳实践案例”（上海）如表3-4所示。

表3-4 全国自贸试验区“最佳实践案例”（上海）

批次	分类	主题
第一批	贸易便利化	国际贸易“单一窗口”
	事中事后监管	推进信用信息应用加强社会诚信管理
第二批	证照分离	“证照分离”改革试点
第三批	药品改革	药品上市许可持有人制度试点
第四批	人才服务	打造高能级人才服务综合体

资料来源：中华人民共和国商务部官网．商务部关于印发自由贸易试验区“最佳实践案例”的函［EB/OL］．［2015-11-30］．http：//www.mofcom.gov.cn/article/fgsjk/201511/20151102649665.shtml；中华人民共和国商务部官网．商务部关于印发自由贸易试验区新一批“最佳实践案例”的函［EB/OL］．［2021-06-02］．http：//www.mofcom.gov.cn/zfxxgk/article/gkml/202106/20210603067286.shtml；中华人民共和国商务部官网．国务院自由贸易试验区工作部际联席会议办公室关于印发自由贸易试验区第三批“最佳实践案例”的函［EB/OL］．［2021-04-29］．http：//www.mofcom.gov.cn/zfxxgk/article/gkml/202104/20210403056818.shtml；中华人民共和国商务部官网．国务院自由贸易试验区工作部际联席会议办公室关于印发自由贸易试验区第四批“最佳实践案例”的函［EB/OL］．［2021-07-05］．http：//www.mofcom.gov.cn/article/zwgk/gztz/202107/20210703172994.shtml.

（二）上海自贸试验区："信用名片"提升城市软实力①

上海市公共信用信息服务平台是全市公共信用信息服务的单一窗口。上海自贸试验区在全市公共信用信息服务平台的基础上，建立了上海自贸试验区信用子平台，平台涵盖了信用监测预警、信用联动监管、信息归集查询、信用市场培育等功能。

① 中华人民共和国商务部官网．商务部关于印发自由贸易试验区“最佳实践案例”的函［EB/OL］．［2015-11-30］．http：//www.mofcom.gov.cn/article/fgsjk/201511/20151102649665.shtml.

加强信用信息归集。平台信用信息实行目录管理，数据归集了中央在沪单位、区县政府部门、社会组织等 99 个部门，涵盖了行政机关登记类、监管类信息，司法机关判决类信息，其他组织公益类等方面信息。

推进信用信息应用。平台支持自贸试验区监管方式创新、区县综合治理和服务创新等诸多方面，提供信息查询和核查比对等服务。同时，自贸试验区管委会委托上海市信用平台对区内 9835 家企业、15000 个企业高管进行信用核查。以张江高科技园区为试点，借助“信用张江”建设，企业可在信用自评、他评的过程中，查询上海市公共信用信息服务平台信用报告。

加强公共信用信息安全管理。重点对信息使用、信息目录、信息管理、信息归集等方面进行规范。一方面，规定行政机关、市信用中心以及其他主体不得篡改、虚构公共信用信息，不得违规使用或者泄露公共信用信息。另一方面，在信息主体认为自身信息有误时，规定异议申请、异议处理、权益保护救济、良好信息删除等程序。

（三）上海自贸试验区：打造人才服务的“超级综合体”①

2019 年 4 月，上海自贸试验区建成浦东国际人才港，以最高效率、最优服务、最佳体验打造人才服务的“超级综合体”，不断优化人才服务综合环境，已服务海内外人才近 24 万人次。

全力打造人力资源产业的“生态枢纽”。一是全产业链引进知名国际猎头和高端培训机构等人力资源专业服务机构。二是全面打造“上海市企业 HR 联盟”“浦东新区人力资源服务机构联盟”等人力资源产业联盟。三是全面推进各项招聘活动，例如多次举办“上海自贸试验区外籍高校毕业生专场招聘会”，满足企业对海外优秀青年人才的需求。

高效助力人才创新创业。一是多次举办产业交流、项目路演、主题论坛、政策宣讲等各类活动，广泛组织人才交流对接。二是积极推动区域内平台建立人才服务联动机制，同时加强与科技企业孵化联盟、海外人才离岸创新创业基地、长三角资

---

① 中华人民共和国商务部官网．国务院自由贸易试验区工作部际联席会议办公室关于印发自由贸易试验区第四批“最佳实践案例”的函［EB/OL］．［2021-07-05］．http：//www. mofcom. gov. cn/article/zwgk/gztz/202107/20210703172994. shtml.

本市场服务基地等港外服务机构的合作，提供生活、科技、资本等全领域服务。

建立“帮办代办”机制，做到“专人服务、一帮到底”。为帮助海内外人才高效了解创新创业方面的各项政策，随时掌握各项事宜的办理信息和进度，快速获取各类生活配套资源等，特意建立“帮办代办”机制，组建“全岗通”审批帮办队伍，做到“专人服务、一帮到底”。上海国际人才港人才审批业务“四个率先”如图 3-4 所示。

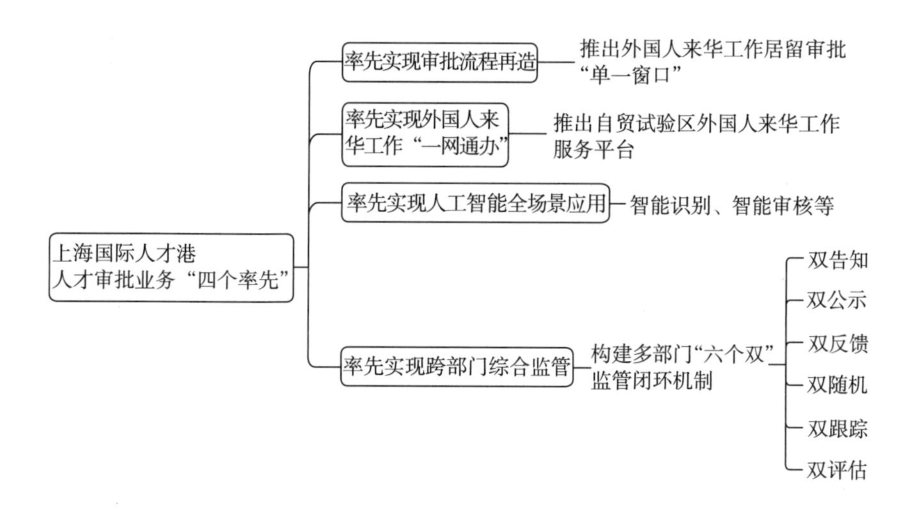

图 3-4　上海国际人才港人才审批业务“四个率先”

资料来源：上海市人民政府官网．服务国家战略　汇聚各方资源　搭建高能级平台浦东国际人才港努力营造良好人才服务生态圈［EB/OL］．［2020-03-03］．https：//www. shanghai. gov. cn/yshjdxal/20210525/e6fc0240d0a54cedad86492f41337f96. html.

（四）江苏南京片区："生态眼”智慧化平台助力长江大保护[①]

江苏自贸试验区南京片区“生态眼”智慧化平台是落实长江大保护工作的一项重要举措，实现了长江经济带南京段生态环境立体多源实时动态感知，为保护长江生态提供智力支持和平台支撑。平台利用数据分析和人工智能等手段，建立综合智慧管控和决策辅助体系，形成长江经济带高质量发展的“决策大脑”。

集成各类监管数据。平台已融合 17 个市级涉江部门 23 个信息化系统，接入

① 中华人民共和国商务部官网．国务院自由贸易试验区工作部际联席会议办公室关于印发自由贸易试验区第四批“最佳实践案例”的函［EB/OL］．［2021-07-05］．http：//www. mofcom. gov. cn/article/zwgk/gztz/202107/20210703172994. shtml.

269个水质、空气质量等传感设备数据及891路监控视频，反映水环境治理成效、展示岸线清退修复和大气保护的成效以及实现安全生产全方位掌控。

构建先进监测体系。在水环境监测上，“生态眼”改变过去单纯依靠人工丈量巡河的状况，通过布设水质监测设备，利用水质反演分析模型，对长江南京段水质进行全域体检。在违法用地监测上，项目利用遥感卫星影像，对违规占用岸线情况进行精准识别。

建立人工智能分析模型。平台运用自主设计芯片、卫星遥感和人工智能等技术手段，通过智能分析模型计算，为沿江排口管理、流域污染溯源、岸线清退整治、绿化进度和成活率分析提供决策支撑。构建地物分类、江豚智能识别模型，自动识别江豚画面并存档记录，实现对长江南京段岸线一公里范围区域内的地物识别、分类和比对。此外，还构建中红外光谱采集和气体识别算法模型，发现肉眼不可见的化工管道气体微泄漏口，智能判断泄漏气体种类。

(五)江苏南京片区:打造知识产权交易融资服务运营平台[①]

按照全面深化试点要求，江苏自贸试验区南京片区积极探索知识产权产业数字化体系建设，聚焦知识产权创造、运营、交易，初步构建形成以区块链技术为支撑，在线特色交易为主，在线维权、公证、融资、服务为辅的一体化知识产权交易融资服务运营平台。

知识产权资产数字化。平台通过司法电子存证、金融实名认证等科技手段，把原来的知识产权所有权变为知识产权数字资产。与此同时，该平台还依托知识产权数字资产连续跟踪、实时交易等方式方法，减少知识产权后续维权的人力成本和时间成本，极大地提高了知识产权管理效率。

知识产权确权数字化。平台借助区块链等科技手段，对知识产权创造、交易、运营等进行法院司法存证和线上公证，并在技术方面和法律方面对交易和运营等行为形成证据链条，从而极大降低了知识产权诉讼的确权和取证成本。

交易模式便利化。平台借助区块链技术，创新形成了两大交易模式——探索

① 中华人民共和国商务部官网．国务院服务贸易发展部际联席会议办公室关于印发全面深化服务贸易创新发展试点“最佳实践案例”的函［EB/OL］．［2021-05-17］．http：//www. mofcom. gov. cn/article/jiguanzx/202105/20210503061923. shtml.

开展期缴交易模式与和解交易模式。期缴交易模式，可以让原创者和版权运营方事先约定未来分成比例和保底价格，这种交易模式不仅可以保证原创者的长期收益，还可以降低版权运营方前期的资金压力。和解交易模式是指侵权方在技术平台上以匿名方式与被侵权方进行和解，实现侵权豁免，主要可以在保障权利人利益的同时，给予侵权方改正错误的机会，从而推动形成合法使用知识产权的良好意识和习惯。

金融支撑便捷化。平台借助大数据增信的方式，通过搜集知识产权交易链条中运营方、使用方和原创者等各主体以往的交易数据，提供在线实时风控、数据增信和交易场景，再由金融机构审核，并提供特色化、差异化的金融服务。

安全防控多元化。平台用户可在具有审核机制和权限的网络平台上传用户的版权内容，针对审核方面，一方面可以通过买方或交易方进行内容校验；另一方面可通过线下专业机构审核、出版发布等方式保证内容合法。该平台则以监管者的身份对资金流动和使用场景进行有效监管。

（六）江苏苏州片区：探索医药知识产权证券化[①]

2015 年，《中共中央　国务院关于深化体制机制改革加快实施创新驱动发展战略的若干意见》中提出，“推动修订相关法律法规，探索开展知识产权证券化业务。”2016 年，江苏省知识产权局局长会议明确提出，“发展知识产权价值评估、交易经纪、保险、信托等服务新业态，探索知识产权证券化交易模式。”生物医药产业由于自身产业特点对融资的需求越来越大，知识产权证券化的落地已实属不易，探索医药知识产权证券化更是难上加难。自江苏自贸试验区建立以来，苏州工业园区以建设全面深化服务贸易创新发展试点为目标，以生物医药产业发展需求为导向，创新知识产权金融服务，探索医药知识产权证券化，并取得优异成绩。

聚焦生物医药，服务中小企业。根据园区内生物医药产业众多的结构特色，开展知识产权证券化试点，并首批选择 8 家技术含量较高、前景较好并有上市计

① 中华人民共和国商务部官网．国务院服务贸易发展部际联席会议办公室关于印发全面深化服务贸易创新发展试点“最佳实践案例”的函［EB/OL］．［2021-05-17］．http：//www. mofcom. gov. cn/article/jiguanzx/202105/20210503061923. shtml.

划的中小型企业，根据企业的融资需求程度，对其进行金融服务。

专利二次许可，构建基础资产。租赁机构（原始权益人）与企业签署两份许可协议。第一份许可协议由企业将专利使用权独占许可授予租赁机构，依据该合同企业获得独占许可使用费，即融资资金。第二份许可协议由租赁机构反向许可给企业，既保障企业对无形资产的正常使用，也确保租赁机构享有专利许可带来的分期收益。

双重评估，控制产品风险。借助专业无形资产评估机构，对专利的稳定性和企业的关键性进行评估；同时，利用生物医药投资机构的丰富投资经验对企业的发展进行再次评估。这种双重评估手段，不仅可以确保专利实际价值，还能进一步降低基础资产风险。

国资增信，降低融资成本。利用3A评级国资主体作为债券的增信方，当债券面临风险时，增信方对其补足差额，有利于促进中小企业突破自身无信用评级局限，提高债券发行评级，降低债券发行利率，从而降低企业融资成本。

风险共担，引导多方参与。通过优化知识产权证券化产品架构，引入园区新兴产业风险补偿资金作为债券第二重担保，最高可降低原始权益人和增信方的风险分担比例至30%，有效激发各方主体的创新活力。全国自贸试验区“最佳实践案例”（江苏）见表3-5。

表3-5 全国自贸试验区“最佳实践案例”（江苏）

批次	片区	主题
第四批	南京片区	“生态眼”助力长江大保护

资料来源：中华人民共和国商务部官网．国务院自由贸易试验区工作部际联席会议办公室关于印发自由贸易试验区第四批“最佳实践案例”的函［EB/OL］．［2021-07-05］．http：//www.mofcom.gov.cn/article/zwgk/gztz/202107/20210703172994.shtml.

（七）浙江自贸试验区：“无中生油”“聚气发展”的差异化、特色化创新[①]

浙江自贸试验区2017年挂牌，始终肩负着为国家油气产业开放发展先行先

① 宁波石化信息网．油气开放浙江自贸区先行先试［EB/OL］．［2021-10-14］．http：//www.npca.com.cn/newsd.php？id=48972&menus_id=82.

试的任务使命，紧紧围绕油气全产业链领域进行特色化、差异化改革创新，部分改革已经向全国复制推广，取得了较好成效。

先行先试油品贸易市场化改革。率先在全国开展油品“批发无仓储”内贸分销改革，率先在全国开展原油非国营贸易资格试点以及成品油非国营贸易出口改革。

率先构建保税船用燃料油多元竞争格局。批复 12 家地方牌照企业，形成了国有、民营、外资多元竞争市场格局，舟山港成为全国第一和全球重要的加油港，2020 年供应量和结算量分别达 472. 4 万吨和 848. 9 万吨，占全国的 28%和 50%以上。

推动油品通关便利化系统集成改革。在保税船用燃料油加注方面，率先开展一库多供、先供后报、一船多供、多船一供、一船多地多供等 30 多项通关便利化举措，推动保税船用燃料油加注效率向国际水平比肩。

探索保税船用燃料油供给侧综合改革。创新开展保税船用燃料油混兑试点；推动国产燃料油出口退税政策在全国实施，并在舟山率先落地，带动全国沿海港口供油价格降低。

推动保税船用燃料油加注调度数字化改革。搭建舟山保税船用燃料油智能调度系统，通过多跨联动，实现数据共享，提高调度效率。

率先推动长三角保税船用燃料油供应一体化。为进一步推动长三角海上一体化发展，实现区域性监管互认，大幅降低企业供油成本，在全国首创保税船用燃料油跨关区跨港区直供模式，并开展与宁波、南京、上海等跨关区跨港区保税船用燃料油供应业务。

探索打造中国油品舟山价格。编制发布保税船用燃料油价格指数，研发上线使用人民币计价的“中国舟山低硫燃料油保税船供报价”，逐步提升中国保税燃料油现货价格国际影响力。

率先开展海事服务综合集成改革。率先制定海洋锚地物料供应监管操作规程，上线运行船舶供退物料通关服务平台，建立“一站式”综合海事服务体系，实现供水船、润滑油供应船等多元化“一船多能”，服务效率与新加坡基本持平。

率先开展油品贸易跨境人民币结算便利化试点。以无提单放款保函等代替正本提单，办理油品转口贸易跨境人民币结算。允许优质油品企业通过凭证直接办理跨境贸易人民币结算。跨境贸易人民币结算量年均增长 203%，已覆盖 50 余个国家和地区。

探索建立基于新技术下的大宗商品交易及融资机制。运用物联网、区块链、数字孪生等技术，构筑国内首家区块链数字仓单系统，成功解决油品和液体化工品等大宗商品产权登记难题。

（八）浙江自贸试验区：创新海上综合治理与服务打造海上“枫桥经验”①

浙江自贸试验区将陆上“枫桥经验”嫁接到海上，形成“海上枫桥”新名片，推进海事纠纷的处理，维护海洋执法，促进社会稳定。

海上执法“联动化”。建立海上“3+4”机制，即“一警一员一艇”和“联席、联勤、联调、联同”。以舟山市普陀区海洋与渔业局为龙头，以公安、海警、边防等涉海执法部门为主力，选取一批抗风能力强、船型大、航速快的船艇，组成海上联合执法船队，加强对重点港岙口、航道锚泊点、纠纷多发海域、治安乱点部位等的巡查，严厉打击海上违法犯罪及涉渔违规行为。

矛盾化解“多元化”。整合了公安、海洋与渔业、边防、海警等部门职能，设立海事渔事纠纷调处中心，对全区海事渔事纠纷实行统一受理和专业调处，并以海事渔事调处中心为龙头、镇街渔民服务管理中心为骨干、村社“娘舅船”为基础、海上网格调解员为补充，建立四级海上调解体系。

海上防控“全域化”。按照“一船一员”的要求，配备海上治安管理员和海上网格员，做好渔船的治安管控、矛盾化解和隐患报送。建立船上急救站，为每艘渔船配备一个急救箱、培训一名红十字救护员。制定出台《普陀区海岛医疗包船应急联动实施方案》，建立了“海上120医疗包船救助机制”。

海上安全“智能化”。整合监控资源，将公安、海事、港航、渔港等海上监控资源统一纳入区海洋与渔业局海上指挥平台，强化海上、港区、码头安全监控，创新推行海上网格，组建海上网格员队伍，推广“海上互联网”，加强安防终端建设。全国自贸试验区“最佳实践案例”（浙江）如表3-6所示。

① 中华人民共和国商务部官网．国务院自由贸易试验区工作部际联席会议办公室关于印发自由贸易试验区第三批“最佳实践案例”的函［EB/OL］．［2021-04-29］．http：//www.mofcom.gov.cn/zfxxgk/article/gkml/202104/20210403056818.shtml.

表 3-6　全国自贸试验区"最佳实践案例"（浙江）

批次	分类	主题
第三批	海上综合治理	"海上枫桥"海上综合治理与服务创新试点
		海洋综合行政执法体制改革
	工程建设制度	"竣工测验合一"改革试点
		工程建设项目审批制度改革试点
第四批	进出境监管	优化国际航行船舶进出境监管改革创新

资料来源：中华人民共和国商务部官网．国务院自由贸易试验区工作部际联席会议办公室关于印发自由贸易试验区第三批"最佳实践案例"的函［EB/OL］．［2021-04-29］．http：//www. mofcom. gov. cn/zfxxgk/article/gkml/202104/20210403056818. shtml；中华人民共和国商务部官网．国务院自由贸易试验区工作部际联席会议办公室关于印发自由贸易试验区第四批"最佳实践案例"的函［EB/OL］．［2021-07-05］．http：//www. mofcom. gov. cn/article/zwgk/gztz/202107/20210703172994. shtml.

（九）安徽合肥片区：打造一中心和一引领区[①]

合肥片区打造具有全球影响力的综合性国家科学中心和产业创新中心引领区，聚焦科技成果转化推动制度创新，在全国率先开展"产业化经费股权投资改革试点"，创新财政资金参与科技成果转移转化方式，放大财政资金的引领和杠杆效应，大幅缩短股权投资企业的股权退出周期，合肥创新院已对 110 家科创企业使用了产业化经费，带动社会资本投资 15 亿元。

成功探索"城市生命线安全工程标准体系"。合肥片区联合清华大学开展公共安全产业研发和产业化研究，建立国家标准，保障城市基础设施安全运行。探索开展"国有新型研发机构多元化改革"，建立企业化运营以及技术经理人激励机制，借力资本加快推动科技成果转移转化，科技成果投资决策时间由 6 个月缩短至 1 个月左右。

联合推广"长三角'双创券'通用通兑模式"。合肥片区满足企业对于跨区域高端中介服务的采购需求，有效提高长三角地区的协同创新水平；推动"知识产权'轻松售、轻松购'助力科技成果转化模式"，精准对接科研成果及企业技术需求。

---

① 王骏超．安徽自贸试验区合肥片区一年来硕果累累［N/OL］．合肥日报，［2021-10-16］．http：//newspaper. hf365. com/hfrb/pc/content/202110/16/content_ 282446. html.

（十）安徽芜湖片区：着力打造具有影响力的三大区[①]

芜湖片区自2020年挂牌至2021年，构筑国际物流中心平台、江海联运枢纽平台、率先发展战略性新兴产业的平台、开放型经济与产业集聚发展的平台。从制度创新角度来看，通过进行对企业审批的简政放权改革，用一份“行业综合许可证”取代多项同一行业准入所需的审批，减少了所需的七成材料，仅消耗传统模式1/10的时间。一表申请、一证集成、一码通行，让市场主体办事获得了“网购级体验”。

中国人民银行芜湖市中心支行创新实行“境外放款+出口贸易回流”和“跨境人民币双向资金池+出口贸易回流”两种业务模式，推动88家市场主体获益，成为安徽自贸试验区首批“十大标志性建设成果”。芜湖片区内各类金融机构2020年已累计为区内企业提供融资182亿元。

在芜湖综合保税区，芜湖片区在全国率先与海关特殊监管区域统筹发展，成果丰硕、势头迅猛。综保区定位为全市外向型经济制度创新、政策创新、体制创新的集中试验田，开放型产业集聚区的主战场。跨境电商网购保税模式为消费者足不出户“购全球”带来实惠；内陆区港联动监管畅通了外贸物流渠道；向美智空调、“三只松鼠”、富春染织等企业提供个性化海关业务解决方案等“一揽子”深化开放举措，为经济发展注入强劲动能。

（十一）安徽蚌埠片区：打造世界级中心和区域引领区[②]

蚌埠片区构筑全球领先的硅基和生物基制造业中心，在安徽北部地区率先构筑对外开放合作发展以及科学技术创新发展的示范区域，以更加齐备而良好的金融服务、全链条规模效应高吸引力、效能突出且安全稳定的监督管理体系、成本低廉过程简便的投资贸易生态、具有蓬勃朝气的创新环境、卓越的区域引领作用

---

① 澎湃新闻. 年满“一周岁”，安徽自贸试验区芜湖片区交出亮眼成绩单［EB/OL］.［2021-09-23］. https://baijiahao.baidu.com/s?id=1711672607646077667&wfr=spider&for=pc.

② 澎湃新闻. 中国（安徽）自由贸易试验区蚌埠片区一周年成绩单发布［EB/OL］.［2021-10-17］. https://m.thepaper.cn/baijiahao_14944085.

等带动自贸片区的发展，努力建设新兴产业的聚集地，全力建设高标准、高质量自由贸易园区。

精耕细作，努力培育制度创新的试验田。蚌埠片区坚持把制度创新作为自贸试验区建设的核心任务，围绕产业发展、“绿色自贸”、金融创新等领域，以企业需求为导向，深化制度改革、提升创新能力，积极开展“首创性”探索，精心种好“苗圃”，实现“试验田里说丰年”。已复制推广全国自贸试验区制度创新成果170项；自主探索形成可复制可推广制度创新举措18项，其中6项创新举措在全省具有创新性，分别是：企业开办涉税业务“一网集成”、“禁塑”背景下生物降解材料推广应用新探索、“五长五联”机制深化林长制改革、个性化保险服务保障企业高风险研发、经常项目单证审核“白名单自律监管”模式和“四个体系”助推薄膜光电与建筑一体化应用。安徽自贸试验区“9+3+N”专项行动涉及蚌埠片区改革试点任务按照规定节点顺利推进，已完成序时进度要求。

筑势赋能，努力打造营商环境的示范区。蚌埠片区以推进投资贸易自由化、便利化为导向，全面推进赋权事项承接落实，积极推进招商引资、行政审批、要素供给、自由贸易和监管服务“五个便利化”，不断优化综合服务能效，完善要素保障支撑体系，加快重点平台载体建设，营造企业入驻无忧的营商环境。目前，蚌埠片区招商中心已开始运营。集企业开办、金融保险、海关业务等功能于一体的自贸大厦即将建成投入使用。蚌埠创新馆、蚌埠片区数字化综合服务中心主体建设已完工。自贸试验区经济发展集团有限公司正式成立，致力于打造建设平台。蚌埠片区知识产权检察办公室成立，致力于建立全省首个金融纠纷在线调解工作室。同时，积极引导皖北新兴产业与长三角多层次资本市场有效对接，揭牌长三角资本市场服务基地皖北中心项目，助力创新型企业登陆科创板，打造皖北上市加速器示范基地。

专栏3-2

安徽：芜湖港—洋山港海关监管“联动接卸”

2021年3月10日，由“富航之鑫”号货轮装载的两个40英尺集装箱的出口太阳能电池组件从安徽芜湖港运抵上海洋山港，成为长三角地区海关相互联通联动、芜湖港至上海港“联动接卸”模式创新取得实效的标志性里程碑。

“联动接卸”这一制度创新的海关监管方法，使关键的内河航运点芜湖港与对外航运至关重要的上海洋山深水港相互联通，洋山港的对外开放功能向内河腹地延伸。在芜湖港办理完相关手续的货物出口可在专用驳船的运输下直抵洋山港的远洋货轮并离开国家边境；在洋山港办理完相关手续的进口货物则同样可通过专用驳船运达芜湖港后，直接提货。

该方法的落地推行精简了转关申报等冗余环节，从芜湖港到洋山港的货物在一体化的流程下可以进行直运，极大地降低了企业的进出口货物在海关过关检查中的时间成本与物流成本，打破了传统上不同地区行政划分上的制约，使从前需要在水面与陆地进行中转的外贸货物可以在水中直接中转，不仅提高了工作效率和港口利用率，还有效改善了营商环境。

资料来源：新民晚报官方网站．长三角区域港口一体化再进一步！洋山港—芜湖港海关监管实现“联动接卸”［EB/OL］．［2021-03-12］．https：//baijiahao. baidu. com/ =/693988440079013904&wfr=spider&for=pc.

四、成渝地区案例

（一）重庆自贸试验区：创新涉外商事“一站式”纠纷解决机制[①]

为解决涉外商事中存在的纠纷问题，重庆自贸试验区通过畅通人民法院、仲裁、调解机构对接渠道，有序衔接诉讼、仲裁、调解程序，创新构建涉外商事诉讼、仲裁与调解“一站式”纠纷解决机制，三位一体、多元共治，为国内外当事人提供“一站式”法律服务[②]。

专业化服务，搭建纠纷解决平台。法院积极与专业机构开展合作交流，共建“一站式”纠纷解决平台，打造国际化、专业化法律人才队伍。与中国国际经济

① 中华人民共和国商务部官网．国务院自由贸易试验区工作部际联席会议办公室关于印发自由贸易试验区第四批“最佳实践案例”的函［EB/OL］．［2021-07-05］．http：//www. mofcom. gov. cn/article/zwgk/gztz/202107/20210703172994. shtml.

② 重庆市商务委员会官方网站．涉外商事诉讼、仲裁与调解“一站式”纠纷解决机制创新［EB/OL］．［2020-08-18］．http：//sww. cq. gov. cn/zymyq/cxcg/cxjy/202008/t20200814_ 7784505. html.

贸易仲裁委员会西南分会、重庆自贸试验区商事调解中心等机构展开合作，将专业性强的国内外仲裁员、调解员引入纠纷解决全过程，联合建立起商事争端解决平台。

多元化选择，尊重当事人意思自治。打破诉讼、仲裁、调解程序之间的界限，在选择纠纷解决方式等方面尊重当事人的选择，保障当事人的权利。为实现非诉讼纠纷解决方式有足够的司法服务与保障，探索将商事调解中心出具的调解书纳入司法确认范畴，进一步增强"一站式"纠纷解决机制实效。

一体化管理，实现机构间协调联动。实现诉讼费、仲裁费与调解费转付的有效衔接，通过简化程序实现全流程管控案件和一体化管理对接程序。建立联席会议、数据通报等制度，定期通报对接工作运行情况，及时协调解决困难，实现数据共享，不断优化工作模式，为当事人提供立体化、集约化的"一站式"诉讼服务。

专栏 3-3

重庆自贸试验区涉外商事"一站式"纠纷解决机制成效

● 扩大诉调对接适用范围，实现调解功能全覆盖。完善诉调对接工作制度，与 9 家调解机构签订合作协议，覆盖诉前委派调解、诉中委托调解、诉中邀请调解全流程。利用"一站式"纠纷解决机制，发挥仲裁机构调解商事纠纷的专业性，更好实现诉源治理。平台已累计委派、委托调解案件 4000 余件，成功调解买卖合同纠纷等 75 件涉外商事案件，有效保护国内外当事人合法权益。

● 出台诉仲对接工作规则，实现诉仲案件对接。制定出台《涉外商事纠纷诉仲对接工作规则（试行）》，明确案件类型及条件，理清案件对接程序，严格案件管理职责，有序推进诉仲对接工作，切实提升矛盾化解质效。成功将俄罗斯某国际旅行社有限公司诉某旅游集团重庆国际旅行社涉外委托合同纠纷案件移交至中国国际经济贸易仲裁委员会西南分会仲裁，争议双方在仲裁过程中达成和解。

资料来源：中华人民共和国商务部官网．国务院自由贸易试验区工作部际联席会议办公室关于印发自由贸易试验区第四批"最佳实践案例"的函［EB/OL］．［2021－07－05］. http：//www. mofcom. gov. cn/article/zwgk/gztz/202107/20210703172994. shtml.

（二）重庆自贸试验区：创新知识价值信用融资新模式[①]

为解决科技型企业融资难、融资贵的问题，重庆自贸试验区通过科技型企业知识价值信用贷款改革试点，创新建立知识价值信用评价体系（见表3-7），以知识价值信用贷款风险补偿基金，引导激励银行业金融机构支持科技成果转化和科技型中小企业创新创业，实现技术与资本高效对接[②]。

表3-7　重庆自贸试验区企业知识价值信用评价指标体系

一级指标	一级指标权重（%）	二级指标	二级指标权重（%）
科技研发能力	55	企业R&D投入占主营业务收入的比重	15
		企业R&D投入占所属领域及规模的R&D投入平均值的比重	13
		企业研发人员占比（研发人员数/年末从业人员数）与所属领域研发人员占比平均值的比值	15
		企业发明专利授权数占所属领域发明专利平均授权数的比重	12
经营管理能力	45	企业新产品销售收入占主营业务收入的比重	12
		企业主营业务收入占所属领域主营业务收入平均值的比重	10
		企业人均销售收入占所属领域人均销售收入平均值的比重	8
		企业资产收益率（主营业务收入/总资产）占所属领域资产收益率平均值的比重	11
		企业能耗水平（能耗成本/主营业务收入）占所属领域能耗水平平均值的比重	4

资料来源：重庆市人民政府官网．重庆市科学技术局、重庆市知识产权局关于推进重庆市科技型企业知识价值信用评价工作的通知［EB/OL］．［2019-03-12］．http：//www. cq. gov. cn/zwgk/zfxxgkml/zfgb/2019/d9q/202101/t20210128_ 8839078. html.

---

① 中华人民共和国商务部官网．国务院自由贸易试验区工作部际联席会议办公室关于印发自由贸易试验区第三批“最佳实践案例”的函［EB/OL］．［2021-04-29］．http：//www. mofcom. gov. cn/zfxxgk/article/gkml/202104/20210403056818. shtml.

② 重庆市商务委员会官方网站．探索知识价值信用融资新模式［EB/OL］．［2020-08-15］．http：//sww. cq. gov. cn/zymyq/cxcg/cxjy/202008/t20200814_ 7784403. html.

建立基于企业科技创新要素的知识价值信用评价体系。普遍短缺重资产、短期财务指标不优、缺少专业权威量化评估是科技型企业融资难、融资贵的主要原因。结合科技型企业的特点，重庆自贸试验区探索并构建了新的科技型企业知识价值信用评价体系，采用功效系数评价法，把科技型企业知识价值信用等级按照指标得分划分为 A、B、C、D、E 五个等级，提高科技型企业信用评价科学性。信用评价结果自动生成、及时共享，可实现先期授信、按需贷款。重庆自贸试验区建立了知识价值信用评价体系所需数据"一库尽网"的科技型企业数据库，利用大数据技术提高政府引导能力和金融机构风险控制能力。根据各方反馈信息可动态完善和持续优化评价体系，确保整个信用评价体系的活力和准确性。

基于信用评级体系创新知识价值融资新模式。一是债权融资。将评价额度共享给银行金融机构，参照其发放信用贷款。知识价值信用授信额度实行总额控制，企业获得最大授信额度为 500 万元。基本指标得分等级 A、B、C、D、E 分别对应 500 万元、400 万元、300 万元、160 万元、80 万元的授信额度。二是股权募资。鼓励科技型企业在重庆股份转让中心科技创新板挂牌募资。具体条件如下：无挂牌的否定性条件，高新技术企业或高成长性企业的知识价值信用等级为 A 级、B 级、C 级；无挂牌的否定性条件，满足重大加分项的条件之一。三是其他领域。知识价值信用评价体系面向类金融机构、合格投资者、社会管理机构等开放，在用于科技型企业的培育和考核、科技金融等领域时，根据实际情况确定使用方式。

建立风险补偿基金及风险分担机制。市区两级财政按照 4∶6 的比例出资建立科技型企业知识价值信用贷款风险补偿基金①，采用先代偿模式，在贷款企业本金逾期产生风险后对贷款本金损失的 80%进行补偿，银行承担剩余 20%的风险，避免增大银行不良贷款指标，保证银行独立且能审慎进行贷款尽调审批，并执行贷款执行基准利率、纯信用贷款、支行审批等优惠贷款政策，在很大程度上解决了科技企业"融资难、融资贵、融资繁"的问题。全国自贸试验区"最佳实践案例"（重庆）见表 3-8。

---

① 重庆市商务委员会官方网站．探索知识价值信用融资新模式［EB/OL］．［2020-08-15］．http：//sww.cq.gov.cn/zymyq/cxcg/cxjy/202008/t20200814_ 7784403.html.

表 3-8 全国自贸试验区“最佳实践案例”（重庆）

批次	分类	主题
第三批	智慧监管	市场综合监管大数据平台
	知识价值信用贷款改革	知识价值信用融资新模式
	国际铁路提单信用证融资和结算	铁路提单信用证融资结算
第四批	涉外商事诉讼、仲裁与调解	创新涉外商事诉讼、仲裁与调解“一站式”纠纷解决机制

资料来源：中华人民共和国商务部官网．国务院自由贸易试验区工作部际联席会议办公室关于印发自由贸易试验区第三批“最佳实践案例”的函［EB/OL］．［2021-04-29］．http：//www.mofcom.gov.cn/zfxxgk/article/gkml/202104/20210403056818.shtml；中华人民共和国商务部官网．国务院自由贸易试验区工作部际联席会议办公室关于印发自由贸易试验区第四批“最佳实践案例”的函［EB/OL］．［2021-07-05］．http：//www.mofcom.gov.cn/article/zwgk/gztz/202107/20210703172994.shtml.

（三）四川自贸试验区：推进中欧班列运费分段结算估价管理改革[①]

四川自贸试验区推行中欧班列（成都）运费分段结算估价管理改革，紧扣《海关进出口货物审价办法》规定，科学解析国际铁路运输成本构成，实现班列运费分段结算，国内段运费不计入货物完税价格，有效降低了企业成本，为稳外资、稳外贸发挥积极作用。

科学合理分摊境外、境内段运费。明确计算方法，合理分摊国际、国内段运费。引入第三方会计师事务所，解析国际联程运输业务情况，从功能、风险和转让定价等方面分析，提供合理、客观、可量化的国际、国内运费拆分方法。依托事务所的咨询报告，确定以中欧班列承运方境外、境内段成本比例对应测算进口企业实际的境外、境内段运输成本，并由班列运营平台出具境内段运费测算说明。根据计算方法和班列运营平台每季度对外公布的中欧班列（成都）运费价格，按照境外、境内段运输成本比例确定进口企业国际、国内段运费。

出台操作指引，分步推进实施。依据上述方法测算出境内段运费后，货代公司在向进口企业开具的国内增值税发票或相关单证上备注国内段运费金额，报关企业在进口货物报关单上备注国内段运费金额，形成完整证据链条，保障报关单随附单证合规性。按照“分步推进、先易后难”原则，完成 FOB、EXW、CIF 成

① 中华人民共和国商务部官网．国务院自由贸易试验区工作部际联席会议办公室关于印发自由贸易试验区第四批“最佳实践案例”的函［EB/OL］．［2021-07-05］．http：//www.mofcom.gov.cn/article/zwgk/gztz/202107/20210703172994.shtml.

交方式下国内段运费不计入进口货物完税价格试点。出台《中欧班列（成都）境内段运费不计入完税价格申报操作指引（试行）》，明确 CIF、FOB 等多种方式下单证准备要求、海关报备流程、风险评估机制等。

开展定期评估，防控风险。依据班列开行与运价波动情况，及时测算调整不同时期中欧班列国际、国内段合理运费水平。每月收集企业享受改革试点的报关单、实际缴纳税款额、扣减税款额等信息，每季度开展批量复核，对存在价格疑问的报关单及时启动价格质疑程序。

专栏 3-4

四川自贸试验区中欧班列运费分段结算估价管理改革成效

● 创新了班列运费分摊机制，实现降本增效。通过对审价法规的准确适用，在合法合规原则下，按照利润分割法合理扣减货物完税价格中进口货物从阿拉山口等沿边口岸至成都铁路口岸的运输费用，降低进口征税基数。在 2019 年开展试点后的两年里，商品范围扩大至汽车整车、进口肉类、红酒、矿石产品等，分段结算估价管理扩大到整列，运输线路扩展至中欧班列全线。截至 2021 年 3 月底，共有 653 票货物实现了国内运费扣减，货值共计 2.93 亿元，降低税负成本 2%。

● 构建透明价格体系，提升班列竞争力。改革切实惠及货主企业，有利于营造透明、公平的中欧班列市场价格环境，吸引企业更好地利用陆上运输通道。新冠肺炎疫情防控期间，中欧班列（成都）各项业务指标逆势增长，2020 年全年开行 2440 列，同比增长 57.3%，累计开行超过 6000 列，外贸进出口增长 42.4%。2021 年 1—3 月，中欧班列（成都）开行 694 列，同比增长 55.3%。

● 规范了贸易术语应用，保护企业权益。引导中欧班列进口企业规范使用适合铁路运输的贸易术语，提高进口企业运费议价能力，保护企业国际贸易权益。

资料来源：中华人民共和国商务部官网．国务院自由贸易试验区工作部际联席会议办公室关于印发自由贸易试验区第四批“最佳实践案例”的函［EB/OL］．［2021-07-05.］http://www.mofcom.gov.cn/article/zwgk/gztz/202107/20210703172994.shtml.

（四）四川自贸试验区：创新知识产权类型化案件快审机制[①]

为加强自贸试验区内知识产权司法保护，提升创新主体维权质效，促进知识产权类型化案件的优质、高效审理，四川自贸试验区创新建立“知识产权类型化案件快审机制”（见图3-5），抽象和模板化归纳案件类型和要素，要素式案件审理流程创新实现“两表指导、审助分流、集中审理、判决简化”；集约化案件管理机制创新实现“集约化管理、专业化分工”；案件质量控制创新实现“标准化操作”。

“两表指导”披露案件审理思路，完成初步诉讼指导。案件开庭审理前交由原、被告填写“诉讼要素表”，分解、梳理要件事实，披露案件审理思路；“应诉释明表”旨在向双方释明案件裁判的法律依据，披露常见的没有法律依据的主张、抗辩、质证方式，提升双方诉讼行为的有效性。

以“审助分流”在庭前程序中完成调解分流和诉讼预热。合议庭委派法官助理组织双方先予调解，若调解不成则由法官助理主持召开庭前会议；庭前会议中核验“诉讼要素表”的填写内容，针对当事人的疑问详细答疑、释明，最终确认诉辩主张、无争议事实及争议焦点。

以“集中审理”实现庭审优质化。在“诉讼要素表”及庭前会议的基础上，庭审仅针对争议点对多个案件集中合并审理，减少当事人无效发言，提升庭审效率及针对性。

以“简化裁判文书”与详细的宣判说理相结合，实现当庭宣判。在事实清楚的基础上当庭宣判，并适用与该类型案件相配套的“简化裁判文书模板”制作文书，大大缩短文书制作时间及送达周期。“简化裁判文书”按照诉讼要素的顺序逐一认定事实，增强文书的稳定性和可理解性，保障了案件审理优质高效、快审快结。

以“集约化管理”快速推进审理流程。快审机制由首席法官助理统筹整个审判团队的事务性工作：一是由首席法官助理向团队内所有书记员统一分配事务

---

① 中华人民共和国商务部官网．国务院自由贸易试验区工作部际联席会议办公室关于印发自由贸易试验区第三批“最佳实践案例”的函［EB/OL］．［2021-04-29］．http：//www.mofcom.gov.cn/zfxxgk/article/gkml/202104/20210403056818.shtml.

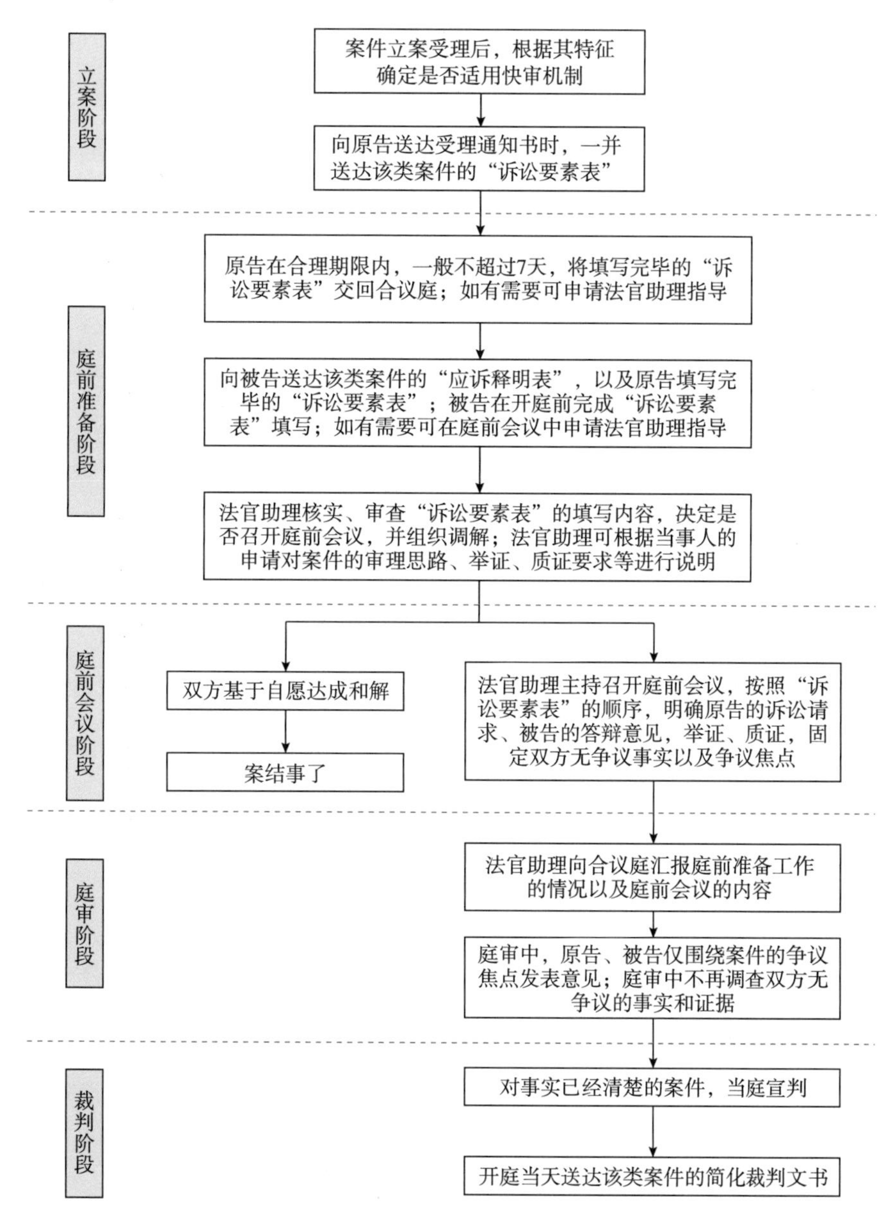

图 3-5　知识产权类型化案件快审机制流程

资料来源：中华人民共和国商务部官网．国务院自由贸易试验区工作部际联席会议办公室关于印发自由贸易试验区第三批“最佳实践案例”的函［EB/OL］．［2021-04-29］．http：//www. mofcom. gov. cn/zfxxgk/article/gkml/202104/20210403056818. shtml.

性工作，实现精细化分工配合，专人定岗、责任到人；二是法官助理完成案件资料的形式审查、事务性工作检查、诉讼释明、指导等庭前准备工作后，向法官汇报，法官可以在开庭审理前才介入案件。改革后的案件管理方式，使法官能够更专精于案件的适法裁判，实现审判组织管理能力的现代化革新。

以“标准化操作”保证案件质量。成都知识产权审判庭总结创新成果，编撰了《快审机制工作规范》，明确快审机制的适用范围，审判流程，法官与法官助理的职责、分工、配合方式等，并制定了类型化案件各项配套文书模板及其使用说明；编撰了《法官助理工作手册》，对各类程序事务的操作标准、处理方法和技巧进行详细说明，使新晋法官助理也能很快胜任工作。

（五）四川自贸试验区:“自贸通”优化综合金融服务①

在整合各类金融资源和政策资源的基础上，四川自贸试验区成都天府新区片区针对区内外向型中小微企业推出政府、银行、担保多方联动的“自贸通”（见图3-6）综合金融服务方案，通过政策性引导、市场化运作、利益共享、责任共担的方式，建立自贸试验区内针对外向型中小微企业的创新金融服务平台，支持外向型中小微企业扩大进出口，降低企业的融资和结算成本②。

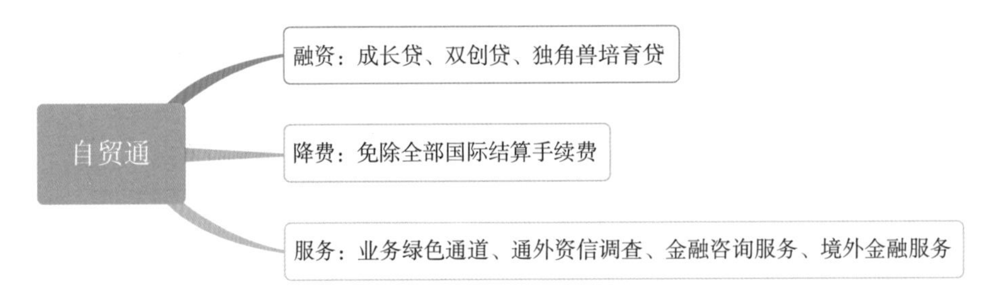

图3-6 四川自贸试验区“自贸通”结构

资料来源：中华人民共和国商务部官网．国务院自由贸易试验区工作部际联席会议办公室关于印发自由贸易试验区第三批“最佳实践案例”的函［EB/OL］．［2021-04-29］．http：//www.mofcom.gov.cn/zfxxgk/article/gkml/202104/20210403056818.shtml.

1．以“融资、降费、服务”为核心，向中小微企业提供全方位金融服务

融资——自贸贷。依托成都天府新区片区现有“成长贷”“双创贷”等特色

① 中华人民共和国商务部官网．国务院自由贸易试验区工作部际联席会议办公室关于印发自由贸易试验区第三批“最佳实践案例”的函［EB/OL］．［2021-04-29］．http：//www.mofcom.gov.cn/zfxxgk/article/gkml/202104/20210403056818.shtml.

② 广西自贸试验区官方网站．自贸试验区第三批“最佳实践案例”系列报道之三：“自贸通”综合金融服务［EB/OL］．［2019-07-26］．http：//gxftz.gxzf.gov.cn/index.php？case=archive&act=show&aid=359.

融资产品，通过整合优化，将服务企业范围扩大到外贸型企业。一是建立中小企业投融资服务平台与合作商业银行之间的信息共享机制及专业评审机制，解决企业与银行机构信息不对称问题，有效缓解企业“融资难”问题。二是政府、银行、担保公司建立风险分担机制，通过组建风险资金池的方式，降低银行机构信贷风险，如“成长贷”产品的最终损失风险分担比例为：银行15%~20%、担保公司40%~65%、政府20%~40%，有效解决了银行机构面临的企业信贷风险与收益严重不匹配问题，有力促进了贷款的规模化运行。通过对上述产品的整合、优化，“自贸通”金融服务能为更多自贸试验区内符合条件的外向型中小微企业解决融资难、融资贵问题。

降费——自贸惠。自贸试验区内外向型中小微企业均涉及国际结算业务，而国际结算业务与普通银行业务相比，具有费用种类较多、产品单价较高的特性。合作商业银行免除纳入“自贸通”金融服务的企业在合作协议有效期内的全部国际结算手续费，切实降低企业费用成本。合作银行已为纳入“自贸通”金融服务的企业免除包括汇出汇款手续费、开证手续费（最低为开证金额的0.15%）、承兑费（最低为承兑金额的0.1%）等一系列国际结算手续费。

服务——自贸易。由合作商业银行牵头，为企业开辟业务办理绿色通道，提供“一带一路”国家境外投资、跨境融资、业务渠道拓展等全方位金融服务，降低区内企业“走出去”交易成本。对金融资源有效的市场化整合是“自贸通”金融服务的主要特色。在主要参与方中，合作商业银行负责“自贸通”金融服务的具体实施；成都天府新区片区管委会授权盈创动力中小企业投融资平台与合作商业银行建立“自贸通”企业库，并牵头实施“自贸通”宣传推广工作。

2. “正面清单、负面清单”相结合，形成较低申请准入门槛

正面清单。企业需同时满足：注册地址和纳税关系都在成都天府新区片区的中小微货物贸易、服务贸易企业；企业具有持续经营能力，具备真实贸易背景，且上年度纳税正常；企业生产经营合法、合规，无不良征信记录；外汇管理局评定的A类企业。该清单有效地扩大了准入企业范围，为诚信合法经营的中小微外向型企业提供了高效、便捷、低成本的融资结算服务。

负面清单。有以下情形之一的企业不得准入：企业法定代表人/负责人被判处刑罚，执行期满未逾三年；企业受到成都市或成都高新区政府部门的重大行政

处罚；企业生产经营违反环保法律法规及政策；企业列入异常经营名录。该清单有效地防止了部分诚信度差、经营不规范的企业骗取银行融资及政府补贴。全国自贸试验区“最佳实践案例”（四川）如表 3-9 所示。

表 3-9　全国自贸试验区“最佳实践案例”（四川）

批次	分类	主题
第三批	知识产权案件快审	知识产权类型化案件快审机制
	铁路运输业与金融业跨界合作	“铁银通”铁路运单金融化创新
	创新金融服务模式	“自贸通”综合金融服务
第四批	稳外资稳外贸	中欧班列运费分段结算估价管理改革

资料来源：中华人民共和国商务部官网．国务院自由贸易试验区工作部际联席会议办公室关于印发自由贸易试验区第三批“最佳实践案例”的函［EB/OL］．［2021-04-29］．http：//www.mofcom.gov.cn/zfxxgk/article/gkml/202104/20210403056818.shtml．中华人民共和国商务部官网．国务院自由贸易试验区工作部际联席会议办公室关于印发自由贸易试验区第四批“最佳实践案例”的函［EB/OL］．［2021-07-05］．http：//www.mofcom.gov.cn/article/zwgk/gztz/202107/20210703172994.shtml.

五、海南省案例

（一）海南自贸港：开展全省域“多规合一”改革试点①

海南自贸港推进省域“多规合一”改革试点工作，着重解决各类空间规划矛盾突出、土地资源利用粗放、行政审批效率低等问题，取得良好成效。

建立统一的空间规划体系。统筹整合了土地利用总体规划、城镇体系规划、主体功能区规划、林地保护利用规划、海洋功能区划等空间性规划和生态保护红线划定，编制完成了《海南省总体规划（空间类 2015—2030）》及六个专篇，并在省总体规划的指导、管控、约束下，同步组织编制了各市县总体规划，形成全省统一的空间规划蓝图。

构建“多规合一”改革配套法规体系。积极推进与“多规合一”相适应的

① 中华人民共和国商务部官网．国务院自由贸易试验区工作部际联席会议办公室关于印发自由贸易试验区第四批“最佳实践案例”的函［EB/OL］．［2021-07-05］．http：//www.mofcom.gov.cn/article/zwgk/gztz/202107/20210703172994.shtml.

法规制定和修订工作，陆续出台了《关于实施海南省总体规划的决定》《关于加强重要规划控制区规划管理的决定》和修订后的省城乡规划条例、土地管理条例、林地管理条例等法规，明确了省总体规划的法律地位。

推进规划用途管制和实施监督创新。在完成“多规合一”、形成“一张蓝图”的基础上，出台了《海南省省和市县总体规划实施管理办法（试行）》，建立了对所有国土空间规划分区分类实施用途管制的制度。印发《海南省总体规划督察办法》，在全国率先建立常态化、实时化的规划督察机制。依托“多规合一”信息综合管理平台，先后开展了全省生态保护红线区专项督察、农村新建住房高度管控专项督察、违法建筑专项督察等规划督察。

推行审批制度创新。以“多规合一”为基础完善项目审批机制，推进行政审批体制改革，选择海南生态软件园、海口美安科技新城和博鳌乐城国际医疗旅游先行区三个不同类型的园区在“多规合一”的基础上全面推行“六个试行”改革措施，即规划代立项、区域评估评审取代单个项目评估评审、准入清单和项目技术评估制度、承诺公示制、联合验收机制、项目退出机制。

（二）海南自贸港：实施“百万人才进海南”战略①

自贸港建设离不开人才的支撑，因此海南大力实施“百万人才进海南”战略，先后出台了70多项引进人才政策，取得良好成效。

人才引进。一是全面放开毕业生落户限制；二是推动人才个人所得税优惠政策落地落实；三是打造“千人专项”引才工程、产业团队建设工程、国际人才集聚工程、柔性引才聚智工程四大引才工程；四是聚焦三大产业类型、10个重点领域、12个重点产业发展需要，吸引集聚自贸港建设所需人才。2021年10月28日，“聚四方之才共建自贸港”2021年海南自由贸易港招才引智活动武汉专场在湖北武汉举行，来自海南的9家用人单位围绕单位发展历程、经营业务、企业文化、招聘需求等进行宣讲，其中包括2家重点园区、2家医疗机构、2所高等院校和3家优秀企业。除了主会场外，此次2021年海南自由贸易港招才引智活

---

① 搜狐网.“筑巢引凤”为自贸港提供人才支撑　海南相继出台70多项人才政［EB/OL］.［2019-07-26］. https：//www. sohu. com/a/416199517_ 124764.

动武汉专场还分别在武汉大学、华中科技大学、中南财经政法大学、武汉理工大学、华中农业大学五所重点高校设立分会场，让高校学子可以在校观看活动现场直播，有意愿赴琼求职的学生可以在线向心仪岗位投递简历。

人才培养。一是重点实施“南海系列”育才计划，培养千名以上高层次专业技术、经营管理、农村实用和技能人才。二是聚焦区域协调发展，出台专项试点意见，推行“双放双保”激励机制，即放宽招录（聘）条件、放宽退休年龄限制、以高待遇保收入、以双住房保安居。

人才评价。一是研究制定《关于推进“1+N”人才评价机制改革的实施意见》，以国际人才、哲学社会科学和文化艺术人才、教育人才、科技人才、企业人才、卫生健康人才、技能人才、农村实用人才、法律人才九类人才为重点开展分类评价。二是启动《海南省高层次人才分类标准（2019）》修订工作，逐步建立起一套符合国际惯例的、相对统一的海南自贸港人才认定体系。

人才服务保障。着力打造“四个一”人才服务机制，解决人才来琼后顾之忧。在人才服务保障上下足功夫，着力营造宜居、宜业的人才环境。全国自贸试验区“最佳实践案例”（海南）如表 3-10 所示。

表 3-10　全国自贸试验区“最佳实践案例”（海南）

批次	分类	主题
第四批	空间规划	省域“多规合一”改革试点

资料来源：中华人民共和国商务部官网．国务院自由贸易试验区工作部际联席会议办公室关于印发自由贸易试验区第四批“最佳实践案例”的函［EB/OL］．［2021-07-05］．http：//www.mofcom.gov.cn/article/zwgk/gztz/202107/20210703172994.shtml.

六、东部地区案例

（一）福建平潭片区：推动两岸征信信息互通优化信贷服务①

针对台资企业和台湾同胞在信用信息征集相关活动、第三方信用或财产担

① 中华人民共和国商务部官网．国务院自由贸易试验区工作部际联席会议办公室关于印发自由贸易试验区第四批“最佳实践案例”的函［EB/OL］．［2021-07-05］．http：//www.mofcom.gov.cn/article/zwgk/gztz/202107/20210703172994.shtml.

保、企业在金融市场上筹措或贷放资金等方面的困难与障碍，福建自贸试验区平潭片区仔细考察了在资金需求层面上台湾同胞与台资企业在创业、消费、投资时面临的障碍，主动促进海峡两岸征信一体化发展，率先打通两岸在信用信息征集的查询、咨询等方面的服务的隔阂，率先对“台商台胞金融信用证书”的创新举措展开试验。该项创新在有效改进对台资企业与台湾同胞的服务质量、破除台资企业与台湾同胞在商业与创业等活动中的融资难题等方面发挥了显著成效，打开了两岸融合发展的新空间。

促进两岸征信信息的交流与共享。鼓励并支持金融机构与专业化民间征信机构对接签约。相关举措实现了中国台湾“中华征信所”与福建品尚征信有限公司的业务合作，促进了行业标准的整合与信用信息的共享，扬起了两岸民间征信合作的新旗帜。

通过持证为台资企业与台湾同胞信用增进给予帮助。“台商台胞金融信用证书”的发行可以使征信记录良好且满足要求的台资企业与台湾同胞以更低的成本和更高的效率办理所需的金融业务。同时，推动专业的融资担保公司为持证台资企业与台湾同胞提供担保服务，提高其信用额度，提供更多的融资担保路径。通过该项举措对台资企业与台湾同胞的经营、投资、创业等活动提供有效支持与鼓励，化解了其在融资与投资时所面临的高成本。

在金融服务方面通过改进持证保障提高服务质量。从加强风险补偿和拓展与征信机构合作两个方面对“台商台胞金融信用证书”保障机制进行丰富和完善。通过鼓励银行与征信机构进一步对接，使台资企业与台湾同胞的征信查询更加便利化、便捷化。通过中国人民银行平潭支行加强与中国台湾工作部、银保监组、区财政金融局等的合作，在交易前增加风险溢价手段，健全尽职免责机制。

（二）福建平潭片区：投资管理体制改革“四个一”[①]

早在福建自贸试验区成立初期，平潭片区就积极探索减少冗杂程序、降本提效的改革创新举措。在由政府牵头的“并联审批”，即一中心协调多个部门同步

① 中华人民共和国商务部官网．商务部关于印发自由贸易试验区“最佳实践案例”的函［EB/OL］．［2015-11-30］．http：//www. mofcom. gov. cn/article/fgsjk/201511/20151102649665. shtml

进行审批的模式基础上，整合投资项目建设全流程的行政审批为四个阶段。在此基础上，对四个阶段都采取综合审批，采用一张表涵盖所有申请事项、一个窗口受理审批申请、所有事项并联同步审查、盖一个章即表示完成所有流程的“四个一”模式（见图3-7）。其中，行政审批局主持负责审批事务，其他职能部门参与审查具体事项，将所有审批单位整合为一体，极大提高了办事效率，只需要传统模式1/10的行政审批材料，该做法优化了投资项目审批办理流程，整合了中介服务资源。

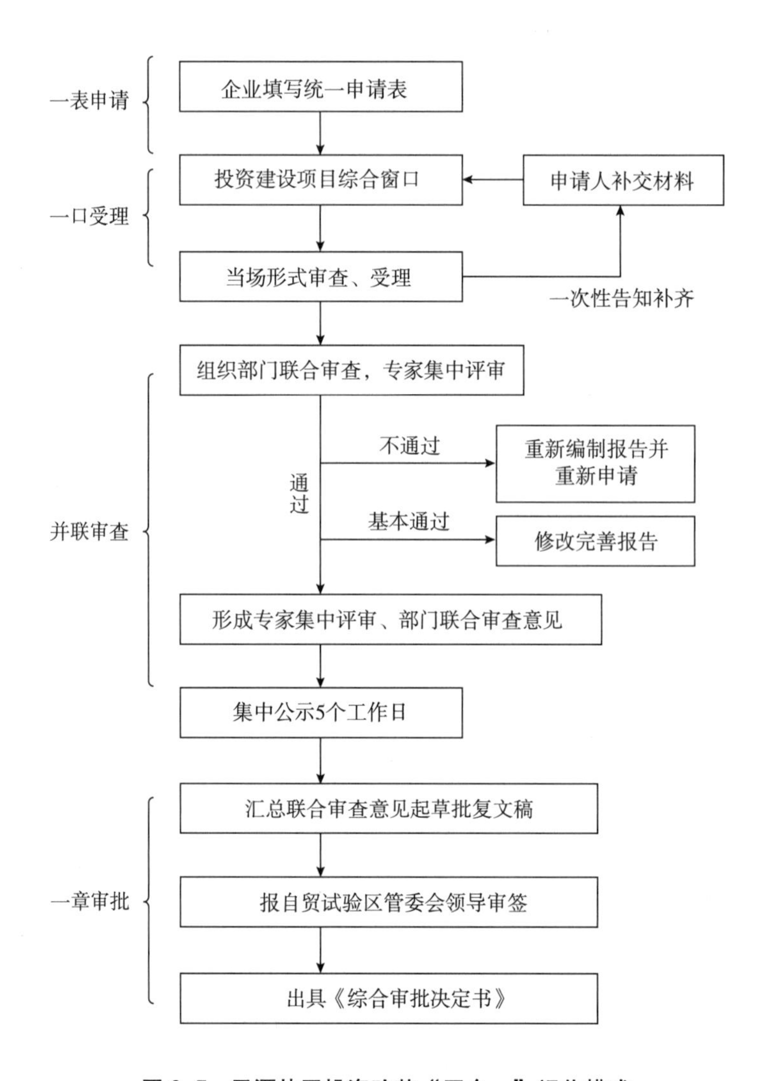

图3-7 平潭片区投资改革“四个一”运作模式

资料来源：中华人民共和国商务部官网．自由贸易试验区“最佳实践案例”［EB/OL］．［2015-12-01］．http：//www.mofcom.gov.cn/article/b/f/201512/20151201210390.shtml.

审批事项合并调整。精简审批事项并整合审批阶段，将原有的审批事项缩减掉 90 项，并将余下的 26 项整合进四个阶段。第一阶段主要是规划用地与选址，确定了招商项目后依法将规划初步选址、用地预审、用林预审、用海预审、环境影响预评价、社会稳定风险、土地出让审批手续等事项合并为同一阶段①；土地使用权以招标、拍卖、挂牌方式及市场化受让的方式获得的则可从第二阶段开始。第二阶段主要是项目评审与核准备案，在现有行业管理部门审核职能不变、监管力度不减的前提下，将工程可行性研究报告评审、环境影响评价报告评审、水土保持方案评审、节能评估报告评审、社会稳定风险评估以及需要评审的其他事项合并为同一阶段②。第三阶段主要是设计审查与施工许可，即依法合并“规划总评方案审查、初步设计方案审查、人防设施审查、消防设施审查、气象设施审查、地震设施审查等需要对工程项目施工图进行审查的事项及其他与施工许可相关的审批事项”等事项为同一阶段③。第四阶段主要是统一竣工验收，依法将“工程项目竣工验收涉及的环保设施竣工验收、水土保持专项验收、建设工程规划验收、人防设施验收、工程档案验收、消防设施验收、安全设施验收、气象设施验收、地震预防设施验收等各类专项验收”等事项合并为同一阶段④。

并联审核并集成各类证、照、批复办理手续。投资建设项目按照“四个一”模式运作，在每一阶段，各职能部门按其分工依法行使行政许可审核权限。相应的证、照、批复可由投资人在不违反国家相关证照管理规定的条件下，到行政服务中心，用四个阶段每阶段相应的《综合审批决定书》获取。

“超时默认”“缺席默认”保障机制。为防止消极、推诿等现象的出现，在绩效考核中纳入行政审批四个阶段办理情况全过程评估。当事人提交的不涉及公共利益与公共安全的合法申请能够在相关职能部门在反馈、会签上逾期或者在审查上缺席的情况下得到默认通过。因此该项原则导致的责任由相关人员承担，造成损失的依法赔偿。月度逾期过三或季度逾期过五的由检察机关进行批评教育，给予行政效能告诫。该机制强化行政部门的担当意识，提高其办公效能，有助于保障投资管理体制改革走实、走深。全国自贸试验区“最佳实践案例”（福建）

①②③④ 中华人民共和国商务部官网．商务部关于印发自由贸易试验区“最佳实践案例”的函［EB/OL］．［2015-11-30］．http：//www. mofcom. gov. cn/article/fgsjk/201511/20151102649665. shtml.

如表 3-11 所示。

表 3-11 全国自贸试验区“最佳实践案例”（福建）

批次	分类	主题
第一批	贸易便利化	国际贸易“单一窗口”
	体制改革	投资管理体制改革“四个一”
第二批	海关检查	关检“一站式”监察平台+监管互认
第三批	营商环境	优化用电环境
	体制改革	工程建设项目审批制度改革
		创新不动产登记工作模式
第四批	台海融合	推动两岸征信信息互通优化信贷服务

资料来源：中华人民共和国商务部官网．商务部关于印发自由贸易试验区“最佳实践案例”的函［EB/OL］．［2015-11-30］．http：//www.mofcom.gov.cn/article/fgsjk/201511/20151102649665.shtml；中华人民共和国商务部官网．商务部关于印发自由贸易试验区新一批“最佳实践案例”的函［EB/OL］．［2021-06-02］．http：//www.mofcom.gov.cn/zfxxgk/article/gkml/202106/20210603067286.shtml；中华人民共和国商务部官网．国务院自由贸易试验区工作部际联席会议办公室关于印发自由贸易试验区第三批“最佳实践案例”的函［EB/OL］．［2021-04-29］．http：//www.mofcom.gov.cn/zfxxgk/article/gkml/202104/20210403056818.shtml；中华人民共和国商务部官网．国务院自由贸易试验区工作部际联席会议办公室关于印发自由贸易试验区第四批“最佳实践案例”的函［EB/OL］．［2021-07-05］．http：//www.mofcom.gov.cn/article/zwgk/gztz/202107/20210703172994.shtml.

（三）山东烟台片区：构筑海洋生物资源“大养护”格局①

经略海洋是国家和山东赋予自贸烟台的重大使命，也是山东自贸试验区烟台片区的三大特色之一。在水生生物资源养护、维护海洋生态友好方面，增殖放流既直接又有效。在增殖放流活动中，山东自贸试验区烟台片区在有关部门的指导下，针对有效监督管控的缺位、高效联动统筹的缺失、放流资源闲散细碎等问题，在增殖放流体系中引进了整合政府引导、科研创新、社会参与多种功能的由政府、企业、社会、科学界四大参与方联动合作的新机制——海洋生物资源“大养护”格局。

① 中华人民共和国商务部官网．国务院自由贸易试验区工作部际联席会议办公室关于印发自由贸易试验区第四批“最佳实践案例”的函［EB/OL］．［2021-07-05］．http：//www.mofcom.gov.cn/article/zwgk/gztz/202107/20210703172994.shtml.

制定目录清单，推动“放前”管理标准化。社会公众所进行的增殖放流活动，往往缺乏对所放流的生物的品种结构和规模的科学指导，同时放流的盲目从众与秩序的缺失，极有可能给生态环境带来意想不到的破坏。烟台片区依托片区内涉海科研院所相关资料数据的支持，在农业农村部等有关部门的指导下出台了《黄渤海重要野生水生生物资源增殖品种指南》，指导管理社会公众的自发增殖放流活动以及育苗单位的相关工作。每年初夏，海洋渔业部门以及省级和国家级水产原良种场都会根据该指南所提供的清单确定增殖放流的种类以及增殖放流的数量、范围、界限。通过整合政府的引导作用、科学界的支持力度以及社会各界的参与热情，推动以更加科学的方法修复海洋生物多样性。

搭建云上平台，推动“放中”参与规范化。在多元化的社会性增殖放流资金的投入、管理、筹措层面，烟台片区通过《渔业资源增殖放流社会资金募集管理规定》进行了科学的规划和统筹，以集中统一、整体宏观的方法管理相关资金的使用与投入，同时增收节支、开源节流、强本节用，推动海洋渔业经济的可持续发展。此外，通过设立网络云平台的方式进行数字化管理，有序引导社会力量、调度社会资源、动员社会热情，实现网络平台统一线上购买、线下网点分别包装提取、规划指定区域展开活动、集中有序放流渔业资源的全流程高效管理与规范化参与。政府通过扮演指导者的角色，广泛动员社会民众以科学有序的方式积极参与社会公益事业，实现了维护生态环境和提高社会参与一箭双雕、一举两得的成效。

完善流程管控，推动“放后”保障长效化。通过构筑苗种繁育规范体系、放流苗种野生驯化体系、苗种养殖标准体系、资源修复长效监督评价体系四大制度性系统来完善对增殖放流的全过程管控，保障包括育苗、驯化、养殖、生态修复等链条的正向循环。利用烟台数家国家级水产良种场在育苗科研领域的科研成果与领先技术，从生态环境与生物多样性的角度为企业制定育苗方案指明方向，以苗种繁育规范体系保障增殖品种的供应。出台《水生生物资源增殖放流野生驯化方案》，提升产自室内机械化育苗设施的苗种在野生环境的适应能力与生存能力，以放流苗种野生驯化体系提高放流苗种回归大海后的适应性与生存能力。在GB/T 31600标准的基础上，根据数百条地方与国家级别的相关规范和准则，以“国家海水养殖综合标准化示范区”为榜样模范，通过苗种养殖标准体系为人工培育的水产品幼苗提供规范化的养殖流程。安排合法合规的第三方机构通过实地考察资源情况与学科专家理论分析相结合的途径，对增殖放流的效果进行科学性的监测并形成书面化的报告，对渔业主管部门既指导又监督，塑造能够激发良性循环的正反馈效应，以资源修复长效监督评价体系推动海洋生态环境与海洋生物圈持续稳步改善。

（四）山东青岛片区：发展海洋经济①

青岛片区突出抓好 18 项海洋领域试点任务推进落实，不断强化机制创新和模式创新，大力发展海洋生物医药、海工装备制造、航运贸易等特色海洋产业，形成生物样本进口“清单式”监管模式、海铁联运货物“全程联运提单”模式等 7 项海洋领域创新实践典型案例，其中，生物样本进口“清单式”监管创新模式为全国首创，5 项创新实践案例在省内复制推广。

发展海洋航运服务。探索运用创新技术打造一流智慧码头，创新自动化码头无人卡口监管模式，实现码头现场监管零干预、卡口监管零驻守、实货监管零等待；刷新自动化码头装卸新纪录，桥吊单机作业效率达到 47.6 自然箱/小时；实现了集装箱拆拼作业在舱单状态下无须报关的简便运作，速度上比釜山港还要快 36 小时。

发展海洋国际合作。建有全国唯一的国际海洋基因组学联盟；成功举办东亚海洋合作平台青岛论坛；与瑞典乌普萨拉大学等共同发起“万种鱼基因组计划”，已有五百种鱼类的基因测序被完成。

发展海洋产业集群。率先开展创新海洋经济统计制度和监测评估体系，探索完善国家海洋经济统计工作体系的经验；发展特色海洋药物产业，构筑海洋药物中试基地和蓝色药库研发生产基地；支持金融机构设立海洋专营事业部或业务部，储备拟上市涉海企业 20 家，3 只海洋类基金完成投资 11.2 亿元。

① 山东省商务厅．山东自贸试验区青岛片区多措并举发展海洋经济［EB/OL］．［2021-05-14］．http：//commerce.shandong.gov.cn/art/2021/5/14/art_16256_10287050.html.

七、中部地区案例

（一）河南郑州片区、开封片区:“一码集成”实现“码”上通办①

为促进区域协同发展，开封片区携手郑州片区联动发展，共同开创制度创新，两个片区共同推出“一码集成”服务，将企业注册、生产经营许可及备案等所有行政审批服务信息集成在一起，生成一个专属、唯一的二维码，成为企业独有的专属“身份证”，使审批事项可以“码”上办，办事材料可以“码”上传，信息进度可以“码”上查。

一个企业一个码。在郑州、开封片区综合服务中心办理业务的企业主体，在首次申办受理完成时，郑州、开封片区政务服务平台系统会采集企业信息自动生成一个二维码，此二维码即是企业的专属二维码，具有唯一性和排他性，为该企业独有专用。

一码集成所有信息。郑州、开封片区打破多平台信息传输的阻碍，将办理进度、企业备案、行政许可、企业信用及综合监管等服务信息从各平台中进行统一调用，整理在制作好的动态网页上，集成在该企业专属二维码上，使该二维码成为企业的信息集成服务码，通过扫描即可查询集成信息。

办理进度动态更新。将受理平台、审批平台、事中事后监管平台三大智慧政务服务平台与网上办事大厅相联通，再实时推送各平台服务器信息，当企业办理完成一新事项后，最新的办理过程和结果数据都会迅速及时地传输到二维码的动态页面，最终实现办理进度实时动态更新。

① 中华人民共和国商务部官网．国务院自由贸易试验区工作部际联席会议办公室关于印发自由贸易试验区第三批“最佳实践案例”的函［EB/OL］．［2021-04-29］．http：//www. mofcom. gov. cn/zfxxgk/article/gkml/202104/20210403056818. shtml.

（二）河南洛阳片区："四链融合"促老工业基地转型升级[①]

河南洛阳片区将政策链、资金链、创新链、产业链"四链"有机融合，促进洛阳老工业基地智能制造转型升级。这一创新举措实现了产业智能升级、推动了企业做大做强、激发了产业经济活力。

政策链带动资金链。基于制造业产业基础，以工业互联网、机器人及智能装备、大数据及电子信息产业政策做引领，以创新人才政策为支撑的"1+3+N"智能制造政策链条，有针对性地制定 50 余项涵盖体制机制改革、创新创业、科技金融、人才引进、服务保障等方面的突破性政策，全面清晰地展示洛阳老工业基地智能制造转型升级的发展方向、落实相关配套措施，以有效吸引企业投资、带动金融支持。

资金链促进创新链。一是推动智能制造精准招商，吸引企业投资，提高研发水平。二是实施合理有效的投资计划，建立智能制造项目库和谋划项目台账，实施项目建设百日攻坚。三是合理实施投资计划，纾解企业创新资金紧缺问题。通过招商引资，进一步促进洛阳老工业基地转型升级。

创新链引领产业链。一是积极引进研发平台和高端整备研究机构，通过市场化运作、军民企地对接，加速科技创新成果的产业化，实现传统制造生产线智能化升级。二是激发企业活力，实施龙头企业提质倍增试点行动和小巨人、隐形冠军、专精特新中小企业培育"一行动三工程"，开展"联企入企惠企助企"活动保市场主体，充分发挥企业创新主体作用。三是促进成果转化，通过各种创新创业等活动，有效促进创新成果转化，推动制造业向科技创新发展。

产业链助推政策链。一是从五个层面推动传统产业智能化改造，开展关键岗位"机器换人"，分行业建设智能化示范生产线，培育智能工厂、智能车间，建设格力智能制造、洛阳新能源以及区中园模式等新型先进制造业园区。二是从五个领域实施智能化转型升级，发展机器人及智能装备产业，搭建"1 综合+6 行业"工业互联网平台，建设国家工业互联网标识解析二级节点，以财务上云为突

---

① 中华人民共和国商务部官网．国务院自由贸易试验区工作部际联席会议办公室关于印发自由贸易试验区第四批"最佳实践案例"的函［EB/OL］．［2021-07-05］．http：//www.mofcom.gov.cn/article/zwgk/gztz/202107/20210703172994.shtml.

破口加快“企业上云”，分类制定企业智能化改造标准。不断升级产业链，促使管理机制改革，助力政策更新。

（三）河南郑州片区：跨境电商零售进口正面监管模式①

随着跨境电商行业的快速发展，该领域下食品安全、环境安全等问题逐渐凸显，河南自贸试验区郑州片区海关监管部门在不断改革与探索中，形成了一套较为完备的跨境电商零售进口事前、事中、事后正面监管模式，这一创新措施有效放空了事前准入风险，促进了企业合规通关，提升了事后风控能力，实现了精准惩戒违法行为。

建立以风险预判为重点的事前防控模式。一是企业准入管理。提升事前参与主体企业的资质核查度，验核相关主管部门发放资质的真实性和有效性。通过核查电商企业经营情况、网站情况、供应链流程等方式把好企业准入关。二是商品准入管理。以电商企业为单元，按照海关 10 位 HS 编码设置商品数据库，与《跨境电子商务零售进口商品清单》进行比对筛查，对品名、归类易混淆商品进行总结筛选。

建立以交易真实性核查为重点的事中监管模式。该监管模式包括六个方面，分别是单证审核、税收管理、查验管理、物流监控、账册管理和促销行为报备管理。单证审核对订单、支付单和物流单信息展开核查，建立核对工作机制，有效管控交易真实性。税收管理主要对跨境电商企业及商品实施规范申报和管理，避免税款流失。查验管理针对两种不同模式，一种是直购进口，另一种是网购保税进口。主要查验单货是否相符，对中高风险的企业设置较高布控查验率。物流监控主要防止部分企业呈现车辆转包等违规行为。账册管理实现跨境电商企业商品进、出、转、存全程数据留痕、可追溯。促销行为报备管理实施全流程监控，降低因低报价格导致的税款流失风险。

建立以网上巡查、大数据分析为重点的事后监管模式。一是网上巡查，验核交易真实性，防范违法违规风险。二是盘库管理，通过企业自盘、电子盘库等方

---

① 中华人民共和国商务部官网．国务院自由贸易试验区工作部际联席会议办公室关于印发自由贸易试验区第三批“最佳实践案例”的函［EB/OL］．［2021-04-29］．http：//www. mofcom. gov. cn/zfxxgk/article/gkml/202104/20210403056818. shtml.

式及时发现违规操作。三是大数据分析。综合运用各类系统分析是否存在低报价格、虚假交易等违规行为。四是企业精准画像，以电商企业为单元，通过对企业信息、交易数据等的全面收集及分析，对企业进行风险等级划分，进而实施有针对性的风险分析及监管。五是实施企业差别化管理，在申报清单转人工比例、查验布控率、盘库周期、税款担保形式等方面对电商企业实施差异化管理措施，鼓励电商企业申请成为海关认证企业，进一步提升高信用企业通关便利度。六是动态风险布控规则管理。参照跨境电商企业历史违规记录、重点商品特定时期监管要求、消费购买逻辑分析等，分别对企业、商品、消费者转人工审单、查验、验估等布控规则进行动态调整。全国自贸试验区“最佳实践案例”（河南）如表 3-12 所示。

表 3-12　全国自贸试验区“最佳实践案例”（河南）

批次	分类	主题
第三批	监管	跨境电商零售进口正面监管模式
	审批	一码集成服务
第四批	产业转型	“四链融合”促进洛阳老工业基地转型升级

资料来源：中华人民共和国商务部官网．国务院自由贸易试验区工作部际联席会议办公室关于印发自由贸易试验区第三批“最佳实践案例”的函［EB/OL］．［2021-04-29］．http：//www.mofcom.gov.cn/zfxxgk/article/gkml/202104/20210403056818.shtml；中华人民共和国商务部官网．国务院自由贸易试验区工作部际联席会议办公室关于印发自由贸易试验区第四批“最佳实践案例”的函［EB/OL］．［2021-07-05］．http：//www.mofcom.gov.cn/article/zwgk/gztz/202107/20210703172994.shtml.

（四）湖北武汉片区：科技信贷政策导向效果评估机制①

湖北自贸试验区武汉片区大力推行科技金融改革，在全国率先建立了“科技信贷政策导向效果评估机制”，该机制是联合人民银行武汉分行共同自主研发的，这一机制的建立，加大了各银行机构对科技创新的金融支持力度，完善了科技金融改革过程中的薄弱环节。

① 中华人民共和国商务部官网．国务院自由贸易试验区工作部际联席会议办公室关于印发自由贸易试验区第四批“最佳实践案例”的函［EB/OL］．［2021-07-05］．http：//www.mofcom.gov.cn/article/zwgk/gztz/202107/20210703172994.shtml.

构建“定量+定性”相结合的特色评估指标体系。借鉴人民银行小微信贷政策评估评分计算方法，结合科技金融改革任务要求及武汉科技金融发展实际，制定了《科技金融信贷政策导向效果评估指引》，设置定量和定性两部分评估指标，包括 8 个方面 19 项考核指标。其中，定量分值权重为 70%，定性分值权重为 30%。为提高评估的针对性，贷款结构指标由武汉片区科技贷款及小微科技企业贷款情况组成，金融创新指标由知识产权质押贷款、科技企业保证保险贷款等金融业务开展情况组成。

建立“线上+线下”相结合的综合评估方式。依托银行业网间互联平台开发设计数据网络直报、自动抓取和线上评估的科技金融统计与评估系统，实现市内银行机构全部接入。在评估时，定量指标由系统自动抓取数据并计算得分，无须银行机构报送材料；在评分时，银行机构在系统进行自评，并上传科技信贷政策执行情况报告及相关证明材料，人民银行武汉分行根据日常工作掌握情况及各银行上传材料，线下进行认定后在系统录入定性得分。最终，由系统计算出各银行机构综合得分，并分为优秀、良好、中等、勉励四个档次。

采取“通报+挂钩”相结合的评估工作机制。人民银行武汉分行每年开展科技信贷政策效果评估，及时向各银行机构通报评估得分排名、科技信贷政策执行效果及存在的问题，并对落实科技信贷提出具体工作要求。科技信贷政策效果评估的结果是落实科技金融改革方案的依据，并与货币政策运用等工作进行挂钩，充分引导各银行机构按照评估导向落实落细科技信贷政策。

（五）湖北襄阳片区：推行“全通版”食品药品许可证[①]

湖北自贸试验区襄阳片区自 2017 年挂牌成立后，全面推行“全通版”食品药品行政许可证，将原来的 9 项企业审批许可合并为一张《食品药品生产经营许可证》，提高了审批效率，让企业省时省力。

整合申报材料。将申报资料分为共性资料和业态资料两个部分。共性资料为原各类许可中的重复性申报资料（如申报主体证明文件、相关人员身份证明文件

---

① 中华人民共和国商务部官网．国务院自由贸易试验区工作部际联席会议办公室关于印发自由贸易试验区第三批“最佳实践案例”的函［EB/OL］．［2021-04-29］．http：//www. mofcom. gov. cn/zfxxgk/article/gkml/202104/20210403056818. shtml.

等），业态资料为原许可中具有业态特色的专业资料。按照高标准覆盖低标准的原则，实现一个申报主体申报多个许可（认证）时只需提供一套资料的便利。

归并验收标准。综合归并法律法规规定的食品药品生产经营许可（认证）标准，按照“归并验收条款，坚持审批标准”的原则，合并验收标准中的相同部分，坚持各业态专项验收标准不变。

规范现场核查。整合具有法定资质的各业态现场核查人员，形成现场核查专家库。按照规定抽取申报主体申报的各业态许可（认证）验收人员，组成一个验收小组，进行现场核查验收。以申报主体申报的高风险业态验收人员作为验收组负责人，其他涉及业态的验收人员作为组员。实现一个申报主体在申报多个食品药品生产、经营业态时，只委派一个验收组完成验收任务，即一次性完成现场核查任务。

明确证书内容。将原“四品一械”（食品、保健食品、药品、化妆品、医疗器械）各环节（科研、生产、流通、消费、使用）的各种许可（认证）证书统一为《食品药品生产经营许可证》，实行正副本制度。对于正本和副本主要内容都做明确要求。

统一许可编号。食品药品许可证在襄阳市实行统一编号。编号共11位，具体格式为：襄+1位字母（英文大写）+9位数字。其中，襄代表襄阳市，字母代表市局、县（市）区局（如市局A、枣阳B等），9位数字的前4位代表年份，后5位代表流水号。食品生产、化妆品生产、医疗器械经营（批发）在相应许可范围后标注原许可认证证书编号。《食品药品生产经营许可证》由襄阳市食品药品监督管理部门统一印刷管理，各单位按照实际需求签字领取使用，每季度首月将上季度使用情况汇总上报市局行政审批科。

优化申报期限。单业态或法定许可有效期相同的多业态《食品药品生产经营许可证》的核发和换发，有效期按法定许可期限标注，具体为5年。多业态《食品药品生产经营许可证》换发，以最先到期业态许可期限为准，遵循企业自愿的原则，法定有效期未满业态可以一并换发，也可至各业态法定有效期届满逐一换发。单业态和多业态食品药品生产经营企业增加许可事项的，验收合格后换发新的《食品药品生产经营许可证》，增加许可类别，发证日期为新证发放日期，证件其他内容不变；核减许可事项的，申请后换发新的《食品药品生产经营许可证》，发证日期为新证发放日期，证件其他内容不变；核减许可事项后变为单业态的，按照法定许可有效期标注有效期；新申请的药品经营企业，验收合格后核发《食品药品生产经营许可证》，通过 GSP 认证后换发新的《食品药品生产经营许可证》，发证日期为新证发放日期，证件其他内容不变。图 3-8 显示了“多证合一”前后的期限对比。

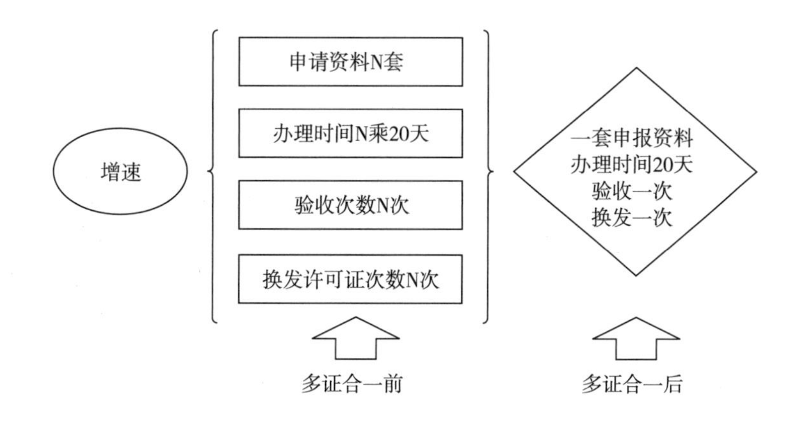

图 3-8 “多证合一”提速前后对比

（六）湖北襄阳片区：全国首创不动产抵押权变更登记[①]

湖北自贸试验区襄阳片区为助力企业降本增效，在全国首创推行不动产抵押权变更登记改革。通过改革取消注销抵押权环节，简化办事程序，搭建信息共享集成平台，推动流程集成，提升服务效能，保障了不动产权利人的合法权益，方便了市场主体融资，促进了金融市场健康发展。这一创新举措降低了融资成本，解决了中小微企业融资难、融资贵等问题，缩短了不动产抵押登记办理和企业获取融资时间，实现了续贷抵押无缝对接，降低了限贷风险。

推动信息跑路，设立便民服务窗口。襄阳市不动产登记机构联合各银行在各银行网点设置不动产抵押登记受理场所，并专门设立“便民服务窗口”便于业务办理。通过“互联网+政务”信息化共享平台，不动产登记机构在网上受理审

① 中华人民共和国商务部官网．国务院自由贸易试验区工作部际联席会议办公室关于印发自由贸易试验区第三批“最佳实践案例”的函［EB/OL］．［2021-04-29］．http：//www.mofcom.gov.cn/zfxxgk/article/gkml/202104/20210403056818.shtml.

核；同时通过中间库向房管部门推送信息完成抵押权备案，实现抵押贷款和抵押登记“一站式”办结。

简化续贷流程，取消注销抵押权环节。实行不动产抵押权变更登记后，极大简化了不动产到期后的续贷流程和环节。不仅取消了注销抵押权这一环节，债权人也无须再提供还清贷款证明，仅提供抵押人与抵押权人相关变更内容的约定即可。

部门协同推进，实现多方共赢。2017 年 10 月 10 日，襄阳市国土、人行、银监等部门联合发布《关于完善不动产抵押登记促进金融市场发展的通知》，就进一步完善不动产抵押登记制度达成共识，明确被担保的主债权种类及数额、担保范围、债务履行期限等发生变更的，均可申请办理抵押权变更登记。银行通过不动产抵押登记系统即可查询相关利害关系人不动产登记、抵押、查封等信息，实现了多方信息对称，降低了经营风险。

（七）湖北襄阳片区：试行“两无一免”简化退税流程[①]

湖北自贸试验区襄阳片区多措并举为企业减负，推行的“两无一免”政策，大大缩减了企业办理时长，让企业少跑路，是推进办税便利化及放管服改革的一项重要举措。

无须纳税人申请，税务机关主动发起退税。襄阳市税务局与人民银行襄阳市中心支行协商并达成一致意见，对部分涉及面广、业务量大、风险可控的退税事项由税务机关主动、批量发起退税流程，提高办事效率。主要包括三类业务：个人所得税手续费退税、小微企业企业所得税年度汇算清缴多缴退税、政策调整形成的误收退税。

退税审核无纸化，着力减轻经办人员负担。鉴于纳税人的基本信息和缴税缴库信息均已保存在金税三期系统中，纳税人退税时再提供有关证明资料不仅重复，也增加了税务机关和人民银行国库部门经办人员审核、复核的负担，襄阳片区电子缴退库业务成熟推出，办理退税业务时纳税人不需要再跑税务机关，税务

---

① 中华人民共和国商务部官网．国务院自由贸易试验区工作部际联席会议办公室关于印发自由贸易试验区第三批“最佳实践案例”的函［EB/OL］．［2021-04-29］．http：//www.mofcom.gov.cn/zfxxgk/article/gkml/202104/20210403056818.shtml.

机关也不再跑人民银行国库部门。纸质资料流转变为电子资料流转，缩减了先前6个纸质资料环节，全部使用《电子收入退还书》，极大减轻工作负担。

退税办理免填单，着重化解税库制度风险。为解决接收退税款主体的确认问题，避免出现错退、误退，同时增强便民办税获得感，提升税收服务水平，襄阳市税务局优化原《退库申请书》样式，推出《退税确认告知书》，在严格保留原表证单书上税别、凭证号、原纳、应纳等重要要件的基础上，将“申请单位盖章”栏优化为“纳税人确认”栏，由税务部门提取退税信息，批量发起退税，纳税人仅需在《退税确认告知书》签章确认，解决了接收退税款主体的确认问题，避免了错退、误退。全国自贸试验区“最佳实践案例”（湖北）如表3-13所示。

表3-13 全国自贸试验区“最佳实践案例”（湖北）

批次	分类	主题
第三批	经营许可	推行“全通版”食品药品许可证
	体制改革	推行不动产抵押权变更登记
		涉税执法容缺容错机制
		试行“两无一免”简化退税流程
第四批	政策评估	科技信贷政策导向效果评估机制

资料来源：中华人民共和国商务部官网．国务院自由贸易试验区工作部际联席会议办公室关于印发自由贸易试验区第三批“最佳实践案例”的函［EB/OL］．［2021-04-29］．http：//www. mofcom. gov. cn/zfxxgk/article/gkml/202104/20210403056818. shtml；中华人民共和国商务部官网．国务院自由贸易试验区工作部际联席会议办公室关于印发自由贸易试验区第四批“最佳实践案例”的函［EB/OL］．［2021-07-05］http：//www. mofcom. gov. cn/article/zwgk/gztz/202107/20210703172994. shtml.

（八）湖南自贸试验区：推进五大功能性平台建设①

重大功能性平台是推动自贸试验区建设的重要载体，也是自贸试验区建设的创新举措。2021年10月11日，5个重大功能性平台在湖南自贸试验区正式授牌，分别是：国际金融港、国际人才港、国际先进制造业总部经济中心、知识产

① 刘捷萍．湖南自贸试验区五大功能性平台授牌［N/OL］．长沙晚报，［2021-10-12］．https：//www. icswb. com/newspaper_ article-detail-1760785. html.

权服务中心、中非国际经贸总部基地。

国际金融港，致力于发挥金融助推器和加速器作用。该平台位于长沙科技新城，是长沙片区围绕湖南自贸试验区建设、打造改革开放高地、践行“三高四新”战略而着力搭建的综合性金融创新服务平台。以区域特色化为方向，以开放创新为动力，推动金融资源由物理集聚向功能集聚转化。国际金融港将建五大功能区，分别是跨境金融“一站式”服务窗口、跨境人民币结算中心、金融商务写字楼、金融科技互动体验馆、金融集市与多功能路演大厅。

国际人才港，致力于打造引才引智服务区、创新创业集聚区、健康生活品质区三大功能区。该平台位于长沙经开区人民东路沿线，按照“一廊三区多点”规划布局，依托长沙科技新城、铭诚绿谷、中部智谷等创新创业平台，整合东方韵动汇、湘之雅国际医院、国际人才社区等综合配套资源，建设国际人才创新创业长廊，打造引才引智服务区、创新创业集聚区、健康生活品质区三大功能区。全面优化升级人才集市等现有公共服务平台，做强国家级人力资源服务产业园，树立一批引才标杆企业、创建一批人才培育平台、做实一批创新创业基地，为打造湖南自贸试验区人才高地、创新高地提供最强驱动、最强引擎。

国际先进制造业总部经济中心，致力于形成集聚效益明显、特色鲜明的总部经济发展格局。该中心聚焦先进制造业高质量发展需求，以人民东路沿线区域未来智汇城、长沙科技新城等创业基地为支撑，探索借助社会化招商模式，引进综合型总部、功能型总部、五大产业成长型企业，力争至2023年，打造更加完善的政策体系和产业体系，形成总部经济发展格局。

知识产权服务中心，致力于实现知识产权线上线下“一站式”全链条服务。该中心整合国家、省、市知识产权公共资源，实现知识产权线上线下“一站式”全链条服务。搭建知识产权资源汇聚平台、快速高效保护平台和知识产权数字化确权制度创新试验平台，构建知识产权审查确权、行政执法、维权援助、仲裁调解、司法衔接相联动的知识产权协同保护机制，防范知识产权风险，有效应对侵权纠纷。

中非国际经贸总部基地，力争成为中非经贸合作示范高地。该基地位于雨花区高桥大市场中非经贸合作促进创新示范园二期，按照国际化、现代化、产业化发展方向，打造中非医药健康和中药材进出口基地、中非经贸企业总部中心，重点引进和培育中非医药健康总部企业、中非经贸总部企业、功能性总部及各类成长性企业。力争到2023年，形成中非经贸企业集聚发展格局，带动示范园及全省中非经贸合作向特色化、规模化、产业化方向发展，成为中非经贸合作示范高地。

八、东北地区案例

（一）辽宁大连片区："冰山模式"开创国企混改路径[①]

大连冰山集团有限公司（以下简称大连冰山集团）以混合所有制改革为突破口，大力发展以冷热科技为核心的智能制造产业，构建综合服务体系，开创了"1+2"冰山改革模式（见图3-9），进一步推动东北地区国资国企改革向纵深推进。

1. 深化混合所有制改革，形成长效激励机制

2008年大连冰山集团针对国企法人治理结构不完善、决策层和经营层不分等一系列问题启动了第一次混合所有制改革，使得大连冰山集团由原来的国有独资公司转变为股权多元化的中外合资企业，大幅提升了经营管理效率。但规范有效的公司法人治理结构还未完全形成，随着企业不断发展壮大和业务的拓展，又衍生出了一些新的问题。在中国共产党大连市委员会、大连市人民政府、大连市人民政府国有资产监督管理委员会、大连片区的支持和推动下，大连冰山集团启动第二次混改，经营层股权由第一次混改后的10%增加至20.2%，持股范围增加117人，委派集团董事增加1人，形成了企业内部激励与约束的长效机制。

---

① 中华人民共和国商务部官网．国务院自由贸易试验区工作部际联席会议办公室关于印发自由贸易试验区第三批"最佳实践案例"的函［EB/OL］．［2021-04-29］．http：//www.mofcom.gov.cn/zfxxgk/article/gkml/202104/20210403056818.shtml.

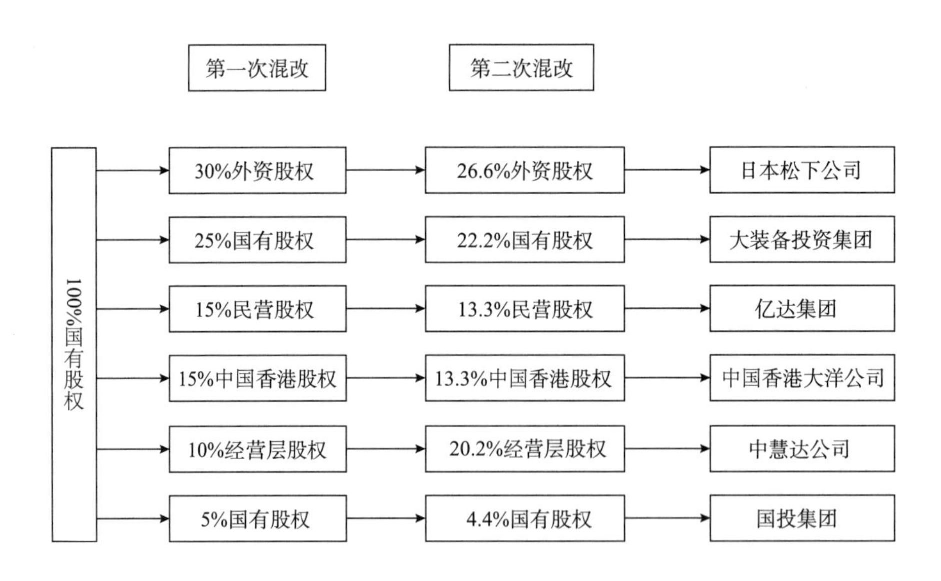

图 3-9　大连冰山集团两次混合所有制改革股权结构

资料来源：中华人民共和国商务部官网．国务院自由贸易试验区工作部际联席会议办公室关于印发自由贸易试验区第三批“最佳实践案例”的函［EB/OL］．［2021-04-29］．http：//www. mofcom. gov. cn/zfxxgk/article/gkml/202104/20210403056818. shtml.

2. 发挥智能制造示范作用，实现主体产业全面升级，推进创新创业

根据《国务院关于印发中国（辽宁）自由贸易试验区总体方案的通知》① 和《中国制造 2025 辽宁行动纲要》中老工业基地产业转型升级要求，大连冰山集团借助整体搬迁至大连片区的机遇，紧扣自贸试验区功能定位调整产业结构，推进工业化与信息化深度融合，依托智能制造和绿色制造，推动主体产业全面升级、聚合创新资源、激发创新创业活力。一是依托智能制造改造传统产业，实现制造设备更新，设计制造软件升级和产品升级换代同步匹配。关键核心设备更新投资近 3 亿元，软件升级投资近 5000 万元。通过制定产品技术路线图和制造升级改造规划方案，全面对接客户大规模非标定制化需求。同时，增资扩建了国际领先的智能自动售货机的智能制造工厂，并以冰山装备制造和商品制造两个智能制造工厂为样本，推进全集团的转型升级，通过智能生产和智慧服务，助力集团整体转型升级。二是依托绿色制造，打造冷热装备的智能制造示范基地。利用信息技术和智能制造技术全面规划生产、工艺、物流、库存等

① 中国政府网．国务院关于印发中国（辽宁）自由贸易试验区总体方案的通知［EB/OL］．［2017-03-31］．http：//www. gov. cn/zhengce/content/2017-03/31/content_ 5182284. htm.

业务流程，提升工厂的运行效率，推动产业优化和升级，优化制造流程，应用绿色低碳技术建设厂房，集约利用厂区空间。2017 年大连冰山集团出台“双创”管理制度，打造自主研发、工程服务、智能制造等创新创业平台，创新体制机制以促进创新创业。

3. 依托自贸试验区平台构建综合服务体系

大连冰山集团依托自贸试验区平台，推进供给侧结构性改革，不断创新冷热服务的商业模式，大力发展生产性服务业，全面优化和提升服务水准。一是陆续运用资本整合资源，全资组建了大连冰山集团工程有限公司和冰山技术服务（大连）有限公司，依托互联网、云平台、大数据的智能服务网络，完善了冰山服务体系；二是利用搬迁后的老厂区成立大连冰山慧谷发展有限公司，汇聚创新创业人才，发展工业设计等现代服务产业；三是凭借自贸试验区内融资租赁政策优势，与东京盛世利株式会社合资成立大连冰山集团华慧达融资租赁公司，开展融资租赁业务，为大连冰山集团各成员企业的客户提供灵活多样的融资服务；四是重点培育发展高新技术企业，利用物联网、大数据、“互联网+”把大连冰山集团的冷热产品、工程、服务连成线、织成网，构建了“互联网+”时代的新型冷热服务体系。

（二）辽宁营口片区：创新审管联动闭环管理新模式[①]

审管联动闭环管理新模式是中国（辽宁）自由贸易试验区营口片区深入推进“放管服”改革，破解审管脱节的又一创新举措，有效推进了政府治理体系和治理能力现代化。

1. 优化管理体制，构建“审批+监管+执法+法制”审管联动闭环管理新模式

在审批方面，设立行政审批局，集中行使 29 个部门、416 项省市审批权限，实现“一枚印章管审批”，群众企业办事“只进一扇门”。在监管方面，承接省

---

① 辽宁省政府网．辽宁自贸试验区营口片区改革创新成果再获全国推广［EB/OL］．［2021-09-23］．http：//www. ln. gov. cn/ywdt/jrln/wzxx2018/202109/t20210923_ 4245748. html.

市下放监管权限，实现监管事项全覆盖，在“双随机、一公开”的基础上，将行政检查事项内容列入随机抽取范围，率先试行“三随机、三公开”的监管新模式。在执法方面，全国首创“16+X”集成化综合监管模式，整合16个执法部门职权，实现各执法部门职能整合和流程再造的“化学融合”“多帽合一”。在全国首推的“包容免罚”清单扩容至115项，进一步提升了监管的针对性和有效性。在法制方面，成立制度创新与营商局、建立专业的制度创新团队和法治保障团队，联合司法机关和第三方法律服务机构，提供全方位的法治保障。

2. 创新形成“一套制度”明职责、“一条纽带”促融合、“一个部门”抓保障的闭环管理体系

“一套制度”明职责，是指出台规范依法行政推动审管联动实施办法，编制审批监管权责清单，构建了权责明晰、协同联动、科学有效的政府管理体系。“一条纽带”促融合，是指线上打通数据壁垒，将政务服务网和综合监管平台有效衔接，实现审批、监管、执法信息的互联互通；线下建立审批、监管、执法工作会商制度，形成高层强力推动、内部密切协作的良好局面。“一个部门”抓保障，是指建立专业的制度创新团队和法治保障团队，联合司法机关和第三方法律及信用机构，提供全方位的法治保障，推动形成制度创新成果。全国自贸试验区“最佳实践案例”（辽宁）如表3-14所示。

表3-14　全国自贸试验区“最佳实践案例”（辽宁）

批次	分类	主题
第三批	国有企业体制改革	集装箱码头股权整合新路径
	国有企业体制改革	基于全要素价值分享模式的国有企业“内创业”模式
	国有企业体制改革	“冰山模式”开创东北老工业基地国有企业混合所有制改革新路径
第四批	国有企业体制改革	“事转企”背景下国有企业“三级跳”发展新模式

资料来源：中华人民共和国商务部官网．国务院自由贸易试验区工作部际联席会议办公室关于印发自由贸易试验区第三批“最佳实践案例”的函［EB/OL］．［2021-04-29］. http：//www. mofcom. gov. cn/zfxxgk/article/gkml/202104/20210403056818. shtml；中华人民共和国商务部官网．国务院自由贸易试验区工作部际联席会议办公室关于印发自由贸易试验区第四批“最佳实践案例”的函［EB/OL］．［2021-07-05］. http：//www. mofcom. gov. cn/article/zwgk/gztz/202107/20210703172994. shtml.

（三）黑龙江自贸试验区黑河片区：推进中俄跨境集群建设[①]

中国（黑龙江）自由贸易试验区黑河片区创新与俄罗斯布拉戈维申斯克市（以下简称布市）合作模式，围绕“四个协同”打造形成“规划统筹、产业互动、政策衔接、利益共享”的协同发展机制，以高效的工作机制共同推进中俄跨境集群建设，打造跨境产业集群，在跨境清洁能源资源合作、跨境农业加工、跨境木材加工、跨境智能机电制造等方面吸引了一批产业集聚。

1. 目标协同，建立常态化工作机制

在多次跨级别工作会谈后，黑河片区逐渐与俄罗斯远东和北极发展部、阿穆尔州政府、布市政府、阿穆尔州招商署等部门达成“共建、共治、共享”的协同发展共识。黑河片区与布市政府签订《开展跨境合作协同工作备忘录》，建立联合工作机制，推动信息交流共享和建立问题磋商解决机制。布市市长在2019年东方经济论坛上，专题推介建设“黑河—布拉戈维申斯克城市集群”，全面提升经贸和产业项目合作水平，提出到2050年将“黑河—布拉戈维申斯克城市集群”打造成规模为100万人口城市群的目标。

2. 规划协同，统筹编制中俄两岸发展规划

俄方制定《远东和外贝加尔地区社会经济发展联邦专项纲要》，提出“利用中俄唯一的一对比邻地级市打造中俄国界上建设规模最大的物流枢纽和经济中心”；黑河片区向布市提交《黑河—布拉戈维申斯克市（黑龙江）大桥桥头区整体规划》，提出双方在各自桥头区划定区域，联合开发；阿穆尔州招商署提交《中俄跨境物流综合体规划》，提出建设与黑河片区中俄跨境物流枢纽项目相对应的阿穆尔物流枢纽区[②]。

---

① 中华人民共和国商务部官网．国务院自由贸易试验区工作部际联席会议办公室关于印发自由贸易试验区第四批“最佳实践案例”的函［EB/OL］．［2021-07-05］. http：//www. mofcom. gov. cn/article/zwgk/gztz/202107/20210703172994. shtml.

② 陈婷婷．黑龙江自贸试验区制度创新成果显现［N/OL］．国际商报，［2021-07-12］. http：//epaper. comnews. cn/xpaper/news/617/6585/31800-1. shtml.

3. 政策协同，营造政策叠加优势

黑河片区具有自贸试验区、跨境经济合作区的政策叠加优势，黑河片区充分发挥自身政策优势，加强中俄投资合作，借鉴俄罗斯跨越式发展区和自由港政策，制定《黑河自贸片区优惠政策十条》①。

4. 招商协同，共同打造跨境合作品牌

布市与黑河片区共同开展招商推介和宣传活动，成功举办俄罗斯阿穆尔国际洽谈会、黑河岛国际经贸洽谈会等；打造“中俄双子城”品牌，推动中俄跨境经济合作更上一层楼。全国自贸试验区“最佳实践案例”（黑龙江）如表 3-15 所示。

表 3-15　全国自贸试验区“最佳实践案例”（黑龙江）

批次	分类	主题
第四批	跨境合作	推进中俄跨境集群建设

资料来源：中华人民共和国商务部官网．国务院自由贸易试验区工作部际联席会议办公室关于印发自由贸易试验区第四批“最佳实践案例”的函［EB/OL］．［2021-07-05］. http：//www. mofcom. gov. cn/article/zwgk/gztz/202107/20210703172994. shtml.

（四）黑龙江黑河片区：打造文化艺术品出入境“黑河模式”②

中国（黑龙江）自由贸易试验区黑河片区依托边境贸易形式，探索文化艺术品出入境新模式，在海关特殊监管区域设立中俄国际文化艺术品保税展示、存储场所，依法依规开展国际保税文化艺术品展示、拍卖、交易业务。在文化艺术品出入境新模式的作用下，黑河市逐渐发展成为俄罗斯及欧洲文化艺术品对华存储、展示、创作、交易的重要窗口。

1. 创建国际艺术品保税展示交易平台

黑河片区充分发挥相邻城市聚集功能，打造国际艺术品交易平台，开展特殊

① 陈婷婷．黑龙江自贸试验区制度创新成果显现［N/OL］．国际商报，［2021-07-12］. http：//epaper. comnews. cn/xpaper/news/617/6585/31800-1. shtml.

② 刘增伟．探索打造文化艺术品出入境“黑河模式”［N/OL］．黑河日报，［2020-11-20］. https：//hhrb. dbw. cn/Html/szbz/20201120/szbz60444. Html.

监管区外展示交易。创新出入境运输和监管模式，为企业开展艺术品的保税储运、展示、交易等经营业务提供便利，降低企业成本。发挥中俄人文合作优势，开拓俄罗斯及欧洲国际艺术品市场，探索差异化发展新路径。

2. 打造国际艺术品交易平台，开展特殊监管区外展示交易

黑河片区大力建设黑河市大黑河岛国际商贸城中俄艺术品交易平台，实现俄罗斯油画艺术品直销体验和线上运营。平台参照保税商店模式，开展保税展示交易业务，对保税场所内的艺术品实行特殊监管区外保税监管政策。平台利用“信用担保”出区模式，开展国际文化艺术品保税展示交易，黑河片区和中国人民银行指定区内的银行企业共同对大黑河岛国际文化艺术品交易平台公司实现银行授信担保业务，实行风险共担政策，用“信用担保”方式代替传统保证金和关税保证保险方式。

3. 建立中俄双方公证协会交流互助平台

利用黑龙江省黑河市黑河公证处在涉外领域具有丰富法律服务经验的优势，充分发挥国际法律服务综合体的平台作用，组织中俄专家共同探讨两国法律关于公证的法律适用、公证规则衔接问题，加强与外事部门、商务部门的沟通，针对涉外企业和公民的法律诉求提出有针对性的建议。运用“互联网+涉外法律服务”模式，实现一网通办，为企业开展诉讼、仲裁提供了便利，将涉外法律服务提升到新的层次和水平。

九、西部地区案例

（一）广西崇左片区：创新边境地区跨境人民币使用改革[①]

中国（广西）自由贸易试验区崇左片区是广西沿边跨境金融改革的“领头

① 中华人民共和国商务部官网．国务院自由贸易试验区工作部际联席会议办公室关于印发自由贸易试验区第四批“最佳实践案例”的函［EB/OL］．［2021－07－05］．http：//www. mofcom. gov. cn/article/zwgk/gztz/202107/20210703172994. shtml.

羊”，着力于以沿边金融改革创新服务产业发展，取得了一系列成果。一是扩大了中越货币现钞跨境调运业务规模。崇左片区通过积极引导境外人民币现钞供应回流需求，规范人民币现钞跨境流动，推动了双边本币业务发展，为解决双边银行越南盾与人民币现钞来源及头寸消化难题，累计调运 106 亿越南盾现钞，调运 4638 万元人民币现钞。二是扩大了边民互市贸易人民币结算规模。截至 2021 年 3 月末，崇左片区通过互市贸易服务中心共为边民开展跨境结算人民币 299. 84 亿元。三是拓宽了银行间越南盾清算渠道。4 家商业银行已累计办理 13 笔银行间越南盾清算业务，金额合计人民币 376 万元。

1. 开展中越两国现钞调运，畅通两国本币回流渠道

通过引导崇左片区内银行机构加强与越南银行机构的沟通，掌握中越市场对双边货币现钞的需求情况。允许片区内金融机构与越南银行对开账户、对存双边本币等方式，完成双边现钞跨境调运业务资金头寸清算，进而推动人民币和越南盾现钞跨境调运业务。

2. 创新边民互市贸易结算模式

通过推行互市贸易“银行+服务中心”结算模式，设立互市贸易服务中心，并上线运行“广西边境口岸互市贸易结算互联互通信息平台”，实现信息互联互通；试点互市贸易通过自助机由边民自主发起银行结算申请；实施为边民开立互市结算卡，创新边民互市贸易融资方式等措施，提升互市贸易结算的安全性和便利度。

3. 开展银行间越南盾区域交易，完善汇率形成机制

截至 2020 年 6 月，崇左片区内已有 3 家商业银行加入中国外汇交易中心越南盾银行间市场区域交易子系统，成为人民币对越南盾银行间市场区域交易报价行及参与行。推动中国银行崇左片区凭祥支行探索做市商模式，开展片区内银行间越南盾交易及报价，完善银行间人民币对越南盾汇率定价机制。全国自贸试验区“最佳实践案例”（广西）如表 3-16 所示。

表 3-16 全国自贸试验区“最佳实践案例”（广西）

批次	分类	主题
第四批	沿边金融改革	边境地区跨境人民币使用改革创新

资料来源：中华人民共和国商务部官网．国务院自由贸易试验区工作部际联席会议办公室关于印发自由贸易试验区第四批“最佳实践案例”的函［EB/OL］．［2021-07-05］．http：//www. mofcom. gov. cn/article/zwgk/gztz/202107/20210703172994. shtml.

（二）云南创新边境地区：涉外矛盾纠纷多元处理机制[①]

中国（云南）自由贸易试验区（以下简称云南自贸试验区）针对边境地区涉外纠纷多的问题，按照“调防结合、以防为主”原则，通过加强多部门联动、建立多元化机制、优化调解法律服务等，依法维护中外当事人和华人华侨的合法权益，进一步加强预防和化解社会矛盾机制建设，积极推进中国与毗邻国家睦邻友好，促进边疆稳定发展[②]。

1. 建立多元化解、多方联动机制

建立边民纠纷联合调处机制，通过与外方制定联席会议制度，开展定期座谈，交流法律制度。建立由司法、公安、双方社区权威人士等组成的边民矛盾纠纷联合调解委员会，牵头调解纠纷。借助云南省归国华侨联合会、云南省工商联合会等人民团体力量，云南省珠宝玉石首饰行业协会等行业组织力量，建立多元化纠纷解决机制，引入社会力量参与纠纷调解。聘请人民团体特邀调解员、外方调解员等，依照行业交易惯例调解矛盾纠纷，并依法从中选任人民陪审员，直接参与涉外案件的审理。

2. 设立实体调解处理、法律服务站点

在边境乡镇成立涉外调解室和涉外矛盾纠纷调处中心，调处涉外经济贸易活

① 中华人民共和国商务部官网．国务院自由贸易试验区工作部际联席会议办公室关于印发自由贸易试验区第四批“最佳实践案例”的函［EB/OL］．［2021-07-05］．http：//www. mofcom. gov. cn/article/zwgk/gztz/202107/20210703172994. shtml.

② 韩成圆．云南一创新案例入选［N/OL］．云南日报，［2021-07-23］．https：//yndaily. yunnan. cn/content/202107/23/content_ 12628. html.

动纠纷及日常边民纠纷。设立涉外法庭，归口管理涉外案件，并在距边境线500米的社区设立“诉讼服务站”，通过“一庭一站”无缝对接，为包括华人华侨在内的涉外当事人提供“一站式”法律服务。加大力度培养一批民族法官、双语法官、外语调解员，从而不断提升工作质效。

3. 优化服务，拓展涉外普法方式

打造“民族特色型”诉讼服务中心，设立傣族、景颇族等少数民族及涉外专门调解室，聘请有资质的翻译公司参与庭审和其他诉讼服务，充分保障当事人诉权。加强法治宣传教育力度，定期组织中方调解员与外方通过民间会面、会谈等方式交流信息、宣传云南自贸试验区新政策、新法规，扩大共识，增进互信。公开审理扩大宣传面，选取华侨及涉外人员较为集中的突出案件，在外籍人员较为集中的地方公开庭审，部分案件当庭用外语或少数民族语言进行普法、释法，并通过视频直播等方式以扩大宣传面。

（三）云南昆明片区：对标国际平安社区打造自贸和谐安居样板[①]

中国（云南）自由贸易试验区昆明片区积极探索创新社会治理新模式，取得了一系列成果。一是群众安全感得到增强。率先实现社区综治力量管理全覆盖、信息指挥全覆盖、标准化服务全覆盖。群防群治力量不断壮大，推动“社区治保人员、企业保卫人员”联动，综治力量人员平均年龄由改革前的45岁下降至36岁，专科以上人员占比由25%升至66%。二是服务理念切实转变。实现一线综治人员由“以一敌百”变为“一呼百应”，探索落地了“放管服十个办”工作法。综治人员全程参与户籍办理、行政审批、出入境等警务服务工作，形成了“警务社区办”“窗口双语办”“特殊群体上门办”等服务特色。三是智慧安防成效显著。2021年5月至9月，智慧安防小区全部达到昆明市公安局100%零发案率要求，老旧小区、城中村实现每月零发案率，优于昆明市公安局要求的10个百分点。

① 人民网．云南自贸试验区昆明片区发布四个制度创新案例［EB/OL］．［2021-09-30］．http：//yn.people.com.cn/n2/2021/0930/c400543-34940599.html.

1. 打造安居样板

打造联合党委社会治理共同体，破解基层条块不协同、堡垒阵地不联动等问题，形成以果林片区为样板的“区域统筹、条块协同、上下联动、共建共享”社会治理新格局。招揽自贸人才，构筑以昆明片区人才公寓为基础的安居家园，联动周边社区建设，共享优势资源，全力提升社区配套设施和居民生活品质。

2. 树立问题导向

突出社区自治建设，填补综治监管真空。把治安功能下放社区，打通了警务延伸“最后一公里”。推动基层综治精兵简政，集中解决综治力量“松散老弱”问题，打造常态化、社区化、专业化综治队伍。

3. 强化制度支撑

昆明片区出台了《加强社会治安综合治理实施意见》，建立工作领导小组联席会议制度。把易发案、高发案社区纳入重点考核对象。提升社区综治力量和保障水平，加强矛盾纠纷隐患摸排，建成 55 个非机动车保管站，为辖区财务人员免费开展反诈培训，高标准开展“雪亮工程”建设。

4. 加强科技助力

启动物流园区、集贸市场、老旧小区、城中村入口的车辆卡口、人脸识别等安防改造工程建设，同时组织街道、社区人员通过企业微信平台，饱和式推广“安家昆明”“金钟罩”“国家反诈中心”等 App 软件，确保综治工作线上有影响、线下有行动。

（四）云南昆明片区：创建“互联网+”智慧养老服务平台[①]

中国（云南）自由贸易试验区昆明片区探索新型智慧养老服务，取得了突

① 人民网．云南自贸试验区昆明片区发布四个制度创新案例［EB/OL］．［2021-09-30］．http：//yn. people. com. cn/n2/2021/0930/c400543-34940599. html.

出成效，辖区养老服务设施不断完善，养老服务更加精准全面，养老综合服务示范中心示范带动作用凸显，辖区养老服务机构实现有效监管。

1. 多方联动充实完善养老服务设施

依托政府、村民集体资金、民间资本，建成养老综合服务示范中心，该中心具有养老服务示范、培训、评估、监督、服务等多种功能；建成 8 个街道级枢纽型的社区居家调度中心和覆盖所有社区的居家养老服务中心。同时，与房地产开发商签订养老服务设施配建协议，配建养老服务设施。

2. 构建"互联网+"智慧健康养老服务体系

打造智慧养老综合管理服务平台，对综合养老服务示范中心和全区所有社区居家养老服务中心、养老机构提供智能化服务。

3. 引入专业机构提供居家养老上门服务

根据"政府搭台、社会参与、市场运作、服务外包"的原则，引入专业化、国际化养老服务机构作为服务提供商，为每位符合条件的老年人提供定期定时上门服务。

4. 建立养老服务人才学院，提升养老行业专业化服务水平

成立自贸试验区昆明片区（官渡）养老服务人才学院，建立涵盖养老服务行业各领域国际高水平专家学者的专家库，定期组织开展养老行业的管理人员、从业人员及其相关人员的培训。全国自贸试验区"最佳实践案例"（云南）如表 3-17 所示。

表 3-17 全国自贸试验区"最佳实践案例"（云南）

批次	分类	主题
第四批	边境地区涉外纠纷	边境地区涉外矛盾纠纷多元处理机制

资料来源：中华人民共和国商务部官网．国务院自由贸易试验区工作部际联席会议办公室关于印发自由贸易试验区第四批"最佳实践案例"的函［EB/OL］．［2021-07-05］．http：//www.mofcom.gov.cn/article/zwgk/gztz/202107/20210703172994.shtml.

（五）陕西自贸试验区：创建“微信办照”模式[①]

在中国（陕西）自由贸易试验区（以下简称陕西自贸试验区）成立后的4年时间里，为解决企业登记注册便利化“最后一公里”问题，经过反复调研实践，陕西自贸试验区开发了工商登记注册全程电子化系统，使得企业登记门槛更低、效率更高、服务更优、行政更廉、环境更佳，获得了较好的经济和社会效益。

1. 采用工商登记注册全程电子化系统

市场主体通过关注工商部门官方微信，完成刷脸、自主选名、录入申报信息三步操作，即可领取电子营业执照。

2. 优化工商注册流程和机制

为进一步推进改革，陕西自贸试验区西咸新区片区依照现有法律、法规和政策框架，将名称预先核准改为自主申报、住所审核改为自主申报、发放电子营业执照、生成电子档案等创新优化现有工商注册机制、流程。

3. 创新突破微信办照相关技术

西咸新区片区通过自主创新，开发出微信刷脸实名登录技术、申报信息一次录入技术、手写签名技术等多项软件新技术，开创了微信办照行政审批新模式。

4. 采用新技术防控微信办照风险

西咸新区片区再造现有企业登记流程，建立企业登记统一平台，规范登记文书格式，统一数据标准，实现企业登记程序全程电子化。在操作安全方面，为防止伪造、篡改企业登记业务数据，在电脑端系统采用CA及数字签名方式，在手机微信端采用本人身份证、人脸识别登录、手写签名等科技手段；规范企业电子

---

① 中华人民共和国商务部官网．国务院自由贸易试验区工作部际联席会议办公室关于印发自由贸易试验区第三批“最佳实践案例”的函［EB/OL］．［2021-04-29］．http：//www.mofcom.gov.cn/zfxxgk/article/gkml/202104/20210403056818.shtml.

登记档案的采集、加工、存储和管理，明确统一的标准和规范，确保电子档案的真实、完整和有效。全国自贸试验区“最佳实践案例”（陕西）如表 3-18 所示。

表 3-18 全国自贸试验区“最佳实践案例”（陕西）

批次	分类	主题
第三批	企业登记注册便利化	微信办照
	农业技术标准创新	以标准化助推现代农业发展新模式
	跨境电子商务	“通丝路”——跨境电子商务人民币业务服务平台
第四批	农业保险	多元化农业保险助推现代农业发展

资料来源：中华人民共和国商务部官网．国务院自由贸易试验区工作部际联席会议办公室关于印发自由贸易试验区第三批“最佳实践案例”的函［EB/OL］．［2021-04-29］．http：//www. mofcom. gov. cn/zfxxgk/article/gkml/202104/20210403056818. shtml；中华人民共和国商务部官网．国务院自由贸易试验区工作部际联席会议办公室关于印发自由贸易试验区第四批“最佳实践案例”的函［EB/OL］．［2021-07-05］．http：//www. mofcom. gov. cn/article/zwgk/gztz/202107/20210703172994. shtml.

十、国外典型案例

到 2020 年，全世界已经有超过 130 个国家或地区设立了自由贸易区（港），设立新型的、现代化的自由贸易区（港），已成为各个国家或地区促进经济发展、抵御经济衰退和开展战略合作的重要方式和手段。学习国外自由贸易区（港）建设的先进经验，对我国进一步推进自贸试验区建设具有重要的参考意义。

专栏 3-5

国外自由贸易区（港）经验借鉴

● 美国自贸区：构建“通用区+次区域”自贸区体系

美国自由贸易区又称“对外贸易区”，在经历了初创期、调适期、腾飞期三个阶段的发展后，逐渐形成“通用区（主区）+次区域（分区）”的自贸区体系。美国自贸区由对外贸易区委员会领导，不受海关法律限制但受海关监督，从分布上看主要呈现出从沿海到内陆沿河、沿江分布的特点，主要分布于港口、机场和高速通道；从用途上看分为一般用途对外贸易区（主区）和对外贸易区分区（分区），2020年美国全境共有260余个主区，500余个分区。美国自由贸易区涵盖自贸区、自由港、加工区、过境区、单一出口工厂加工区等8种经济特区，灵活布局功能园区，实施简化进出口货物程序、提供税收优惠与行政及资金支持等措施，优化监管机制，完善准入和退出机制，实行内需与外需并重的发展模式①。

● 爱尔兰香农自贸区：开创并成功探索建立自由贸易区的全新经济开发区模式

爱尔兰香农自由贸易区（以下简称香农自贸区）的前身是香农机场，1947年香农机场在烟酒柜台创举性地实施免税政策，全球第一家机场免税商店就此诞生②。此后，香农自贸区在发展过程中，逐渐探索形成自由贸易区的全新经济开发区模式。建立初期，将单一航空服务转变为出口加工贸易，通过发挥免税政策、低税政策和低劳动力成本优势发展出口加工业；20世纪60年代至80年代，转型升级科技工业产业，通过建立并发挥高校人才和科研优势重点推动科技型工业发展；20世纪90年代后，向现代多产业融合协调发展，通过发挥后发优势发展服务业和知识经济型产业，通过发挥机场客源优势发展旅游休闲产业。香农自贸区以完善的基础设施营造良好的营商环境，以多种优惠政策引导产业发展方向，以各类创新园区建设打造创新公共平台，为爱尔兰的经济发展作出了突出贡献。

● 日本冲绳自贸区：推出系列优惠政策吸引企业进入自由贸易区

19世纪八九十年代，日本建立冲绳自由贸易区（以下简称冲绳自贸区），期望发挥冲绳地理优势打造集运输、仓储、加工、包装等多种功能于一体的物流中转加工型自由贸易区，并推出税收、金融、人才培育等方面的优惠政策，以提高冲绳自由贸易区对日本本土和外国企业的吸引力。

在保税区制度方面，对存放、加工、制造、展示外国货物的特定场所和设施实行免缴关税和消费税的政策；在关税任选制度方面，通过加工、制造外国原材料生成的产品销往日本国内时，企业可自由选择缴纳“原料税”或“成品税”；

---

① 李正信．美国遍布自由贸易区［N/OL］．经济日报，［2014-02-13］．http：//paper. ce. cn/jjrb/html/2014-02/13/content_ 188447. htm.

② 周睿，砺之．香农自贸区创新启示录［J］．群众，2019（8）：64-66.

在企业扶持方面，对制造业、尖端技术型制造业、信息通信产业、国际航空运输产业四大行业的企业给予经费补助；在人才培养方面，设立“冲绳青年雇用促进奖励金”和“本地求职者雇用奖励金”，对雇用年轻人的企业实行补助鼓励；在融资政策方面，设立“冲绳振兴开发金融公库”，为入驻企业提供低息贷款①。日本虽然投入大量精力建设冲绳自贸区，但是受日本经济低迷、自身发展条件不足、高水平谋划布局欠缺、国际化水平和开放程度不高等因素影响，冲绳自贸区在一段时间内发展缓慢。因此，发展高新技术产业与特色化服务、向多功能综合型自由贸易区转变是冲绳自贸区未来的主要发展方向。

● 比利时安特卫普港：以发达的集疏运系统提高服务的高效便利程度

安特卫普港充分发挥得天独厚的地理位置优势，凭借发达的集疏运系统，形成了运输、物流、工业三大产业协同发展的产业格局。港区内企业管道互通、产品互供、设施共享、资本融通，产业链条完整，吸引了陶氏化学、道达尔、埃克森美孚等世界十大化工公司在区内发展。

安特卫普港集疏运系统发展，内河运输、公路运输、管道运输、铁路运输、海船转运以科学合理的比例为口岸和腹地提供高效化、便利化的服务（见图3-10）。安特卫普港自由贸易政策便利，为装卸、转运、储藏、处理、配送等创造了高度自由、便利化的作业条件。同时，安特卫普港还提供称重、检验、包装、加标签、存储等多种增值物流服务，为国际贸易提供特色化、个性化的服务。

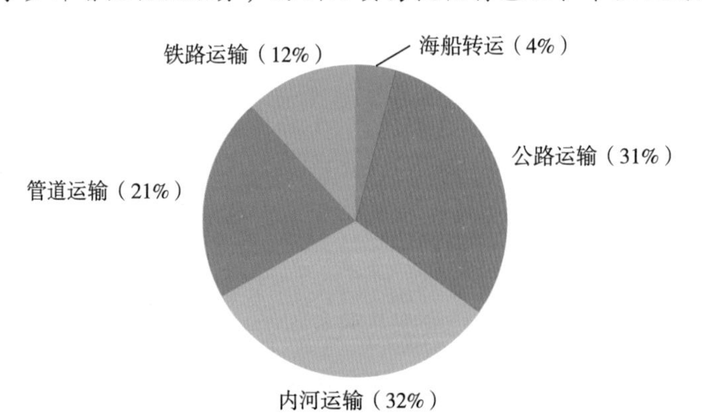

图 3-10 安特卫普港集疏运方式占比

资料来源：李南，任伟，郑祖婷．“一带一路”战略下安特卫普港与中国的合作展望［J］．港口经济，2015（11）：38-41.

---

① liyu_ sun. 世界自贸区概览 第八辑［EB/OL］．［2016-11-21］. http：//www. 360doc. com/content/16/1121/18/29540381_ 608315429. shtml.

● 巴拿马科隆自由贸易区：仓储区与商铺区多元并存促进区域经济繁荣发展

“二战”后，巴拿马科隆自由贸易区（以下简称科隆自贸区）以过境和转口贸易为主的狭义自贸区迅速发展，在经历了20世纪50—70年代的仓库型自由贸易区和八九十年代的百货街型自由贸易区两个发展阶段后，21世纪科隆自贸区向仓储区与商铺区多元并存的自由贸易区转变[①]。科隆自贸区采取政府管理的模式，由中央政府直接管理自贸区，形成了高效自由的自贸区管理模式。经过半个世纪的发展，科隆自贸区逐渐形成了以贸易为主，金融、房地产、旅游等多种服务业并存的产业格局和以仓储区与商铺区并存的经营格局。仓储区以经营转口贸易为主，主要功能包括货物仓储、包装、组装加工等物流与简单加工业；商铺区主要从事展示和免税零售业务。

● 迪拜自贸区：贸工结合、以贸为主打造国家发展引擎

受益于发达的自贸区模式，迪拜吸引了世界500强企业扎根立足，并赢得“总部经济”的美名。阿联酋迪拜自由贸易区（以下简称迪拜自贸区）是典型的贸工结合、以贸为主的自贸区，其内经营的公司独立于阿联酋法律监管之外，是境外实体。按照业务性质，可将迪拜自贸区分为多种类型，包括工业和物流、传媒、信息与通信技术、金融、航空、教育、科技等。

在迪拜30多个自贸园区中，杰贝·阿里自贸区是中东北非地区最早、最成功的自贸区，拥有企业7000余家，区内企业主要从事石油石化相关行业、贸易、物流、制造业等，营业额约占迪拜非石油贸易总额的1/4，出口额占迪拜出口总额的1/2以上；迪拜机场自贸区是迪拜机场地区发展速度最快的优质自贸区之一，区内企业主要分布在航空、货运与物流、IT与电信、医药、工程、食品和饮料、珠宝、化妆品等领域，2012年进出口贸易额高达1640亿阿联酋迪拉姆；迪拜多种商品交易中心建立于2002年，建有强大的有色宝石交易平台，还承担着复兴阿拉伯珍珠文化的责任[②]。迪拜自贸区充分发挥自身的地理位置优势和政策优势，打造自由、开放、诚信的自贸区形象，优化政府机构运营方式和土地管理

---

① 孟广文，刘函，赵园园，王春智，王红梅，鲁笑男．巴拿马科隆自贸区的发展历程及启示［J］．地理科学，2017，37（6）：876-884.

② 张善杰，陆亦恺，石亮．迪拜自贸区发展现状和成功经验及启示［J］．港口经济，2014（1）：47-49.

方式，逐渐成为阿联酋发展的心脏和灵魂。

● 巴西玛瑙斯自贸区：实行特殊政策推动地区共同繁荣

1967 年，巴西政府通过立法的形式正式批准建立玛瑙斯自由贸易区（以下简称玛瑙斯自贸区），自贸区定位于两头在外、兼顾国内市场，发展对外贸易。推进工农商综合发展、共同繁荣是玛瑙斯自贸区的特点之一。玛瑙斯自贸区内有 30 多个产业部门，形成了以电子工业、两轮工业、钟表工业、眼镜工业四大产业为主导的具有国际竞争力的产业体系；玛瑙斯自贸区发挥河港优势建立集散地，发展货物转港转运、仓储物流、包装分装业等；玛瑙斯自贸区在玛瑙斯市 50 公里外建立了 60 多万公顷的农牧业区，发展农牧渔业，增加就业率；在巴西政府的主导下，玛瑙斯自贸区所有的特殊优惠政策、自贸区的法令均适用于整个亚马逊地区，形成了以玛瑙斯市为中心，整个西亚马逊内陆地区为腹地的两个开放层次，促进亚马逊河流域落后地区经济社会的共同发展①。

● 韩国自贸区：转变发展理念实现区域经济一体化

20 世纪六七十年代至 21 世纪初期，韩国政府在不同的历史时期，分别制定了明确的经济发展战略，主要包括进口替代、出口增长、重化工业、技术立国与区域经济一体化等②。在扩大国际贸易、引进国际直接投资（FDI）等一系列措施下，韩国现代产业体系不断健全，产业转型升级速度不断加快，韩国自由贸易区（以下简称韩国自贸区）逐渐从出口加工区向跨国自贸区（FTA）蜕变。韩国自贸区的发展经历了兴起期、转型期、发展期三个阶段，由劳动密集型、资本密集型的自由出口区，向技术密集型的科技型自由经济区，再向知识密集型的综合型自由经济区转变。韩国自贸区的快速发展得益于韩国政府和自贸区相匹配的发展模式、清晰而明确的经济发展战略、有序而高效的自贸区管理体制以及高端人才的储备与培养体系，从而推动了韩国国际贸易的飞速发展与产业的加速转型。

● 新加坡自由港：向跨边界区域一体化型自由港发展

1965 年独立后，新加坡逐渐发展成为全球第四大国际金融中心和世界重要的电子工业中心。新加坡自由港的发展大致经历了完全自由港、有限自由港（转

---

① 豆丁网．巴西玛瑙斯自贸区的成功做法及其对我国的启示［EB/OL］．［2017-04-09］．https：//www.docin.com/p-1889682552.html.

② 尹铁立，刘澄．韩国自贸区的发展逻辑及启示［J］．技术经济与管理研究，2017（7）：113-117.

型期、发展期、持续繁荣期）两个阶段，由港口型向港口与工业区相结合的港区型，再向港口与城市相结合的港城型，并最终向跨边界区域一体化型自由港发展①。新加坡自由港的功能复杂，主要包括仓储和转运功能、吸引外资和加工制造功能、国际金融中心功能等，其自由贸易园区业务以转口贸易为主，以提供物流附加值为目的。为适应国家港口物流经营商的需求，新加坡建立了 7 个出口加工区、35 个工业园区以及 70 余个保税仓库，以增强自由贸易园区功能。新加坡还特别建立了一种只有得到新加坡海关授权才能建立的封闭的特许仓库区，用以存储酒类、烟草制品、汽车和石油产品等征税货物。

● 印度自贸区：不断优化自贸区结构

"二战"后，印度建立了各种类型的自由经济区，为印度经济一体化的发展与实现印度国家战略作出了突出贡献。独立后，印度逐步发展出口加工区，并在印度的第四个"五年计划"中确立了出口加工区在印度经济贸易发展中的重要地位②。1965 年，印度建立了亚洲第一个出口加工区，截至 1997 年，印度共建立了 8 个出口加工区。20 世纪 80 年代，印度效仿美国建设科技园，力促科技产业的发展，大力发展软件和生物产业；21 世纪初，受中国"深圳特区"的启发，印度开始进行经济特区改革，截至 2006 年底，印度共批准了 200 多个经济特区。

① 王胜，康拜英，韩佳，林庚，张东东，陈晓．新加坡自贸港发展策略探析［J］．今日海南，2018（5）：30-33.

② 王雪，孟广文，隋娜娜．印度自由经济区的发展类型及启示［J］．世界地理研究，2017，26（1）：22-31.

4

中国自由贸易试验区发展指数评估>

为了客观公正地评价自贸试验区建设的发展水平，全面掌握自贸试验区建设的各个方面以及内在机理，需要构建一套既符合国际通行惯例与标准，同时又具有中国自贸试验区发展特色的自贸试验区发展指标评价体系，并能够运用科学合理的数学评价模型对其进行评估分析，打造自贸试验区建设发展的风向标和指挥棒。

我国自贸试验区从 2013 年开始建立，截至 2021 年已批准设立六批共 21 个自贸试验区。鉴于第六批 3 个自贸试验区（北京、湖南、安徽）于 2020 年挂牌启动，因此对第六批 3 个自贸试验区作出参与评分但不参与排名的处理。由于六批自贸试验区成立时间相差较大，为了体现成长指数的客观性、合理性及科学性，因此仅针对同批次的自贸试验区成长指数展开评价。

一、中国自由贸易试验区发展评价指标体系研究概述

全面梳理国内外研究机构和专家学者关于自贸试验区发展评价指标体系的研究成果，对于重构科学系统的中国自贸试验区发展评价指标体系具有重要意义。国内外关于自贸试验区指标体系的研究主要是针对自贸试验区的基本特征、发展目标和重点建设方向进行比较分析，其中有不少具有借鉴价值的研究成果，很值得参考学习。

（一）国外研究情况

国外学者在自贸区研究上更侧重于对 FTA（Free Trade Agreement）模式的建设与应用分析。Sayed H 等（2018）用主成分分析法选取了 131 个国家 2000—2007 年的数据，分析了宏观水平下可持续发展的动态排名。Park（2020）研究分析了在东亚一体化背景下，自贸协定框架下的关税同盟制度为东亚各国带来的便利，并运用综合评价法和文献分析法定性定量地进行了实证研究。Caporale 等（2012）研究分析了欧盟建立 15 年的多国贸易协定发展情况。从公民、社会、政府、自贸区协定等多方面分析欧盟各国贸易平衡的便利性，指出在里斯本贸易协定之后，自由贸易对欧盟经济金融和投资领域的巨大影响。VERICO 等在亚太自由贸易圈和亚太贸易协定的背景下，指出了中国受多方围堵不可避免的现实问题，解

释了中国自由贸易协定相关内涵以及寻求双边或多边贸易实施的可能性，并通过对中日、中韩、中新贸易数据进行比较分析发现，双边贸易模式是中国突破现实困境的有效路径。Munin（2010）在通过简要分析欧盟自由贸易对经济的影响，提出以色列和阿拉伯国家在 2008 年金融危机后应积极开展自由贸易，效仿欧盟等展开多边合作甚至组成贸易联盟，使其之间贸易往来再上新台阶。

（二）国内研究情况

由于我国对自由贸易园区（Free Trade Zone ，FTZ）定位的特殊性，在自贸试验区评价指标体系研究方面，实际上是以我国学者为主。我国学者对自贸试验区指标研究既涉及对自贸试验区整体发展情况进行的分析，也涉及对自贸试验区某一维度功能（如科技创新、投资环境）进行的分析。

在中国自贸试验区设立之前，包括成思危、寇晓霜、杨卓亚、刘辉群、刘思专、陈双喜、张峰在内的国内专家学者，主要是在总结中国保税区发展历程和经验教训的基础上，重点围绕保税区的运行特点、产业结构、区域经济成效、入驻企业情况等影响因素，运用模糊综合评价法、因子分析法、主成分分析法、层次分析法等，基于不同角度构建中国保税区发展水平影响因素评价指标体系。有的侧重产业经济、对外贸易、科技创新、国际物流、集聚水平等方面；有的侧重对外开放、创新驱动、企业发展、政府职能转变等方面；有的侧重要素供给、市场需求、发展潜力等方面。这些研究成果对于构建中国自贸试验区评价指标体系具有借鉴意义。

在自贸试验区设立之后，我国学者对自贸试验区进行了相关指标构建评价，并针对我国部分功能区改革创新提出建议。从横向区域维度为主的评价看，部分学者对单一或多个自贸试验区之间的发展情况进行了定性或定量评价。例如，周汉民（2015）对我国四大自贸试验区进行了共性分析、战略定位和政策建议，建议在国家层面成立强有力的协调机构，尽快制定《中国自由贸易区促进法》与“一带一路”倡议紧密对接，进一步推动行政管理体制改革，深化金融体制改革。再如，张恩娟（2016）以福建自贸试验区为例，把厦门、福州和平潭 3 个片区作为评价对象，构建物流服务能力影响因素指标体系，采用模糊物元分析法全面进行定量分析，并有针对性地提出了提升整个福建自贸试验区物流服务能力的措施。

除此之外，张绍乐（2018）以河南为例建立以经济基础条件、对外开放程度、公共政策环境等为主要维度的一级指标，是一个能够满足科学性和可操作性的评价指标体系。陈春玲和谢琼（2020）采用灰色关联熵分析法，从市场、交通和行政三个方面构建自由港的中心性评价指标体系，选取福州市2007—2018年相关数据对其中心性进行测算，并根据熵关联度的对比结果，对自由港的功能选择进行合理规划。雅玲（2021）从上海要建设成为国际经济、金融、航运、贸易中心的总体要求出发，建立以目标考核、政策环境、社会评价等维度为一级指标的评价指标体系，并运用层次分析法进行了权重赋值，也对未来发展提出了合理化建议。

从纵向功能维度为主的评价看，部分学者对自贸试验区或相类似功能区的发展情况进行了系统指标体系的构建和评价，分述如下：

营商环境：彭羽和陈争辉（2014）以上海自贸试验区为例，主要围绕国家对其发展定位，以及入驻企业对投资贸易自由化和便利化的实际诉求，构建投资贸易评价指标体系，同时运用层次分析法拟定分项指标的权重，形成上海自贸试验区投资贸易发展成效评估成果。另外，朱凯杰和杨斌（2017）以4个自贸试验区所在区域的投资环境作为研究对象，通过构建指标评价体系，采用主成分分析法全面研究了上海、天津、广东、福建4个自贸试验区在宏观和中观投资环境下各方面的优劣势。

制度创新评价：徐卓婷和刘畅（2018）主要参考我国部分自贸试验区公布的统计指标、中国统计学会发布的综合发展评价指标体系、第三方评价指标体系和世界银行全球营商环境评价体系，经过提炼、综合、改进和创新，运用AHP法构建了辽宁自贸试验区创新型统计指标体系。

科技创新能力评价：为科学评价自贸试验区的科技创新能力，刘天寿等（2020）将粗糙集、随机森林赋权（RFW）和离散数学中的竞赛图法（TOURNAMENT）引入自贸试验区科技创新能力的综合评价中，构建随机森林赋权竞赛图法（RFWT）模型，并结合中国上海等12个自贸试验区2018年的历史数据进行实证分析。罗兰芳和叶宁（2018）选取福建与广东为研究对象，应用熵值法测度相似区位和政策目标下的创新能力差异，对区域合作、产业对接、投资吸引和贸易促进等要素展开实证分析，确定经济体量、产业完整度和资源匹配的影响要素，提出创新标准、政策均衡和加快发展等政策建议。

综合评价：徐明强等（2020）从经济发展、生态建设、科技创新三个维度，研究了自贸试验区发展现状，并设计出适合提升自贸试验区发展水平的评价指标体系。刘晶和杨珍增（2016）总结国内外定性和定量的绩效评价研究成果，针对国家对上海、广东、天津、福建自贸试验区的定位和入驻企业的实际诉求，筛选出影响自贸试验区发展的关键因素，回答了如何制定一套符合中国自贸试验区特点的绩效评价指标体系，构建起以行业准入、政府效率、营商环境为一级指标的指标体系，采用层次分析法拟定了各项指标的权重。

二、中国自由贸易试验区发展评价指标体系的设定与方法

（一）自贸试验区发展评价指标体系的概念模型

1. 自贸试验区发展评价指标体系的构成要素

《中国自由贸易试验区发展研究报告》课题组研究认为，自贸试验区建设具有鲜明的开放发展维度导向，本报告将评价自贸试验区发展水平的关键指标概括为六个“度”，即制度创新度、贸易活跃度、营商便利度、经济贡献度、科技驱动度和绿色引领度，如图 4-1 所示。

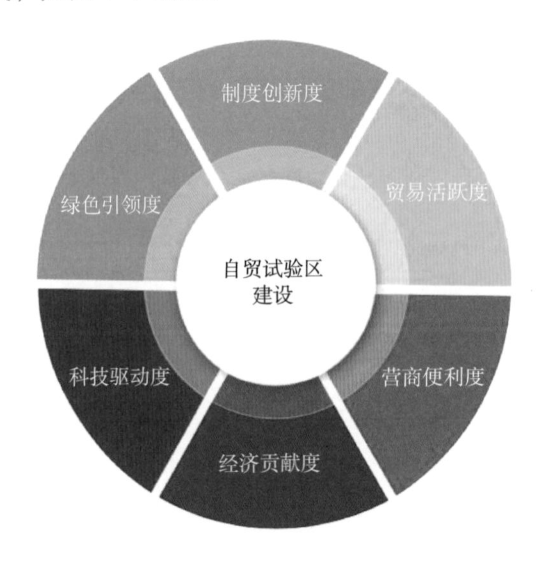

图 4-1　自贸试验区六度评价指标体系

资料来源：《中国自由贸易试验区发展研究报告》课题组制图。

（1）制度创新度。

制度创新是自贸试验区发展的核心任务，旨在探索建立高标准开放型经济体制的重要试验场，主要是探索可复制、可推广的经验做法，更好地促进区域经济社会全面发展。制度创新度指标用以衡量我国自贸试验区制度创新水平。

（2）贸易活跃度。

自贸试验区的设立初衷之一就是增强对外贸易的活跃度，通过自贸试验区平台实现贸易进出口增长，活跃进出口贸易市场，促进贸易和投资的便利化、自由化，增强在世界市场中的竞争力，加快我国与世界经济的接轨步伐。

（3）营商便利度。

营商环境是自贸试验区发展的主要阵地。改善营商环境是自贸试验区建设的重中之重，营造便利化、国际化、法治化营商环境的目标是自贸试验区建设的“牛鼻子”。综合我国 21 个自贸试验区总体方案，可以发现我国自贸试验区的总体目标大致可以分为扩大投资领域的开放、推进贸易发展方式转变、深化金融领域的开放创新、加快政府职能转变、完善法制领域的制度保障、培育国际化和法治化的营商环境、区域辐射带动功能突出等，可以看出通过自贸试验区的开放发展，带动提升区域营商环境，是评价自贸试验区发展的重中之重。营商便利度涉及培育国际化、市场化和法治化的营商环境，有利于我国建设具有国际水准的投资贸易便利、服务体系健全、监管高效便捷、法治环境规范的自由贸易园区。

（4）经济贡献度。

经济发展因素占有重要地位，就自贸试验区而言，经济指标数据公布较为全面、及时，而促进经济发展也是自贸试验区建立的初衷，因此衡量自贸试验区发展水平，经济发展指标必不可少。自贸试验区的创建与开发应以加快当地经济建设发展为重要目标，坚持经济战略结构性调整的原则，深化二者调整同步效率，主抓经济建设，推动基础性建设与政策推广，完整全面地反映出设立自贸试验区对经济社会发展的带动作用。

（5）科技驱动度。

通过对中国现有各自贸试验区所公布的评价指标进行提炼与综合发现，科技创新引领发展是各自贸试验区建设的关键，理论分析也认为科技创新对自贸试验区的发展有着举足轻重的影响，因此本报告引入科技驱动度指标，以期更贴近实际来衡量自贸试验区的发展。该类指标一般表现为专利数量的增加与减少、高新技术服务产品质量和数量的提升与下降以及技术成交额的增长与降低，反映了对外贸易的高新技术以及附加产品高级性能占比的增加与降低，间接反映出自贸试验区自主创新能力的不断增强与减弱。

（6）绿色引领度。

2030 年前实现碳达峰，2060 年前实现碳中和是 2020 年我国提出的国家重大战略目标，生态建设在中国高质量发展中的地位凸显，自贸试验区理应在引领环境友好型发展中有更大作为，所以本报告在指标体系中考虑低碳发展相关指标，即绿色引领度，符合中国国情与自贸试验区发展目标。为打造环境保护型、资源节约型发展区域，引领“碳达峰、碳中和”战略，自贸试验区建设需要做到经济效益与生态建设文明相结合，加强二者相辅相成的关系，将自贸试验区打造成可持续发展的新兴地区。

2. 自贸试验区发展评价指标体系的构建理念

从国内外专家学者的研究成果看，自贸试验区绩效评价指标体系的构建研究取得了阶段性成效，主要是先对自贸试验区的各个领域进行划分，然后在相应的基础之上进行一、二、三级指标的构建，逐渐形成一个完整的评价指标体系。但是，当前对自贸试验区发展水平指标体系构建与评估整体还处于初步探索阶段，仍存在以下缺陷：首先，并没有形成大家普遍认可的评价指标体系，对部分自贸试验区的绩效评价研究也只是初探，具体的评价方法并不明确；其次，有些自贸试验区绩效评价指标设计出来之后很难考量、数据不易获得，实用性差；最后，国内部分学者关于自贸试验区评价指标体系的研究局限于自贸试验区某一建设目标，比如金融自由化、投资贸易便利化，或是只集中关注设立自贸试验区对区内某行业影响的定性研究，而缺乏对自贸试验区综合绩效评价指标的框架设计。

因此，构建一个既全面又易于考核的综合评价指标体系对中国 18 个自贸试验区进行全面梳理，提升数据的全面性、指标的可比性、评估结果的实际运用价值判断，是目前需要解决的问题，将对我国自贸试验区健康持续发展具有理论和实践意义。本报告以中国自贸试验区为研究对象，基于持续研究取得的成果，依据非均衡发展理论分析，结合自贸试验区开放发展侧重点，科学设定自贸试验区建设的六个维度：制度创新度、贸易活跃度、营商便利度、经济贡献度、科技驱动度和绿色引领度，建立较为简洁且全面的基础评价指标，在评价 18 个自贸试验区发展现状的同时，还对自贸试验区发展趋势做了初步研判。

（二）自贸试验区发展评价指标体系建立的基本原则

1. 动态性

评估对象是一个动态发展的过程，自贸试验区的发展也不例外。因此，选取的指标一方面要能够反映静态发展情况，另一方面还要呈现动态变化情况，能够衡量同一指标在不同时段的变动情况，就要求所选指标能够在较长的时间段具有实际的参考价值。

2. 可量化性

评价指标体系是一个数量性的指标的集合，自贸试验区的发展绩效也可以用统计数据来呈现。因此，所选取的指标应该具有可量化的特征。也就是说，评价指标能够直接查到或者通过计算间接得到指标数据，并且保证数据来源要具有权威性和客观性，以此确保客观科学地评价评估对象。

3. 关联性

事物的发展具有系统性、整体性、协同性的特点，自贸试验区评价指标体系的构建也要从其发展的相互联系、关系结构、相互作用中去把握，处理好整体与部分、结构与功能的关系。因此，评价指标的选取要具有鲜明的整体性、关联性、层次结构性和时序性特征。从全局来看所有指标时，需要关注指标之间是否存在逻辑关联性，需要将同级指标放在一起进行比较和赋值。

4. 可比性

评价指标体系的构建，一个很重要的原则是使其具有普遍的可比性。其中，横向可比性主要是针对同一对象时，即使对象处于不同的空间，指标都适用于评价对象，能够对评价对象进行准确的评价。纵向可比性则需要在不同评价对象之间，特别是具有发展性的评价对象之中，既能关注经验总结也能考虑未来的变化趋势，确保指标在一定时间段的评价较为稳定和明确。

（三）中国自贸试验区发展评价指标体系的构建

1. 评价指标体系层级

如表4-1所示，自贸试验区发展评价指标体系包括总体层、系统层和指标层三个层次，分列一级指标、二级指标、三级指标，建立分类别、多系统、多层次的中国自贸试验区发展评价指标体系。

表4-1 自贸试验区发展评价指标体系

总体层	系统层	指标层	指标属性	指标权重
中国自由贸易试验区发展指数	制度创新度	①自贸试验区制度环境	逆指标	0.2
		②制度化安排	正指标	
		③制度创新	正指标	
	贸易活跃度	①贸易依存度	正指标	0.2
		②人均外商投资企业投资总额	正指标	
		③人均实际利用外资	正指标	
	营商便利度	①政府透明度	正指标	0.2
		②政府影响力	正指标	
		③非国有经济	正指标	
		④商业信用环境	正指标	
		⑤信用风险	正指标	
		⑥民航服务	正指标	
		⑦道路设施	正指标	
		⑧互联网宽带服务	正指标	
		⑨律师服务	逆指标	
		⑩租赁和商务服务	正指标	
		⑪金融服务	正指标	
		⑫社会融资	正指标	
		⑬交通服务	正指标	
		⑭薪酬吸引	正指标	
	经济贡献度	①企业盈利能力	正指标	0.2
		②经济活跃度	正指标	
		③经济发展水平	正指标	
		④商业繁荣	正指标	
		⑤经济结构	正指标	

续表

总体层	系统层	指标层	指标属性	指标权重
中国自由贸易试验区发展指数	经济贡献度	⑥固定资产投资强度	正指标	0.2
		⑦数字经济发展能力	正指标	
		⑧世界五百强总部数	正指标	
		⑨科尔尼全球城市指数排名	逆指标	
		⑩普华永道机遇之城得分	正指标	
	科技驱动度	①高等教育规模	正指标	0.1
		②高等教育比重	正指标	
		③顶尖高等教育供给	正指标	
		④上市公司	正指标	
		⑤独角兽企业发展	正指标	
		⑥研发强度	正指标	
		⑦股权投资	正指标	
		⑧创新专利	正指标	
		⑨城市科技创新发展	正指标	
		⑩技术市场发展	正指标	
	绿色引领度	①节能发展	正指标	0.1
		②电力消耗	逆指标	
		③水资源供给	正指标	
		④工业废水治理设施	正指标	
		⑤氮氧化物排放量	逆指标	
		⑥湿地环境	逆指标	
		⑦绿化环境	正指标	
		⑧垃圾处理	正指标	
		⑨循环利用	正指标	
		⑩空气质量	逆指标	

2. 指标解释

中国自贸试验区发展评价指标体系含有六个二级指标：制度创新度、贸易活跃度、营商便利度、经济贡献度、科技驱动度和绿色引领度，下设 50 个三级指标，从不同侧面反映各地区自贸试验区发展的具体状况。各三级指标的解释、计算公式和数据来源详述如下：

（1）制度创新度。

①自贸试验区制度环境：自贸试验区营商环境指数。

计算公式：算术平均数。

数据来源：《中国营商环境报告 2020》。

②制度化安排：自贸试验区条例、管理办法数量。

计算公式：基础数据。

数据来源：梳理各自贸试验区出台的自由贸易区条例和自贸试验区相关管理办法。

③制度创新：各自贸试验区各片区的制度创新指数得分。

计算公式：算术平均数。

数据来源：《2020—2021 年度中国自由贸易试验区制度创新指数》。

（2）贸易活跃度。

①贸易依存度：采用进出口总额占 GDP 比重衡量经济活动中对外贸易的重要性。

计算公式：进出口总额/GDP

数据来源：EPS 数据库。

②人均外商投资企业投资总额：采用外商投资企业投资总额衡量跨国企业在地区投资情况。

计算公式：外商投资企业投资总额/常住人口

数据来源：EPS 数据库。

③人均实际利用外资：采用实际利用外资总额衡量地区利用外资情况，从而说明投资环境。

计算公式：实际利用外资总额/常住人口

数据来源：各省统计年鉴。

（3）营商便利度。

①政府透明度：采用政府透明度指数，体现政府依法行政透明程度，从而说明政商关系健康程度。

计算公式：基础指数。

数据来源：《中国政商关系报告》。

②政府影响力：采用地区一般公共预算支出占地区生产总值比重，体现政府规模，从而说明政府在地方经济发展中的推动作用强弱。

计算公式：一般公共预算支出/GDP

数据来源：EPS 数据库。

③非国有经济：计算非国有经济在地方经济比重，间接体现市场主体多元化，以及市场活力。

计算公式：1-（国有全社会固定资产总额/全社会固定资产投资总额）×100%

数据来源：《中国统计年鉴》和 EPS 数据库。

④商业信用环境：采用中国城市商业信用环境指数（CEI）衡量地区市场信用整体状况。

计算公式：基础指数。

数据来源：国家信息中心中经网信用状况简报。

⑤信用风险：采用信用风险债务负担综合得分衡量地区债务风险综合情况，从而判断信用风险。

计算公式：基础得分。

数据来源：国家信息中心中经网信用状况简报。

⑥民航服务：采用民用航空旅客吞吐量衡量对外高效运输基础设施建设情况。

计算公式：民用航空旅客吞吐量/常住人口

数据来源：各省统计年鉴和 EPS 数据库。

⑦道路设施：采用人均城市道路面积衡量城市基础设施建设水平。

计算公式：基础数据。

数据来源：各省统计年鉴和 EPS 数据库。

⑧互联网宽带服务：采用互联网宽带接入用户数衡量信息和新基础设施建设成果。

计算公式：互联网宽带接入用户数（户）/常住人口

数据来源：EPS 数据库。

⑨律师服务：地区执业律师人数和常住人口之比，体现律师服务规模和活跃程度。

计算公式：执业律师数量/常住人口

数据来源：中华人民共和国司法部、中国政府法制信息网。

⑩租赁和商务服务：租赁及商务服务业企业数占全部企业数的比重，反映租赁及商务服务业活跃程度。

计算公式：租赁和商务服务业税收收入/常住人口

数据来源：《2020年中国租赁行业分析报告——行业竞争格局与未来趋势研究》。

⑪金融服务：金融业增加值在GDP中的占比，反映金融业发展与经济发展的动态关系，以及金融业在经济中的作用和地位。

计算公式：金融业增加值/GDP

数据来源：各省统计年鉴。

⑫社会融资：社会融资规模（又称社会融资总量或社会融资总规模），是指一定时期内实体经济从金融体系获得的资金总额，使用社会融资规模增量，体现社会融资环境质量。

计算公式：社会融资规模/常住人口

数据来源：各省统计年鉴和EPS数据库。

⑬交通服务：采用交通服务交通健康指数，体现地区交通健康运行程度。

计算公式：基础指数。

数据来源：《2020年度中国主要城市交通分析报告》。

⑭薪酬吸引：基于智联招聘2020年冬季在线招聘数据库的数据监测统计分析，体现地区平均薪酬和人才供应水平。

计算公式：基础数据。

数据来源：《2020年冬季中国雇主需求与白领人才供给报告》。

（4）经济贡献度。

①企业盈利能力：采用规模以上工业企业人均主营业务收入，体现企业盈利能力。

计算公式：规模以上工业企业人均主营业务收入/常住人口

数据来源：EPS数据库。

②经济活跃度：采用法人单位数量衡量经济活动整体规模与经济主体活跃度。

计算公式：法人单位数/常住人口

数据来源：第四次全国经济普查公报。

③经济发展水平：采用人均GDP衡量基本经济发展水平。

计算公式：基础数据。

数据来源：各省统计年鉴。

④商业繁荣：采用人均社会消费品零售总额衡量消费品市场发展水平。

计算公式：社会消费品零售总额/常住人口

数据来源：各省统计年鉴。

⑤经济结构：采用第三产业比重衡量地区服务业发展水平和产业结构发展阶段。

计算公式：基础数据。

数据来源：各省统计年鉴。

⑥固定资产投资强度：采用固定资产投资总额衡量地区固定资产投资情况。

计算公式：全社会固定资产投资总额/常住人口

数据来源：EPS 数据库。

⑦数字经济发展能力：采用数字经济发展指数衡量地区数字经济发展水平。

计算公式：基础指数。

数据来源：《中国信息通信研究院报告》。

⑧世界五百强总部数：采用世界五百强总部机构数量体现地区总部经济聚集程度，总部往往有较强的研发功能，从而体现企业研发基础实力。

计算公式：基础数据。

数据来源：《财富》。

⑨科尔尼全球城市指数排名：采用科尔尼管理咨询公司《全球城市报告》中城市得分衡量地区在全球城市中的影响力。

计算公式：基础数据。

数据来源：科尔尼管理咨询公司《全球城市报告》。

⑩普华永道机遇之城得分：采用普华永道的《机遇之都》研究报告得分衡量地区在全球城市中的影响力和发展机遇。

计算公式：基础数据。

数据来源：普华永道《机遇之都》研究报告。

（5）科技驱动度。

①高等教育规模：采用高校本科生在校人数说明高等教育资源供给能力，从而体现地区科技人才可持续供给能力和人才吸引水平。

计算公式：高校本科生在校生数/常住人口

数据来源：《中国统计年鉴》和 EPS 数据库。

②高等教育比重：采用接受高等教育人口比重体现地区总体受教育程度和人才发展环境。

计算公式：接受高等教育人口/常住人口

数据来源：各地第七次人口普查。

③顶尖高等教育供给：采用“双一流”高校建设数量体现地区高等教育机构的聚集程度，从而说明地区顶尖科技机构的基础实力。

计算公式：基础数据。

数据来源：各省统计年鉴和 EPS 数据库。

④上市公司：采用境内上市公司数量衡量地区上市企业规模，从而说明企业层面的科技创新能力。

计算公式：基础数据。

数据来源：中国证券监督管理委员会和 EPS 数据库。

⑤独角兽企业发展：采用独角兽企业产值体现新兴企业综合实力，从而说明企业科技创新生态环境。

计算公式：独角兽企业产值/常住人口

数据来源：《中国独角兽报告：2020》。

⑥研发强度：采用研究与试验发展（R&D）体现地区总体科研投入强度，体现地区对科技创新总体经费支持力度和水平。

计算公式：基础数据。

数据来源：国家知识产权局和 EPS 数据库。

⑦股权投资：采用股权投资额占地区生产总值比重体现地区股权投资市场发展水平、活跃程度，从而反映地区科技创新市场孵化能级。

计算公式：股权投资额/地区生产总值比重

数据来源：《2020 中国 VC/PE 市场数据分析报告》。

⑧创新专利：采用专利授权数体现地区科技创新成果总体水平和原创性科研能力。

计算公式：专利授权数/常住人口

数据来源：EPS 数据库。

⑨城市科技创新发展：采用中国城市科技创新发展指数体现地区综合科技创

新成果转化和科技创新驱动水平。

计算公式：基础指数。

数据来源：《中国城市和产业创新力报告》。

⑩技术市场发展：采用技术市场成交额体现地区技术市场规模及活跃度，从而反映技术成果市场化转化能力。

计算公式：技术市场成交额/常住人口

数据来源：各省统计年鉴和 EPS 数据库。

（6）绿色引领度。

①节能发展：采用每万元地区生产总值能耗降低率衡量地区能耗下降情况，从而说明资源可持续支撑水平。

计算公式：万元地区生产总值能耗降低率。

数据来源：《中国统计年鉴》。

②电力消耗：采用电力消费总量说明二次能源消耗水平，由于是环境类指标，该指标设定为逆指标，即电力消费量越大，对环境产生的负担越重。

计算公式：电力消费量取倒数。

数据来源：《中国城市统计年鉴》。

③水资源供给：采用水资源总量说明地区水资源支撑能力，从而说明地区发展水环境可持续水平和支撑能力。

计算公式：水资源总量。

数据来源：EPS 数据库。

④工业废水治理设施：采用工业废水治理设施处理能力指标，衡量对工业废水可再生利用能力，从而说明对水环境治理能力建设水平。

计算公式：基础数据。

数据来源：EPS 数据库。

⑤氮氧化物排放量：采用氮氧化物排放量说明经济活动对大气环境负担造成的影响，该指标为逆指标。

计算公式：氮氧化物排放量取倒数。

数据来源：EPS 数据库。

⑥湿地环境：采用湿地面积占国土面积比重衡量地区湿地资源丰富程度，从而说明环境支撑水平。

计算公式：湿地面积占国土面积比重。

数据来源：EPS 数据库。

⑦绿化环境：采用建成区绿化覆盖率衡量地区绿化总体水平，从而说明地区绿色宜居程度和生态环境吸引力。

计算公式：建成区绿化覆盖率。

数据来源：《中国城市统计年鉴》和 EPS 数据库。

⑧垃圾处理：采用生活垃圾无害化处理率指标，衡量地区生活垃圾无害化处理能力，表示地区生活垃圾处理力度。

计算公式：生活垃圾无害化处理率。

数据来源：EPS 数据库。

⑨循环利用：采用中国城市科技创新发展指数体现地区综合科技创新成果转化和科技创新驱动水平。

计算公式：（一般工业固体废物综合利用量/一般工业固体废物产生量）×100%

数据来源：EPS 数据库。

⑩空气质量：采用可吸入细颗粒物年平均浓度衡量地区空气综合质量，体现经济活动对大气污染的影响，该指标为逆指标。

计算公式：基础数据。

数据来源：中华人民共和国生态环境部和各省份年度国民经济和社会发展统计公报。

（四）中国自贸试验区发展评价指标体系的评估方法

中国自贸试验区发展指数的算法及分析方法如下：

1. 指标的无量纲化处理

在进行评价指标量化计算时，由于评价指标体系的三级指标的计量单位和量纲不同，而且多数情况下数值相差比较大，造成不能直接进行计算的问题。因此，需要首先对三级指标进行无量纲化处理，将其变换为无量纲化的指数化数值或分值以后，再进行综合计算。

同时，评价指标对评价对象影响的方向，分为正指标和逆指标。其中，正指标对评价对象的影响是正面的，指标值越高影响越好；逆指标的影响正好相反。基于此，通过指标打分公式进行计算，能够使各类指标分值的数据评价方向一致，易于计算和对比分析。总之，经过无量纲化处理后，每个指标的数值都在0~5，并且极性一致。

无量纲化计算公式为：

$$M=\frac{X}{X_0}\text{（正指标）或 }M=\frac{1}{XX_0}\text{（逆指标）}$$

$$N=\ln M$$

式中：X、X_0 分别表示某一项指标的统计值、标准值；M、N 分别表示第一评价值、第二评价值。

2. 指标权重的确定

指标权重是各指标对评价目标所起作用的大小影响程度，对评价结果具有重要的影响，应科学合理确定指标权重。本报告课题组采用结合对自贸试验区政府相关部门调研反馈结果和专家研讨会专家意见的方式，确保权重设置的合理性。先后召开五次专家研讨会，并征求有关部门负责人和专家学者的意见，扣除打分结果的最高权重数和最低权重数，取剩余打分结果的平均数，得到各指标的最后核定权重。同时，通过实地调研走访自贸试验区相关职能部门，在专家意见的基础上，征求政府主管部门意见，结合自贸试验区建设、管理者一线实践经验，对专家打分形成的指标权重做进一步完善。最后，汇总整理专家打分及政府调研结果，综合理论分析与现有指标体系研究，确定对自贸试验区评价的重点维度以及权重，系统层六个维度权重分别按 20%、20%、20%、20%、10%、10% 确定，指标层在系统层下平均权重，然后“倒推加总”形成总体层“中国自由贸易试验区发展指数”。

3. 计算自贸试验区发展指数

利用上述经过处理后的无量纲值和评价指标体系的权重，构建以下评价指数模型：

$$U_N=\sum_{i=1}^{n}N_i\alpha_i$$

式中：U 表示综合评价值；N_i 表示各评价指标经过无量纲化处理后的无量纲值；α_i 表示各评价指标的权重。

鉴于第六批 3 个自贸区（北京、湖南、安徽）于 2020 年挂牌启动，因此不对该批次进行发展指数评价。

4. 成长指数分析

为克服中国自贸试验区发展指数评价方法的不足，课题组进行了中国自贸试验区成长指数分析。自贸试验区成长指数分析依据了各级指标的权重，根据三级指标成长率，加权求和得出二级指标成长指数，二级指标成长指数加权求和计算出总体自贸试验区成长指数。

六批自贸试验区成立时间相差较大，为了体现成长指数的客观性、合理性及科学性，选择同一批次的自贸试验区展开成长指数评价，如表 4-2 所示。鉴于第六批 3 个自贸试验区（北京、湖南、安徽）于 2020 年挂牌启动，因此不对该批次进行成长指数评价。

表 4-2　不同批次自贸试验区基准年份选择

批次	自贸试验区	基准年份
1	上海	2013
2	广东、福建、天津	2015
3	四川、重庆、浙江、河南、湖北、陕西、辽宁	2017
4	海南	2018
5	山东、黑龙江、云南、河北、江苏、广西	2019

资料来源：《中国自由贸易试验区发展研究报告》课题组制表。

课题组根据自贸试验区成立批次不同，选取的对比基准年份也不同，正指标用 2021 年的数据除以基准年份的数据（逆指标用基准年份的数据除以 2021 年的数据）减去 1 再乘以 100%，计算出每项三级指标的年度成长率。

自贸试验区成长指数计算结果数据为正值，表示自贸试验区发展整体情况有进步，为负值则表示自贸试验区发展整体情况有退步。与自贸试验区发展指数的相对算法不同，自贸试验区成长指数是基于各自贸试验区自身三级指标原始数据及相应权重计算得出的，因此能更客观准确地反映各自贸试验区发展成效及变化，而不仅仅是反映它在全国的相对排名。

三、 18 个自由贸易试验区发展指数排名

（一）发展指数评价结果

1. 指数得分与排名

根据我国自贸试验区发展评价指标体系和数学模型，本报告对 18 个自贸试验区进行了评价分析。表 4-3 列出了 2021 年 18 个自贸试验区发展指数的排名和得分情况。

表 4-3　2021 年 18 个自贸试验区发展指数以及分项指数得分和排名

自贸试验区	制度创新度	排名	贸易活跃度	排名	营商便利度	排名	经济贡献度	排名	科技驱动度	排名	绿色引领度	排名	发展指数得分	排名
上海	20.00	1	20.00	1	19.58	1	17.52	1	8.78	1	9.68	7	95.56	1
广东	18.72	3	15.63	3	17.55	5	16.45	4	7.86	4	9.90	3	86.11	2
天津	16.95	5	16.97	2	18.12	2	15.26	7	7.56	5	9.12	16	83.98	3
浙江	16.66	8	14.19	4	17.92	3	16.59	2	7.89	3	9.96	2	83.21	4
江苏	16.95	5	13.33	5	17.57	4	16.53	3	7.96	2	9.70	6	82.04	5
福建	18.51	4	12.40	7	17.09	7	16.03	5	5.95	11	10.00	1	79.98	6
海南	19.15	2	12.63	6	17.31	6	12.76	15	4.70	17	9.76	5	76.31	7
重庆	16.68	7	12.36	8	16.98	8	14.78	9	5.86	12	9.36	14	76.02	8
山东	15.52	16	12.26	10	16.57	9	15.61	6	6.55	8	9.40	13	75.91	9
四川	16.54	9	10.39	12	16.57	9	14.05	11	6.52	9	9.53	10	73.60	10
湖北	15.88	13	10.11	13	16.39	11	14.95	8	6.60	7	9.63	8	73.56	11
陕西	15.53	15	10.49	11	16.09	12	14.39	10	6.75	6	8.82	17	72.07	12
辽宁	15.56	14	12.27	9	15.93	14	12.82	14	5.97	10	8.57	18	71.12	13
河南	16.28	10	8.22	15	15.53	18	13.86	12	5.47	13	9.41	12	68.77	14
河北	14.40	17	9.03	14	15.93	14	13.10	13	5.27	15	9.22	15	66.95	15
广西	16.09	12	6.92	16	15.98	13	12.37	18	4.67	18	9.63	8	65.66	16
云南	16.11	11	4.71	18	15.84	16	12.69	16	4.76	16	9.51	11	63.62	17
黑龙江	14.00	18	5.37	17	15.74	17	12.53	17	5.41	14	9.84	4	62.89	18

资料来源：《中国自由贸易试验区发展研究报告》课题组制表。

由表 4-3 可知，18 个自贸试验区发展指数排名最高的 10 个自贸试验区分别为上海自贸试验区、广东自贸试验区、天津自贸试验区、浙江自贸试验区、江苏自贸试验区、福建自贸试验区、海南自贸港、重庆自贸试验区、山东自贸试验区和四川自贸试验区。

2. 水平分级情况

根据 18 个自贸试验区发展指数得分的差异程度，将 18 个自贸试验区分为 3 个等级，分别代表 3 种发展水平。

如图 4-2 所示，处于第一等级内的上海自贸试验区，得分远远高于其他自贸试验区。第二等级自贸试验区之间和第三等级自贸试验区之间的水平差距较小。

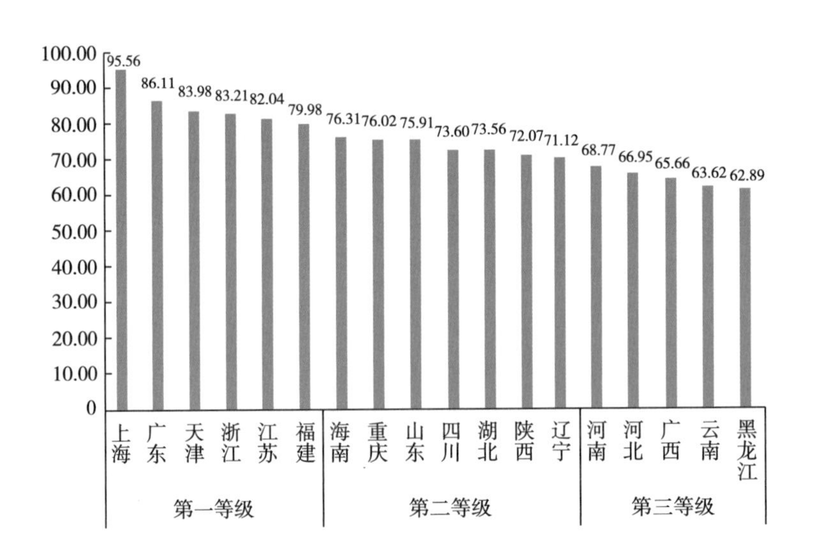

图 4-2　2021 年 18 个自贸试验区发展指数分级情况

资料来源：《中国自由贸易试验区发展研究报告》课题组制图。

（二）成长指数评价结果

18 个自贸试验区的发展指数采用相对评价法计算得出，反映的是 18 个自贸试验区相对排名的不同，而成长指数则是基于三级指标原始数据以及指标权重加权计算而出，能够客观准确地反映各自贸试验区发展建设的成效及变化。

如表 4-4 所示，从五个批次的自贸试验区成长指数的排名来看，处于第一批次的上海自贸试验区于2013年成立，以2013年与2021年数据对比分析后得出，上海自贸试验区成长指数得分为0.101。第二批次的广东自贸试验区、福建自贸试验区、天津自贸试验区于2015年成立，以2015年与2021年数据对比分析后得出，广东自贸试验区排名第一，得分为0.505；福建自贸试验区排名第二，得分为0.295；天津自贸试验区排名第三，得分为0.206。第三批次的7个自贸试验区于2017年成立，以2017年与2021年数据对比分析后得出，四川自贸试验区排名第一，得分为0.776；重庆自贸试验区排名第二，得分为0.763；浙江自贸试验区排名第三，得分为0.617；位于后四位的分别是河南自贸试验区（0.571）、湖北自贸试验区（0.541）、陕西自贸试验区（0.481）、辽宁自贸试验区（0.280）。第四批次的海南自贸港于2018年成立，以2018年与2021年数据对比分析后得出，海南自贸港成长指数得分为1.273。第五批次的6个自贸试验区于2019年成立，以2019年与2021年数据对比分析后得出，山东自贸试验区排名第一，得分为0.712；黑龙江自贸试验区排名第二，得分为0.663；云南自贸试验区排名第三，得分为0.582；排名后三位的分别是河北自贸试验区（0.485）、江苏自贸试验区（0.355）、广西自贸试验区（0.181）。

表4-4　2021年18个自贸试验区成长指数以及分项指数得分和排名

自贸试验区	制度创新度	排名	贸易活跃度	排名	营商便利度	排名	经济贡献度	排名	科技驱动度	排名	绿色引领度	排名	成长指数得分	排名
第一批														
上海	0.057	—	-0.054	—	0.089	—	0.000	—	-0.003	—	0.012	—	0.101	—
第二批														
广东	0.121	1	0.035	1	0.153	3	0.070	2	0.109	1	0.017	1	0.505	1
福建	0.120	2	-0.062	3	0.181	1	0.131	1	-0.072	3	-0.003	2	0.295	2
天津	0.049	3	-0.054	2	0.168	2	0.046	3	0.034	2	-0.037	3	0.206	3
第三批														
四川	0.138	6	0.279	1	0.163	4	0.099	1	0.113	3	-0.016	3	0.776	1
重庆	0.367	1	0.020	4	0.210	1	0.081	2	0.115	2	-0.030	5	0.763	2
浙江	0.290	2	-0.028	7	0.170	3	0.066	6	0.099	4	0.020	1	0.617	3

续表

自贸试验区	制度创新度	排名	贸易活跃度	排名	营商便利度	排名	经济贡献度	排名	科技驱动度	排名	绿色引领度	排名	成长指数得分	排名
河南	0. 152	5	-0. 006	5	0. 188	2	0. 080	3	0. 164	1	-0. 007	2	0. 571	4
湖北	0. 189	3	0. 121	3	0. 162	5	0. 078	4	0. 031	6	-0. 040	6	0. 541	5
陕西	0. 111	7	0. 121	2	0. 128	7	0. 069	5	0. 073	5	-0. 021	4	0. 481	6
辽宁	0. 164	4	-0. 018	6	0. 135	6	0. 047	7	0. 011	7	-0. 059	7	0. 280	7
第四批														
海南	0. 450	—	0. 397	—	0. 150	—	0. 115	—	0. 114	—	0. 047	—	1. 273	—
第五批														
山东	0. 379	1	0. 046	2	0. 143	4	0. 061	5	0. 076	3	0. 007	1	0. 712	1
黑龙江	0. 288	2	0. 102	1	0. 164	1	0. 087	3	0. 029	6	-0. 007	2	0. 663	2
云南	0. 285	3	0. 019	3	0. 114	6	0. 122	1	0. 073	4	-0. 031	6	0. 582	3
河北	0. 185	6	0. 006	4	0. 156	2	0. 088	2	0. 059	5	-0. 009	4	0. 485	4
江苏	0. 270	4	-0. 164	5	0. 116	5	0. 021	6	0. 121	2	-0. 009	3	0. 355	5
广西	0. 239	5	-0. 405	6	0. 147	3	0. 081	4	0. 140	1	-0. 021	5	0. 181	6

资料来源：《中国自由贸易试验区发展研究报告》课题组制表。

（三）区域发展指数分析

如图 4-3 所示，按照重点区域划分标准，将 18 个自贸试验区划分为 9 个重点区域。如表 4-5 所示，从 18 个自贸试验区发展指数的得分情况看，长三角地区的平均得分最高，达到 86. 94；其次是粤港澳大湾区，平均得分为 86. 11；排名第三的是东部地区，平均得分为 77. 95；第四是海南自贸港，平均得分为 76. 31；第五是京津冀地区，平均得分为 75. 47；第六是成渝双城经济圈，平均得分为 74. 81；第七是中部地区，平均得分为 71. 17；第八是西部地区，平均得分为 67. 12；第九是东北地区，平均得分为 67. 01。

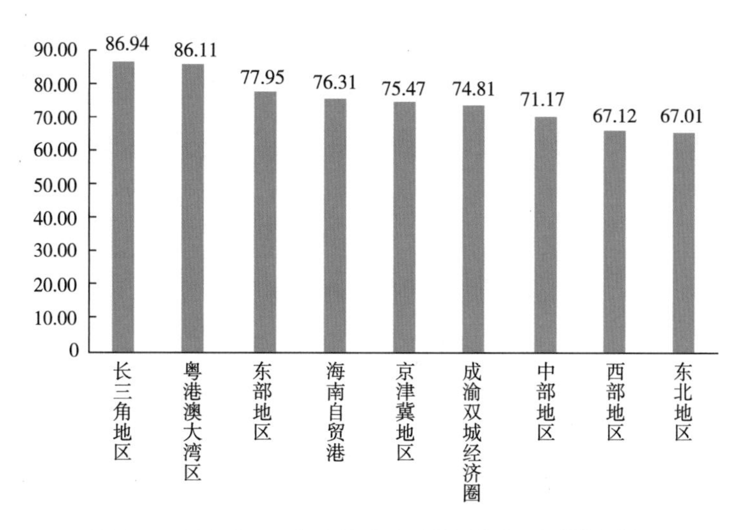

图 4-3　2021 年 18 个自贸试验区发展指数区域排名情况

资料来源：《中国自由贸易试验区发展研究报告》课题组制图。

表 4-5　2021 年 18 个自贸试验区发展指数区域分布

区域	自贸试验区	制度创新度	排名	贸易活跃度	排名	营商便利度	排名	经济贡献度	排名	科技驱动度	排名	绿色引领度	排名	发展指数得分	排名
成渝双城经济圈	重庆	16. 68	7	12. 36	8	16. 98	8	14. 78	9	5. 86	12	9. 36	14	76. 02	8
	四川	16. 54	9	10. 39	12	16. 57	9	14. 05	11	6. 52	9	9. 53	10	73. 60	10
东北地区	辽宁	15. 56	14	12. 27	9	15. 93	14	12. 82	14	5. 97	10	8. 57	18	71. 12	13
	黑龙江	14. 00	18	5. 37	17	15. 74	17	12. 53	17	5. 41	14	9. 84	4	62. 89	18
东部地区	福建	18. 51	4	12. 40	7	17. 09	7	16. 03	5	5. 95	11	10. 00	1	79. 98	6
	山东	15. 52	16	12. 26	10	16. 57	9	15. 61	6	6. 55	8	9. 40	13	75. 91	9
海南自贸港	海南	19. 15	2	12. 63	6	17. 31	6	12. 76	15	4. 70	17	9. 76	5	76. 31	7
京津冀地区	天津	16. 95	5	16. 97	2	18. 12	2	15. 26	7	7. 56	5	9. 12	16	83. 98	3
	河北	14. 40	17	9. 03	14	15. 93	14	13. 10	13	5. 27	15	9. 22	15	66. 95	15
西部地区	陕西	15. 53	15	10. 49	11	16. 09	12	14. 39	10	6. 75	6	8. 82	17	72. 07	12
	广西	16. 09	12	6. 92	16	15. 98	13	12. 37	18	4. 67	18	9. 63	8	65. 66	16
	云南	16. 11	11	4. 71	18	15. 84	16	12. 69	16	4. 76	16	9. 51	11	63. 62	17
粤港澳大湾区	广东	18. 72	3	15. 63	3	17. 55	5	16. 45	4	7. 86	4	9. 90	3	86. 11	2
长三角地区	上海	20. 00	1	20. 00	1	19. 58	1	17. 52	1	8. 78	1	9. 68	7	95. 56	1
	浙江	16. 66	8	14. 19	4	17. 92	3	16. 59	2	7. 89	3	9. 96	2	83. 21	4
	江苏	16. 95	5	13. 33	5	17. 57	4	16. 53	3	7. 96	2	9. 70	6	82. 04	5

续表

区域	自贸试验区	制度创新度	排名	贸易活跃度	排名	营商便利度	排名	经济贡献度	排名	科技驱动度	排名	绿色引领度	排名	发展指数得分	排名
中部地区	湖北	15.88	13	10.11	13	16.39	11	14.95	8	6.60	7	9.63	8	73.56	11
	河南	16.28	10	8.22	15	15.53	18	13.86	12	5.47	13	9.41	12	68.77	14

资料来源：《中国自由贸易试验区发展研究报告》课题组制表。

从表 4-5 中可以看出，京津冀地区内的发展水平相差较大，天津自贸试验区在发展指数得分总排名中为第 3 名，河北自贸试验区则排第 15 名。长三角地区内的发展水平差异较小，上海自贸试验区、浙江自贸试验区、江苏自贸试验区在发展指数得分总排名中分别位于第 1 名、第 4 名、第 5 名。位于东部地区的福建自贸试验区和山东自贸试验区，发展水平相对也比较均衡，在发展指数得分总排名中分别为第 6 名和第 9 名。在中部地区，湖北自贸试验区和河南自贸试验区排名分别为第 11 名和第 14 名。在西部地区，陕西自贸试验区发展水平较好，位于第 12 名，广西自贸试验区和云南自贸试验区发展水平较为靠后，分别位于第 16 名和第 17 名。位于东北地区的辽宁自贸试验区和黑龙江自贸试验区分别排在第 13 名和第 18 名，整体水平相对其他区域较为靠后。位于成渝双城经济圈的重庆自贸试验区和四川自贸试验区，发展水平较为居中，分别位于第 8 名和第 10 名。位于粤港澳大湾区的广东自贸试验区，整体排名较好，位于第 2 名。海南自贸港发展水平较为靠前，排在第 7 名。

（四）发展指数和成长指数组合分析

本报告通过发展指数和成长指数两个维度，对 18 个自贸试验区进行组合分析，两轴四象限图能直观地将各自贸试验区所处的位置与水平进行区分，有利于分析 18 个自贸试验区发展建设的现状。

如图 4-4 所示，结合各自贸试验区发展指数和成长指数的得分情况，分别以平均值 75.41 和 0.521 作为象限划分的坐标轴，得出 18 个自贸试验区的四象限分布格局。

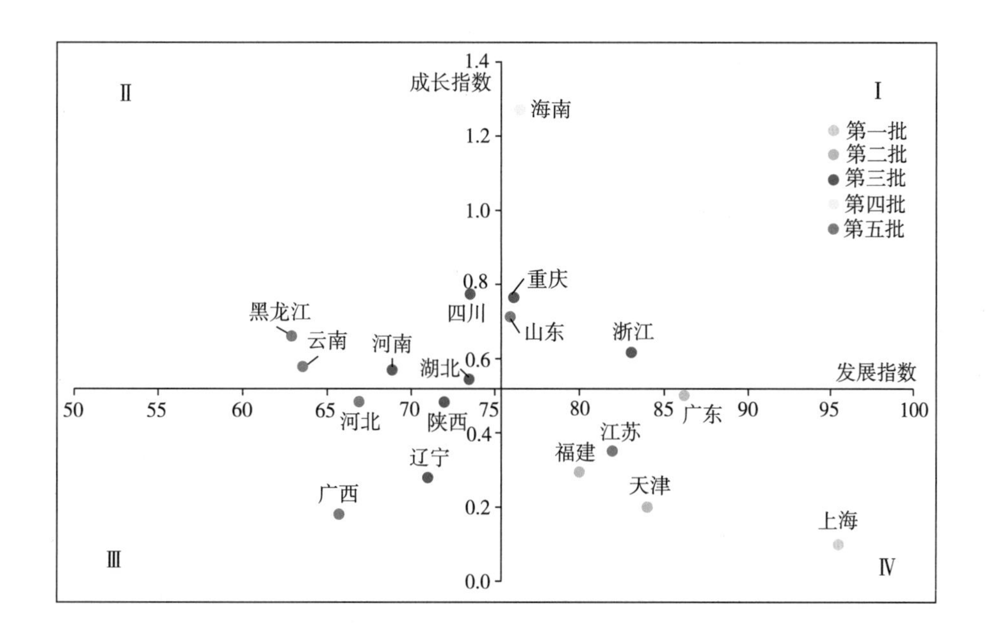

图 4-4　2021 年 18 个自贸试验区发展指数和成长指数象限分布

资料来源：《中国自由贸易试验区发展研究报告》课题组制图。

在发展指数和成长指数均高于平均值的第Ⅰ象限里，共有海南自贸港、重庆自贸试验区、山东自贸试验区、浙江自贸试验区 4 个自贸试验区。在发展指数低于平均值，成长指数高于平均值的第Ⅱ象限里，共有黑龙江自贸试验区、云南自贸试验区、河南自贸试验区、四川自贸试验区、湖北自贸试验区 5 个自贸试验区。在发展指数和成长指数均低于平均值的第Ⅲ象限里，共有河北自贸试验区、陕西自贸试验区、辽宁自贸试验区、广西自贸试验区 4 个自贸试验区。在发展指数高于平均值，成长指数低于平均值的第Ⅳ象限里，共有广东自贸试验区、江苏自贸试验区、福建自贸试验区、天津自贸试验区、上海自贸试验区 5 个自贸试验区。

四、 18 个自由贸易试验区发展指数分领域分析

（一）发展指数二级指标贡献率

为更好地分析各二级指标对于一级指标发展指数的贡献作用，通过构建二级指标贡献率图来进行直观反映。如图 4-5 所示，营商便利度对整体发展指数的贡

献率最高，平均贡献率达到22.43%；其次是制度创新度，其平均贡献率为22.16%；贡献率排在后面四位的分别是：经济贡献度（19.35%）、贸易活跃度（14.92%）、绿色引领度（12.74%）、科技驱动度（8.40%）。

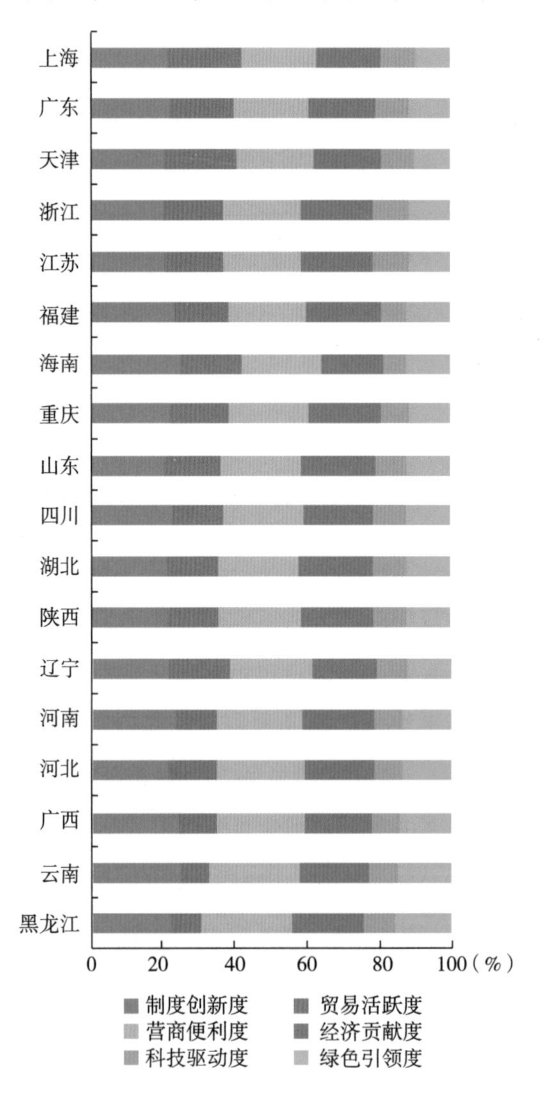

图4-5　2021年18个自贸试验区分领域二级指标贡献率

资料来源：《中国自由贸易试验区发展研究报告》课题组制图。

（二）制度创新度评价结果

如图4-6所示，18个自贸试验区中，制度创新度得分排在前十位的自贸试验区分别是上海自贸试验区、海南自贸港、广东自贸试验区、福建自贸试验区、天津自贸试验区、江苏自贸试验区、重庆自贸试验区、浙江自贸试验区、四川自贸试验区和河南自贸试验区。制度创新度最高得分为 20.00，最低得分为 14.00，平均值为 16.64。

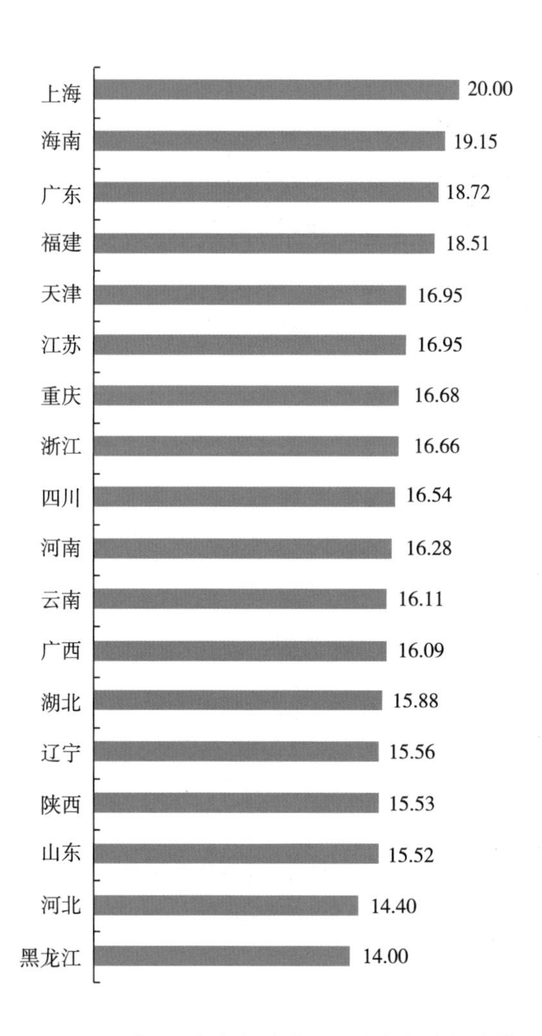

图 4-6 2021 年 18 个自贸试验区制度创新度得分情况

资料来源：《中国自由贸易试验区发展研究报告》课题组制图。

为了更加直观地比较分析 18 个自贸试验区制度创新度方面的情况，本报告进一步构建了展示制度创新度三级指标的贡献率比较图，如图 4-7 所示。根据各三级指标平均贡献率比较结果，制度创新这一指标的贡献率排在第一位，占比为 42.81%；制度环境排在第二位，占比为 31.47%。

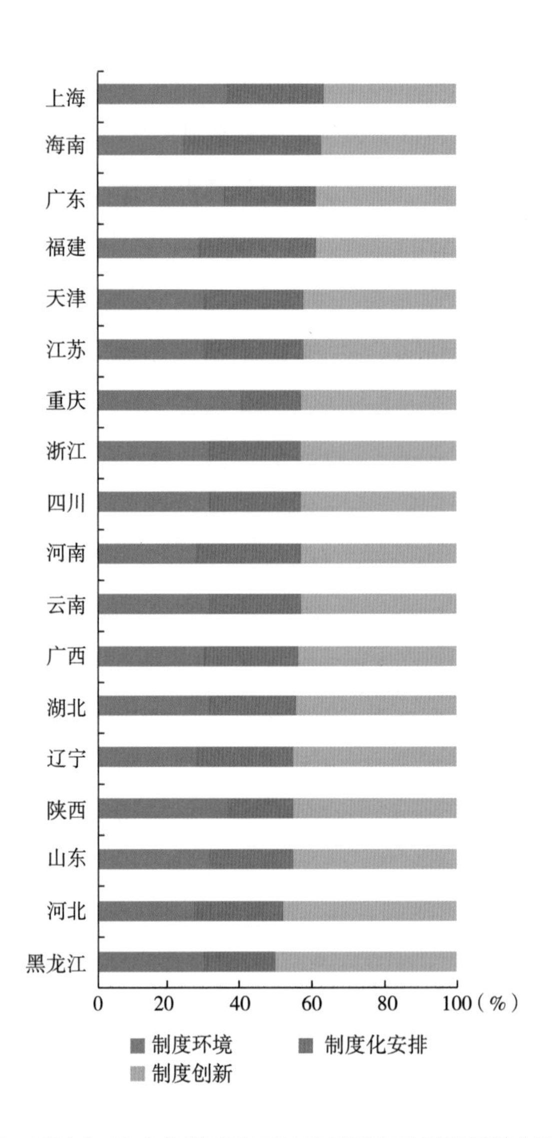

图 4-7　2021 年 18 个自贸试验区制度创新度三级指标得分贡献率

资料来源：《中国自由贸易试验区发展研究报告》课题组制图。

（三）贸易活跃度评价结果

如图 4-8 所示，18 个自贸试验区中，贸易活跃度得分排在前十位的自贸试验区分别是上海自贸试验区、天津自贸试验区、广东自贸试验区、浙江自贸试验区、江苏自贸试验区、海南自贸港、福建自贸试验区、重庆自贸试验区、辽宁自贸试验区、山东自贸试验区。贸易活跃度最高得分为 20.00，最低得分为 4.71，平均值为 11.52。

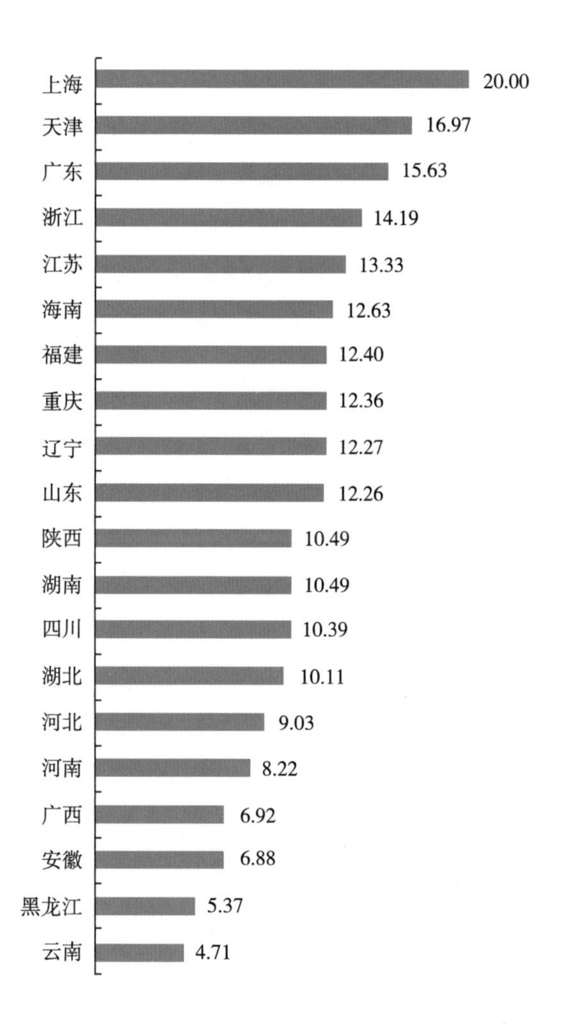

图 4-8　2021 年 18 个自贸试验区贸易活跃度得分情况

资料来源：《中国自由贸易试验区发展研究报告》课题组制图。

根据各三级指标平均贡献率比较结果，贸易依存度排第一位，占比为 40.77%；人均实际利用外资这一指标的贡献率排第二位，占比为 33.61%，如图 4-9 所示。

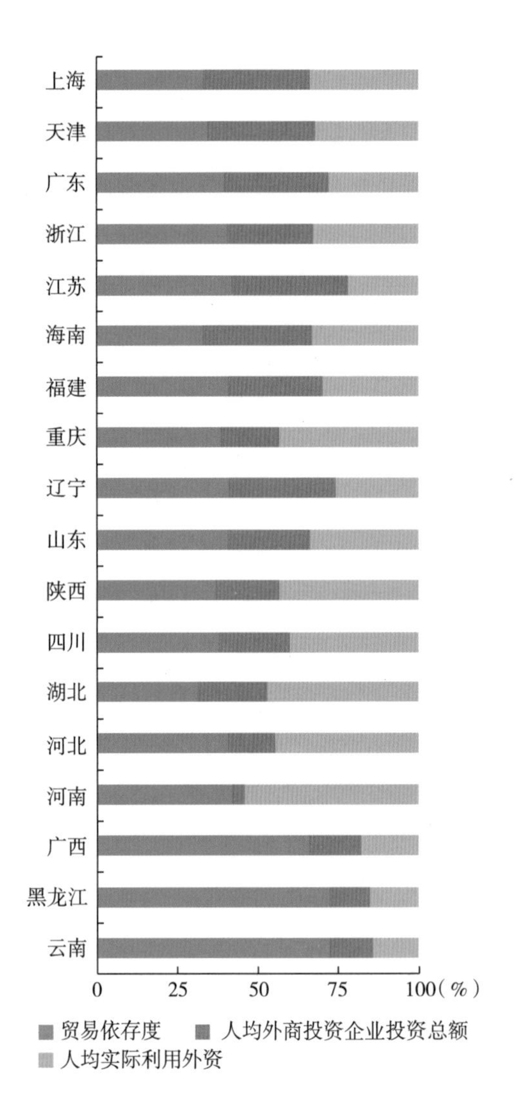

图 4-9　2021 年 18 个自贸试验区贸易活跃度三级指标得分贡献率

资料来源：《中国自由贸易试验区发展研究报告》课题组制图。

（四）营商便利度评价结果

如图 4-10 所示，18 个自贸试验区中，营商便利度得分排在前十位的自贸试验区分别是上海自贸试验区、天津自贸试验区、浙江自贸试验区、江苏自贸试验区、广东自贸试验区、海南自贸港、福建自贸试验区、重庆自贸试验区、山东自贸试验区、四川自贸试验区。营商便利度最高得分为 19.58，最低得分为 15.53，平均值为 16. 82。

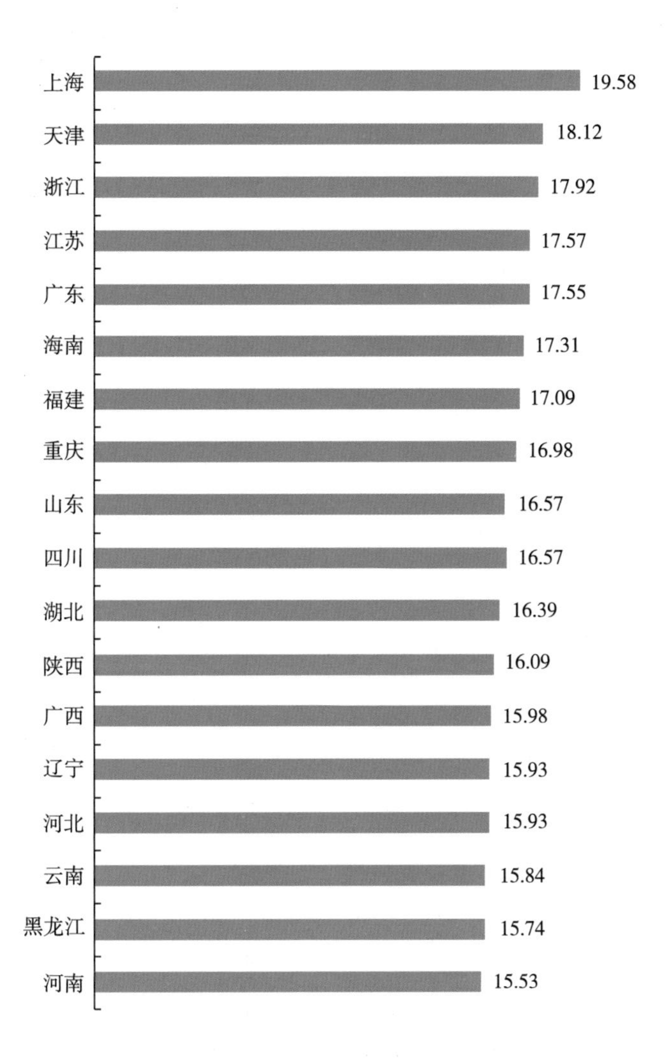

图 4-10　2021 年 18 个自贸试验区营商便利度得分情况

资料来源：《中国自由贸易试验区发展研究报告》课题组制图。

根据各三级指标平均贡献率比较结果，非国有经济和商业信用环境两项指标并列第一位，占比为 8. 89%；政府透明度排第二位，占比为 8. 83%，如图 4-11 所示。

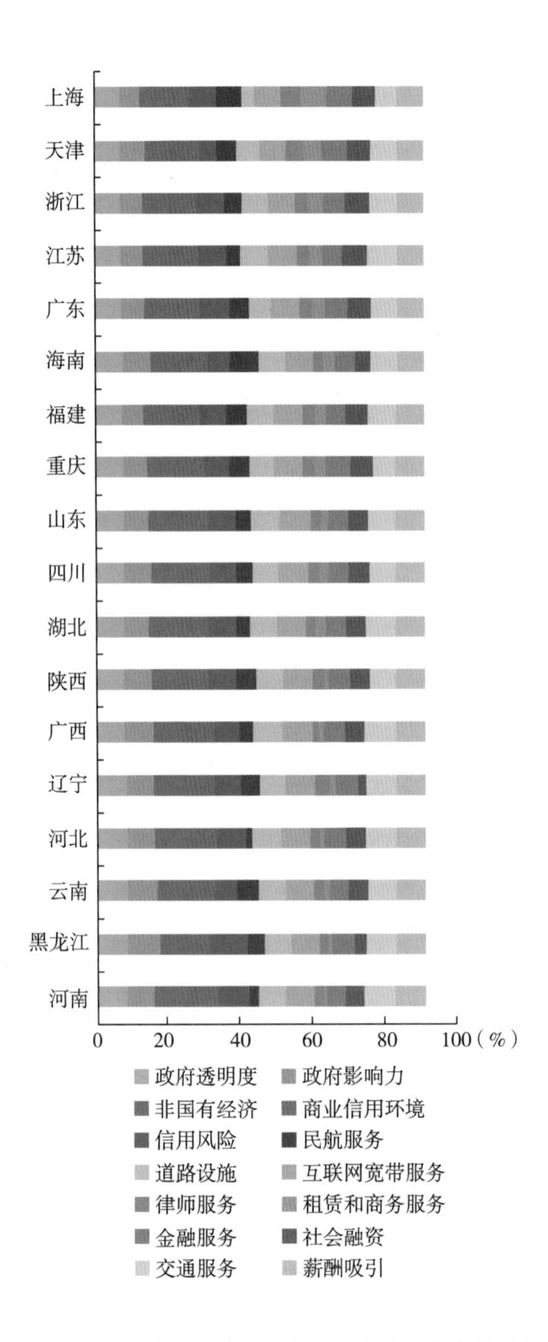

图 4-11 2021 年 18 个自贸试验区营商便利度三级指标得分贡献率

资料来源：《中国自由贸易试验区发展研究报告》课题组制图。

（五）经济贡献度评价结果

如图 4-12 所示，18 个自贸试验区中，经济贡献度得分排在前十位的自贸试验区分别是上海自贸试验区、浙江自贸试验区、江苏自贸试验区、广东自贸试验区、福建自贸试验区、山东自贸试验区、天津自贸试验区、湖北自贸试验区、重庆自贸试验区、陕西自贸试验区。经济贡献度最高得分为 17.52，最低得分为 12.37，平均值为 14.57。

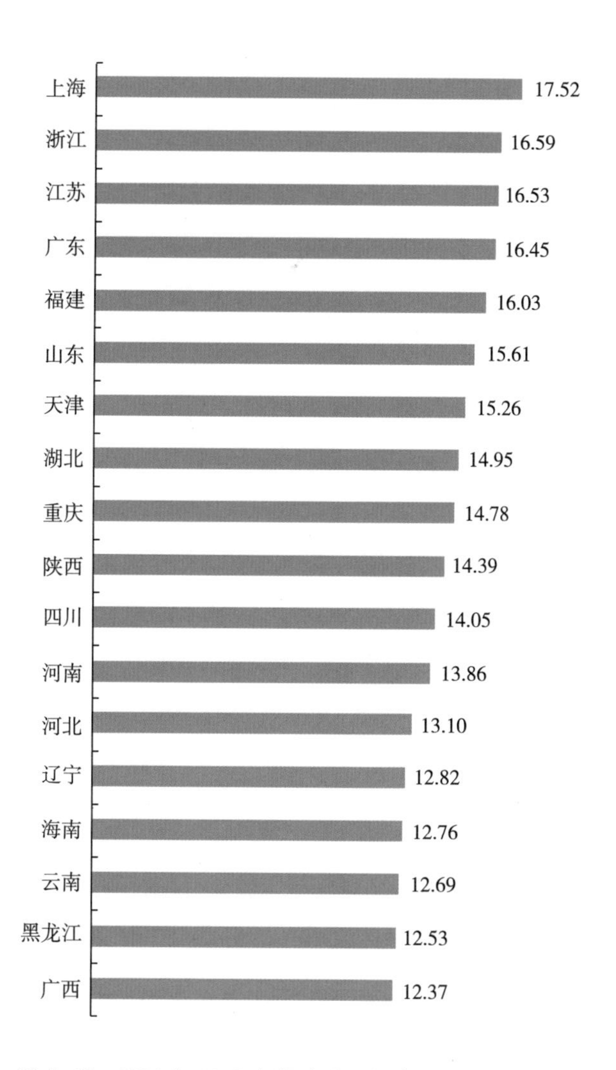

图 4-12　2021 年 18 个自贸试验区经济贡献度得分情况

资料来源：《中国自由贸易试验区发展研究报告》课题组制图。

根据各三级指标平均贡献率比较结果，普华永道机遇之城得分排名第一，占比为 13.69%；经济发展水平排名第二，占比为 13.31%，如图 4-13 所示。

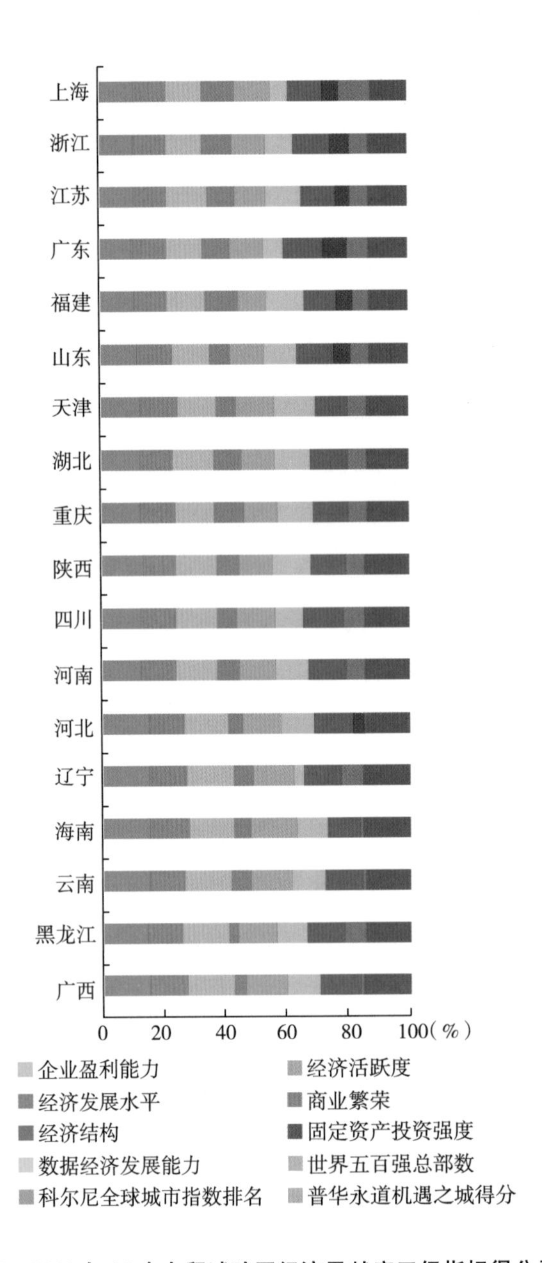

图 4-13　2021 年 18 个自贸试验区经济贡献度三级指标得分贡献率

资料来源：《中国自由贸易试验区发展研究报告》课题组制图。

（六）科技驱动度评价结果

如图 4-14 所示，18 个自贸试验区中，科技驱动度得分排在前十位的自贸试验区分别是上海自贸试验区、江苏自贸试验区、浙江自贸试验区、广东自贸试验区、天津自贸试验区、陕西自贸试验区、湖北自贸试验区、山东自贸试验区、四川自贸试验区、辽宁自贸试验区。科技驱动度最高得分为 8.78，最低得分为 4.67，平均值为 6.36。

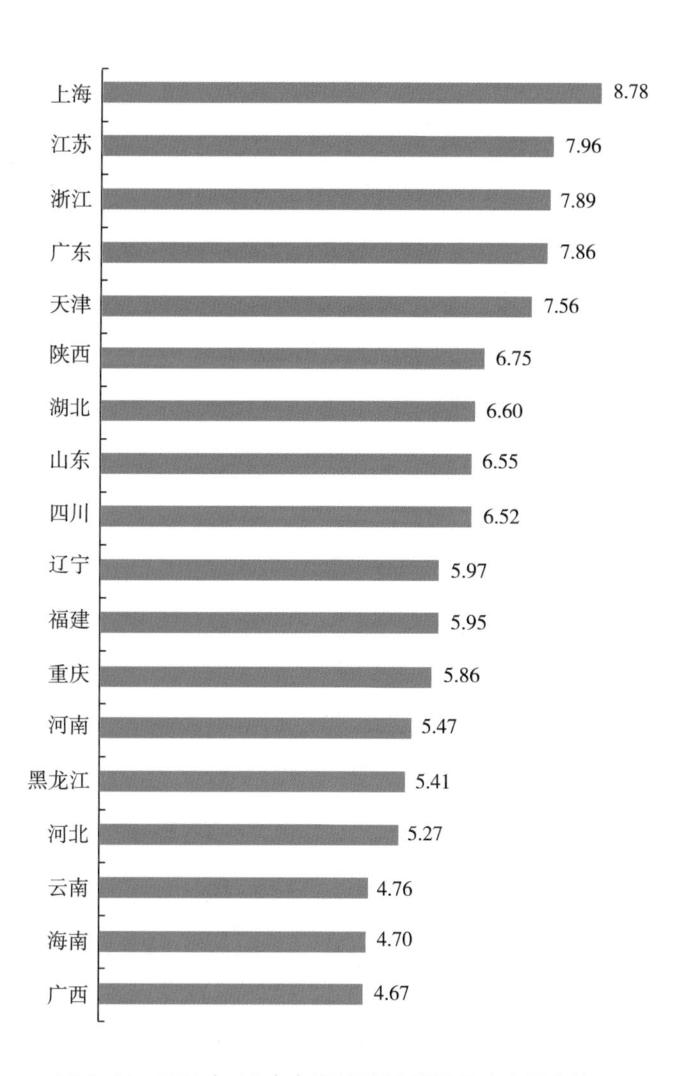

图 4-14　2021 年 18 个自贸试验区科技驱动度得分情况

资料来源：《中国自由贸易试验区发展研究报告》课题组制图。

根据各三级指标平均贡献率比较结果，城市科技创新发展排名第一，占比为 14.37%；高等教育规模排名第二，占比为 12.59%，如图 4-15 所示。

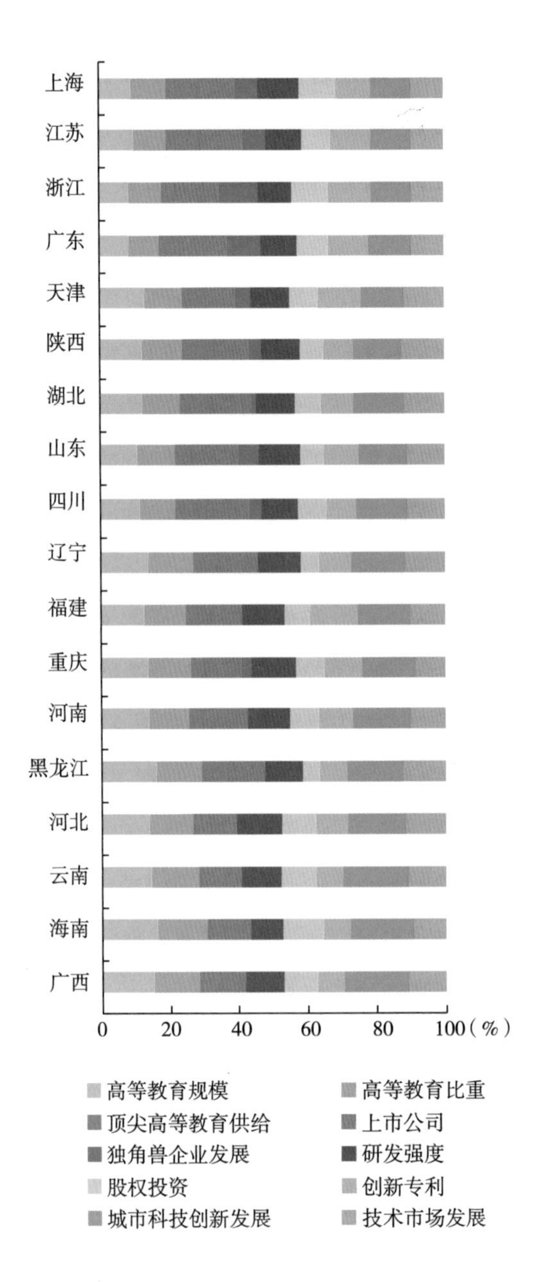

图 4-15 2021 年 18 个自贸试验区科技驱动度三级指标得分贡献率

资料来源：《中国自由贸易试验区发展研究报告》课题组制图。

（七）绿色引领度评价结果

如图 4-16 所示，18 个自贸试验区中，绿色引领度得分排在前十位的自贸试验区分别是福建自贸试验区、浙江自贸试验区、广东自贸试验区、黑龙江自贸试验区、海南自贸港、江苏自贸试验区、上海自贸试验区、湖北自贸试验区、广西自贸试验区、四川自贸试验区。绿色引领度最高得分为 10.00，最低得分为 8.57，平均值为 9.50。

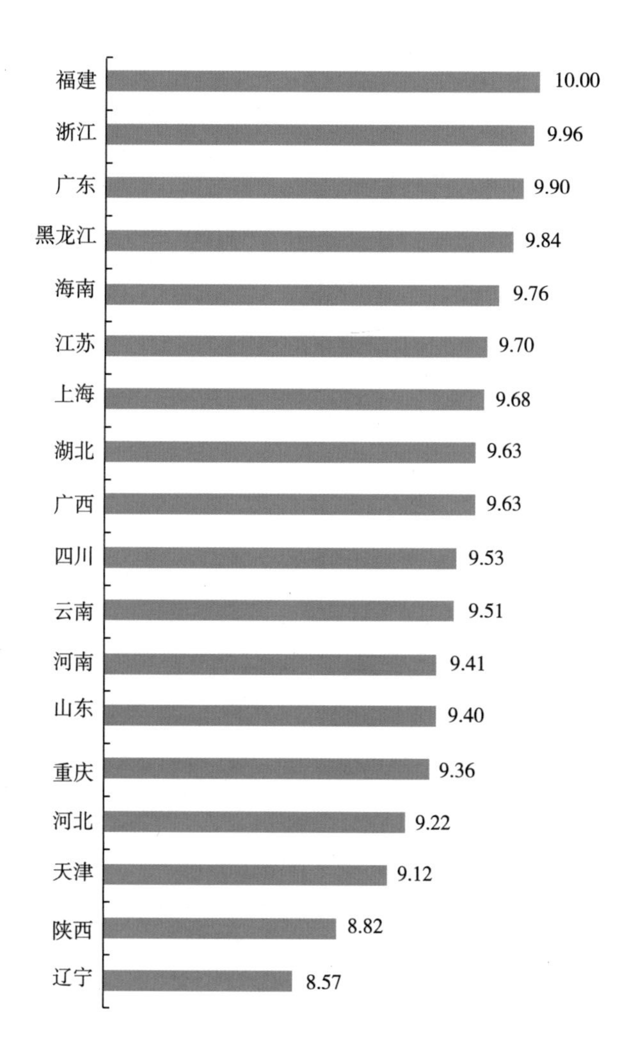

图 4-16　2021 年 18 个自贸试验区绿色引领度得分情况

资料来源:《中国自由贸易试验区发展研究报告》课题组制图。

根据各三级指标平均贡献率比较结果，垃圾处理排名第一，占比为 12.28%；绿化环境排名第二，占比为 11.75%，如图 4-17 所示。

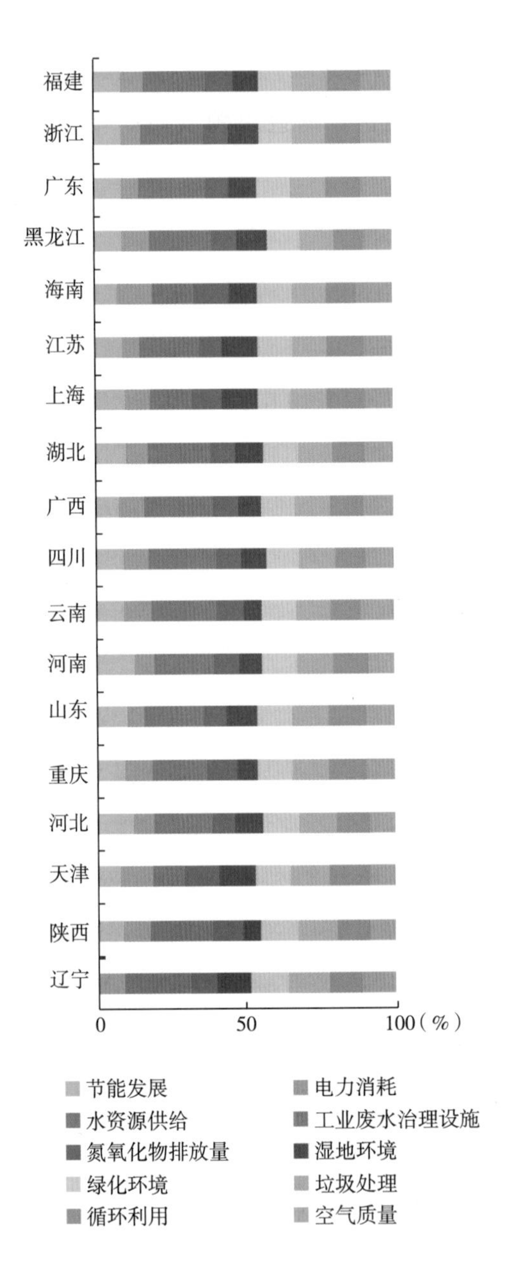

图 4-17　2021 年 18 个自贸试验区绿色引领度三级指标得分贡献率

资料来源：《中国自由贸易试验区发展研究报告》课题组制图。

五、 18 个自由贸易试验区发展指数评估

由于 18 个自贸试验区在自然地理、经济社会条件上的差异，自贸试验区间

发展水平高低不均，在不同的建设领域也各有所长或所短，这些也同时反映在各自贸试验区发展指数的得分与排名上。那么，从地区层面看，主要是哪些因素影响了各自贸试验区建设的表现？自贸试验区各个方面又有怎样的关联和变化趋势？各自贸试验区又需要采取怎样的有针对性的策略进一步加强自贸试验区建设？

本报告在18个自贸试验区面板数据的综合分析上，分别对18个自贸试验区的建设情况进行评价分析，揭示不同类型和发展水平自贸试验区的特点及其相对差异性，为各自贸试验区制定相应对策提供重要的参考决策。

（一）广东自贸试验区指数评价报告

如表4-6所示，2021年，广东自贸试验区发展指数为86.11，在全国前五批18个自贸试验区中排名第2位。分项来看，广东自贸试验区在制度创新度方面得分为18.72，居于18个自贸试验区第3位，其中制度创新和自贸试验区制度环境的贡献率最大；在贸易活跃度方面得分为15.63，居于18个自贸试验区第3位，其中贸易依存度和人均外商投资企业投资总额贡献率最大；在营商便利度方面得分为17.55，居于18个自贸试验区第5位，其中信用风险、非国有经济、薪酬吸引的贡献率最大；在经济贡献度方面得分为16.45，居于18个自贸试验区第4位，其中数字经济发展能力、普华永道机遇之城得分、经济发展水平对其贡献最大；在科技驱动度方面得分为7.86，居于18个自贸试验区第4位，其中上市公司、城市科技创新发展、创新专利的贡献率最大；在绿色引领度方面得分为9.90，居于18个自贸试验区第3位，其中垃圾处理、绿化环境、循环利用、水资源供给的贡献率最大。广东自贸试验区二级指标贡献率如图4-18所示。

表4-6　2021年广东自贸试验区发展水平指数各级指标得分和排名

指标	得分	排名
1. 制度创新度	18.72	3
自贸试验区制度环境	6.65	3
制度化安排	4.77	4
制度创新	7.30	2
2. 贸易活跃度	15.63	3

续表

指标	得分	排名
贸易依存度	6.22	2
人均外商投资企业投资总额	5.01	3
人均实际利用外资	4.40	8
3. 营商便利度	17.55	5
政府透明度	1.50	6
政府影响力	1.15	14
非国有经济	1.52	5
商业信用环境	1.51	2
信用风险	1.54	1
民航服务	0.98	8
道路设施	1.24	16
互联网宽带服务	1.39	11
律师服务	0.71	3
租赁和商务服务	0.78	4
金融服务	1.11	4
社会融资	1.23	5
交通服务	1.37	15
薪酬吸引	1.52	2
4. 经济贡献度	16.45	4
企业盈利能力	1.74	17
经济活跃度	1.89	1
经济发展水平	1.97	6
商业繁荣	1.41	6
经济结构	1.75	4
固定资产投资强度	1.09	16
数字经济发展能力	2.08	1
世界五百强总部数	1.40	1
科尔尼全球城市指数排名	1.04	2
普华永道机遇之城得分	2.08	1
5. 科技驱动度	7.86	4
高等教育规模	0.69	18
高等教育比重	0.74	8
顶尖高等教育供给	0.48	6
上市公司	1.03	1
独角兽企业发展	0.77	2

续表

指标	得分	排名
研发强度	0.82	3
股权投资	0.69	3
创新专利	0.92	2
城市科技创新发展	0.98	1
技术市场发展	0.74	5
6. 绿色引领度	9.90	3
节能发展	0.96	3
电力消耗	0.57	18
水资源供给	1.13	2
工业废水治理设施	1.05	5
氮氧化物排放量	0.77	14
湿地环境	0.95	7
绿化环境	1.13	2
垃圾处理	1.16	1
循环利用	1.12	5
空气质量	1.06	2

资料来源：《中国自由贸易试验区发展研究报告》课题组制表。

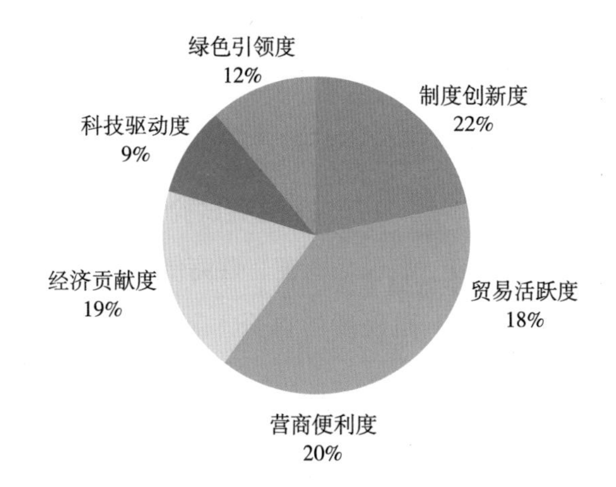

图 4-18 2021 年广东自贸试验区二级指标贡献率饼图

资料来源：《中国自由贸易试验区发展研究报告》课题组制图。

如图 4-19 所示，广东自贸试验区在制度创新度、贸易活跃度、营商便利度、经济贡献度、科技驱动度、绿色引领度方面均发展较好，在每个方面均与各领域的最大值较为接近。

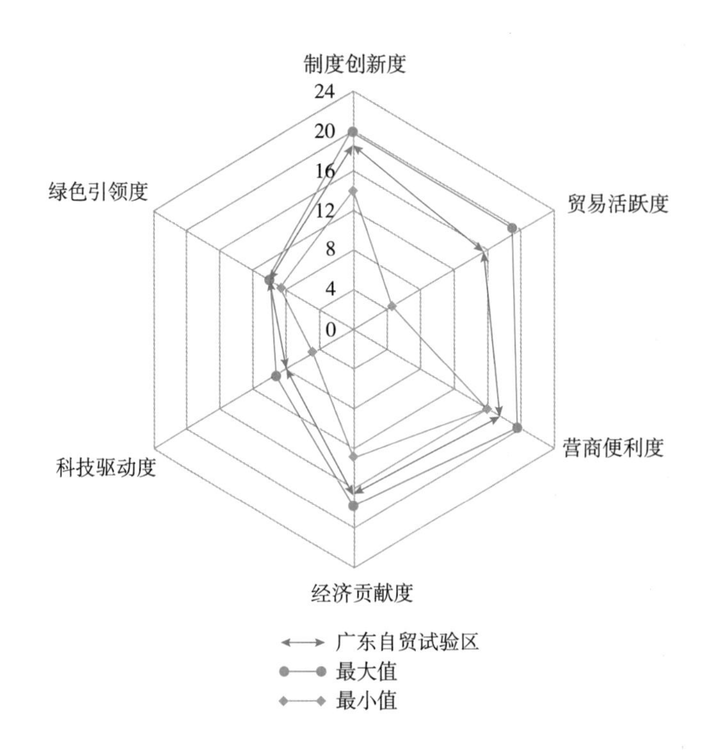

图 4-19　2021 年广东自贸试验区二级指标得分与最高、最低得分雷达图

资料来源：《中国自由贸易试验区发展研究报告》课题组制图。

如表 4-7 所示，与 2015 年相比，广东自贸试验区建设的变化较大，广东自贸试验区成长指数得分为 0. 505，在第二批自贸试验区中排在第 1 名。分项来看，广东自贸试验区在制度创新度、贸易活跃度、营商便利度、经济贡献度、科技驱动度、绿色引领度方面均有不同程度的提升。其中，在营商便利度方面成长最快。

表 4-7　2021 年广东自贸试验区成长指数分布

类别	得分	排名
自贸试验区成长指数	0. 505	1
制度创新度	0. 121	1
贸易活跃度	0. 035	1
营商便利度	0. 153	3
经济贡献度	0. 070	2

续表

类别	得分	排名
科技驱动度	0.109	1
绿色引领度	0.017	1

资料来源：《中国自由贸易试验区发展研究报告》课题组制表。

（二）天津自贸试验区指数评价报告

如表 4-8 所示，2021 年，天津自贸试验区发展指数为 83.98，在全国前五批 18 个自贸试验区中排名第 3 位。分项来看，天津自贸试验区在制度创新度方面得分为 16.95，居于 18 个自贸试验区第 5 位，其中制度创新和自贸试验区制度环境的贡献率最大；在贸易活跃度方面得分为 16.97，居于 18 个自贸试验区第 2 位，其中贸易依存度和人均外商投资企业投资总额的贡献率最大；在营商便利度方面得分为 18.12，居于 18 个自贸试验区第 2 位，其中非国有经济、交通服务、政府透明度的贡献率最大；在经济贡献度方面得分为 15.26，居于 18 个自贸试验区第 7 位，其中，固定资产投资强度、普华永道机遇之城得分、经济发展水平的贡献率最大；在科技驱动度方面得分为 7.56，居于 18 个自贸试验区第 5 位，其中高等教育规模、城市科技创新发展、创新专利的贡献率最大；在绿色引领度方面得分为 9.12，居于 18 个自贸试验区第 16 位，其中垃圾处理、循环利用、湿地环境的贡献率最大。天津自贸试验区二级指标贡献率如图 4-20 所示。

表 4-8　2021 年天津自贸试验区发展水平指数各级指标得分和排名

指标	得分	排名
1. 制度创新度	16.95	5
自贸试验区制度环境	5.11	9
制度化安排	4.61	6
制度创新	7.23	3
2. 贸易活跃度	16.97	2
贸易依存度	5.87	3
人均外商投资企业投资总额	5.68	2
人均实际利用外资	5.42	2

续表

指标	得分	排名
3. 营商便利度	18. 12	2
政府透明度	1. 51	4
政府影响力	1. 23	10
非国有经济	1. 55	1
商业信用环境	1. 50	4
信用风险	0. 95	18
民航服务	1. 12	3
道路设施	1. 22	17
互联网宽带服务	1. 48	4
律师服务	0. 95	2
租赁和商务服务	1. 01	2
金融服务	1. 37	2
社会融资	1. 24	4
交通服务	1. 52	2
薪酬吸引	1. 47	10
4. 经济贡献度	15. 26	7
企业盈利能力	1. 96	3
经济活跃度	1. 83	4
经济发展水平	2. 00	4
商业繁荣	1. 06	9
经济结构	1. 82	2
固定资产投资强度	2. 09	1
数字经济发展能力	1. 60	14
世界五百强总部数	0. 00	14
科尔尼全球城市指数排名	0. 89	7
普华永道机遇之城得分	2. 01	9
5. 科技驱动度	7. 56	5
高等教育规模	1. 01	1
高等教育比重	0. 90	2
顶尖高等教育供给	0. 48	6
上市公司	0. 62	12
独角兽企业发展	0. 35	6
研发强度	0. 85	2

续表

指标	得分	排名
股权投资	0.63	5
创新专利	0.92	2
城市科技创新发展	0.93	7
技术市场发展	0.87	1
6. 绿色引领度	9.12	16
节能发展	0.70	17
电力消耗	0.99	2
水资源供给	0.32	18
工业废水治理设施	0.68	17
氮氧化物排放量	1.04	2
湿地环境	1.13	3
绿化环境	1.09	16
垃圾处理	1.16	1
循环利用	1.16	1
空气质量	0.85	15

资料来源：《中国自由贸易试验区发展研究报告》课题组制表。

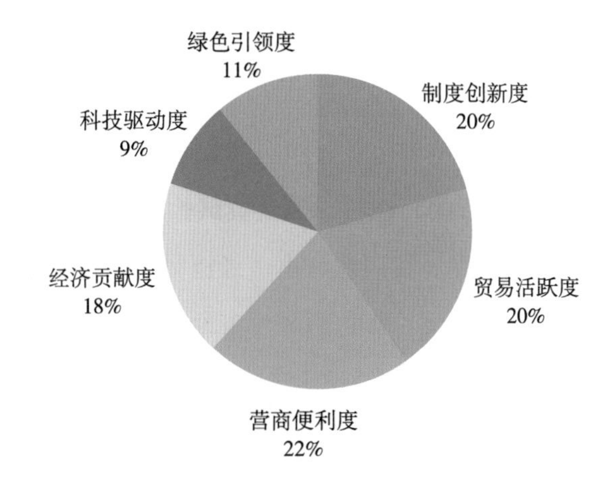

图 4-20　2021 年天津自贸试验区二级指标贡献率饼图

资料来源：《中国自由贸易试验区发展研究报告》课题组制图。

如图 4-21 所示，天津自贸试验区在制度创新度、贸易活跃度、营商便利度、经济贡献度、科技驱动度、绿色引领度方面均发展较好，但每个方面与各领域的最大值相比仍有一定的成长空间。

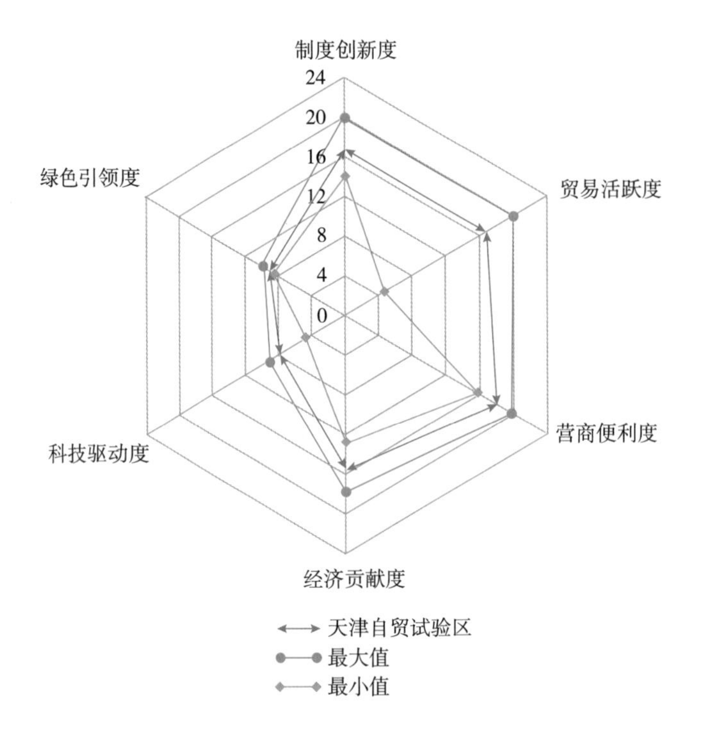

图 4-21 2021 年天津自贸试验区二级指标得分与最高、最低得分雷达图

资料来源：《中国自由贸易试验区发展研究报告》课题组制图。

如表 4-9 所示，与 2015 年相比，天津自贸试验区建设的变化一般，天津自贸试验区成长指数得分为 0.206，在第二批自贸试验区中排在第 3 名。分项来看，天津自贸试验区在制度创新度、营商便利度、经济贡献度、科技驱动度方面均有不同程度的提升，在贸易活跃度、绿色引领度方面有轻微程度的下降。其中，在营商便利度方面成长最快。

表 4-9 2021 年天津自贸试验区成长指数分布

类别	得分	排名
自贸试验区成长指数	0.206	3
制度创新度	0.049	3
贸易活跃度	-0.054	2
营商便利度	0.168	2

续表

类别	得分	排名
经济贡献度	0.046	3
科技驱动度	0.034	2
绿色引领度	-0.037	3

资料来源：《中国自由贸易试验区发展研究报告》课题组制表。

（三）河北自贸试验区指数评价报告

如表4-10所示，2021年，河北自贸试验区发展指数为66.95，在全国前五批18个自贸试验区中排名第15位。分项来看，河北自贸试验区在制度创新度方面得分为14.40，居于18个自贸试验区第17位，其中制度创新和自贸试验区制度环境的贡献率最大；在贸易活跃度方面得分为9.03，居于18个自贸试验区第14位，其中人均实际利用外资和贸易依存度的贡献率最大；在营商便利度方面得分为15.93，居于18个自贸试验区第14位，其中非国有经济、交通服务、政府透明度的贡献率最大；在经济贡献度方面得分为13.10，居于18个自贸试验区第13位，其中普华永道机遇之城得分、经济发展水平、企业盈利能力的贡献率最大；在科技驱动度方面得分为5.27，居于18个自贸试验区第15位，其中城市科技创新发展、高等教育规模、研发强度、高等教育比重的贡献率最大。在绿色引领度方面得分为9.22，居于18个自贸试验区第15位，其中垃圾处理、工业废水治理设施、绿化环境的贡献率最大。河北自贸试验区二级指标贡献率如图4-22所示。

表4-10　2021年河北自贸试验区发展水平指数各级指标得分和排名

指标	得分	排名
1. 制度创新度	14.40	17
自贸试验区制度环境	3.96	18
制度化安排	3.45	14
制度创新	6.99	18
2. 贸易活跃度	9.03	14
贸易依存度	3.61	15

续表

指标	得分	排名
人均外商投资企业投资总额	1. 39	14
人均实际利用外资	4. 03	12
3. 营商便利度	15. 93	14
政府透明度	1. 50	6
政府影响力	1. 33	5
非国有经济	1. 53	2
商业信用环境	1. 48	16
信用风险	1. 37	7
民航服务	0. 27	18
道路设施	1. 42	5
互联网宽带服务	1. 41	9
律师服务	0. 46	15
租赁和商务服务	0. 25	16
金融服务	1. 02	10
社会融资	0. 93	13
交通服务	1. 51	4
薪酬吸引	1. 45	17
4. 经济贡献度	13. 10	13
企业盈利能力	1. 86	8
经济活跃度	1. 73	8
经济发展水平	1. 87	16
商业繁荣	0. 57	16
经济结构	1. 61	11
固定资产投资强度	1. 49	9
数字经济发展能力	1. 69	10
世界五百强总部数	0. 39	7
科尔尼全球城市指数排名	0. 00	15
普华永道机遇之城得分	1. 89	16
5. 科技驱动度	5. 27	15
高等教育规模	0. 75	13
高等教育比重	0. 68	15
顶尖高等教育供给	0. 03	15
上市公司	0. 64	11
独角兽企业发展	0. 00	11
研发强度	0. 68	13

续表

指标	得分	排名
股权投资	0.51	8
创新专利	0.50	14
城市科技创新发展	0.86	16
技术市场发展	0.62	12
6. 绿色引领度	9.22	15
节能发展	1.06	2
电力消耗	0.68	14
水资源供给	0.71	16
工业废水治理设施	1.17	1
氮氧化物排放量	0.71	17
湿地环境	0.82	12
绿化环境	1.12	4
垃圾处理	1.16	1
循环利用	1.02	11
空气质量	0.77	18

资料来源：《中国自由贸易试验区发展研究报告》课题组制表。

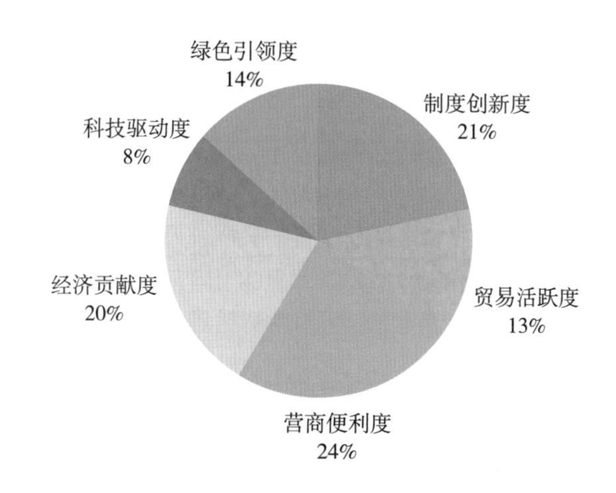

图 4-22　2021 年河北自贸试验区二级指标贡献率饼图

资料来源：《中国自由贸易试验区发展研究报告》课题组制图。

如图 4-23 所示，河北自贸试验区在制度创新度、贸易活跃度、营商便利度、经济贡献度、科技驱动度、绿色引领度方面均发展一般，每个方面与各领域的最大值相比均还有较大成长空间。

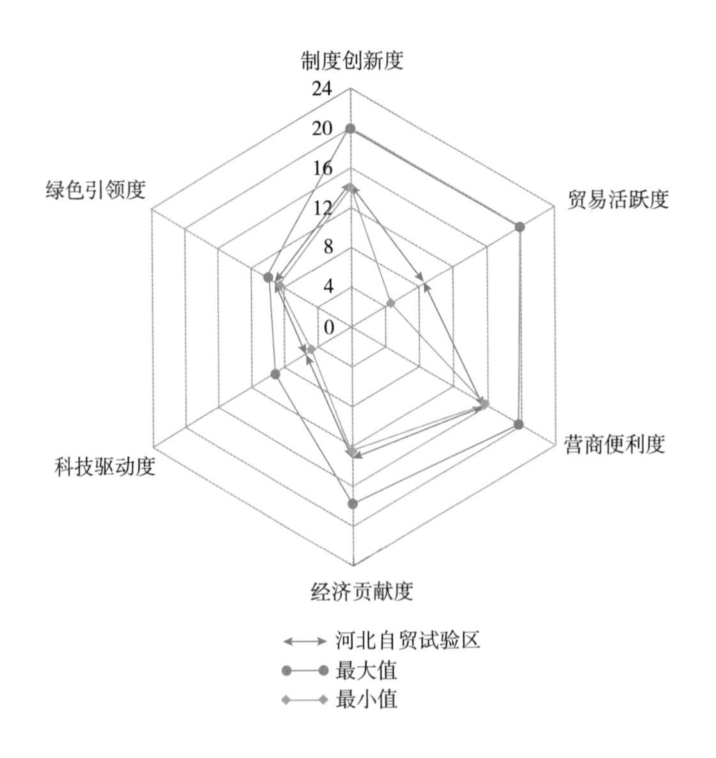

图 4-23　2021 年河北自贸试验区二级指标得分与最高、最低得分雷达图

资料来源：《中国自由贸易试验区发展研究报告》课题组制图。

如表 4-11 所示，与 2019 年相比，河北自贸试验区建设的变化较大，河北自贸试验区成长指数得分为 0.485，在第五批自贸试验区中排在第 4 名。分项来看，河北自贸试验区在制度创新度、贸易活跃度、营商便利度、经济贡献度、科技驱动度方面均有不同程度的提升，在绿色引领度方面有轻微下降。其中，在制度创新度方面成长最快。

表 4-11　2021 年河北自贸试验区成长指数分布

类别	得分	排名
自贸试验区成长指数	0. 485	4
制度创新度	0. 185	6
贸易活跃度	0. 006	4
营商便利度	0. 156	2
经济贡献度	0. 088	2
科技驱动度	0. 059	5
绿色引领度	-0. 009	4

资料来源：《中国自由贸易试验区发展研究报告》课题组制表。

（四）上海自贸试验区指数评价报告

如表 4-12 所示，2021 年上海自贸试验区发展指数为 95.56，在全国前五批 18 个自贸试验区中排名第 1 位。分项来看，上海自贸试验区在制度创新度方面得分为 20.00，居于 18 个自贸试验区第 1 位，其中制度创新和自贸试验区制度环境的贡献率最大；在贸易活跃度方面得分为 20.00，居于 18 个自贸试验区第 1 位，其中人均实际利用外资和贸易依存度的贡献率最大；在营商便利度方面得分为 19.58，居于 18 个自贸试验区第 1 位，其中租赁和商务服务、商业信用环境、薪酬吸引、民航服务的贡献率最大；在经济贡献度方面得分为 17.52，居于 18 个自贸试验区第 1 位，其中普华永道机遇之城得分、经济发展水平、商业繁荣的贡献率最大；在科技驱动度方面得分为 8.78，居于 18 个自贸试验区第 1 位，其中城市科技创新发展、高等教育比重、股权投资的贡献率最大；在绿色引领度方面得分为 9.68，居于 18 个自贸试验区第 7 位，其中垃圾处理、循环利用、湿地环境的贡献率最大。上海自贸试验区二级指标贡献率如图 4-24 所示。

表 4-12　2021 年上海自贸试验区发展水平指数各级指标得分和排名

指标	得分	排名
1. 制度创新度	20.00	1
自贸试验区制度环境	7.31	1
制度化安排	5.38	3
制度创新	7.31	1
2. 贸易活跃度	20.00	1
贸易依存度	6.67	1
人均外商投资企业投资总额	6.66	1
人均实际利用外资	6.67	1
3. 营商便利度	19.58	1
政府透明度	1.53	1
政府影响力	1.21	11
非国有经济	1.50	12
商业信用环境	1.54	1

续表

指标	得分	排名
信用风险	1.46	2
民航服务	1.53	1
道路设施	0.74	18
互联网宽带服务	1.46	6
律师服务	1.31	1
租赁和商务服务	1.54	1
金融服务	1.50	1
社会融资	1.34	2
交通服务	1.39	13
薪酬吸引	1.53	1
4. 经济贡献度	17.52	1
企业盈利能力	1.99	2
经济活跃度	1.76	6
经济发展水平	2.07	1
商业繁荣	2.01	1
经济结构	1.96	1
固定资产投资强度	1.06	17
数字经济发展能力	1.90	4
世界五百强总部数	1.02	3
科尔尼全球城市指数排名	1.67	1
普华永道机遇之城得分	2.08	1
5. 科技驱动度	8.78	1
高等教育规模	0.86	5
高等教育比重	0.96	1
顶尖高等教育供给	0.76	2
上市公司	0.90	4
独角兽企业发展	0.73	3
研发强度	0.90	1
股权投资	0.93	1
创新专利	0.91	4
城市科技创新发展	0.97	2
技术市场发展	0.86	2
6. 绿色引领度	9.68	7

续表

指标	得分	排名
节能发展	0.96	3
电力消耗	0.87	5
水资源供给	0.58	17
工业废水治理设施	0.78	15
氮氧化物排放量	0.99	3
湿地环境	1.15	2
绿化环境	1.08	17
垃圾处理	1.16	1
循环利用	1.15	2
空气质量	0.96	7

资料来源：《中国自由贸易试验区发展研究报告》课题组制表。

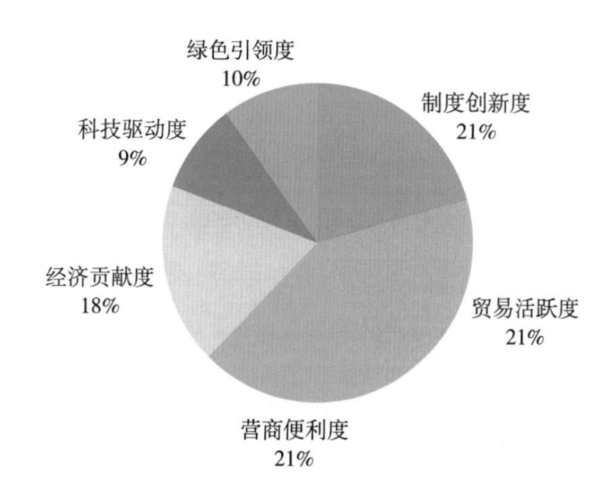

图 4-24　2021 年上海自贸试验区二级指标贡献率饼图

资料来源：《中国自由贸易试验区发展研究报告》课题组制图。

如图 4-25 所示，上海自贸试验区在制度创新度、贸易活跃度、营商便利度、经济贡献度、科技驱动度、绿色引领度方面均发展较好，每个方面均与各领域的最大值非常接近，是我国自贸试验区发展的“领头羊”。

如表 4-13 所示，与 2013 年相比，上海自贸试验区建设的变化较大，上海自贸试验区成长指数得分为 0.101。分项来看，上海自贸试验区在制度创新度、营商便利度、经济贡献度、绿色引领度方面均有不同程度的提升，在贸易活跃度、科技驱动度方面有轻微下降。其中，在营商便利度方面成长最快。

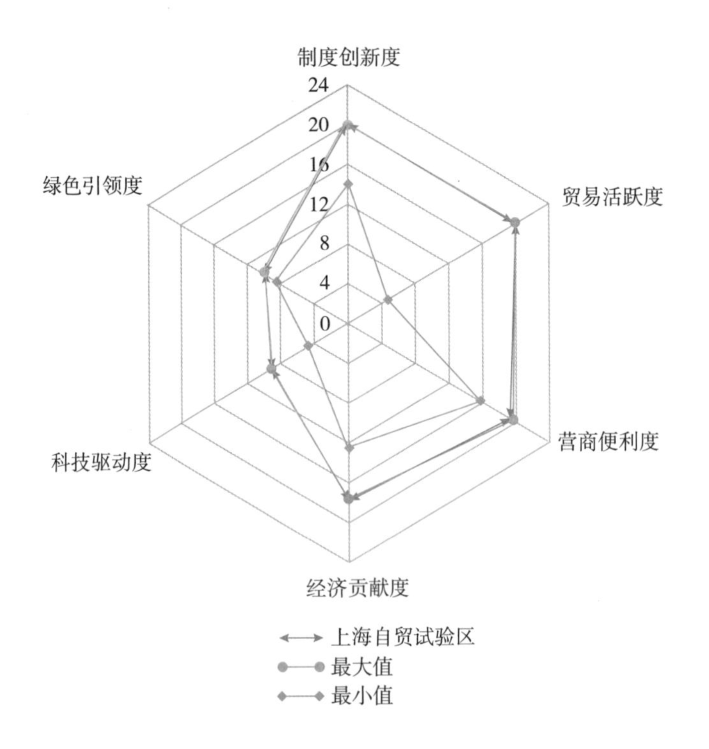

图 4-25　2021 年上海自贸试验区二级指标得分与最高、最低得分雷达图

资料来源：《中国自由贸易试验区发展研究报告》课题组制图。

表 4-13　2021 年上海自贸试验区成长指数分布

类别	得分	排名
自贸试验区成长指数	0.101	—
制度创新度	0.057	—
贸易活跃度	-0.054	—
营商便利度	0.089	—
经济贡献度	0.000	—
科技驱动度	-0.003	—
绿色引领度	0.012	—

资料来源：《中国自由贸易试验区发展研究报告》课题组制表。

（五）江苏自贸试验区指数评价报告

如表 4-14 所示，2021 年江苏自贸试验区发展指数为 82.04，在全国前五批 18 个自贸试验区中排名第 5 位。分项来看，江苏自贸试验区在制度创新度方面得分为16.95，居于18个自贸试验区第5位，其中制度创新和自贸试验区制度环境的贡献率最大；在贸易活跃度方面得分为13.33，居于18个自贸试验区第5位，其中贸易依存度和人均外商投资企业投资总额的贡献率最大；在营商便利度方面得分为17.57，居于18个自贸试验区第4位，其中交通服务、道路设施、非国有经济、互联网宽带服务的贡献率最大；在经济贡献度方面得分为16.53，居于18个自贸试验区第3位，其中普华永道机遇之城得分、经济发展水平、数字经济发展能力的贡献率最大；在科技驱动度方面得分为7.96，居于18个自贸试验区第2位，其中城市科技创新发展、上市公司、创新专利的贡献率最大；在绿色引领度方面得分为9.70，居于18个自贸试验区第6位，其中垃圾处理、湿地环境、循环利用的贡献率最大。

表4-14　2021年江苏自贸试验区发展水平指数各级指标得分和排名

指标	得分	排名
1. 制度创新度	16.95	5
自贸试验区制度环境	5.15	8
制度化安排	4.70	5
制度创新	7.10	10
2. 贸易活跃度	13.33	5
贸易依存度	5.60	5
人均外商投资企业投资总额	4.80	4
人均实际利用外资	2.93	15
3. 营商便利度	17.57	4
政府透明度	1.49	10
政府影响力	1.05	17
非国有经济	1.53	2
商业信用环境	1.50	4
信用风险	1.38	6
民航服务	0.76	13
道路设施	1.54	1
互联网宽带服务	1.53	3
律师服务	0.66	6
租赁和商务服务	0.71	5
金融服务	1.07	7
社会融资	1.31	3
交通服务	1.54	1

续表

指标	得分	排名
薪酬吸引	1. 50	4
4. 经济贡献度	16. 53	3
企业盈利能力	1. 84	10
经济活跃度	1. 87	2
经济发展水平	2. 03	2
商业繁荣	1. 65	3
经济结构	1. 62	9
固定资产投资强度	1. 83	3
数字经济发展能力	1. 97	2
世界五百强总部数	0. 74	6
科尔尼全球城市指数排名	0. 93	4
普华永道机遇之城得分	2. 05	3
5. 科技驱动度	7. 96	2
高等教育规模	0. 82	8
高等教育比重	0. 80	3
顶尖高等教育供给	0. 79	1
上市公司	0. 95	3
独角兽企业发展	0. 55	4
研发强度	0. 81	4
股权投资	0. 65	4
创新专利	0. 89	5
城市科技创新发展	0. 96	3
技术市场发展	0. 74	5
6. 绿色引领度	9. 70	6
节能发展	0. 93	8
电力消耗	0. 59	16
水资源供给	0. 82	12
工业废水治理设施	1. 12	2
氮氧化物排放量	0. 72	16
湿地环境	1. 16	1
绿化环境	1. 13	2
垃圾处理	1. 16	1
循环利用	1. 15	2
空气质量	0. 92	12

资料来源：《中国自由贸易试验区发展研究报告》课题组制表。

江苏自贸试验区二级指标贡献率如图 4-26 所示。

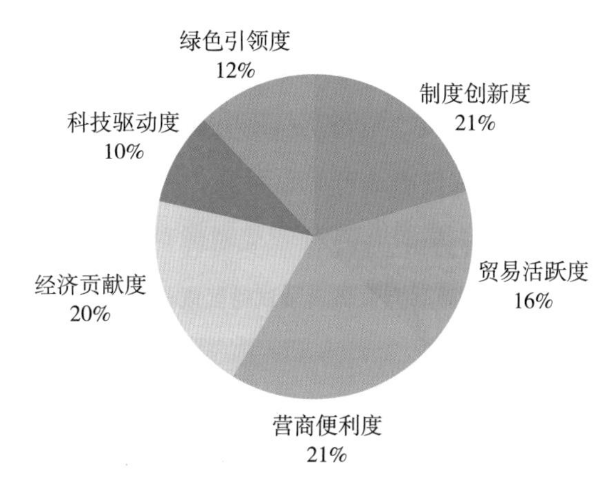

图 4-26　2021 年江苏自贸试验区二级指标贡献率饼图

资料来源：《中国自由贸易试验区发展研究报告》课题组制图。

如图 4-27 所示，江苏自贸试验区在制度创新度、贸易活跃度、营商便利度、经济贡献度、科技驱动度、绿色引领度方面均发展较好，在每个方面均与各领域的最大值较为接近，但还有成长空间。

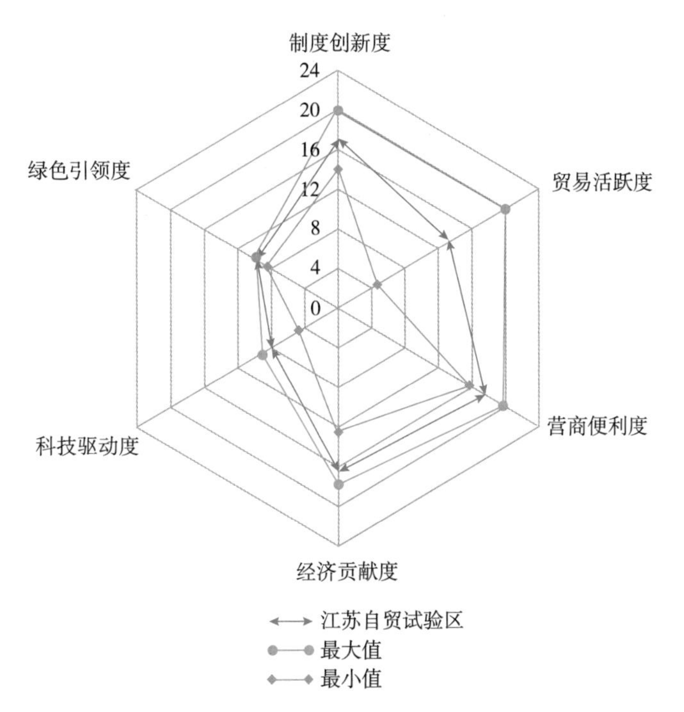

图 4-27　2021 年江苏自贸试验区二级指标得分与最高、最低得分雷达图

资料来源：《中国自由贸易试验区发展研究报告》课题组制图。

如表 4-15 所示，与 2019 年相比，江苏自贸试验区建设的变化不大，江苏自贸试验区成长指数得分为 0. 355，在第五批自贸试验区中排在第 5 名。分项来看，江苏自贸试验区在制度创新度、营商便利度、经济贡献度、科技驱动度方面均有不同程度的提升，在贸易活跃度、绿色引领度方面有轻微的下降。其中，在制度创新度方面成长最快。

表 4-15　2021 年江苏自贸试验区成长指数分布

类别	得分	排名
自贸试验区成长指数	0. 355	5
制度创新度	0. 270	4
贸易活跃度	-0. 164	5
营商便利度	0. 116	5
经济贡献度	0. 021	6
科技驱动度	0. 121	2
绿色引领度	-0. 009	3

资料来源:《中国自由贸易试验区发展研究报告》课题组制表。

（六）浙江自贸试验区指数评价报告

如表 4-16 所示，2021 年浙江自贸试验区发展指数为 83. 21，在全国前五批 18 个自贸试验区中排名第 4 位。分项来看，浙江自贸试验区在制度创新度方面得分为 16. 66，居于 18 个自贸试验区第 8 位，其中制度创新和自贸试验区制度环境的贡献率最大；在贸易活跃度方面得分为 14. 19，居于 18 个自贸试验区第 4 位，其中贸易依存度和人均实际利用外资的贡献率最大；在营商便利度方面得分为 17. 92，居于 18 个自贸试验区第 3 位，其中互联网宽带服务、非国有经济、商业信用环境、薪酬吸引的贡献率最大；在经济贡献度方面得分为 16. 59，居于 18 个自贸试验区第 2 位，其中普华永道机遇之城得分、经济发展水平、数字经济发展能力的贡献率最大；在科技驱动度方面得分为 7. 89，居于 18 个自贸试验区第 3 位，其中上市公司、城市科技创新发展、创新专利的贡献率最大；在绿色引领度方面得分为 9. 96，居于 18 个自贸试验区第 2 位，其中垃圾处理、循环利用、绿化环境的贡献率最大。浙江自贸试验区二级指标贡献率如图 4-28 所示。

表 4-16　2021 年浙江自贸试验区发展水平指数各级指标得分和排名

指标	得分	排名
1. 制度创新度	16.66	8
自贸试验区制度环境	5.30	6
制度化安排	4.24	8
制度创新	7.12	9
2. 贸易活跃度	14.19	4
贸易依存度	5.79	4
人均外商投资企业投资总额	3.74	7
人均实际利用外资	4.66	5
3. 营商便利度	17.92	3
政府透明度	1.47	13
政府影响力	1.14	15
非国有经济	1.51	9
商业信用环境	1.51	2
信用风险	1.41	3
民航服务	0.94	9
道路设施	1.40	6
互联网宽带服务	1.54	1
律师服务	0.68	5
租赁和商务服务	0.86	3
金融服务	1.10	5
社会融资	1.39	1
交通服务	1.46	8
薪酬吸引	1.51	3
4. 经济贡献度	16.59	2
企业盈利能力	1.76	16
经济活跃度	1.87	2
经济发展水平	2.00	4
商业繁荣	1.65	3
经济结构	1.68	5
固定资产投资强度	1.58	8
数字经济发展能力	1.97	2
世界五百强总部数	1.09	2
科尔尼全球城市指数排名	0.94	3
普华永道机遇之城得分	2.05	3

续表

指标	得分	排名
5. 科技驱动度	7.89	3
高等教育规模	0.72	16
高等教育比重	0.78	6
顶尖高等教育供给	0.33	10
上市公司	0.96	2
独角兽企业发展	0.86	1
研发强度	0.80	5
股权投资	0.83	2
创新专利	0.93	1
城市科技创新发展	0.96	3
技术市场发展	0.72	7
6. 绿色引领度	9.96	2
节能发展	0.94	7
电力消耗	0.65	15
水资源供给	1.07	6
工业废水治理设施	1.04	7
氮氧化物排放量	0.85	10
湿地环境	0.97	5
绿化环境	1.12	4
垃圾处理	1.16	1
循环利用	1.15	2
空气质量	1.01	5

资料来源：《中国自由贸易试验区发展研究报告》课题组制表。

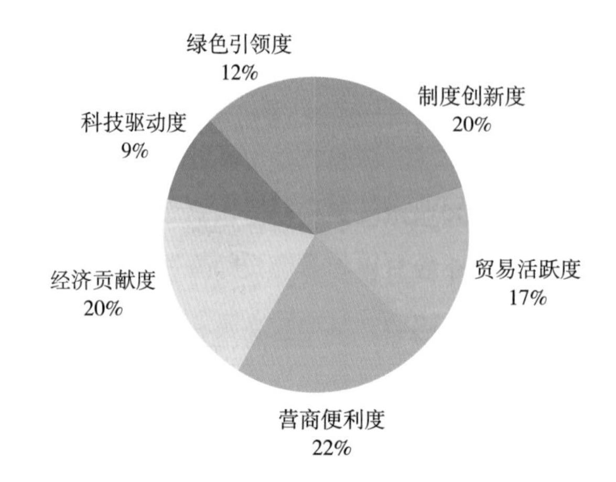

图 4-28　2021 年浙江自贸试验区二级指标贡献率饼图

资料来源：《中国自由贸易试验区发展研究报告》课题组制图。

如图 4-29 所示，浙江自贸试验区在制度创新度、贸易活跃度、营商便利度、经济贡献度、科技驱动度、绿色引领度方面均发展较好，在每个方面均与各领域的最大值较为接近，但还有成长空间。

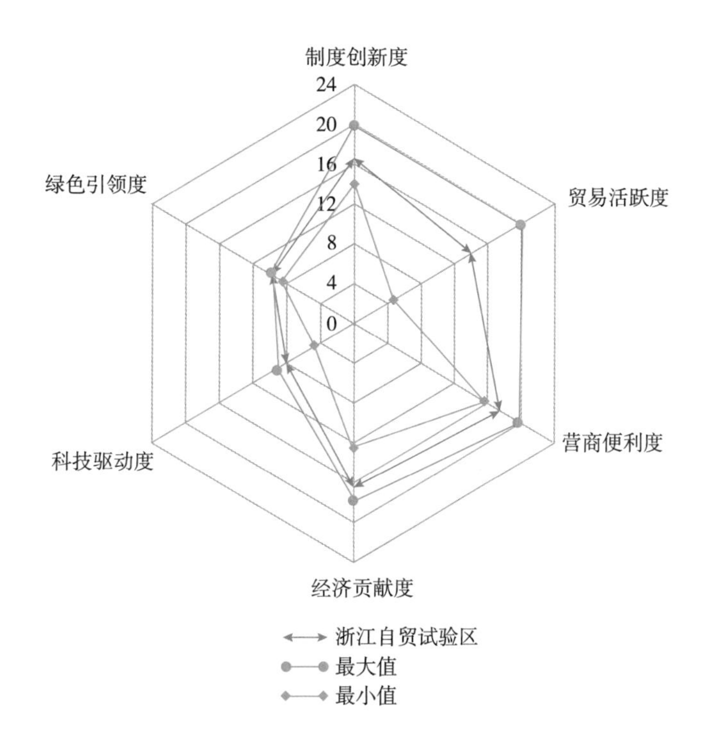

图 4-29　2021 年浙江自贸试验区二级指标得分与最高、最低得分雷达图

资料来源:《中国自由贸易试验区发展研究报告》课题组制图。

如表 4-17 所示，与 2017 年相比，浙江自贸试验区建设的变化较大，浙江自贸试验区成长指数得分为 0. 617，在第三批自贸试验区中排在第 3 名。分项来看，浙江自贸试验区在制度创新度、营商便利度、经济贡献度、科技驱动度、绿色引领度方面均有不同程度的提升，在贸易活跃度方面有轻微下降。其中，在制度创新度方面成长最快。

表 4-17　2021 年浙江自贸试验区成长指数分布

类别	得分	排名
自贸试验区成长指数	0. 617	3
制度创新度	0. 290	2
贸易活跃度	-0. 028	7

续表

类别	得分	排名
营商便利度	0.170	3
经济贡献度	0.066	6
科技驱动度	0.099	4
绿色引领度	0.020	1

资料来源：《中国自由贸易试验区发展研究报告》课题组制表。

（七）海南自贸港指数评价报告

如表4-18所示，2021年，海南自贸港发展指数为76.32，在全国前五批18个自贸试验区中排名第7位。分项来看，海南自贸港在制度创新度方面得分为19.15，居于18个自贸试验区第2位，其中制度化安排和制度创新的贡献率最大；在贸易活跃度方面得分为12.63，居于18个自贸试验区第6位，其中人均外商投资企业投资总额和贸易依存度的贡献率最大；在营商便利度方面得分为17.31，居于18个自贸试验区第6位，其中非国有经济、政府透明度、民航服务的贡献率最大；在经济贡献度方面得分为12.76，居于18个自贸试验区第15位，其中企业盈利能力、普华永道机遇之城得分、经济发展水平的贡献率最大；在科技驱动度方面得分为4.70，居于18个自贸试验区第17位，其中城市科技创新发展、高等教育规模、高等教育比重的贡献率最大；在绿色引领度方面得分为9.76，居于18个自贸试验区第5位，其中垃圾处理、电力消耗、氮氧化物排放量、空气质量、垃圾处理的贡献率最大。海南自贸港二级指标贡献率如图4-30所示。

表4-18　2021年海南自贸港发展水平指数各级指标得分和排名

指标	得分	排名
1. 制度创新度	19.15	2
自贸试验区制度环境	4.69	14
制度化安排	7.31	1
制度创新	7.15	6
2. 贸易活跃度	12.63	6

续表

指标	得分	排名
贸易依存度	4. 21	11
人均外商投资企业投资总额	4. 27	5
人均实际利用外资	4. 15	9
3. 营商便利度	17. 31	6
政府透明度	1. 51	4
政府影响力	1. 45	2
非国有经济	1. 52	5
商业信用环境	1. 49	8
信用风险	1. 15	15
民航服务	1. 50	2
道路设施	1. 38	7
互联网宽带服务	1. 42	8
律师服务	0. 58	10
租赁和商务服务	0. 59	6
金融服务	1. 05	8
社会融资	0. 80	16
交通服务	1. 40	11
薪酬吸引	1. 47	10
4. 经济贡献度	12. 76	15
企业盈利能力	2. 00	1
经济活跃度	1. 56	13
经济发展水平	1. 89	14
商业繁荣	0. 78	15
经济结构	1. 76	3
固定资产投资强度	1. 43	11
数字经济发展能力	1. 44	18
世界五百强总部数	0. 00	14
科尔尼全球城市指数排名	0. 00	15
普华永道机遇之城得分	1. 90	15
5. 科技驱动度	4. 70	17
高等教育规模	0. 77	11
高等教育比重	0. 72	12
顶尖高等教育供给	0. 03	15
上市公司	0. 54	18
独角兽企业发展	0. 00	11

续表

指标	得分	排名
研发强度	0.42	18
股权投资	0.58	6
创新专利	0.36	18
城市科技创新发展	0.83	18
技术市场发展	0.45	18
6. 绿色引领度	9.76	5
节能发展	0.72	15
电力消耗	1.18	1
水资源供给	0.81	13
工业废水治理设施	0.56	18
氮氧化物排放量	1.16	1
湿地环境	0.94	8
绿化环境	1.12	4
垃圾处理	1.16	1
循环利用	0.95	14
空气质量	1.16	1

资料来源：《中国自由贸易试验区发展研究报告》课题组制表。

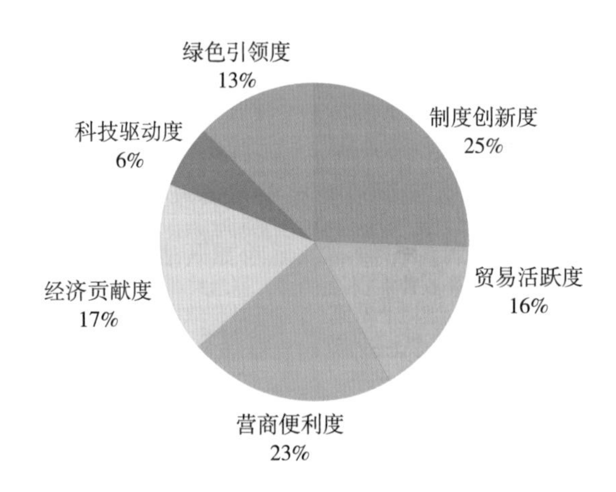

图 4-30　2021 年海南自贸港二级指标贡献率饼图

资料来源：《中国自由贸易试验区发展研究报告》课题组制图。

如图 4-31 所示，海南自贸港在制度创新度、营商便利度、绿色引领度方面均发展较好，与各领域的最大值较为接近，在贸易活跃度、经济贡献度、科技驱动度方面发展一般，与各领域的最大值相比存在一定成长空间。

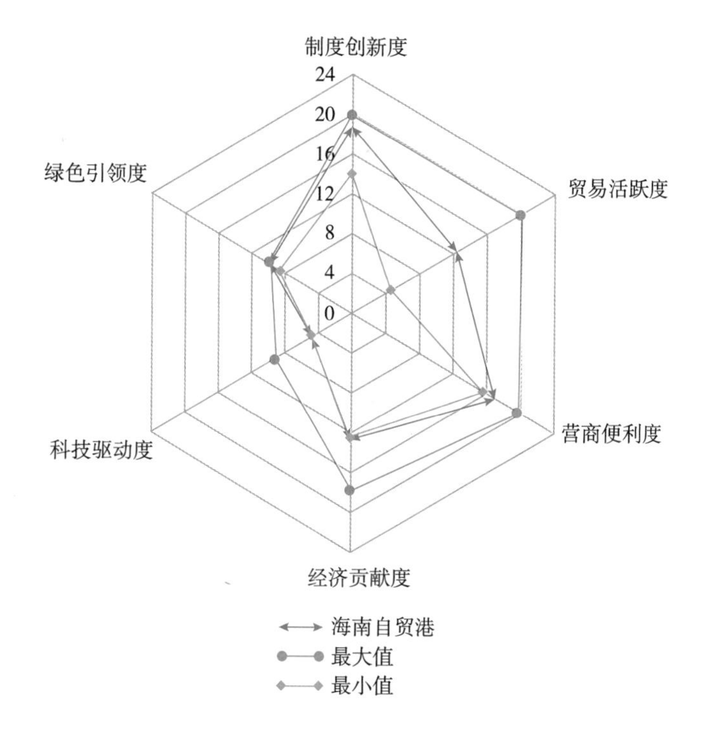

图 4-31　2021 年海南自贸港二级指标得分与最高、最低得分雷达图

资料来源：《中国自由贸易试验区发展研究报告》课题组制图。

如表 4-19 所示，与 2018 年相比，海南自贸港建设的变化较大，海南自贸港成长指数得分为 1.273。分项来看，海南自贸港在制度创新度、贸易活跃度、营商便利度、经济贡献度、科技驱动度、绿色引领度方面均有不同程度的提升。其中，在制度创新度方面成长最快。

表 4-19　2021 年海南自贸港成长指数分布

类别	得分	排名
自贸试验区成长指数	1.273	—
制度创新度	0.450	—
贸易活跃度	0.397	—
营商便利度	0.150	—
经济贡献度	0.115	—

续表

类别	得分	排名
科技驱动度	0.114	—
绿色引领度	0.047	—

资料来源：《中国自由贸易试验区发展研究报告》课题组制表。

（八）福建自贸试验区指数评价报告

如表4-20所示，2021年，福建自贸试验区发展指数为79.99，在全国前五批18个自贸试验区中排名第6位。分项来看，福建自贸试验区在制度创新度方面得分为18.51，居于18个自贸试验区第4位，其中，制度创新和制度化安排的贡献率最大；在贸易活跃度方面得分为12.40，居于18个自贸试验区第7位，其中，贸易依存度和人均实际利用外资的贡献率最大；在营商便利度方面得分为17.09，居于18个自贸试验区第7位，其中，互联网宽带服务、非国有经济、交通服务的贡献率最大；在经济贡献度方面得分为16.03，居于18个自贸试验区第5位，其中，普华永道机遇之城得分、经济发展水平、固定资产投资强度的贡献率最大；在科技驱动度方面得分为5.95，居于18个自贸试验区第11位，其中，城市科技创新发展、高等教育规模、创新专利的贡献率最大；在绿色引领度方面得分为10.00，居于18个自贸试验区第1位，其中，垃圾处理、绿化环境、空气质量、水资源供给的贡献率最大。福建自贸试验区二级指标贡献率如图4-32所示。

表4-20　2021年福建自贸试验区发展水平指数各级指标得分和排名

指标	得分	排名
1. 制度创新度	18.51	4
自贸试验区制度环境	5.32	5
制度化安排	6.00	2
制度创新	7.19	5
2. 贸易活跃度	12.40	7
贸易依存度	5.12	6
人均外商投资企业投资总额	3.60	8

续表

指标	得分	排名
人均实际利用外资	3. 68	13
3. 营商便利度	17. 09	7
政府透明度	1. 47	13
政府影响力	1. 01	18
非国有经济	1. 51	9
商业信用环境	1. 49	8
信用风险	1. 33	8
民航服务	0. 99	7
道路设施	1. 46	4
互联网宽带服务	1. 54	1
律师服务	0. 62	8
租赁和商务服务	0. 52	9
金融服务	1. 01	12
社会融资	1. 15	6
交通服务	1. 50	5
薪酬吸引	1. 49	5
4. 经济贡献度	16. 03	5
企业盈利能力	1. 81	13
经济活跃度	1. 75	7
经济发展水平	2. 01	3
商业繁荣	1. 67	2
经济结构	1. 53	17
固定资产投资强度	1. 84	2
数字经济发展能力	1. 82	6
世界五百强总部数	0. 85	4
科尔尼全球城市指数排名	0. 73	14
普华永道机遇之城得分	2. 02	7
5. 科技驱动度	5. 95	11
高等教育规模	0. 79	9
高等教育比重	0. 72	12
顶尖高等教育供给	0. 22	12
上市公司	0. 77	6
独角兽企业发展	0. 00	11

续表

指标	得分	排名
研发强度	0.70	12
股权投资	0.47	12
创新专利	0.78	6
城市科技创新发展	0.92	8
技术市场发展	0.58	13
6. 绿色引领度	10.00	1
节能发展	0.91	10
电力消耗	0.79	10
水资源供给	1.07	6
工业废水治理设施	1.05	5
氮氧化物排放量	0.88	5
湿地环境	0.89	11
绿化环境	1.14	1
垃圾处理	1.16	1
循环利用	1.05	9
空气质量	1.06	2

资料来源：《中国自由贸易试验区发展研究报告》课题组制表。

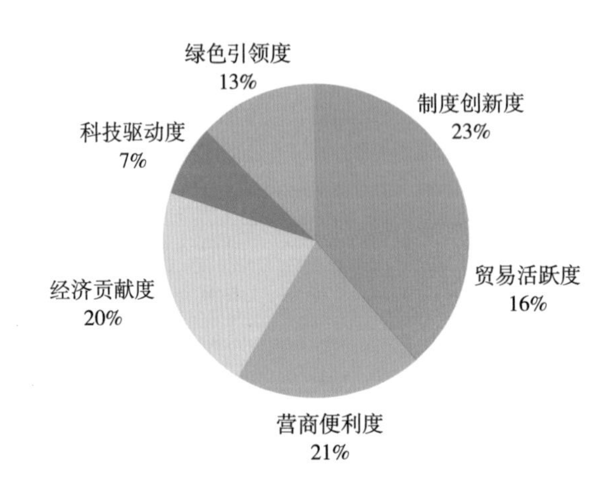

图 4-32　2021 年福建自贸试验区二级指标贡献率饼图

资料来源：《中国自由贸易试验区发展研究报告》课题组制图。

如图 4-33 所示，福建自贸试验区在制度创新度、贸易活跃度、营商便利度、经济贡献度、科技驱动度、绿色引领度方面均发展较好，在每个方面均与各领域的最大值较为接近。

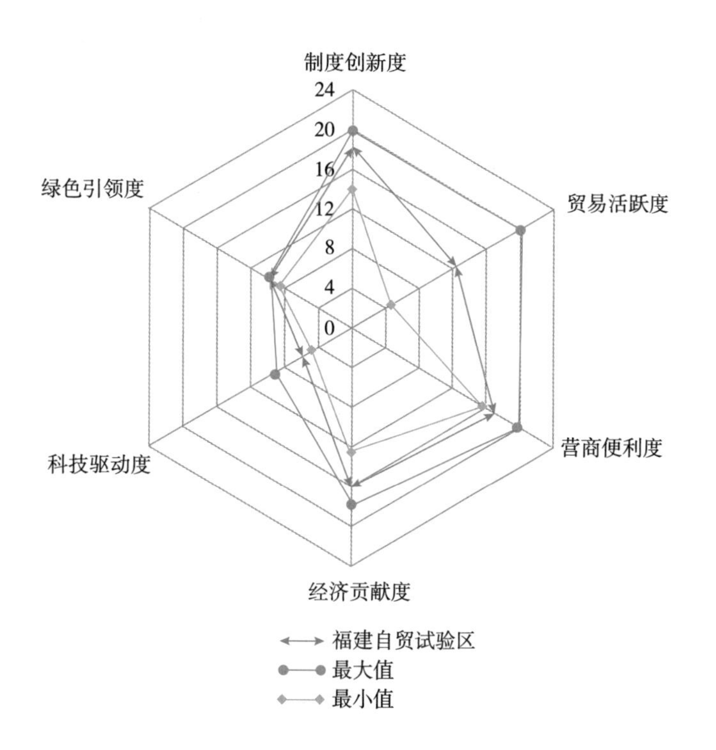

图 4-33　2021 年福建自贸试验区二级指标得分与最高、最低得分雷达图

资料来源：《中国自由贸易试验区发展研究报告》课题组制图。

如表 4-21 所示，与 2015 年相比，福建自贸试验区建设的变化不大，福建自贸试验区成长指数得分为 0.295，在第二批自贸试验区中排在第 2 名。分项来看，福建自贸试验区在制度创新度、营商便利度、经济贡献度方面均有不同程度的提升，在贸易活跃度、科技驱动度、绿色引领度方面有轻微下降。其中，在营商便利度方面成长最快。

表 4-21　2021 年福建自贸试验区成长指数分布

类别	得分	排名
自贸试验区成长指数	0.295	2
制度创新度	0.120	2
贸易活跃度	-0.062	3
营商便利度	0.181	1
经济贡献度	0.131	1

续表

类别	得分	排名
科技驱动度	-0.072	3
绿色引领度	-0.003	2

资料来源：《中国自由贸易试验区发展研究报告》课题组制表。

（九）山东自贸试验区指数评价报告

如表4-22所示，2021年，山东自贸试验区发展指数为75.91，在全国前五批18个自贸试验区中排名第9位。分项来看，山东自贸试验区在制度创新度方面得分为15.52，居于18个自贸试验区第16位，其中，制度创新和自贸试验区制度环境的贡献率最大；在贸易活跃度方面得分为12.26，居于18个自贸试验区第10位，其中，贸易依存度和人均实际利用外资的贡献率最大；在营商便利度方面得分为16.57，居于18个自贸试验区第9位，其中，道路设施、非国有经济、政府透明度的贡献率最大；在经济贡献度方面得分为15.61，居于18个自贸试验区第6位，其中，普华永道机遇之城得分、经济发展水平、数字经济发展能力、企业盈利能力的贡献率最大；在科技驱动度方面得分为6.55，居于18个自贸试验区第8位，其中，城市科技创新发展、上市公司、高等教育规模、研发强度的贡献率最大；在绿色引领度方面得分为9.40，居于18个自贸试验区第13位，其中，垃圾处理、绿化环境、循环利用的贡献率最大。山东自贸试验区二级指标贡献率如图4-34所示。

表4-22 2021年山东自贸试验区发展水平指数各级指标得分和排名

指标	得分	排名
1. 制度创新度	15.52	16
自贸试验区制度环境	5.00	11
制度化安排	3.44	15
制度创新	7.08	13
2. 贸易活跃度	12.26	10
贸易依存度	4.98	8
人均外商投资企业投资总额	3.17	9

续表

指标	得分	排名
人均实际利用外资	4. 11	11
3. 营商便利度	16. 57	9
政府透明度	1. 53	2
政府影响力	1. 11	16
非国有经济	1. 52	5
商业信用环境	1. 49	8
信用风险	1. 40	5
民航服务	0. 72	14
道路设施	1. 54	1
互联网宽带服务	1. 41	9
律师服务	0. 56	11
租赁和商务服务	0. 42	11
金融服务	0. 93	17
社会融资	1. 06	8
交通服务	1. 41	10
薪酬吸引	1. 47	10
4. 经济贡献度	15. 61	6
企业盈利能力	1. 87	7
经济活跃度	1. 77	5
经济发展水平	1. 94	9
商业繁荣	1. 14	8
经济结构	1. 64	6
固定资产投资强度	1. 68	7
数字经济发展能力	1. 87	5
世界五百强总部数	0. 85	4
科尔尼全球城市指数排名	0. 85	10
普华永道机遇之城得分	2. 00	11
5. 科技驱动度	6. 55	8
高等教育规模	0. 75	13
高等教育比重	0. 73	10
顶尖高等教育供给	0. 33	10
上市公司	0. 84	5
独角兽企业发展	0. 42	5
研发强度	0. 74	7
股权投资	0. 47	12

续表

指标	得分	排名
创新专利	0.66	7
城市科技创新发展	0.91	10
技术市场发展	0.70	10
6. 绿色引领度	9.40	13
节能发展	0.95	6
电力消耗	0.59	16
水资源供给	0.78	14
工业废水治理设施	1.09	3
氮氧化物排放量	0.69	18
湿地环境	0.97	5
绿化环境	1.12	4
垃圾处理	1.16	1
循环利用	1.11	6
空气质量	0.94	9

资料来源：《中国自由贸易试验区发展研究报告》课题组制表。

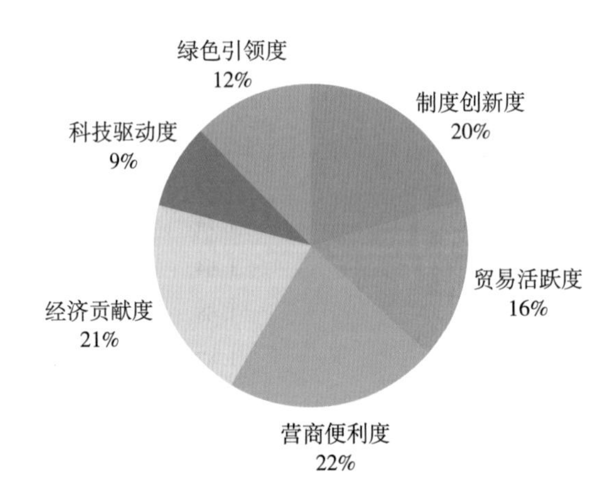

图 4-34 2021 年山东自贸试验区二级指标贡献率饼图

资料来源：《中国自由贸易试验区发展研究报告》课题组制图。

如图 4-35 所示，山东自贸试验区在制度创新度、贸易活跃度、营商便利度、经济贡献度、科技驱动度、绿色引领度方面均发展一般，每个方面与各领域的最大值相比存在一定成长空间。

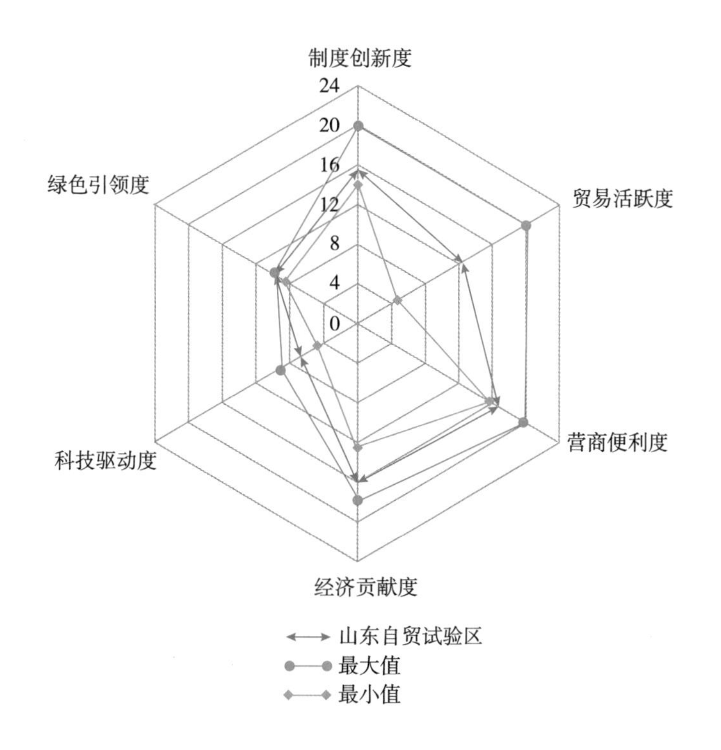

图 4-35　2021 年山东自贸试验区二级指标得分与最高、最低得分雷达图

资料来源:《中国自由贸易试验区发展研究报告》课题组制图。

如表 4-23 所示，与 2019 年相比，山东自贸试验区建设的变化较大，山东自贸试验区成长指数得分为 0.712，在第五批自贸试验区中排在第 1 名。分项来看，山东自贸试验区在制度创新度、贸易活跃度、营商便利度、经济贡献度、科技驱动度、绿色引领度方面均有不同程度的提升。其中，在制度创新度方面成长最快。

表 4-23　2021 年山东自贸试验区成长指数分布

类别	得分	排名
自贸试验区成长指数	0.712	1
制度创新度	0.379	1
贸易活跃度	0.046	2
营商便利度	0.143	4
经济贡献度	0.061	5
科技驱动度	0.076	3
绿色引领度	0.007	1

资料来源:《中国自由贸易试验区发展研究报告》课题组制表。

（十）河南自贸试验区指数评价报告

如表4-24所示，2021年，河南自贸试验区发展指数为68.77，在全国前五批18个自贸试验区中排名第14位。分项来看，河南自贸试验区在制度创新度方面得分为16.28，居于18个自贸试验区第10位，其中，制度创新和制度化安排的贡献率最大；在贸易活跃度方面得分为8.22，居于18个自贸试验区第15位，其中，人均实际利用外资和贸易依存度的贡献率最大；在营商便利度方面得分为15.53，居于18个自贸试验区第18位，其中，非国有经济、交通服务、商业信用环境的贡献率最大；在经济贡献度方面得分为13.86，居于18个自贸试验区第12位，其中，普华永道机遇之城得分、经济发展水平、数字经济发展能力的贡献率最大；在科技驱动度方面得分为5.47，居于18个自贸试验区第13位，城市科技创新发展、高等教育规模、上市公司的贡献率最大；在绿色引领度方面得分为9.41，居于18个自贸试验区第12位，其中，垃圾处理、节能发展、绿化环境的贡献率最大。河南自贸试验区二级指标贡献率如图4-36所示。

表4-24　2021年河南自贸试验区发展水平指数各级指标得分和排名

指标	得分	排名
1. 制度创新度	16.28	10
自贸试验区制度环境	4.58	15
制度化安排	4.61	6
制度创新	7.09	12
2. 贸易活跃度	8.22	15
贸易依存度	3.49	16
人均外商投资企业投资总额	0.29	18
人均实际利用外资	4.44	7
3. 营商便利度	15.53	18
政府透明度	1.46	15
政府影响力	1.25	9
非国有经济	1.53	2
商业信用环境	1.49	8
信用风险	1.41	3

续表

指标	得分	排名
民航服务	0. 47	17
道路设施	1. 29	11
互联网宽带服务	1. 36	16
律师服务	0. 44	16
租赁和商务服务	0. 13	18
金融服务	0. 86	18
社会融资	0. 87	15
交通服务	1. 50	5
薪酬吸引	1. 47	10
4. 经济贡献度	13. 86	12
企业盈利能力	1. 72	18
经济活跃度	1. 66	13
经济发展水平	1. 89	13
商业繁荣	0. 95	12
经济结构	1. 55	16
固定资产投资强度	1. 49	9
数字经济发展能力	1. 77	8
世界五百强总部数	0. 00	14
科尔尼全球城市指数排名	0. 80	12
普华永道机遇之城得分	2. 02	7
5. 科技驱动度	5. 47	13
高等教育规模	0. 78	9
高等教育比重	0. 67	16
顶尖高等教育供给	0. 22	12
上市公司	0. 69	9
独角兽企业发展	0. 00	11
研发强度	0. 65	14
股权投资	0. 48	11
创新专利	0. 53	13
城市科技创新发展	0. 91	10
技术市场发展	0. 54	14
6. 绿色引领度	9. 41	12
节能发展	1. 18	1
电力消耗	0. 72	13
水资源供给	0. 77	15

续表

指标	得分	排名
工业废水治理设施	1.04	7
氮氧化物排放量	0.78	13
湿地环境	0.75	13
绿化环境	1.11	10
垃圾处理	1.16	1
循环利用	1.09	7
空气质量	0.81	17

资料来源：《中国自由贸易试验区发展研究报告》课题组制表。

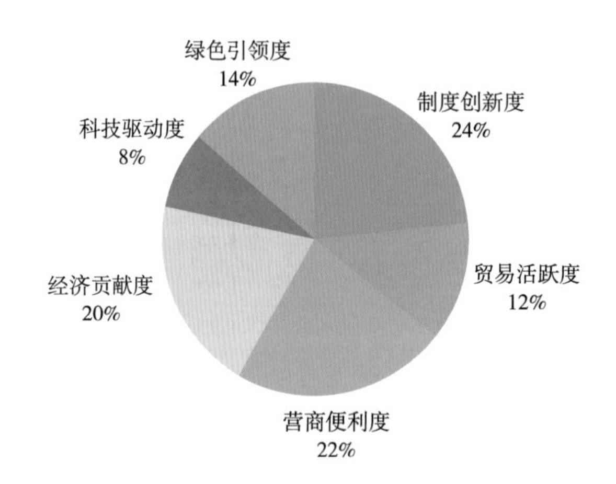

图 4-36　2021 年河南自贸试验区二级指标贡献率饼图

资料来源：《中国自由贸易试验区发展研究报告》课题组制图。

如图 4-37 所示，河南自贸试验区在制度创新度、贸易活跃度、营商便利度、经济贡献度、科技驱动度、绿色引领度方面均发展一般，每个方面与各领域的最大值相比均还有成长空间。

如表 4-25 所示，与 2017 年相比，河南自贸试验区建设的变化较大，河南自贸试验区成长指数得分为 0.571，在第三批自贸试验区中排在第 4 名。分项来看，河南自贸试验区在制度创新度、营商便利度、经济贡献度、科技驱动度方面均有不同程度的提升，在贸易活跃度、绿色引领度方面有轻微下降。其中，在营商便利度方面成长最快。

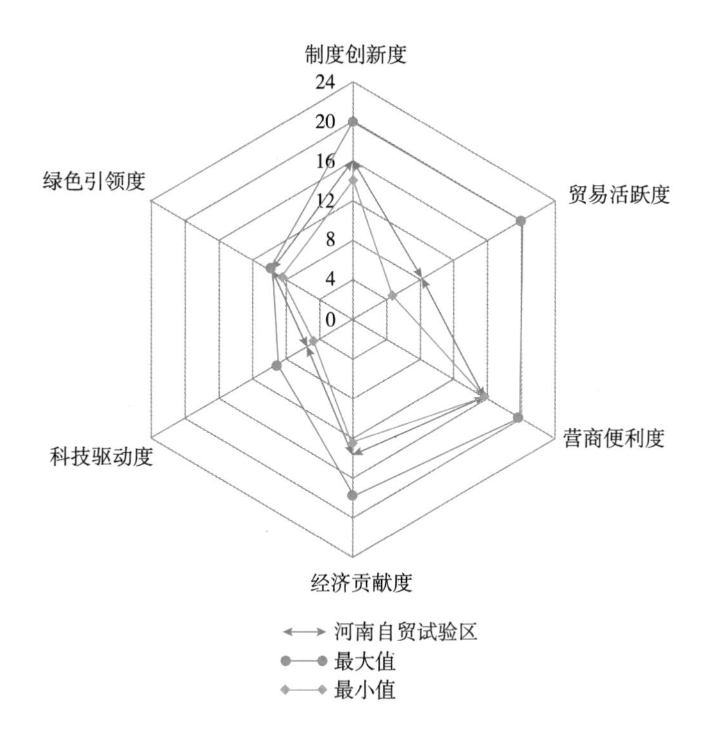

图 4-37　2021 年河南自贸试验区二级指标得分与最高、最低得分雷达图

资料来源：《中国自由贸易试验区发展研究报告》课题组制图。

表 4-25　2021 年河南自贸试验区成长指数分布

类别	得分	排名
自贸试验区成长指数	0. 571	4
制度创新度	0. 152	5
贸易活跃度	-0. 006	5
营商便利度	0. 188	2
经济贡献度	0. 080	3
科技驱动度	0. 164	1
绿色引领度	-0. 007	2

资料来源：《中国自由贸易试验区发展研究报告》课题组制表。

（十一）湖北自贸试验区指数评价报告

如表 4-26 所示，2021 年，湖北自贸试验区发展指数为 73. 56，在全国前五批 18 个自贸试验区中排名第 11 位。分项来看，湖北自贸试验区在制度创新度方面得分为15.88，居于18个自贸试验区第13位，其中，制度创新和自贸试验区制度环境的贡献率最大；在贸易活跃度方面得分为10.11，居于18个自贸试验区第13位，其中，人均实际利用外资和贸易依存度的贡献率最大；在营商便利度方面得分为16.39，居于18个自贸试验区第11位，其中，商业信用环境、非国有经济、薪酬吸引的贡献率最大；在经济贡献度方面得分为14.95，居于18个自贸试验区第8位，其中，普华永道机遇之城得分、经济发展水平、企业盈利能力的贡献率最大；在科技驱动度方面得分为6.60，居于18个自贸试验区第7位，其中，城市科技创新发展、高等教育规模、技术市场发展的贡献率最大；在绿色引领度方面得分为9.63，居于18个自贸试验区第8位，其中，垃圾处理、绿化环境、循环利用的贡献率最大。湖北自贸试验区二级指标贡献率如图4-38所示。

表4-26　2021年湖北自贸试验区发展水平指数各级指标得分和排名

指标	得分	排名
1. 制度创新度	15.88	13
自贸试验区制度环境	4.99	12
制度化安排	3.76	13
制度创新	7.13	8
2. 贸易活跃度	10.11	13
贸易依存度	3.20	18
人均外商投资企业投资总额	2.14	12
人均实际利用外资	4.77	4
3. 营商便利度	16.39	11
政府透明度	1.45	16
政府影响力	1.19	12
非国有经济	1.49	15
商业信用环境	1.50	4
信用风险	1.31	9
民航服务	0.71	15
道路设施	1.36	8
互联网宽带服务	1.38	13
律师服务	0.51	13
租赁和商务服务	0.54	8
金融服务	0.95	15
社会融资	1.03	9
交通服务	1.48	7

续表

指标	得分	排名
薪酬吸引	1.49	5
4. 经济贡献度	14.95	8
企业盈利能力	1.81	13
经济活跃度	1.70	10
经济发展水平	1.95	7
商业繁荣	1.44	5
经济结构	1.60	14
固定资产投资强度	1.71	5
数字经济发展能力	1.74	9
世界五百强总部数	0.05	8
科尔尼全球城市指数排名	0.90	6
普华永道机遇之城得分	2.05	3
5. 科技驱动度	6.60	7
高等教育规模	0.86	6
高等教育比重	0.74	8
顶尖高等教育供给	0.57	5
上市公司	0.73	8
独角兽企业发展	0.11	10
研发强度	0.74	7
股权投资	0.50	9
创新专利	0.63	9
城市科技创新发展	0.94	5
技术市场发展	0.78	4
6. 绿色引领度	9.63	8
节能发展	0.96	3
电力消耗	0.81	9
水资源供给	0.95	8
工业废水治理设施	0.97	12
氮氧化物排放量	0.86	8
湿地环境	0.90	10
绿化环境	1.10	13
垃圾处理	1.16	1
循环利用	1.03	10
空气质量	0.89	14

资料来源：《中国自由贸易试验区发展研究报告》课题组制表。

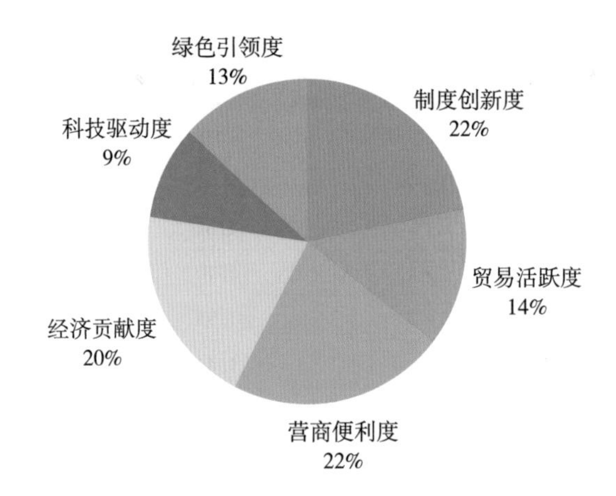

图 4-38 2021 年湖北自贸试验区二级指标贡献率饼图

资料来源：《中国自由贸易试验区发展研究报告》课题组制图。

如图 4-39 所示，湖北自贸试验区在制度创新度、贸易活跃度、营商便利度、经济贡献度、科技驱动度、绿色引领度方面均发展一般，每个方面与各领域的最大值相比均存在成长空间。

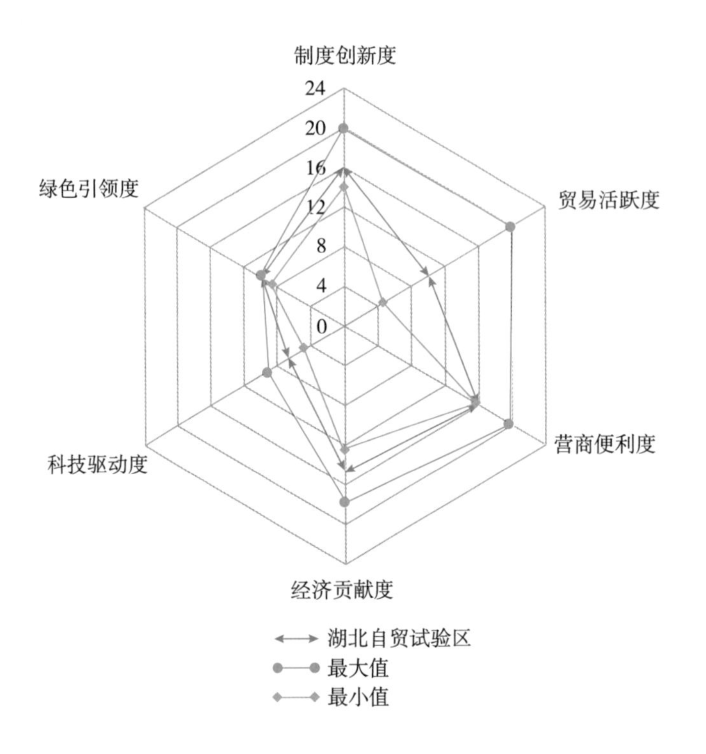

图 4-39 2021 年湖北自贸试验区二级指标得分与最高、最低得分雷达图

资料来源：《中国自由贸易试验区发展研究报告》课题组制图。

如表 4-27 所示，与 2017 年相比，湖北自贸试验区建设的变化较大，湖北自贸试验区成长指数得分为 0.541，在第三批自贸试验区中排在第 5 名。分项来看，湖北自贸试验区在制度创新度、贸易活跃度、营商便利度、经济贡献度、科技驱动度方面均有不同程度的提升，在绿色引领度方面有轻微下降。其中，在制度创新度方面成长最快。

表 4-27　2021 年湖北自贸试验区成长指数分布

类别	得分	排名
自贸试验区成长指数	0.541	5
制度创新度	0.189	3
贸易活跃度	0.121	3
营商便利度	0.162	5
经济贡献度	0.078	4
科技驱动度	0.031	6
绿色引领度	-0.040	6

资料来源：《中国自由贸易试验区发展研究报告》课题组制表。

（十二）辽宁自贸试验区指数评价报告

如表 4-28 所示，2021 年，辽宁自贸试验区发展指数为 71.12，在全国前五批 18 个自贸试验区中排名第 13 位。分项来看，辽宁自贸试验区在制度创新度方面得分为 15.56，居于 18 个自贸试验区第 14 位，其中，制度创新和自贸试验区制度环境的贡献率最大；在贸易活跃度方面得分为 12.27，居于 18 个自贸试验区第 9 位，其中，贸易依存度和人均外商投资企业投资总额的贡献率最大；在营商便利度方面得分为 15.93，居于 18 个自贸试验区第 14 位，其中，非国有经济、商业信用环境、政府透明度的贡献率最大；在经济贡献度方面得分为 12.82，居于 18 个自贸试验区第 14 位，其中，普华永道机遇之城得分、经济发展水平、企业盈利能力的贡献率最大；在科技驱动度方面得分为 5.97，居于 18 个自贸试验区第 10 位，其中，城市科技创新发展、高等教育规模、高等教育比重的贡献率最大；在绿色引领度方面得分为 8.57，居于 18 个自贸试验区第 18 位，其中，垃圾处理、绿化环境、工业废水治理设施的贡献率最大。辽宁自贸试验区二级指标贡献率如图 4-40 所示。

表 4-28　2021 年辽宁自贸试验区发展水平指数各级指标得分和排名

指标	得分	排名
1. 制度创新度	15.56	14
自贸试验区制度环境	4.45	16
制度化安排	4.01	11
制度创新	7.10	10
2. 贸易活跃度	12.27	9
贸易依存度	5.00	7
人均外商投资企业投资总额	4.11	6
人均实际利用外资	3.16	14
3. 营商便利度	15.93	14
政府透明度	1.50	6
政府影响力	1.27	8
非国有经济	1.52	5
商业信用环境	1.49	8
信用风险	1.21	12
民航服务	0.90	10
道路设施	1.29	11
互联网宽带服务	1.37	14
律师服务	0.66	6
租赁和商务服务	0.33	12
金融服务	1.09	6
社会融资	0.40	18
交通服务	1.44	9
薪酬吸引	1.46	16
4. 经济贡献度	12.82	14
企业盈利能力	1.89	5
经济活跃度	1.68	11
经济发展水平	1.91	11
商业繁荣	0.86	13
经济结构	1.64	6
固定资产投资强度	0.45	18
数字经济发展能力	1.57	15
世界五百强总部数	0.05	8
科尔尼全球城市指数排名	0.81	11
普华永道机遇之城得分	1.96	14
5. 科技驱动度	5.97	10
高等教育规模	0.89	2

续表

指标	得分	排名
高等教育比重	0.79	4
顶尖高等教育供给	0.41	8
上市公司	0.68	10
独角兽企业发展	0.00	11
研发强度	0.73	9
股权投资	0.32	17
创新专利	0.55	12
城市科技创新发展	0.89	12
技术市场发展	0.71	9
6. 绿色引领度	8.57	18
节能发展	0.00	18
电力消耗	0.79	10
水资源供给	0.81	11
工业废水治理设施	1.08	4
氮氧化物排放量	0.76	15
湿地环境	0.94	8
绿化环境	1.11	10
垃圾处理	1.16	1
循环利用	0.94	15
空气质量	0.96	7

资料来源：《中国自由贸易试验区发展研究报告》课题组制表。

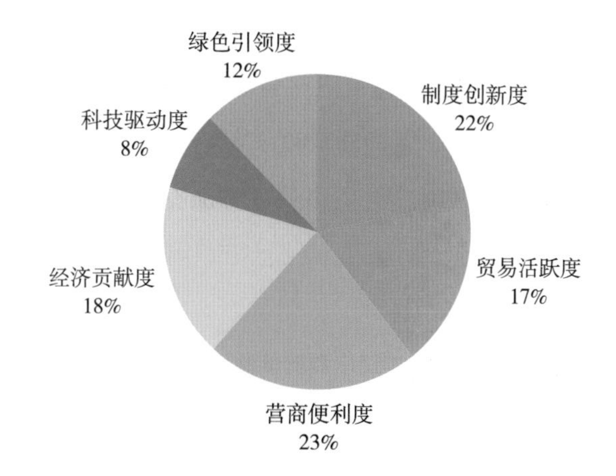

图 4-40　2021 年辽宁自贸试验区二级指标贡献率饼图

资料来源：《中国自由贸易试验区发展研究报告》课题组制图。

如图4-41所示，辽宁自贸试验区在制度创新度、贸易活跃度、营商便利度、经济贡献度、科技驱动度、绿色引领度方面均发展一般，每个方面与各领域的最大值均还存在一定成长空间。

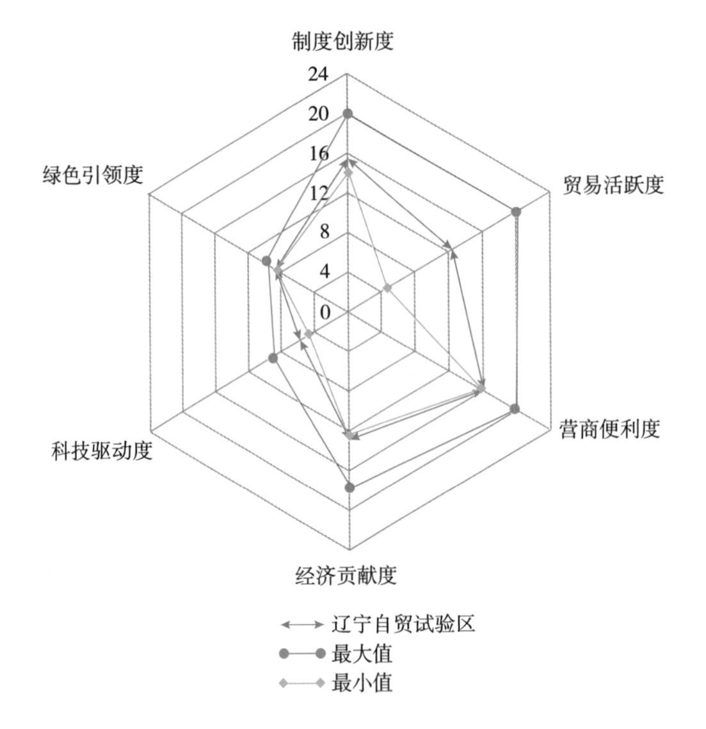

图4-41　2021年辽宁自贸试验区二级指标得分与最高、最低得分雷达图

资料来源：《中国自由贸易试验区发展研究报告》课题组制图。

如表4-29所示，与2017年相比，辽宁自贸试验区建设的变化不大，辽宁自贸试验区成长指数得分为0.280，在第三批自贸试验区中排在第7名。分项来看，辽宁自贸试验区在制度创新度、营商便利度、经济贡献度、科技驱动度方面均有不同程度的提升，在贸易活跃度、绿色引领度方面有轻微下降。其中，在制度创新度方面成长最快。

表4-29　2021年辽宁自贸试验区成长指数分布

类别	得分	排名
自贸试验区成长指数	0.280	7
制度创新度	0.164	4
贸易活跃度	−0.018	6
营商便利度	0.135	6

续表

类别	得分	排名
经济贡献度	0.047	7
科技驱动度	0.011	7
绿色引领度	−0.059	7

资料来源：《中国自由贸易试验区发展研究报告》课题组制表。

（十三）黑龙江自贸试验区指数评价报告

如表 4-30 所示，2021 年，黑龙江自贸试验区发展指数为 62.89，在全国前五批 18 个自贸试验区中排名第 18 位。分项来看，黑龙江自贸试验区在制度创新度方面得分为 14.00，居于 18 个自贸试验区第 18 位，其中，制度创新和自贸试验区制度环境的贡献率最大；在贸易活跃度方面得分为 5.37，居于 18 个自贸试验区第 17 位，其中，贸易依存度和人均实际利用外资的贡献率最大；在营商便利度方面得分为 15.74，居于 18 个自贸试验区第 17 位，其中，政府影响力、非国有经济、政府透明度的贡献率最大；在经济贡献度方面得分为 12.53，居于 18 个自贸试验区第 17 位，其中，普华永道机遇之城得分、经济发展水平、企业盈利能力的贡献率最大；在科技驱动度方面得分为 5.41，居于 18 个自贸试验区第 14 位，其中，高等教育规模、城市科技创新发展、高等教育比重的贡献率最大；在绿色引领度方面得分为 9.84，居于 18 个自贸试验区第 4 位，其中，垃圾处理、水资源供给、绿化环境的贡献率最大。黑龙江自贸试验区二级指标贡献率如图 4-42 所示。

表 4-30　2021 年黑龙江自贸试验区发展水平指数各级指标得分和排名

指标	得分	排名
1. 制度创新度	14.00	18
自贸试验区制度环境	4.19	17
制度化安排	2.81	16
制度创新	7.00	17
2. 贸易活跃度	5.37	17

续表

指标	得分	排名
贸易依存度	3.89	13
人均外商投资企业投资总额	0.67	16
人均实际利用外资	0.81	17
3. 营商便利度	15.74	17
政府透明度	1.50	6
政府影响力	1.54	1
非国有经济	1.50	12
商业信用环境	1.47	17
信用风险	1.17	14
民航服务	0.81	12
道路设施	1.29	11
互联网宽带服务	1.34	17
律师服务	0.44	16
租赁和商务服务	0.15	17
金融服务	1.05	9
社会融资	0.63	17
交通服务	1.40	11
薪酬吸引	1.45	17
4. 经济贡献度	12.53	17
企业盈利能力	1.76	15
经济活跃度	1.50	18
经济发展水平	1.85	18
商业繁荣	0.43	18
经济结构	1.57	15
固定资产投资强度	1.26	15
数字经济发展能力	1.51	17
世界五百强总部数	0.00	14
科尔尼全球城市指数排名	0.78	13
普华永道机遇之城得分	1.87	18
5. 科技驱动度	5.41	14
高等教育规模	0.88	4
高等教育比重	0.73	10
顶尖高等教育供给	0.41	8
上市公司	0.57	15
独角兽企业发展	0.00	11

续表

指标	得分	排名
研发强度	0.58	15
股权投资	0.26	18
创新专利	0.45	15
城市科技创新发展	0.87	15
技术市场发展	0.66	11
6. 绿色引领度	9.84	4
节能发展	0.87	12
电力消耗	0.97	3
水资源供给	1.09	4
工业废水治理设施	0.96	13
氮氧化物排放量	0.85	10
湿地环境	0.98	4
绿化环境	1.08	17
垃圾处理	1.15	17
循环利用	0.96	13
空气质量	0.93	10

资料来源：《中国自由贸易试验区发展研究报告》课题组制表。

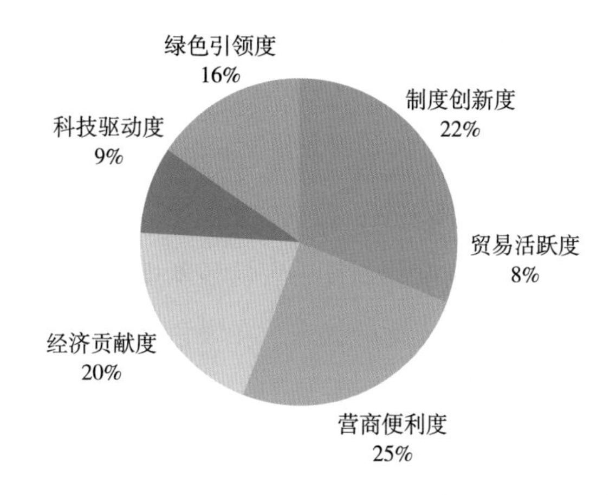

图 4-42　2021 年黑龙江自贸试验区二级指标贡献率饼图

资料来源：《中国自由贸易试验区发展研究报告》课题组制图。

如图 4-43 所示，黑龙江自贸试验区在制度创新度、贸易活跃度、营商便利度、经济贡献度、科技驱动度方面均发展一般，在绿色引领度方面发展较好，除绿色引领度外，黑龙江自贸试验区在每个方面均存在较大成长空间。

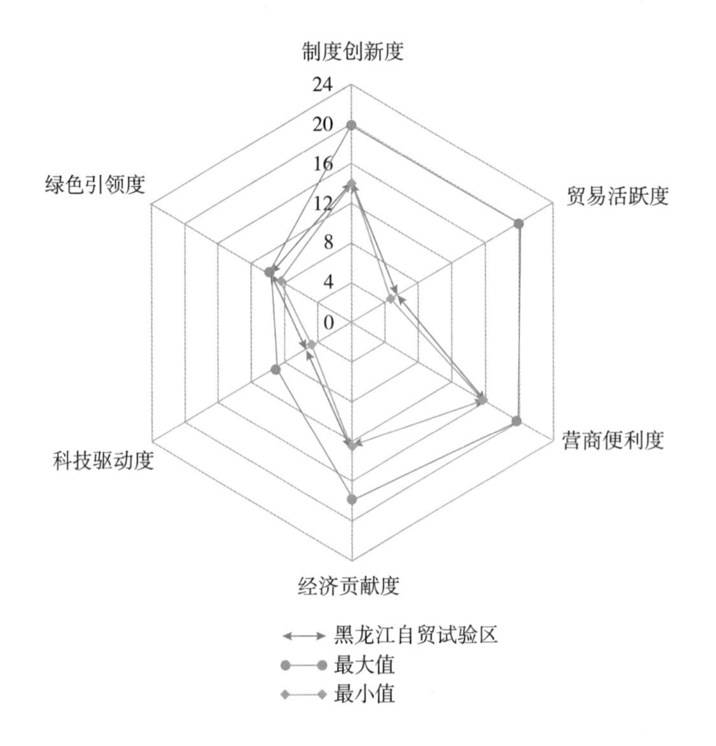

图 4-43　2021 年黑龙江自贸试验区二级指标得分与最高、最低得分雷达图

资料来源：《中国自由贸易试验区发展研究报告》课题组制图。

如表 4-31 所示，与 2019 年相比，黑龙江自贸试验区建设的变化不大，黑龙江自贸试验区成长指数得分为 0.663，在第五批自贸试验区中排在第 2 名。分项来看，黑龙江自贸试验区在制度创新度、贸易活跃度、营商便利度、经济贡献度、科技驱动度方面均有不同程度的提升，在绿色引领度方面有轻微下降。其中，在制度创新度方面成长最快。

表 4-31　2021 年黑龙江自贸试验区成长指数分布

类别	得分	排名
自贸试验区成长指数	0.663	2
制度创新度	0.288	2
贸易活跃度	0.102	1
营商便利度	0.164	1

续表

类别	得分	排名
经济贡献度	0.087	3
科技驱动度	0.029	6
绿色引领度	-0.007	2

资料来源：《中国自由贸易试验区发展研究报告》课题组制表。

（十四）四川自贸试验区指数评价报告

如表 4-32 所示，2021 年，四川自贸试验区发展指数为 73.60，在全国前五批 18 个自贸试验区中排名第 10 位。分项来看，四川自贸试验区在制度创新度方面得分为 16.54，居于 18 个自贸试验区第 9 位，其中，制度创新和自贸试验区制度环境的贡献率最大；在贸易活跃度方面得分为 10.39，居于 18 个自贸试验区第 12 位，其中，人均实际利用外资和贸易依存度的贡献率最大；在营商便利度方面得分为 16.57，居于 18 个自贸试验区第 9 位，其中，政府透明度、商业信用环境、薪酬吸引的贡献率最大；在经济贡献度方面得分为 14.05，居于 18 个自贸试验区第 11 位，其中，普华永道机遇之城得分、经济发展水平、企业盈利能力的贡献率最大；在科技驱动度方面得分为 6.52，居于 18 个自贸试验区第 9 位，其中，城市科技创新发展、上市公司、高等教育规模的贡献率最大；在绿色引领度方面得分为 9.53，居于 18 个自贸试验区第 10 位，其中，垃圾处理、水资源供给、绿化环境的贡献率最大。四川自贸试验区二级指标贡献率如图 4-44 所示。

表 4-32　2021 年四川自贸试验区发展水平指数各级指标得分和排名

指标	得分	排名
1. 制度创新度	16.54	9
自贸试验区制度环境	5.26	7
制度化安排	4.14	9
制度创新	7.14	7
2. 贸易活跃度	10.39	12
贸易依存度	3.97	12
人均外商投资企业投资总额	2.27	10
人均实际利用外资	4.15	9

续表

指标	得分	排名
3. 营商便利度	16.57	9
政府透明度	1.53	2
政府影响力	1.28	7
非国有经济	1.46	16
商业信用环境	1.49	8
信用风险	1.28	10
民航服务	0.82	11
道路设施	1.33	10
互联网宽带服务	1.44	7
律师服务	0.59	9
租赁和商务服务	0.47	10
金融服务	1.00	13
社会融资	1.01	10
交通服务	1.39	10
薪酬吸引	1.48	7
4. 经济贡献度	14.05	11
企业盈利能力	1.86	8
经济活跃度	1.54	17
经济发展水平	1.90	12
商业繁荣	1.00	11
经济结构	1.62	9
固定资产投资强度	1.33	14
数字经济发展能力	1.78	7
世界五百强总部数	0.05	8
科尔尼全球城市指数排名	0.92	5
普华永道机遇之城得分	2.05	3
5. 科技驱动度	6.52	9
高等教育规模	0.76	12
高等教育比重	0.71	14
顶尖高等教育供给	0.61	3
上市公司	0.76	7
独角兽企业发展	0.23	8
研发强度	0.71	11
股权投资	0.54	7
创新专利	0.56	11

续表

指标	得分	排名
城市科技创新发展	0.92	8
技术市场发展	0.72	7
6. 绿色引领度	9.53	10
节能发展	0.91	10
电力消耗	0.77	12
水资源供给	1.18	1
工业废水治理设施	1.01	10
氮氧化物排放量	0.81	12
湿地环境	0.74	14
绿化环境	1.12	4
垃圾处理	1.16	1
循环利用	0.93	16
空气质量	0.90	13

资料来源：《中国自由贸易试验区发展研究报告》课题组制表。

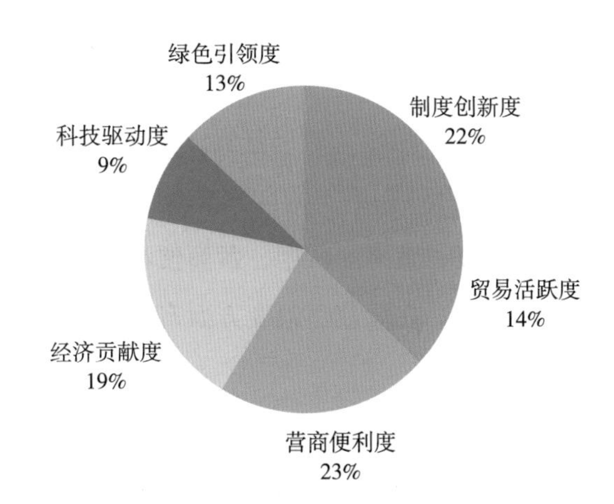

图 4-44　2021 年四川自贸试验区二级指标贡献率饼图

资料来源：《中国自由贸易试验区发展研究报告》课题组制图。

如图 4-45 所示，四川自贸试验区在制度创新度、贸易活跃度、营商便利度、经济贡献度、科技驱动度、绿色引领度方面均发展较好，但与各领域的最大值相比，仍存在成长空间。

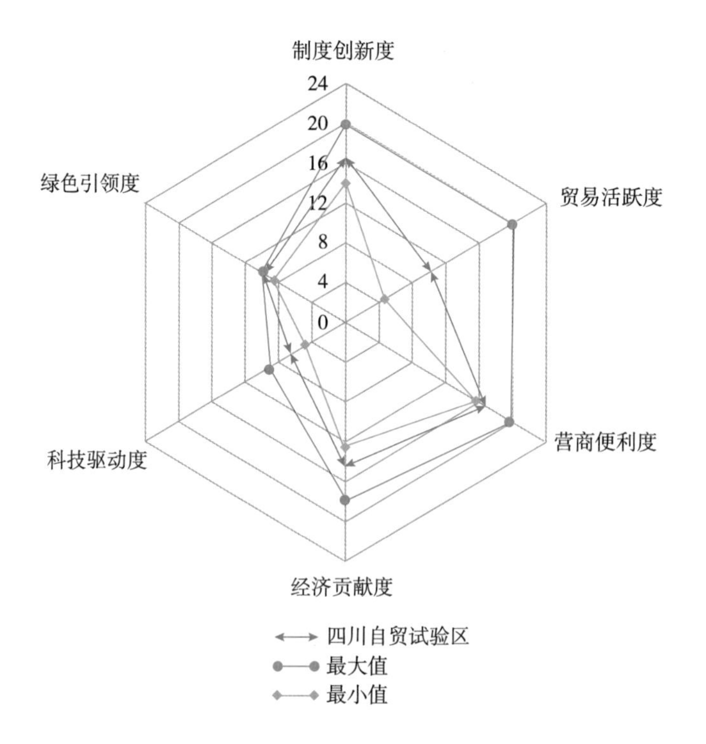

图 4-45 2021 年四川自贸试验区二级指标得分与最高、最低得分雷达图

资料来源：《中国自由贸易试验区发展研究报告》课题组制图。

如表 4-33 所示，与 2017 年相比，四川自贸试验区建设的变化较大，四川自贸试验区成长指数得分为 0.776，在第三批自贸试验区中排在第 1 名。分项来看，四川自贸试验区在制度创新度、贸易活跃度、营商便利度、经济贡献度、科技驱动度方面均有不同程度的提升，在绿色引领度方面有轻微下降。其中，在营商便利度方面成长最快。

表 4-33 2021 年四川自贸试验区成长指数分布

类别	得分	排名
自贸试验区成长指数	0.776	1
制度创新度	0.138	6
贸易活跃度	0.279	1
营商便利度	0.163	4
经济贡献度	0.099	1
科技驱动度	0.113	3
绿色引领度	-0.016	3

资料来源：《中国自由贸易试验区发展研究报告》课题组制表。

（十五）重庆自贸试验区指数评价报告

如表 4-34 所示，2021 年，重庆自贸试验区发展指数为 76.02，在全国前五批 18 个自贸试验区中排名第 8 位。分项来看，重庆自贸试验区在制度创新度方面得分为 16.68，居于 18 个自贸试验区第 7 位，其中，制度创新和自贸试验区制度环境的贡献率最大；在贸易活跃度方面得分为 12.36，居于 18 个自贸试验区第 8 位，其中，人均实际利用外资和贸易依存度的贡献率最大；在营商便利度方面得分为 16.98，居于 18 个自贸试验区第 8 位，其中，非国有经济、商业信用环境、政府透明度、薪酬吸引的贡献率最大；在经济贡献度方面得分为 14.78，居于 18 个自贸试验区第 9 位，其中，普华永道机遇之城得分、经济发展水平、企业盈利能力的贡献率最大；在科技驱动度方面得分为 5.86，居于 18 个自贸试验区第 12 位，其中，城市科技创新发展、高等教育规模、高等教育比重的贡献率最大；在绿色引领度方面得分为 9.36，居于 18 个自贸试验区第 14 位，其中，垃圾处理、绿化环境、循环利用的贡献率最大。重庆自贸试验区二级指标贡献率如图 4-46 所示。

表 4-34　2021 年重庆自贸试验区发展水平指数各级指标得分和排名

指标	得分	排名
1. 制度创新度	16.68	7
自贸试验区制度环境	6.66	2
制度化安排	2.81	16
制度创新	7.21	4
2. 贸易活跃度	12.36	8
贸易依存度	4.75	9
人均外商投资企业投资总额	2.27	10
人均实际利用外资	5.34	3
3. 营商便利度	16.98	8
政府透明度	1.48	12
政府影响力	1.18	13
非国有经济	1.51	9
商业信用环境	1.50	4
信用风险	1.19	13
民航服务	1.05	5
道路设施	1.27	15

续表

指标	得分	排名
互联网宽带服务	1.47	5
律师服务	0.69	4
租赁和商务服务	0.58	7
金融服务	1.15	3
社会融资	1.15	6
交通服务	1.28	17
薪酬吸引	1.48	7
4. 经济贡献度	14.78	9
企业盈利能力	1.83	11
经济活跃度	1.73	8
经济发展水平	1.95	7
商业繁荣	1.41	6
经济结构	1.63	8
固定资产投资强度	1.69	6
数字经济发展能力	1.68	11
世界五百强总部数	0.00	14
科尔尼全球城市指数排名	0.86	9
普华永道机遇之城得分	2.00	11
5. 科技驱动度	5.86	12
高等教育规模	0.84	7
高等教育比重	0.75	7
顶尖高等教育供给	0.22	12
上市公司	0.62	12
独角兽企业发展	0.17	9
研发强度	0.73	9
股权投资	0.49	10
创新专利	0.64	8
城市科技创新发展	0.89	12
技术市场发展	0.51	15
6. 绿色引领度	9.36	14
节能发展	0.84	13
电力消耗	0.94	4
水资源供给	0.92	9
工业废水治理设施	0.76	16
氮氧化物排放量	0.97	4
湿地环境	0.67	16
绿化环境	1.12	6
垃圾处理	1.13	18
循环利用	1.08	8
空气质量	0.93	10

资料来源：《中国自由贸易试验区发展研究报告》课题组制表。

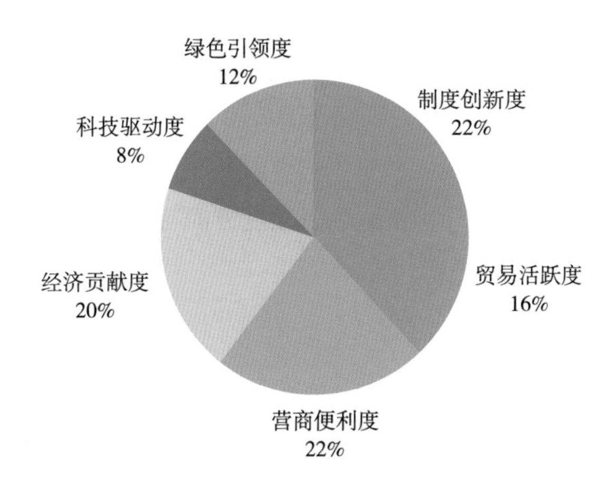

图 4-46　2021 年重庆自贸试验区二级指标贡献率饼图

资料来源：《中国自由贸易试验区发展研究报告》课题组制图。

如图 4-47 所示，重庆自贸试验区在制度创新度、贸易活跃度、营商便利度、经济贡献度、科技驱动度、绿色引领度方面均发展较好，但与各领域的最大值相比还存在成长空间。

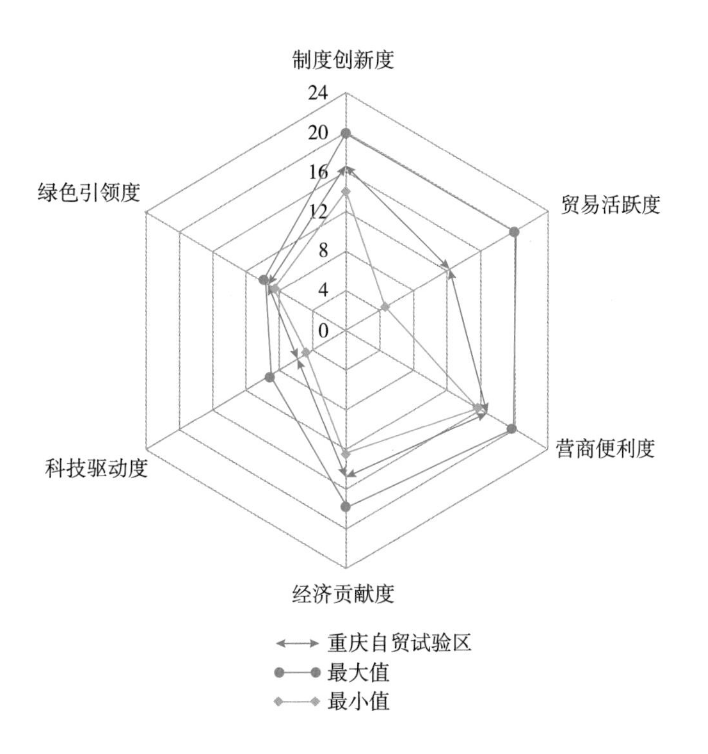

图 4-47　2021 年重庆自贸试验区二级指标得分与最高、最低得分雷达图

资料来源：《中国自由贸易试验区发展研究报告》课题组制图。

如表 4-35 所示，与 2017 年相比，重庆自贸试验区建设的变化较大，重庆自贸试验区成长指数得分为 0. 763，在第三批自贸试验区中排在第 2 名。分项来看，重庆自贸试验区在制度创新度、贸易活跃度、营商便利度、经济贡献度、科技驱动度方面均有不同程度的提升，在绿色引领度方面有轻微下降。其中，在制度创新度方面成长最快。

表 4-35　2021 年重庆自贸试验区成长指数分布

类别	得分	排名
自贸试验区成长指数	0. 763	2
制度创新度	0. 367	1
贸易活跃度	0. 020	4
营商便利度	0. 210	1
经济贡献度	0. 081	2
科技驱动度	0. 115	2
绿色引领度	-0. 030	5

资料来源：《中国自由贸易试验区发展研究报告》课题组制表。

（十六）广西自贸试验区指数评价报告

如表 4-36 所示，2021 年，广西自贸试验区发展指数为 65. 66，在全国前五批 18 个自贸试验区中排名第 16 位。分项来看，广西自贸试验区在制度创新度方面得分为 16. 09，居于 18 个自贸试验区第 12 位，其中，制度创新和自贸试验区制度环境的贡献率最大；在贸易活跃度方面得分为 6. 92，居于 18 个自贸试验区第 16 位，其中，贸易依存度和人均实际利用外资的贡献率最大；在营商便利度方面得分为 15. 98，居于 18 个自贸试验区第 13 位，其中，交通服务、非国有经济、商业信用环境的贡献率最大；在经济贡献度方面得分为 12. 37，居于 18 个自贸试验区第 18 位，其中，普华永道机遇之城得分、经济发展水平、企业盈利能力的贡献率最大；在科技驱动度方面得分为 4. 67，居于 18 个自贸试验区第 18 位，其中，城市科技创新发展、高等教育规模、高等教育比重的贡献率最大；在绿色引领度方面得分为 9. 63，居于 18 个自贸试验区第 8 位，其中，垃圾处理、水资源供给、绿化环境的贡献率最大。广西自贸试验区二级指标贡献率如图 4-48 所示。

表 4-36　2021 年广西自贸试验区发展水平指数各级指标得分和排名

指标	得分	排名
1. 制度创新度	16.09	12
自贸试验区制度环境	4.93	13
制度化安排	4.14	9
制度创新	7.02	15
2. 贸易活跃度	6.92	16
贸易依存度	4.60	10
人均外商投资企业投资总额	1.10	15
人均实际利用外资	1.22	16
3. 营商便利度	15.98	13
政府透明度	1.41	18
政府影响力	1.37	4
非国有经济	1.50	12
商业信用环境	1.49	8
信用风险	1.15	15
民航服务	0.69	16
道路设施	1.47	3
互联网宽带服务	1.37	14
律师服务	0.29	18
租赁和商务服务	0.28	13
金融服务	1.02	10
社会融资	0.94	12
交通服务	1.52	2
薪酬吸引	1.48	7
4. 经济贡献度	12.37	18
企业盈利能力	1.83	11
经济活跃度	1.56	14
经济发展水平	1.86	17
商业繁荣	0.54	17
经济结构	1.61	11
固定资产投资强度	1.40	12
数字经济发展能力	1.63	12
世界五百强总部数	0.05	8
科尔尼全球城市指数排名	0.00	15
普华永道机遇之城得分	1.89	16
5. 科技驱动度	4.67	18

续表

指标	得分	排名
高等教育规模	0.74	15
高等教育比重	0.65	18
顶尖高等教育供给	0.03	15
上市公司	0.57	15
独角兽企业发展	0.00	11
研发强度	0.50	17
股权投资	0.46	15
创新专利	0.37	17
城市科技创新发展	0.85	17
技术市场发展	0.50	17
6. 绿色引领度	9.63	8
节能发展	0.78	14
电力消耗	0.84	7
水资源供给	1.13	2
工业废水治理设施	1.04	7
氮氧化物排放量	0.86	9
湿地环境	0.72	15
绿化环境	1.11	10
垃圾处理	1.16	1
循环利用	1.02	11
空气质量	0.97	6

资料来源：《中国自由贸易试验区发展研究报告》课题组制表。

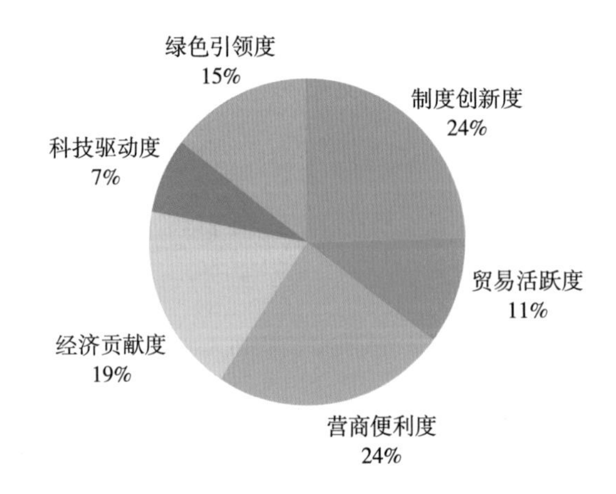

图 4-48　2021 年广西自贸试验区二级指标贡献率饼图

资料来源：《中国自由贸易试验区发展研究报告》课题组制图。

如图 4-49 所示，广西自贸试验区在制度创新度、贸易活跃度、营商便利度、经济贡献度、科技驱动度、绿色引领度方面均发展一般，除绿色引领度外，每个方面与各领域的最大值相比均存在较大成长空间。

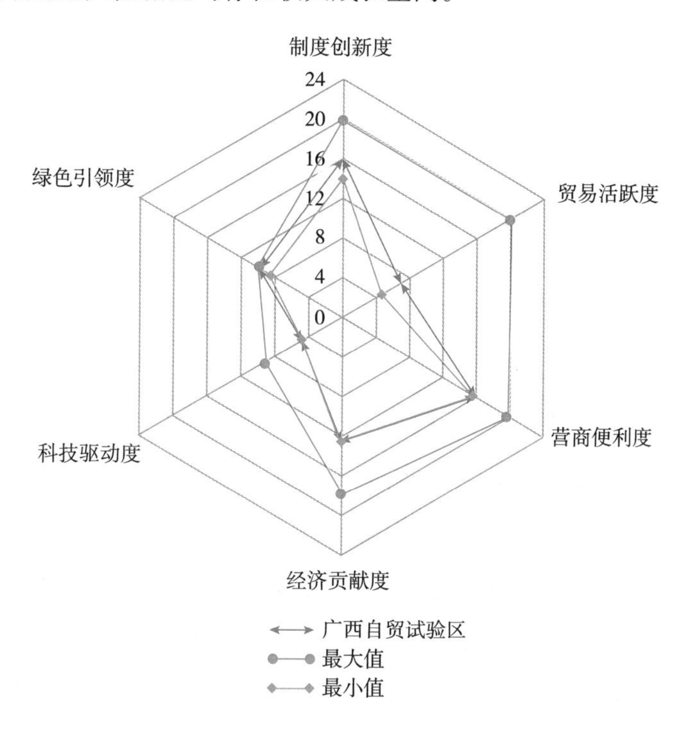

图 4-49　2021 年广西自贸试验区二级指标得分与最高、最低得分雷达图

资料来源：《中国自由贸易试验区发展研究报告》课题组制图。

如表 4-37 所示，与 2019 年相比，广西自贸试验区建设的变化不大，广西自贸试验区成长指数得分为 0. 181，在第五批自贸试验区中排在第 6 名。分项来看，广西自贸试验区在制度创新度、营商便利度、经济贡献度、科技驱动度方面均有不同程度的提升，在贸易活跃度、绿色引领度方面有轻微的下降。其中，在制度创新度方面成长最快。

表 4-37　2021 年广西自贸试验区成长指数分布

类别	得分	排名
自贸试验区成长指数	0. 181	6
制度创新度	0. 239	5
贸易活跃度	-0. 405	6

续表

类别	得分	排名
营商便利度	0.147	3
经济贡献度	0.081	4
科技驱动度	0.140	1
绿色引领度	-0.021	5

资料来源：《中国自由贸易试验区发展研究报告》课题组制表。

（十七）云南自贸试验区指数评价报告

如表4-38所示，2021年，云南自贸试验区发展指数为63.62，在全国前五批18个自贸试验区中排名第17位。分项来看，云南自贸试验区在制度创新度方面得分为16.11，居于18个自贸试验区第11位，其中，制度创新和自贸试验区制度环境的贡献率最大；在贸易活跃度方面得分为4.71，居于18个自贸试验区第18位，其中，贸易依存度和人均实际利用外资的贡献率最大；在营商便利度方面得分为15.84，居于18个自贸试验区第16位，其中，政府透明度、薪酬吸引、商业信用环境的贡献率最大；在经济贡献度方面得分为12.69，居于18个自贸试验区第16位，其中，普华永道机遇之城得分、企业盈利能力、经济发展水平的贡献率最大；在科技驱动度方面得分为4.76，居于18个自贸试验区第16位，其中，城市科技创新发展、高等教育规模、高等教育比重的贡献率最大；在绿色引领度方面得分为9.51，居于18个自贸试验区第11位，其中，垃圾处理、绿化环境、水资源供给的贡献率最大。云南自贸试验区二级指标贡献率如图4-50所示。

表4-38　2021年云南自贸试验区发展水平指数各级指标得分和排名

指标	得分	排名
1. 制度创新度	16.11	11
自贸试验区制度环境	5.08	10
制度化安排	4.02	11
制度创新	7.01	16

续表

指标	得分	排名
2. 贸易活跃度	4.71	18
贸易依存度	3.42	17
人均外商投资企业投资总额	0.64	17
人均实际利用外资	0.65	18
3. 营商便利度	15.84	16
政府透明度	1.50	6
政府影响力	1.39	3
非国有经济	1.35	18
商业信用环境	1.47	17
信用风险	1.03	17
民航服务	1.07	4
道路设施	1.29	11
互联网宽带服务	1.31	18
律师服务	0.48	14
租赁和商务服务	0.26	15
金融服务	0.95	15
社会融资	0.90	14
交通服务	1.37	15
薪酬吸引	1.47	10
4. 经济贡献度	12.69	16
企业盈利能力	1.91	4
经济活跃度	1.56	16
经济发展水平	1.88	15
商业繁荣	0.79	14
经济结构	1.61	11
固定资产投资强度	1.38	13
数字经济发展能力	1.53	16
世界五百强总部数	0.05	8
科尔尼全球城市指数排名	0.00	15
普华永道机遇之城得分	1.98	13
5. 科技驱动度	4.76	16
高等教育规模	0.72	16
高等教育比重	0.67	16
顶尖高等教育供给	0.03	15
上市公司	0.55	17

续表

指标	得分	排名
独角兽企业发展	0.00	11
研发强度	0.55	16
股权投资	0.47	12
创新专利	0.38	16
城市科技创新发展	0.88	14
技术市场发展	0.51	15
6. 绿色引领度	9.51	11
节能发展	0.92	9
电力消耗	0.85	6
水资源供给	1.09	4
工业废水治理设施	1.00	11
氮氧化物排放量	0.87	6
湿地环境	0.55	18
绿化环境	1.10	13
垃圾处理	1.16	1
循环利用	0.93	17
空气质量	1.04	4

资料来源：《中国自由贸易试验区发展研究报告》课题组制表。

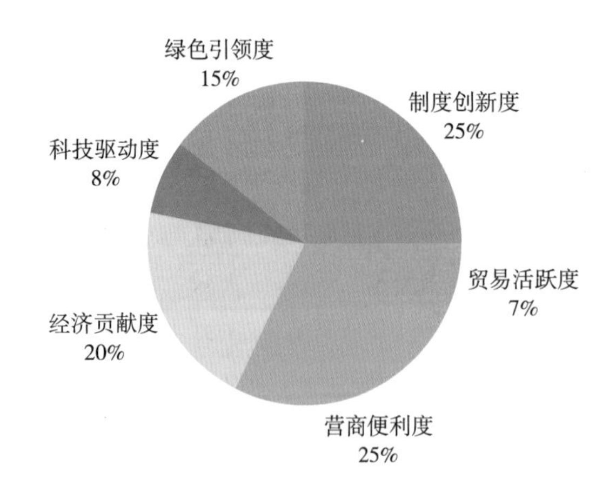

图 4-50　2021 年云南自贸试验区二级指标贡献率饼图

资料来源：《中国自由贸易试验区发展研究报告》课题组制图。

如图 4-51 所示，云南自贸试验区在制度创新度、贸易活跃度、营商便利度、经济贡献度、科技驱动度、绿色引领度方面均发展一般，除绿色引领度外，每个方面与各领域的最大值相比均存在较大成长空间。

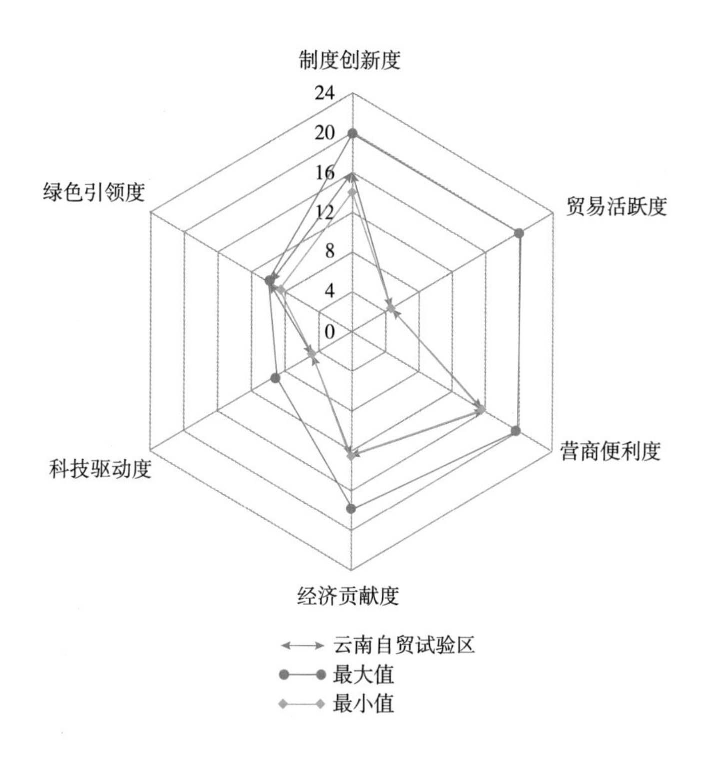

图 4-51　2021 年云南自贸试验区二级指标得分与最高、最低得分雷达图

资料来源：《中国自由贸易试验区发展研究报告》课题组制图。

如表 4-39 所示，与 2019 年相比，云南自贸试验区建设的变化较大，云南自贸试验区成长指数得分为 0.582，在第五批自贸试验区中排在第 3 名。分项来看，云南自贸试验区在制度创新度、贸易活跃度、营商便利度、经济贡献度、科技驱动度方面均有不同程度的提升，在绿色引领度方面有轻微下降。其中，在制度创新度方面成长最快。

表 4-39　2021 年云南自贸试验区成长指数分布

类别	得分	排名
自贸试验区成长指数	0.582	3
制度创新度	0.285	3
贸易活跃度	0.019	3

续表

类别	得分	排名
营商便利度	0.114	6
经济贡献度	0.122	1
科技驱动度	0.073	4
绿色引领度	-0.031	6

资料来源：《中国自由贸易试验区发展研究报告》课题组制表。

（十八）陕西自贸试验区指数评价报告

如表4-40所示，2021年，陕西自贸试验区发展指数为72.07，在全国前五批18个自贸试验区中排名第12位。分项来看，陕西自贸试验区在制度创新度方面得分为15.53，居于18个自贸试验区第15位，其中，制度创新和自贸试验区制度环境的贡献率最大；在贸易活跃度方面得分为10.49，居于18个自贸试验区第11位，其中，人均实际利用外资和贸易依存度的贡献率最大；在营商便利度方面得分为16.09，居于18个自贸试验区第12位，其中，商业信用环境、薪酬吸引、政府透明度的贡献率最大；在经济贡献度方面得分为14.39，居于18个自贸试验区第10位，其中，普华永道机遇之城得分、经济发展水平、企业盈利能力的贡献率最大；在科技驱动度方面得分为6.75，居于18个自贸试验区第6位，其中，城市科技创新发展、高等教育规模、技术市场发展的贡献率最大；在绿色引领度方面得分为8.82，居于18个自贸试验区第17位，其中，垃圾处理、绿化环境、工业废水治理设施的贡献率最大。陕西自贸试验区二级指标贡献率如图4-52所示。

表4-40　2021年陕西自贸试验区发展水平指数各级指标得分和排名

指标	得分	排名
1. 制度创新度	15.53	15
自贸试验区制度环境	5.64	4
制度化安排	2.81	16
制度创新	7.08	13
2. 贸易活跃度	10.49	11

续表

指标	得分	排名
贸易依存度	3. 88	14
人均外商投资企业投资总额	2. 05	13
人均实际利用外资	4. 56	6
3. 营商便利度	16. 09	12
政府透明度	1. 42	17
政府影响力	1. 29	6
非国有经济	1. 40	17
商业信用环境	1. 49	8
信用风险	1. 22	11
民航服务	1. 01	6
道路设施	1. 34	9
互联网宽带服务	1. 39	11
律师服务	0. 54	12
租赁和商务服务	0. 27	14
金融服务	1. 00	13
社会融资	0. 99	11
交通服务	1. 26	18
薪酬吸引	1. 47	10
4. 经济贡献度	14. 39	10
企业盈利能力	1. 88	6
经济活跃度	1. 67	12
经济发展水平	1. 93	10
商业繁荣	1. 04	10
经济结构	1. 53	17
固定资产投资强度	1. 78	4
数字经济发展能力	1. 63	12
世界五百强总部数	0. 05	8
科尔尼全球城市指数排名	0. 87	8
普华永道机遇之城得分	2. 01	9
5. 科技驱动度	6. 75	6
高等教育规模	0. 89	2
高等教育比重	0. 79	4
顶尖高等教育供给	0. 61	3
上市公司	0. 62	12
独角兽企业发展	0. 28	7

续表

指标	得分	排名
研发强度	0.76	6
股权投资	0.45	16
创新专利	0.59	10
城市科技创新发展	0.94	5
技术市场发展	0.82	3
6. 绿色引领度	8.82	17
节能发展	0.72	15
电力消耗	0.84	7
水资源供给	0.91	10
工业废水治理设施	0.94	14
氮氧化物排放量	0.87	6
湿地环境	0.56	17
绿化环境	1.10	13
垃圾处理	1.16	1
循环利用	0.90	18
空气质量	0.82	16

资料来源：《中国自由贸易试验区发展研究报告》课题组制表。

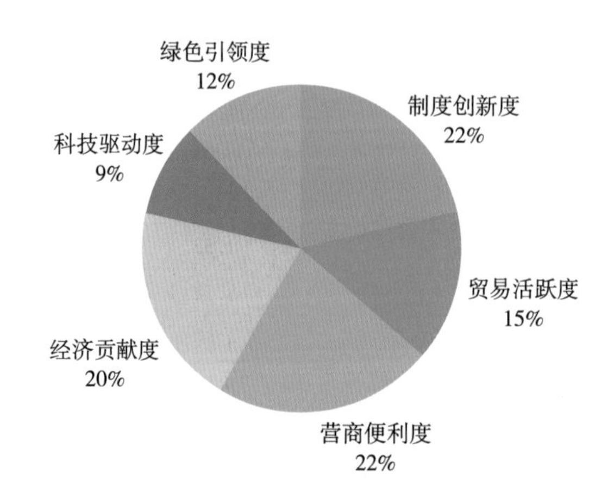

图 4-52　2021 年陕西自贸试验区二级指标贡献率饼图

资料来源：《中国自由贸易试验区发展研究报告》课题组制图。

如图 4-53 所示，陕西自贸试验区在制度创新度、贸易活跃度、营商便利度、经济贡献度、科技驱动度、绿色引领度方面均发展较好，但每个方面与各领域的最大值相比均存在一定成长空间。

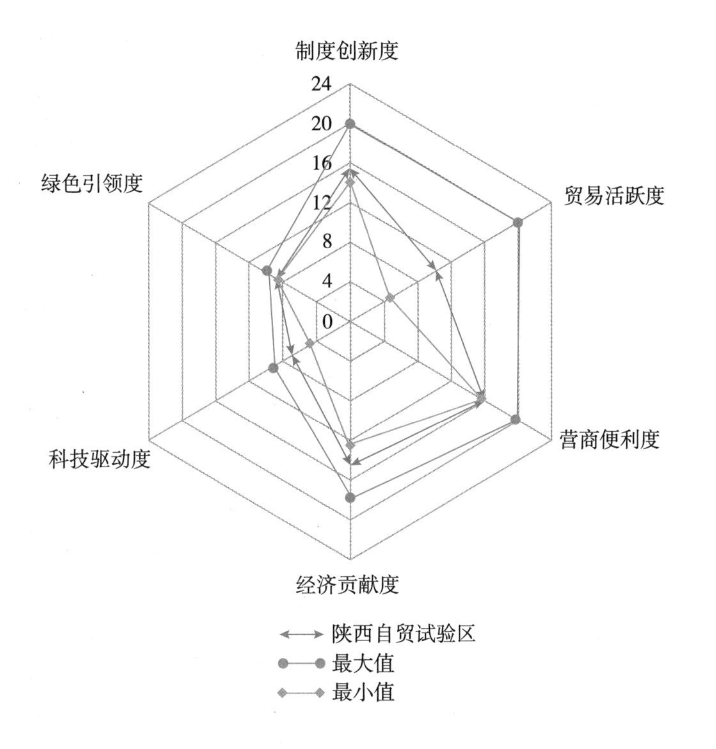

图 4-53　2021 年陕西自贸试验区二级指标得分与最高、最低得分雷达图

资料来源：《中国自由贸易试验区发展研究报告》课题组制图。

如表 4-41 所示，与 2017 年相比，陕西自贸试验区建设的变化较大，陕西自贸试验区成长指数得分为 0.481，在第三批自贸试验区中排在第 6 名。分项来看，陕西自贸试验区在制度创新度、贸易活跃度、营商便利度、经济贡献度、科技驱动度方面均有不同程度的提升，在绿色引领度方面有轻微下降。其中，在营商便利度方面成长最快。

表 4-41　2021 年陕西自贸试验区成长指数分布

类别	得分	排名
自贸试验区成长指数	0.481	6
制度创新度	0.111	7
贸易活跃度	0.121	2
营商便利度	0.128	7

续表

类别	得分	排名
经济贡献度	0.069	5
科技驱动度	0.073	5
绿色引领度	-0.021	4

资料来源：《中国自由贸易试验区发展研究报告》课题组制表。

六、中国自由贸易试验区发展指数分析基本结论

（一）营商便利度和制度创新度对提升指数的贡献率最大

如图 4-54 所示，对 18 个自贸试验区发展指数的二级指标平均贡献率进行比较，6 个二级指标中，平均贡献率得分排在前两位的指标分别是营商便利度和制度创新度，平均贡献率均超过 20%；经济贡献度的平均贡献率紧随其后。这一数据结果表明，优化营商环境和推进制度创新仍然是当前自贸试验区发展的核心环节。

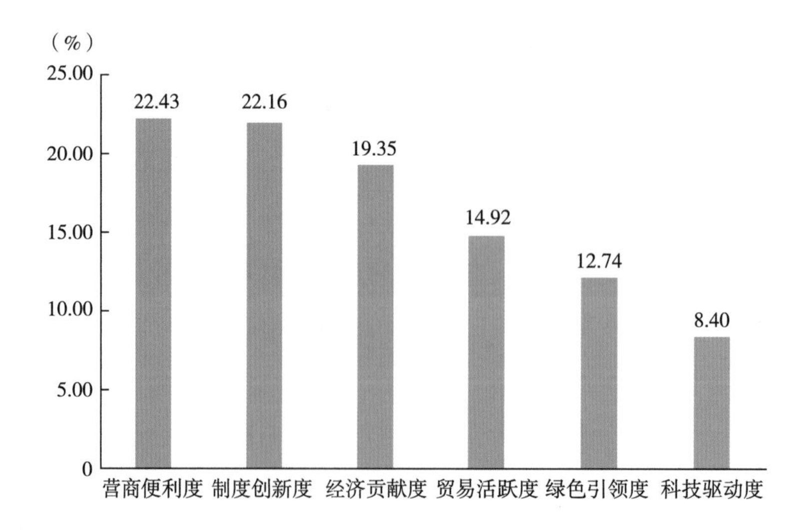

图 4-54　2021 年 18 个自贸试验区二级指标平均贡献率

资料来源：《中国自由贸易试验区发展研究报告》课题组制图。

（二）自贸试验区“雁阵式”发展格局逐渐成形

从最初的“一枝独秀”到今天的“多点开花”，中国自贸试验区总数已达 21 个，形成了“1+3+7+1+6+3”的“雁阵式”格局，推动形成了我国新一轮全面开放的格局。从本报告的中国自贸试验区发展指数结果来看，上海、广东、天津、浙江、江苏等自贸试验区作为“领头雁”，保持着强劲的发展势头，引领着自贸试验区未来的发展方向。排在中间部位的自贸试验区是真正的中坚力量，是中国自贸试验区发展的“压舱石”，其发展的高度决定未来自贸试验区整体水平的高度。

分批次看，如图 4-55 所示，第一、第二批自贸试验区的发展指数排名相对靠前，发展水平较高。在第三批自贸试验区中，浙江自贸试验区发展“一马当先”，成渝两地自贸试验区成长幅度比较突出，成渝双城经济圈已成为继京津冀、长三角、粤港澳大湾区之后实施区域协同发展战略的重要一极。第四批次的海南自由贸易港是中国内地唯一一个自贸港，从本次评估数据结果看，海南自由贸易港成长指数较为突出，作为“鲇鱼”的海南自由贸易港为中国自贸试验区发展提供了新的动能。在第五批自贸试验区中，江苏自贸试验区“一骑绝尘”，发展迅速。

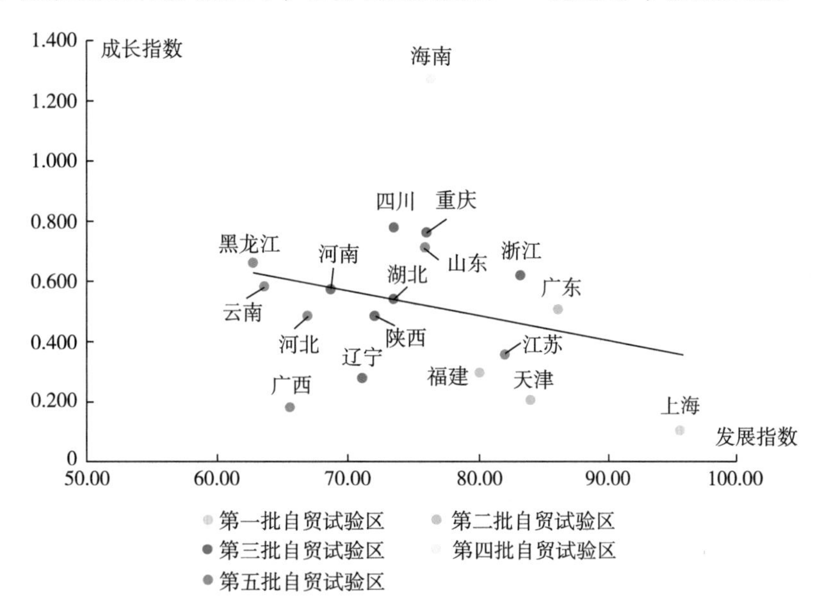

图 4-55　2021 年 18 个自贸试验区发展指数和成长指数相关关系示意图

资料来源：《中国自由贸易试验区发展研究报告》课题组制图。

（三）自贸试验区之间的发展水平差距逐渐缩小

在 18 个自贸试验区发展指数和成长指数的组合分析图中添加趋势线（见图 4-55），发现趋势线向下倾斜，因此可以得出一个结论：代表自贸试验区发展水平的发展指数和代表近年变化情况的成长指数之间存在负相关关系，即 18 个自贸试验区之间的发展差距在逐渐缩小。

5

中国自由贸易试验区发展政策建议>

“十四五”及今后一个时期，世界正经历百年未有之大变局，我国发展仍然处于战略机遇期，国内外环境和自身条件都发生了复杂而深刻的重大变化，既面临难得的历史机遇，又面临前所未有的挑战，要深刻总结自贸试验区成功的实践经验，加快由“1.0 版”向“2.0 版”乃至“3.0 版”的升级，竭力在更大范围、更宽领域、更深层次上深化改革开放，全力疏解制度堵点、强化系统集成功能、优化空间布局、深度服务国家战略，建立与国际投资和贸易通行规则相衔接的制度体系。站在新时代的最前沿，全国各自贸试验区要积极适应国际经贸规则重构的新趋势，对接国际最高标准，对标全球最优方案，对标国家扩大开放最新要求，开展首创性、集成性、系统性、链条式的制度创新，在风险可控的前提下进一步加大开放的压力测试，促进国内国际市场相通、产业相融、创新相促、规则相联，培育市场化、法治化、国际化营商环境，彰显融入“一带一路”建设的新作为，深耕深化改革和扩大开放“试验田”，打造经济新动能聚集“加速器”，争当高质量发展“排头兵”，打造国内国际双循环相互促进的重要枢纽，开启新一轮全国自贸试验区竞相发展的新周期。

一、勾勒发展愿景，重塑自由贸易试验区发展格局

坚持以制度创新为核心，以加快高质量发展为主题，以深化供给侧结构性改革为主线，以融入构建新发展格局为战略导向，中国自贸试验区（自贸港）要全面加强改革系统集成协同，推动高水平制度型开放，更好地发挥其作为改革开放重要窗口和试验平台的作用，在服务和融入新发展格局上展现更大作为，在创造高品质生活上实现更大突破，建设全覆盖试点、国际化发展、现代化社会的自贸试验区（自贸港）。

（一）新战略布局

着眼于中长期战略布局，到 2025 年中国自由贸易试验区（自贸港）应形成“1+3+7+1+6+3+6+4”的格局，在“十四五”末实现全国全覆盖；到 2035 年，在试验过渡期和培育孵化期后，可以由自贸试验区升级为自贸区或自贸港，形成

覆盖全国、特色各异、统筹互补的“自由贸易区+自由贸易港”发展新局面，构筑新时代中国对外开放的新高地。

1. 扩大自贸试验区覆盖范围及具体布局思路

依托东西南北中协调、陆海统筹的基本格局，不断完善全国自贸试验区空间布局，主要以能够很好地完成改革压力测试，能够更好地服务国家发展战略，能够加快推进新发展格局形成的重要区域为目标，将有利于带动区域经济快速发展，具有较好开放基础、开放条件和开放平台，具有较好的产业发展基础及产业发展空间等因素作为基本考量，适时调整全国自贸试验区的数量和空间布局，扩展发展空间和改革试点承载能力，提升对外开放的系统性、整体性、协同性，塑造国际合作和竞争新优势，加快构建由“雁阵引领式”向“矩阵并进式”的转变，形成更大范围、更宽领域、更深层次、更高水平的全覆盖式对外开放新格局。

在2021年前六批21个自贸试验区的基础上，再推进两批试点，到“十四五”末实现全国全覆盖。2022年，将“胡焕庸线”以东地区的山西、江西、吉林、贵州，以及西北地区的新疆、青海纳入试点范围，增加6个试点省区；2024年，将全国剩余的甘肃、内蒙古、宁夏、西藏4个省区纳入试点，在2025年前完成覆盖全国的目标（见表5-1）。

表5-1 “十四五”时期中国自贸试验区（自贸港）布局

时间	批次	地区
2013年	第一批（1）	上海
2015年	第二批（3）	广东、天津、福建
2017年	第三批（7）	辽宁、浙江、河南、湖北、重庆、四川、陕西
2018年	第四批（1）	海南（2020年，海南自贸港）
2019年	第五批（6）	山东、江苏、广西、河北、云南、黑龙江
2020年	第六批（3）	北京、湖南、安徽
2022年	第七批（6）	山西、江西、吉林、贵州、新疆、青海
2024年	第八批（4）	甘肃、内蒙古、宁夏、西藏

资料来源：《中国自由贸易试验区发展研究报告》课题组制表。

2. 扩充自由贸易港建设范围及具体布局思路

海南自贸港要做好2025年前适时全岛封关运作，发挥其全面深化改革和试验最高水平开放政策的独特优势，打造“港+产+岛+网+制”新型自贸港，建立自由贸易港政策和制度体系。做好压力测试，加大金融、教育、医疗、商务服务、航运服务等领域开放，推进口岸、非设关地监管、资金账户等硬件设施建设，完善法律、政策、制度等软件建设，实现贸易自由便利、投资自由便利、跨境资金流动自由便利、人员进出自由便利、运输来往自由便利、数据安全有序流动，落实“零关税、简税制、低税率”特殊税制安排，加快推进海南自贸港经验在全国的复制推广。同时，在全国扩大自由贸易港的建设范围，分步骤选择有条件的自贸试验区升级为自贸港，探索建设一批沿海海港型自由贸易港和一批内陆空港型自由贸易港。

着眼于中长期战略布局，在海南自贸港建设取得实质性突破的基础上，2022年第二批再增设上海、山东、天津3个海港型自贸港；2025年第三批增设北京、四川、河南、重庆4个空港型自贸港；2035年前，第四批适时调整增设江苏（海港）、辽宁（海港）、湖北（空港）、浙江（空港）、陕西（空港）、广西（海港）、云南（空港）、黑龙江（空港）、新疆（空港）9个海港型或空港型自贸港，届时全国总共布局17个自贸港，再加上14个自贸区（原来14个自贸试验区完成试验任务后正式转为自贸区），形成“自由贸易港+自由贸易区”的改革开放空间新格局（见表5-2）。

表5-2　中长期中国自贸港空间布局

时间	批次	地区	类型
2020年	第一批（1）	海南	海港
2022年	第二批（3）	上海、山东、天津	海港
2025年	第三批（4）	北京、四川、河南、重庆	空港
2035年前	第四批（9）	江苏、辽宁、湖北、浙江、陕西、广西、云南、黑龙江、新疆	海港、空港

资料来源：《中国自由贸易试验区发展研究报告》课题组制表。

（二）新愿景目标

着眼于中长期发展目标，中国自贸试验区要建成更具国际市场影响力和竞争力的经济功能区、引领新时代体制机制创新的先行区、高质量产业发展集聚区、高能级世界贸易链接平台、区域开发融合发展示范区、“一带一路”开放合作引领区，努力成为开放创新、经济发达、智慧生态、产城融合、宜业宜居的现代化新城市中心。

1. 2025 年愿景目标

到 2025 年，建立比较成熟的投资贸易自由化便利化制度体系，建成一批更高开放度的功能型平台，集聚一批世界一流企业，实现区域创造力和竞争力显著增强、经济实力和经济总量大幅跃升的目标。

（1）开放型政策和制度体系基本形成。

全生命周期营商服务体系基本建成，营商环境全球排名位次不断前移，科学化、精细化、智能化长效机制更加完善，对标 RCEP（《区域全面经济伙伴关系协定》）、中欧 CAI（《中欧全面投资协定》）、CPTPP（《全面与进步跨太平洋伙伴关系协定》）等重点领域改革成效显著，投资贸易自由化便利化制度体系基本成形，自贸试验区负面清单制造业条目清零，服务业准入持续放宽，土地、劳动力、资本、技术、数据等资源要素集聚制约在很大程度上消除，更多有竞争力的制度创新成果在全区域、全国复制推广。

（2）开放型和高能级的现代化产业体系基本形成。

新兴产业集聚区开放度不断提升，高质量战略性新兴产业快速发展，贸易新业态、科技要素和金融实现合理配置，形成一批具有更高开放度的功能型平台，集聚一批世界一流企业，培育一批具有世界先进水平的高能级产业集群，经济实力和经济总量大幅跃升，产业基础高级化、产业链现代化水平明显提升。

（3）联动型和辐射型的联创格局基本形成。

自贸试验区先行先试、勇立潮头的优势得到充分发挥，以全域自贸理念联动多区创新协同发展的作用逐渐凸显，优势互补、资源共享、政策互通、布局统筹、协同推进取得新成果，与周边地区合作共建产业园区取得突出成效，经济协同发展示范区建设取得重大进展。

（4）高效能和高水平城市治理体系基本形成。

城市精细化、数字化治理能力大幅提高，人民群众高品质生活需求和高水平产业发展需要不断得到满足，高标准城市基础设施建设成效突出，区域交通条件改善、环境品质提升和公共服务功能不断完善，“产城融合、功能完备、职住平衡、生态宜居、交通便利、治理高效”的现代城市建设取得显著进步。

2. 2035 年愿景目标

到 2035 年，实现更高水平的贸易和投资自由化便利化，营商环境达到国际一流水平，要素自由便利流动、国际国内两个市场高效统筹、规则制度机制与国际高标准有效衔接的对外开放新格局基本形成，全球高端资源要素配置、具有较强国际市场影响力和竞争力的经济功能区基本建成，面向“一带一路”的开放合作呈现新格局，引领体制机制创新的先行区、世界级的贸易链接平台、国家战略区域融合发展的示范区、现代产业高质量发展的先导区基本建成，高水平开放、国际化发展、现代化建设的自由贸易试验区全面建成。

二、加强制度创新，促进投资贸易便利化

不断优化市场化、法治化、国际化的营商环境，把制度集成创新放在核心位置，赋予自贸试验区更大的改革自主权，主动适应国际经贸规则、重构新趋势，积极对接国际高标准的经贸协定，构建以投资贸易自由化、便利化为核心的政策制度体系，加快从政府再造转向市场重塑、从准入开放转向准营自由、从要素型开放转向制度型开放的进程。

（一）提升投资自由化水平

1. 持续扩大外商投资准入

有序渐进放宽外商投资市场准入，修订完善外商投资准入前国民待遇加负面清单管理制度。持续推进制造业、服务业、农业等领域扩大开放，逐步放宽外商

投资股比限制，在更多领域允许外资控股或独资经营。放宽重点领域准入门槛，扩大电信、互联网、教育、文化、医疗等领域的业务开放范围。逐步降低运输等行业业务范围、人员资质等门槛。稳妥推进银行、证券、保险、基金、期货等金融领域开放。

2. 提升对外投资合作水平

创新资源要素配置机制，提高资本、数据、人才、技术等要素流动便利化水平。建立外商投资全流程服务体系，实施重大外资项目包保服务机制，完善外商投资促进、项目跟踪服务和投诉工作机制。不断健全外商投诉工作机制，保护外商投资合法权益。依法制定外商投资促进政策，推动建立市场化、专业化招商机制，探索设立境外招商机构，加大精准招商力度。

（二）提升贸易便利化水平

1. 提升国际贸易便利化水平

建设具有国际先进水平的国际贸易“单一窗口”，拓展符合自贸试验区创新发展的业务服务功能，提高口岸信息化水平。实施 24 小时预约通关服务，建立进出口货物口岸放行时间评价体系。健全与跨境电子商务、进口特殊商品指定口岸、外贸综合服务发展相适应的通关管理机制。建设空、铁、公、水多式联运物流监管中心，推行多方联网共享物流全程信息，实现多式联运货物“单一窗口”办理。

2. 不断扩大国际贸易规模

创新文化服务海外推广模式，支持发展以传统手工技艺、武术、戏曲、民族音乐和舞蹈等为代表的非物质文化遗产与旅游、会展、品牌授权相结合的开发模式，鼓励广播影视、新闻出版等企业以项目合作方式进入国际市场，试点国外巡演的商业化运作。鼓励专业化、国际化的医疗、运输等服务机构在自贸试验区开展业务。培育扩大保税展示交易、期货保税交割、融资租赁、汽车平行进口等新型贸易。提高油品全产业链投资自由化和贸易便利化水平，探索更多新型贸易投资方式。

（三）对标高标准国际规则

对标 RCEP、CPTPP、USMCA（《美墨加三国协议》）、EPA（美国环境保护署）、投资领域的负面清单、资本项目可兑换等国际经贸新规则，在货物贸易、跨境服务贸易、投资、金融和知识产权等领域的规则和程序方面竞相开展探索，提升投资贸易自由化、便利化水平。

1. 落实 RCEP，促进贸易合作

把握 RCEP 签署实施带来的全方位经济效应，促进区域贸易合作、稳定，强化区域产业链、供应链，拓展与“一带一路”相关国家合作空间。利用原产地规则，特别是累积规则、“背对背”原产地证明制度等，根据区域产业特色对交易流程和物流安排进行规划，优化产业和供应链布局。

2. 对接中欧 CAI，把握开放机遇

结合区域产业基础和企业实际需求，把握中欧 CAI 时间窗口期，充分利用自贸试验区在服务业开放集聚方面的优势，放宽外商投资市场准入，探索推动服务贸易扩大开放，深化金融服务对外开放，加强与欧盟、RCEP 成员之间金融交流合作，完善双向投资促进合作机制，支持区内企业“走出去”从而把握欧盟市场开放机遇，将自贸试验区打造成为市场主体“走出去”的桥头堡。

3. 对标 CPTPP，争取先行先试

顺应“零关税、零壁垒、零补贴”全球经贸规则趋势，对标 CPTPP 高标准国际经贸协定准入规则在自贸试验区的先行先试，为我国参与国际自贸协定谈判进行制度性探索。探索建立适用数字贸易的国际规则，着力深化公共电信服务的对内对外开放，促进市场化竞争。实施国际通行的电子商务管理模式，主动探索在数据本地存储和数据跨境传输等国际规则新领域的创新。逐步分行业、分领域开放政府采购市场，探索对标国际标准设立独立的政府采购仲裁机构。加强知识产权司法保护，全面实现与 CPTPP 高标准对接，适度平衡的知识产权严保护。

（四）优化国际化营商环境

1. 深化行政管理体制改革

积极探索建立与国际高标准投资和贸易规则体系相适应的行政管理体系，深入推进简政放权、放管结合、优化服务改革，推行“极简审批”改革。省一级能够下放给自贸试验区的经济社会管理权限，全部依法下放。推动政府管理由注重事前审批转为注重事中事后监管，实施“多证合一”综合审批服务运行模式，全面落实“多证合一、一照一码”等措施，建立“一口受理、并联审批”工作机制，推行“2 个工作日内开办企业、3 个工作日内获得不动产登记、30 个工作日内取得工业建设项目施工许可证”改革，最大限度地减少行政审批事项。完善“一口受理”服务模式，推进行政审批规范化、标准化、信息化建设，实施行政审批目录化管理。

2. 打造国际一流营商环境

对标世界银行营商环境指标，对接 RCEP 规则，对标国家营商环境具体要求，推广“极简审批”“不见面审批（服务）”，深入推进“一次办好”改革。大力推进 5G 和人工智能技术应用，提升“互联网+政务服务”水平，推动实体政务大厅向网上办事大厅延伸，编制政务服务“一张网”，实现“一号申请、一窗受理、一网通办”。推动税收服务创新，不断完善一窗国地办税、一厅自助办理、培训辅导点单、缴纳方式多元、业务自主预约、税银信息互动、税收遵从合作、创新网上服务等制度措施。

3. 完善市场监管机制

提高执法效能，建立与自贸试验区相适应的行政监督管理制度，完善网上执法办案系统，建设智能化的联勤联动指挥平台。对标高标准的国际规则，不断强化企业责任，完善工资支付保障机制，建立工作环境损害监督制度。加强外商投资实际控制人管理，建立外商投资信息报告制度和外商投资信息公示平台，充分发挥国家企业信用信息公示系统的作用，提高对外商投资全周期监管的科学性、规范性和透明度。探索建立自贸试验区跨部门知识产权执法协作机制，健全纠纷调解、援助、仲裁工作机制。建立集中统一的综合行政执法体系，建设网上执法办案系统。健全资源环境承载能力监测预警机制和社会监督举报机制，实行环境损害责任追究和赔偿制度。

三、推动高端产业发展，培植新经济增长点

特色产业是自贸试验区发展的核心竞争力，要立足资源禀赋，对标行业前沿、瞄准市场需求，坚持制度创新和产业功能培育相结合，围绕产业链部署创新链，围绕创新链布局产业链，促进产业链和创新链深度融合，打造一批特色鲜明、市场广阔的优势产业集群，壮大战略性新兴产业和现代服务业，推动自贸试验区的产业链、价值链、供应链进入全球高端行列。

（一）提升现代服务业发展水平

1. 发展生活性服务业

促进文化和旅游产业发展，引导自贸试验区文化和旅游产业深度融合，丰富自贸试验区文化内涵、优化自贸试验区旅游环境，培育文化和旅游产业发展新业态，发展文化和旅游产业数字经济，拓展文化和旅游产业数字贸易，探索消费引领发展新模式，大力推进入境旅游便利化。优化医疗健康服务，针对生命前沿技术、重大疾病防治等关键技术开展医药健康联合攻关，加速医药研发成果孵化进程，加快优化急需药品、医疗器械和研发用材料试剂、设备、无特定病原体及无菌实验动物等通关和审评审批流程，支持医疗机构加强国际合作，开展跨境远程医疗。发展国际教育服务业，加强优质国际教育供给，优化国际学校布局，允许自贸试验区内中小学按国家有关规定接收外籍人员子女入学，鼓励引入国外优质教育资源，支持区内高等学校与国际知名高等学校举办高水平合作办学项目，支持开展职业教育国际合作项目，加强与国际知名企业合作。促进国际消费城市建设，提高“买全球卖全球”商业贸易功能和资源集聚功能，提升会展经济、首店经济、首发经济能级，打造“世界进口商品超市”和国内品牌“世界橱窗”，拓展中医旅游、文化娱乐、国际赛事、时尚设计等服务消费供给。

2. 发展生产性服务业

鼓励自贸试验区内企业，开展系统集成、设备租赁、提供解决方案、再制造、检验检测、远程咨询等增值服务。推进专业技术研发、工业设计等集成创新载体及工程研究中心、科研实验室、企业技术中心建设。支持设立符合规定的加工贸易产品内销平台和加工贸易采购、分拨中心。鼓励金融机构、装备制造企业集团在自贸试验区内设立租赁公司或专营租赁业务的子公司，重点开展飞机、船舶、海洋工程结构物、轨道交通车辆、农用机械、高端医疗设备、大型成套设备等融资租赁服务。大力发展现代物流产业，依托国家物流枢纽，重点发展货物集散、中转、分拨、配送、保税加工等现代物流业，推动航空运输等高端物流集中化发展。建设区域大宗商品物流组织中心，开展保税物流、交易结算、期货交割、分拨配送组织等服务。

（二）培育战略性新兴产业集群

促进高端制造业发展。落实全面放开一般制造业的部署要求，努力实现自贸试验区负面清单制造业条目清零，完善制造业产业链、供应链，给外国投资者提供更多的投资机会。建立以关键核心技术为突破口的前沿科技产业集群，鼓励智能装备、海洋工程装备、航空制造、新能源汽车、新材料、高技术船舶、电子信息、生物医药和高端医疗器械、商贸及快递等现代物流、海水利用等产业向自贸试验区集聚。鼓励自贸试验区内企业通过跨区域兼并重组推动产业整合。加快中外高端装备制造产业园、国家工业示范园区与自贸试验区协同发展，打造国际产业投资贸易合作平台。

四、加快贸易转型升级，大力培育新型贸易

加快贸易转型升级，积极培育新型贸易方式，积极培育贸易新型业态和功能，打造以技术、品牌、质量、服务为核心的外贸竞争新优势，推动规则、规制、管理、标准等制度型开放，加快提升我国自贸试验区在全球贸易价值链中的

地位。

（一）加快加工贸易转型升级

充分发挥地方加工贸易的优势，在自贸试验区打造产业梯度转移的国际加工基地，完善“整机+核心零部件+原材料”的全流程产业链，推动加工贸易由水平分工变为垂直整合，鼓励加工贸易向产业链、价值链高端拓展，提高其附加值。探索“产业链+价值链+物流链”的内陆加工贸易发展新模式。实施仓储企业联网监管，实行加工贸易工单式核销，探索更为先进的核销制度。支持在自贸试验区设立符合内销规定的加工贸易产品内销平台，建设加工贸易产品内销后续服务基地。大力培育高端饰品、精密仪器、智能机器人、集成电路、平板显示等加工贸易新产业集群，搭建为实现加工贸易转型升级的技术研发、工业设计、知识产权等公共服务平台。

（二）加大服务贸易发展力度

1. 扩大外资准入领域

持续推进服务业扩大开放，支持商业存在模式服务贸易加快发展。有序推进电信、互联网、教育、文化、医疗等领域相关业务开放。在全国推进实施跨境服务贸易负面清单，提升自主开放水平，有序减少跨境交付、境外消费、自然人移动模式下服务贸易限制措施。制定与负面清单相配套的监管措施和监管制度。完善开放风险防控体系，强化服务贸易监测预警和开放安全审查。

2. 大力发展总部经济

鼓励跨国公司在自贸试验区设立地区性总部、研发中心、销售中心、维修中心、物流中心和结算中心等。鼓励跨国公司设立全球或区域资金管理、运营中心等功能性机构。鼓励自贸试验区引进具有投资、研发、运营、结算、人力资源等综合性功能的总部。依托自贸试验区内的综合保税区（以下简称综保区），加快发展对外文化贸易，支持开展面向全球的保税文化、艺术品的展示、拍卖、交易等业务，拓展艺术品交易市场功能。

（三）加快新型贸易发展步伐

支持自贸试验区内企业开展全球维修、国际分拨中转等业务。鼓励开展国内商品海外寄售代销业务。支持发展市场采购贸易。大力发展转口贸易，放宽海运货物直接运输判定标准，探索转口贸易集拼模式。在自贸试验区综保区内大力发展临空产业，拓宽进境维修领域，加快发展航空维修业务，开展包括飞机、船舶、海工装备、工程机械和安检设备等多个品类在内的保税维修再制造业务。探索具有国际竞争力的航运发展制度和运作模式。允许在自贸试验区综保区内开展进口汽车整车保税仓储业务和保税货物质押融资业务。支持符合条件的境内外机构在自贸试验区内设立金融租赁公司、融资租赁公司，开展飞机、船舶和大型工程设备等融资租赁业务。支持在自贸试验区综保区内建立进出口货物集散中心。支持发展国际快递物流，在条件具备时，在自贸试验区试点航空快件国际中转集拼业务。支持国内外快递企业在自贸试验区内的非综保区，办理符合条件的国际快件属地报关、报检业务。

1. 推进跨境电子商务新发展

支持跨境电子商务平台企业建设国际转口配送基地，并依法与结算银行、支付机构开展以人民币计价、结算的业务。试点开展通过寄递渠道进口个人物品数字清关模式，推进药品及医疗器械跨境零售进口。完善跨境电子商务零售进口退货处理机制，并开展综保区跨境电子商务出口商品退货试点。探索开展全球库存同仓存储、自由调配，实现内外贸货物、退换货商品一仓调配。

2. 建设国际大宗商品贸易中心

支持开展在保税的前提下油品、铁矿石等大宗商品物理混兑。探索建立应急物资进口口岸和大宗生产资料、矿产进口口岸，开展国际大宗商品期货保税交割业务。支持综合保税区与口岸联动，开展保税仓储业务。支持经营进口食品的跨境流通企业拓展加工服务业务。支持远洋渔业、深水网箱、健康养殖等产业发展，鼓励自捕鱼回运，争取放宽远洋捕捞船网工具标准。

3. 构建国际物流枢纽

大力推进铁、水、公、空多式联运。支持自贸试验区内有条件的铁路、航空、内河口岸升级为一类开放口岸。支持有条件的航空口岸开通和增加国际客货运航班，开通至各大洲主要物流节点城市的全货运航线和国际中转货运航班。支持设立国际航空运输服务企业，在条件具备时，在自贸试验区试点航空快件国际中转集拼业务。大力引进国际物流企业在自贸试验区内建立区域总部或营运中心，支持在自贸试验区内设立国际邮件互换局和交换站。支持国内外快递企业在自贸试验区内的非综保区，办理符合条件的国际快件属地报关、报检业务。支持建设多式联运物流监管中心，对换装地不改变施封状态的予以直接放行。

（四）探索创新监管服务模式

探索与自贸试验区外机场、港口、铁路以及综保区的联动发展。在自贸试验区综保区内，实施“一线放开”“二线安全高效管住”的通关监管服务模式。根据自贸试验区发展需求，不断探索口岸监管制度创新，推进将企业运营信息纳入监管系统，逐步实现基于企业诚信评价和商品风险评估的货物抽检制度。除废物原料、危险化学品及其包装、散装货物外，检验检疫在一线实行“进出境检疫，重点和敏感商品检验”模式，创新监管技术和方法；在二线简化检验检疫流程，推行“方便进出，严密防范质量安全风险”的检验检疫监管模式。

（五）建立健全通关合作机制

1. 完善通关合作机制

开展货物通关、贸易统计、原产地证书核查、“经认证的经营者”互认、检验检测认证等方面合作，逐步实现信息互换、监管互认、执法互助。支持自贸试验区与“一带一路”沿线国家开展海关、检验检疫、认证认可、标准计量等方面的合作与交流，探索与“一带一路”沿线国家开展贸易供应链安全与便利合作。推进自贸试验区内各区域之间通关一体化。鼓励引进 AEO（经认证的经营者）高级企业，完善较低查验率、免除担保、减少稽核查频次、设立企业协调员、优先通关等系列便利化政策。

2. 深化保税货物流转模式改革

在确保有效监管的前提下，在综保区探索建立货物状态分类监管模式。对注册在自贸试验区综保区内的融资租赁企业进出口飞机、船舶、海洋工程结构物等涉及跨关区的大型设备，在确保有效监管和执行现行相关税收政策的前提下，按物流实际需要，实行海关异地委托监管。

3. 推进海关通关一体化改革

鼓励企业参与“自主报税、自助通关、自动审放、重点稽核”等监管制度创新试点。依托电子口岸公共平台，完善国际贸易“单一窗口”的货物进出口、运输工具进出境、贸易协定实施等应用功能，进一步优化口岸监管执法流程和通关流程，实现贸易许可、资质登记等平台功能，将涉及贸易监管的部门逐步纳入“单一窗口”管理平台。支持将出口退税申报功能纳入国际贸易“单一窗口”建设项目。在符合监管要求和条件的前提下，支持开展进口整车在汽车整车进口口岸间转关试点。在执行现行税收政策前提下，提升超大超限货物通关、运输、口岸服务等综合能力。对入境维修复出口、入境再制造的机电料件免于实施装运前检验。加快形成贸易便利化创新举措的标准化制度规范，并将制度规范覆盖到自贸试验区内所有符合条件的企业。

五、加快创新驱动发展，优化创新创业生态

面向未来，自贸试验区发展应更加注重探索科技创新内涵式的发展道路，做科技创新的“领头羊”和“急先锋”，在科技体制改革和激发人才创新活力方面起到示范性作用，注重科技成果转化，构建国际科技合作新格局，打造差异化、系统化的国际科技创新合作平台。

（一）强化知识产权运用保护

1. 完善知识产权保护和运用体系

深化科技成果使用权、处置权和收益权改革，支持有条件的单位参与开展赋予科技人员职务科技成果所有权或长期使用权试点。探索有条件的科技创新企业规范开展知识产权证券化试点。完善知识产权评估机制、质押融资风险分担机制以及方便快捷的质物处置机制，完善知识产权交易体系。结合自贸试验区内产业特色，搭建针对性强、便利化的知识产权公共服务平台，设立知识产权服务工作站，培养知识产权服务人才，构建一体化的知识产权信息公共服务体系。

2. 探索研究鼓励技术转移的激励政策

充分发挥自贸试验区在“先进区后报关”、进口研发样品便利化、检验检疫新模式等方面制度创新的优势，促进企业研发活动便利化，降低科技研发成本，加速成果转移转化。鼓励培育建设国际化、市场化的技术转移机构，发展壮大专业化的技术转移人才队伍，打造功能完善、运行高效的科技成果转移转化体系。鼓励自贸试验区内企业与各高校、科研院所合作，推进科技成果转化和协同创新。

（二）营造一流创新创业生态

1. 汇聚高水平研发主体

积极布局拥有世界顶尖科学家参与的国际联合实验室，推进重大科学设施装置和国家级研究中心的建设运营。自贸试验区依托龙头骨干企业、科研院所积极构建专业化众创空间，鼓励各类资本共同参与，支撑服务实体经济发展。积极支持建设创业苗圃、科技企业孵化器和加速器，发展新型创业孵化机构，构建完善的科技创业孵化体系和生态系统。

2. 深化国际科技交流合作

支持鼓励重要国际组织在自贸试验区设立总部或分支机构，在世界前沿、关键领域参与或按程序报批后发起并组织国际大科学计划和大科学工程。鼓励建设国际联合研究中心（联合实验室）等国际科技合作基地，探索建立符合国际通行规则的跨国技术转移和知识产权分享机制。支持境内外研发机构、高校院所、企业在自贸试验区设立或共建实验室、新型研发机构，开展高等学校学科创新引智计划，在自贸试验区内建设引才引智示范基地。

（三）优化国际人才全流程服务

探索建立国际人才管理改革机制，制定外籍人才配额管理制度，完善推荐制人才引进模式。优化外国人办理来华工作许可、居留许可的审批流程，采取“线上+线下”模式，建立全链条“一站式”服务窗口和服务站点。拓宽外国人才绿色通道，扩大职业资格国际互认范围，逐步放宽自贸试验区聘雇高层次和急需紧缺外籍专业人才限制条件。推行对顶尖科技人才及团队采取“一事一议”方式给予扶持的政策。尝试为外国高端人才提供“一卡通”服务，畅通住房、子女入学、就医和社保服务通道。

六、打造数字贸易示范区，提升数字贸易能级

打造数字贸易示范区，普遍建立全球数据交易中心，围绕数字贸易、数字产业、数字金融、数字物流等，加快数字新基建进程，不断提升数字贸易治理体系和治理能力现代化水平。

（一）建设数字贸易发展载体

支持有条件的自贸试验区有序推进物理设施建设、网络设施部署、贸易平台搭建和应用场景拓展，努力建设引领全国、影响全球的数字贸易示范区。鼓励有条件的自贸试验区建立数据交易中心，向市场提供完整的数据交易、结算、交付、数据资产管理等全面配套服务。鼓励自贸试验区积极参与国际贸易新规则和新标准的制定，支持率先探索建立数字贸易地方标准和发展指标体系。

（二）搭建数字贸易服务平台

支持自贸试验区积极搭载“走出去”服务平台，为数字贸易企业“走出去”提供信息资料收集、政策咨询、项目对接等基础服务，同时提供专业翻译、法律咨询、风险预警，支付清算、版权服务等专业化咨询服务。发挥相关部门驻外机构的作用，搭建数字贸易企业与海外市场资源的双向对接渠道。建设国际公共采购“一站式”交易服务平台，实现对国际公共采购的有效管理、实时监督和资源管控。建设数据流通专项服务平台，依托地方数据交易平台，开展数据来源合规审查、数据资产定价、争议仲裁等业务，创新数据交易的规则、技术实现路径和商业模式，加快实现提供面向全球的数据价值发现、数据资产交易服务。

（三）创新探索数字贸易规则

推动跨境数据安全有序流动，逐步建立以数据分级分类规则、数据跨境流动安全评估规则、跨境数据交易规则、跨境数字贸易“沙盒机制”等为核心的数字贸易规则体系。支持大型企业积极运用前沿技术探索数据安全有序跨境流动，探索“数字+服务”新业态新模式。

（四）支持数字贸易企业发展

1. 加强专项资金支持

用足用好商务、经信、发改、文化、科技、知识产权等领域政策资金，支持数字贸易企业在信息技术服务、数字内容、服务外包、跨境电商等领域的发展，对于数字贸易领域的数字基础设施建设、建设支撑平台、提供公共服务、研发投入、参与国际标准制定、开展数字贸易及规则研究、开拓海外市场、宣传推广等予以一定资金支持。

2. 加大数字贸易金融支持

将符合条件的数字贸易企业纳入总部企业高质量发展鼓励政策范围。推广针对数字贸易企业的知识产权质押、应收账款确权等专项融资担保产品。加大出口信用保险支持力度，引导各类社会资本扩大投入，充分利用外经贸发展基金等，对具有发展潜力的数字贸易企业给予多元化融资支持。

（五）提升数字贸易便利水平

积极推进增值电信业务有序开放。在符合《中华人民共和国网络安全法》和相关法律法规的前提下，允许外商以跨境交付的方式在内地提供与金融信息和服务有关的软件服务。推进教育、医疗等领域开放度进一步提升，同时使之与增值电信等领域开放有机结合，在数字贸易试验区内开展制度创新压力测试。推动跨境贸易收支便利化。鼓励银行为数字贸易企业外汇收支提供专项服务，加强对数字贸易类企业个案业务的指导。允许出口商在境外电商平台的销售款项以人民币跨境方式进行结算。

（六）夯实数字贸易产业基础

1. 加快推进数字新基建

加强新一代数字基础设施建设，支持布局互联网协议第六版（IPv6）、卫星互联网、北斗等网络基础设施。探索设立对接我国国际通信业务出入口局的专用通道，建设“双千兆宽带城市”。推进“1+N”工业互联网平台体系建设，搭建5G基站，集中开展IPv6规模化应用。

2. 提升数字贸易核心产业竞争力

培育大数据、云计算、物联网、移动互联网、高端软件研发、卫星互联网、工业互联网、区块链、人工智能等领域的全球标杆企业。开发数字出版、数字影视、网络电视、网游动漫等数字内容产业的原创精品IP和企业品牌。开办本土化的海外专属频道、专属时段、专属视听应用，丰富市场供给。

3. 提升服务外包价值链地位

宣传推广众包、云外包、平台分包等新业态新模式，促进外包产业链上下游企业供需对接，加强产业对接合作。利用外经贸发展资金支持服务外包企业参与新基建投资、建设与运营服务，助力开拓国内国际市场。鼓励在研发、设计、维修、咨询、检验检测等领域的传统服务外包企业向“一站式解决方案提供商”转型，提升外包企业数字化服务能力。

4. 破解跨境电商发展瓶颈

优化跨境电商销售医药产品清单，稳步开展跨境电商销售医药产品试点工作。根据实际需要，在自贸试验区内按程序申请增设海关特殊监管区或保税物流中心（B型），拓展“网购保税+线下自提”业务。用好外经贸发展基金，支持跨境贸易数字化服务平台提升服务能力，拓展跨境市场信息服务、代理出口报关、代理收结汇、提前退税、低息订单贷款、出口信保、跨境物流服务等功能，通过数字化手段对跨境电商出口商品进行全流程追溯和风险管理，从而缩短退汇时间、降低运营成本。从海外仓业务规模、服务企业数量等多个维度出发，对跨境电商服务平台企业开展海外仓业务进行综合评价，对服务质量好的企业，加大信贷支持力度。

七、扩大金融领域开放，健全金融制度体系

坚持积极稳妥、把握节奏、宏观审慎、风险可控的基本原则，充分发挥金融开放先行先试作用，根据不同地区的特点和比较优势，选择具备条件的自贸试验区，争取在普惠金融、绿色金融、科技金融等领域取得突破性进展。

（一）扩大金融领域开放

积极推进本外币一体化试点，探索允许自贸试验区内的银行机构，为境外机构境内人民币银行结算账户（RMBNRA账户）发放境外人民币贷款，推动境外投资者使用一个RMBNRA账户处理境内证券投资业务。不断提升重点行业跨境人民币业务和外汇业务便利化水平。鼓励依法通过市场化的方式设立境内外私募平行基金。加快企业跨境投融资自由化进程，用好FT账户（自由贸易账户）体

系，积极开展流动资金贷款、国际贸易融资、并购贷款等融资业务，稳妥有序推进合格境内有限合伙人（QDLP）和合格境内投资企业（QDIE）的试点工作。

（二）培育新兴金融业态

积极引进设立各类金融总部、专业子公司、区域总部等机构。支持民营资本依法合规进入金融业，依法设立财务公司、汽车金融公司和消费金融公司等金融机构，支持符合条件的境内纯中资民营企业发起设立民营银行。地方可结合实际试点设立地方资产管理公司和并购基金等。研究探索自贸试验区内金融机构在依法合规、风险可控的前提下，依托各类跨境投融资工具，研发跨市场投资理财产品。支持自贸试验区发展科技金融，按照国务院统一部署，积极争取纳入投贷联动试点，促进创业创新。鼓励通过社会资本设立融资担保基金，缓解中小微企业融资难的问题。支持符合条件的内地和港澳台机构在自贸试验区设立金融租赁公司、融资租赁公司，鼓励在飞机、船舶及其零部件、机器人、农机、医疗设备及基础设施等领域开展业务，支持其在符合相关规定的前提下，设立项目公司开展境内外融资租赁业务，并支持其在综保区内开展飞机融资租赁，允许自贸试验区内符合条件的融资租赁业务收取外币租金。鼓励国内期货交易所在自贸试验区的综保区内开展期货保税交易、仓单质押融资等业务。支持证券业经营机构在自贸试验区内依法设立分支机构或专业子公司。

（三）加强金融风险防控

探索创新金融监管机制，完善跨行业、跨市场的金融风险监测评估机制，加强对重大风险的识别和系统性金融风险的防范，探索建立与自贸试验区相适应的新型风险监管体系。探索建立跨境资金流动风险监管机制，强化做好反洗钱、反恐怖融资、反逃税工作，防范非法资金跨境、跨区流动。综合利用金融机构及企业主体的本外币数据信息，对企业、个人跨境收支进行全面监测、评价并实施分类管理。探索在自贸试验区建立金融消费者权益保护协作机制以及和解、专业调解、仲裁等金融纠纷司法替代性解决机制，鼓励金融行业协会、自律组织独立或者联合依法开展专业调解，建立调解与仲裁、诉讼的对接机制，加大对金融消费者维权支持力度，依法维护金融消费者合法权益。

八、服务国家大局，加深区域叠加联动发展

全力服务国家区域战略，强化区内外联动发展，各自贸试验区应构建更加紧密的共同体，相互“连线”“结网”“结片”，确保规划同图、设施同网、治理同城、市场同管、产业同兴、生态同建、创新同为、开放同步、平台同体、服务同享，建立自贸试验区联动发展区和跨区域自贸试验区联盟。同时，协同推进自贸试验区同区内或周边经济开发区的发展，统筹口岸、通关、物流等开放功能和人才、信息、资本等开放要素的科学布局，在产业跨界协作、政策环境营造、监管模式创新、贸易转型升级等方面深度融合发展。

（一）深化“一带一路”国际合作

深化与“一带一路”沿线重点国家（地区）上下游产业链合作，支持区内企业参与建设境外经贸合作区、产能合作区等，推进“一带一路”示范项目建设。加强自贸试验区与“一带一路”沿线重点港口的监管合作。建立健全对“一带一路”沿线国家和地区的法律、投资环境、质量安全标准、突发公共事件等信息的发布制度。

（二）拓展国家战略区域联动路径

共同探索国家战略区域自贸试验区合作机制，推动信息共享、创新推动、模式共建，着力探索创新协同、产业协同、政策协同、改革协同等长效机制，形成区域板块联动发展新格局。

1. 促进粤港澳大湾区各自贸试验区联动发展

广东自贸试验区要加快建设粤港澳大湾区融合发展示范区，主动对接中国香港、中国澳门自由贸易港，以粤港澳三地经济运行规则衔接、机制对接为重点方

向，立足“一事三地”“一策三地”“一规三地”，坚守“一国之本”、善用“两制之利”，推动三地规则机制的联通、贯通和融通，对港澳地区实施更短的负面清单，争取对港澳地区在文化、医疗、电信等领域扩大开放，推进粤港地区、粤澳地区通关一体化，促进三地金融市场互联、资金互通、产品互认。支持商业银行在粤港澳大湾区内地发起设立不设外资持股比例上限的金融资产投资公司和理财公司，鼓励外资在粤港澳大湾区内投资入股信托公司等金融机构，探索在广东自贸试验区内设立粤港澳大湾区国际商业银行，为粤港澳大湾区融合发展发挥引领示范作用。

2. 促进京津冀自贸试验区联动发展

依托京津冀自贸试验区联席会议和智库联盟，落实落细《京津冀自贸试验区三方战略合作框架协议》，通过政府协同、多方参与、资源整合，推进政策互通互鉴，实现自贸试验区同城化谋划、联动式合作、协同化发展，延伸产业链、巩固供应链，合力打造有重要影响力的产业集散枢纽；开展跨境金融资产交易业务，探索京津冀协同发展的租赁和保理项目开展跨境融资，加强金融监管协作；探索京津冀自贸试验区内政务服务“同事同标”，使区域金融、技术和信息、产权、人才、土地等市场一体化；探索建立承接产业转移合作机制、招商引资收益共享机制，建立企业之间产业对接、技术合作、信息互通机制；深化京津冀空港、海港与三地物流基地开展物流合作，让三地国际贸易“单一窗口”互联互通和口岸资质共享共用。

3. 促进长三角地区各自贸试验区联动发展

积极发挥长三角自由贸易试验区联盟作用，深入推进江苏、浙江、安徽、上海三省一市自贸试验区联动发展。支持长三角地区各自贸试验区，依托长三角资本市场服务基地、长三角国际贸易“单一窗口”等现有功能性平台，强化贸易便利化、投资便利化、金融创新等服务功能。落实《长三角自贸试验区联动发展合作备忘录》，争取已有政策共用共享，积极开展长三角地区各自贸试验区联动试验、对比试验、互补试验，探索一批跨区域、跨部门、跨层级制度创新成果。不断强化长三角地区各自贸试验区协同监管，加快建立市场主体自律、业界自治、社会监督、政府监管的综合监管体系。

（三）创新区域内经济区联动模式

1. 深化各个片区之间的沟通合作

发挥各省级自贸办统筹作用和综合协调功能，推进区域间政府合作机制建设，构建跨区域的协同创新系统。建立片区间应急协调联动机制，加强风险防控。完善产业顶层设计，明确片区功能定位基准点，避免片区重点产业“同质化”，推动错位互补发展。强化制度创新协同推进，鼓励片区间定期交流制度创新的进展，定期研究制度创新的共性问题，建立创新成果分享机制。逐步开放各部门公共数据，实现信息共享，深化政务通办。强化片区管理机构的沟通，建立携手招商、联动发展的协同机制，积极探索创新 GDP、财政贡献、创新指标划分归属，实现片区间创新联动、信息对称、政务互通、资源共享。

2. 加强与其他各功能区协同发展

加快建设自贸试验区联创区，推进各功能区合作互融、同频共振，推动基础设施互通、数据信息共享、产业招商联动、创新政策和成果共用，深化人才、资本、科技、资源的有机联动，开展制度集成创新、政策红利叠加、资源要素共享、产业协同联动，实现政策联动、功能互补、优势叠加。支持各功能区探索形成的创新举措及实践案例在其他功能区优先复制推广。打造“空铁联运”新模式、开启“保税功能”新业务、构建“航空物流”新格局、探索“跨境电商”新路子、搭建“商事服务”新通道、建立“共享招商”新机制等，形成“自贸试验区+联动创新区+辐射带动区”的发展新格局。

九、夯实法治保障，加大改革集成创新力度

自贸试验区要坚持运用法治思维、法治方式大胆闯、大胆试、自主改，做国家改革的试验田、风险压力的测试区、高水平对外开放的窗口，把自贸试验区的改革成果和创新经验进行固化，确保改革创新有章可循、有规可依，建立健全与国家法律体系相配套、与国际惯例相接轨、与自贸试验区建设相适应的法律法规

制度体系。

（一）突出先行先试，健全容错机制

以地方性法规的形式明确省、市政府有关部门履行创新的主体责任，既要强调建立第三方评估机制，及时总结和复制推广改革创新经验和成果，又要明确对作出重要贡献的单位和个人给予表彰奖励，更要对改革创新过程中未能实现预期目标或者出现失误的情况，免于追究创新主体责任。同时，通过明确创新主体、完善评估机制、强化复制推广、给予表彰激励、建立容错机制等，构建制度创新体系，让活力不断释放、成果不断涌现。

（二）完善执法体系，强化定争止纷

自贸试验区要依法建立集中统一的综合行政执法体系，相对集中的行政执法权。自贸试验区要建立反垄断工作机制。对垄断协议，滥用市场支配地位以及滥用行政权力排除、限制竞争等行为，依法进行调查处理。自贸试验区要开展国际仲裁、商事调解工作，公正高效地保障中外当事人的合法权益。

十、加强区域治理，打造国际化城市新中心

不仅要把自贸试验区建成对外开放的经济贸易枢纽，而且要把自贸试验区建成治理有效的现代城市新中心，纵深推进社会治理的制度集成创新，构建与自贸试验区建设相适应的社会治理制度体系，最大限度激发和释放经济社会发展活力，打造共建、共治、共享的现代社会治理新样板，为推进国家治理体系和治理能力现代化进程贡献智慧和力量。

（一）加快智慧城市建设

1. 加强智慧城市新基建

加快建设数字自贸试验区，以“新城建”对接“新基建”，构建全域、高速、泛在、融合、安全的通信网络和智能感知体系，打造智慧城市数字化基础设施，提升城市运行效率和服务能力。加快建设“城市大脑”，建成覆盖城市管理、社会治理、民生服务、生态感知、智能预警、智能决策和调控等功能于一体的智慧城市系统。推动信息技术与现代服务业深度融合，全方位建设5G网络和新一代互联网IPv6根服务器，为自贸试验区内企业提供直达国际互联网出入口局的高带宽国际互联网数据专用通道。构建工业互联网系统，加快建设以跨行业、跨领域、跨区域平台为主体，企业级平台为支撑的工业互联网平台体系，推动企业上云和工业App应用，全面建立工业互联网安全保障体系。

2. 营造数字生活新场景

推动生活场景数字化，优化线上线下融合的社区生活服务，建设新型“数字社区”。建设智能医联体服务平台，探索“互联网+医疗健康”服务模式和运行机制。全面发展数字教育，打造以智能物联、在线教育为特点的示范学校，重点建设数字教室、数字实验室、全息课堂等基础设施。建设自贸试验区旅游公共服务平台，打造智能停车、多语种伴游、沉浸式观景、线上旅游营销等应用场景，普及非接触式设施的应用，实时监测区域客流、车流、消费趋势，打造数字旅游创新示范标杆。

（二）加强交通网络建设

1. 加快轨道交通网络建设

推进轨道交通、路网体系、海空港等交通设施建设，构建绿色低碳交通体系，打造现代化综合立体的交通网络。加快建设轨道上的自贸试验区，建设集高速铁路、普速铁路、城际铁路、市域（郊）铁路等于一体的互联互通的轨道交通体系。不断完善自贸试验区直达城市群的城际轨道交通网络，不断优化“一票式”联程和“一卡通”服务。

2. 构建高效便捷综合交通体系

提升通道互联互通水平，推进公路、水路等交通运输燃料清洁化，加快在出租、物流配送等领域的新能源汽车推广应用，推进交通枢纽、物流园区的充电基础设施建设，完善车用天然气加气站、内河船舶天然气加注站、充电桩的布局，以“港口+互联网”推动绿色港口建设，严格落实新建码头标准，同步规划、设计、建设岸电设施。全面推进现有码头岸电设施改造，完善路网体系，完善片区与所在城市中心的快速路通道，形成与城市规划协同对接的高快速路网体系。

（三）推进生态环境建设

按照碳达峰、碳中和的部署要求，根据各自贸试验区不同的资源禀赋、发展定位、结构布局特征，依托区域特色加强生态环境保护，开展生态环境领域制度创新和试点示范，支持自贸试验区参与全球生态环境治理。

1. 打造先进绿色制造业

加快提高自贸试验区生态经济绿色化水平，东部地区自贸试验区要加快推进工业产品生态设计和绿色制造研发应用，推广先进、适用的绿色生产技术和装备，推动生产原辅料、能源的绿色替代；中西部地区、东北地区自贸试验区要推进传统优势产业的跨区域兼并重组、技术改造和转型升级，加快搬迁退出不符合发展定位的制造企业。

2. 推动发展现代绿色服务业

推动绿色冷链物流标准化建设，打造绿色低碳货运冷链。鼓励发展网络平台道路货运等新业态、新模式，开展绿色货运配送示范工程。发展绿色仓储，鼓励支持大型仓储设施应用绿色材料、节能技术装备以及合同能源管理等节能管理模式。加强快递物流包装绿色治理，加大绿色循环共用标准化周转箱的推广应用力度。

3. 加强生态环境保护

坚决践行“绿水青山就是金山银山”的理念，以最严格的制度和措施确保自贸试验区的生态环境只能更好、不能变差。落实最严格的节约用地制度。推行自贸试验区内垃圾分类和资源化利用，严格禁止生产、销售和使用一次性不可降解塑料袋、塑料餐具等。严格执行生态环境公益诉讼制度，实行环境污染强制责任保险制度。

（四）提升公共服务质量

1. 优化高品质公共配套服务

打造“24 小时家门口便利店”“15 分钟便民生活圈”，构建集购物、餐饮、文化、政务办理、银行业务、菜篮子、应急等功能于一体的城市便利店体系。推进教育资源优质均衡发展，加大基础教育资源统筹力度，引入优质基础教育学校，把自贸试验区打造成教育改革开放的先行区；完善学前教育和托育服务体系，增加多层次托育服务供给；提升教育国际化水平，按需设立独立法人的外籍人员子女学校，推动具有世界高水平的高等教育合作办学。提升医疗健康服务能级，鼓励国企和社会力量参与，加快集聚高标准医疗卫生机构和人才。积极引入国际优质医疗资源，重点布局国际化专科医院、诊所和前沿医学中心，增加特色化医疗服务供给。

2. 完善租购并举的住房体系

注重职住平衡，加大住房供应力度，加快先租后售公租房、公共租赁住房、共有产权房、征收安置住房等住房保障体系建设。规范长租房发展，逐步使租购住房在享受公共服务上具有同等权利。探索利用集体建设用地建设租赁住房，重视产业园区配建租赁住房。

（五）增强社会治理效能

加快推进自贸试验区城市治理体系和治理能力现代化建设，把刚性管理和柔性服务精准细致地渗透到每一个角落，注重在科学化、精细化、智能化上下功夫，打造城市新生活品质和国际一流文明软环境品牌。

1. 加强和创新社会治理

下放省级经济社会管理权，既严格按照“能放全放、急用先放”原则，围绕推进自贸试验区投资自由化与贸易便利化，全链条放权赋能，让自贸试验区有充分的自主权；又充分借鉴外地经验，对一时用不上、承接没把握、使用频次低的权限暂时不放，确保放权精准、有效。充分运用特区立法权和地方立法权，颁布自贸试验区社区治理条例，在法治轨道稳步推进社区分类治理和社区服务标准化、规范化建设。

2. 打造城市安全防控新格局

强化底线思维和风险意识，完善风险防控和处置机制，防范和化解金融、网络和数据安全，人员流动、公共卫生、生态安全、意识形态等重点领域风险。不断增强城市应急管理能力，建立完善应急预案体系；组建应急救援队伍，加强实战演练；提升应急物资储备和调运能力，推进救灾物资储备体系建设。保障城市安全运行，强化韧性城市建设，优化重大决策社会稳定风险评估，建立健全社会矛盾排查预警机制。

References 参考文献

[1] Guglielmo, Maria, Caporale, et al. European Free Trade Agreements and Trade Balance: Evidence from Four New European Union Members [J]. Journal of International Trade & Economic Development, 2012, 21 (6): 839-863.

[2] Sayed H, Hamed R, Hosny S H, et al. Avoiding Ranking Contradictions in Human Development Index Using Goal Programming [J]. Social Indicators Research, 2018, 138 (3): 1-38.

[3] Innwon Park. Regional Trade Agreements in East Asia: Past and Future [J]. Development Policy Review, 2020, 38 (2): 206-225.

[4] Verico, Kiki. The Trans-Pacific Partnership and the Path to Free Trade in the Asia Pacific. [J]. Journal of Southeast Asian Economies, 2017, 34 (2): 419-420.

[5] Munin, Nellie. A Free Trade Area in Services between Israel and the EU: Time to Move up a Gear? [J]. Mediterranean Politics, 2010, 15 (1): 81-89.

[6] 曹苧心．全面开放新格局下自贸区到自贸港的建设路径［J］．现代营销（下旬刊），2020（6）：148-149.

[7] 蔡玲，杨月涛．自贸区政策与经济增长［J］．现代经济探讨，2021（6）：68-76.

[8] 陈春玲，谢琼．自由贸易港中心性评价指标体系构建研究——以福州自贸区为例［J］．宁波大学学报（人文科学版），2020，33（4）：98-105+132.

[9] 陈恩，杨娟．CEPA《服务贸易协议》负面清单管理模式探析［J］．当

代港澳研究，2019（1）：56-77.

［10］成思危．从保税区到自由贸易区：中国保税区的改革与发展［M］．北京：经济科学出版社，2003：1-514.

［11］陈浩．中国特色自由贸易港研究［D］．北京：中共中央党校，2019.

［12］陈继红，朴南奎．上海自贸区国际集装箱物流中转服务策略——基于韩国釜山港经验［J］．中国流通经济，2016，30（7）：25-32.

［13］陈双喜，张峰．影响中国保税区经济可持续发展的指标体系与评价模型［J］．大连海事大学学报（社会科学版），2005，4（4）：5.

［14］崔凡．自贸区战略助推全面开放新格局［N］．国际商报，2019-09-27（7）.

［15］崔鑫生．“入世”20年：中国与世界互动的回顾与展望［J］．人民论坛，2021（20）：106-109.

［16］邓丽姝．以扩大开放促进北京市服务业发展升级的战略探讨［J］．商业经济研究，2017（21）：172-175.

［17］邓茜钰，邓学军．邓小平对外开放理论：马克思主义对外开放理论的创新和发展［J］．党史文苑，2017（14）：66-69.

［18］董希淼，朱美璇．中国特色对外开放的历程与逻辑［J］．中国金融，2019（20）：18-19.

［19］东艳．国际经贸规则重塑与中国参与路径研究［J］．中国特色社会主义研究，2021（3）：27-40.

［20］范思立．国际经贸规则正从经济之争转向制度之争［N］．中国经济时报，2021-09-08（1）.

［21］封安全．新发展格局下中国加入 CPTPP 的策略思考［J］．经济纵横，2021（7）：79-84.

［22］高尚全．中国改革开放 40 年的回顾与思考［J］．同舟共进，2018（1）：4-8.

［23］郭湖斌，邹仲海，徐建．改革开放以来中国对外贸易的发展成就与未来展望［J］．企业经济，2021，40（6）：51-60.

［24］韩剑．新发展格局下上海自贸区的定位与担当［J］．人民论坛，2020（27）：26-29.

［25］何力．南美沿海型和内陆型自贸区实践与我国自贸区建设［J］．国际商务研究，2014，35（2）：24-32.

［26］黄景贵．试论海南自贸港营商环境优化方略［N］．海南日报，2021-09-03（10）．

［27］黄琳．我国综合保税区开发运营模式的相关探究［J］．现代企业，2021（9）：134-135.

［28］蒋恩东．双向FDI、环境规制与经济高质量发展研究［D］．兰州：兰州大学，2021.

［29］揭昊．建设高水平自由贸易港的国际实践与启示［J］．宏观经济管理，2019（2）：84-90.

［30］寇晓霜．保税区统计指标评价体系的研究［D］．天津：天津大学，2004.

［31］李垚，李勇坚．新时期北京服务业扩大开放的思考［J］．投资北京，2018（12）：26-28.

［32］李放平．自贸区与内陆城市互动发展的影响因素研究［J］．物流工程与管理，2014，36（3）：154-156.

［33］厉峰．新加坡经验对深化浙江自贸区建设的启示［J］．浙江经济，2020（5）：54-55.

［34］李杰．海南自贸区（港）营商环境评价与优化［J］．合作经济与科技，2019（8）：24-25.

［35］李磊，刘泽寰，马欢．自贸区协调内外双循环的机制与措施［J］．贵州大学学报（社会版），2021，39（1）：54-62+121.

［36］刘恩专．自贸试验区（FTZ）与自由贸易区（FTA）“双自联动”的机制与对策［J］．港口经济，2016（8）：5-7.

［37］刘辉群．中国保税区向自由贸易区转型的研究［J］．中国软科学，2005（5）：6.

［38］刘晶，杨珍增．中国自由贸易试验区综合绩效评价指标体系研究［J］．亚太经济，2016（3）：113-121.

［39］刘静．海南自贸港建设在法治轨道上行稳致远［N］．财会信报，2021-06-28（5）．

［40］刘明显，莫洪兰．基于 AHP 方法的中国—东盟自贸区金融生态环境影响因素分析［J］．当代经济，2015（35）：145-147.

［41］刘帅帅．美国自由贸易园区体制带来的启示［J］．中国商论，2016（10）：120-122.

［42］刘天寿，匡海波，周欢，邓顺江，隋延清．基于 RFWT 的自贸区科技创新能力评价［J］．大连海事大学学报，2020，46（4）：85-94.

［43］隆国强．中国对外开放战略回顾与展望［J］．中国经济报告，2018（12）：14-16.

［44］罗兰芳，叶宁．自贸区创新能力的比较评价——基于福建和广东的实证研究［J］．绵阳师范学院学报，2018，37（4）：31-41.

［45］卢瑞轩．“1+3+7+1+6”自贸区新格局研究及未来展望［J］．产业创新研究，2020（18）：9-12.

［46］马东洋．爱尔兰香农自贸区成功经验探析［J］．经济师，2021（7）：64+66.

［47］孟广文，刘铭．天津滨海新区自由贸易区建立与评价［J］．地理学报，2011，66（2）：223-234.

［48］孟夏，孙禄．RCEP 服务贸易自由化规则与承诺分析［J］．南开学报（哲学社会科学版），2021（4）：135-145.

［49］彭羽，陈争辉．中国（上海）自由贸易试验区投资贸易便利化评价指标体系研究［J］．国际经贸探索，2014，30（10）：63-75.

［50］单毅，朱绍祥．保税区发力打造一流营商环境［N］．滨城时报，2021-09-08（2）.

［51］史欣向，郑蕴．南沙自贸试验区建设市场化、法治化、国际化营商环境的路径与对策研究［J］．广东经济，2018（1）：56-61.

［52］施宗伟．全力助推海南自贸港高水平对外开放［N］．海南日报，2021-09-03（10）.

［53］宋会丽．国际自由贸易港发展模式对国内自贸区建设经验借鉴［J］．现代营销（信息版），2019（7）：98.

［54］宋晓钰．邓小平对改革开放的探索及其启示［D］．内蒙古：内蒙古大学，2019.

［55］孙晓涛．对接 CPTPP 外资准入负面清单规则研究［J］．中国经贸导刊（中），2021（9）：9-14.

［56］孙英杰，林春，康宽．自贸区建设对经济“三驾马车”影响的实证检验［J］．统计与决策，2020，36（23）：70-72.

［57］唐松．隐秘在巴西大森林里的“自贸区”它对重庆争设“自贸区”有什么样的启示［J］．重庆与世界，2014（6）：48-51.

［58］田毕飞，李伟．内陆自贸区的建立与评价研究——以武汉为例［J］．国际商务研究，2015，36（4）：47-55.

［59］田云华，周燕萍，蔡孟君，黄潇豪．RCEP 的开放规则体系评价：基于 CPTPP 的进步与差距［J］．国际贸易，2021（6）：65-72.

［60］屠新泉，杨丹宁，李思奇．加入 WTO 20 年：中国与 WTO 互动关系的演进［J］．改革，2020（11）：23-36.

［61］王海梅．接轨 RCEP 规则，提升产业链水平［N］．无锡日报，2021-06-21（6）.

［62］王利辉，刘志红．上海自贸区对地区经济的影响效应研究——基于“反事实”思维视角［J］．国际贸易问题，2017（2）：3-15.

［63］王诗玉．上海自贸区成功因素及启示［J］．合作经济与科技，2020（19）：92-93.

［64］王思语，张开翼．在 RCEP 与 CPTPP 协定下加快中国服务业开放［N］．国际商报，2021-08-18（6）.

［65］王婷婷，秦琳杰．分位贸易引力模型及其 EM 算法分析［J］．统计与信息论坛，2019，34（11）：12-19.

［66］王旭．中国台湾自贸区发展的创新举措与经验借鉴［J］．对外经贸实务，2021（8）：30-33.

［67］王跃生，边恩民，张羽飞．中国经济对外开放的三次浪潮及其演进逻辑——兼论 RCEP、CECAI、CPTPP 的特征和影响［J］．改革，2021（5）：76-87.

［68］王子约．迪拜自贸区样本：中转航母杰贝阿里［N］．第一财经日报，2013-07-30（8）.

［69］魏瑀辰．世界自由贸易港发展现状［J］．广西质量监督导报，2020

(1)：129.

［70］向赛. 上海自贸区的贸易便利化分析［J］. 广西质量监督报，2020（9）：26-29.

［71］肖冰. 国际经贸规则改革的美国基调和中国道路选择［J］. 上海对外经贸大学学报，2021，28（4）：22-40.

［72］西半球最大自由贸易区：科隆自贸区［J］. 中国远洋航务，2016（7）：37-38.

［73］谢伏瞻，蔡昉. 中国改革开放实践历程与理论探索［J］. 全国新书目，2021（4）：11.

［74］徐德顺，马凡慧. 基于RTA研究全球数字贸易规则演进特点与中国方略［J］. 对外经贸实务，2021（4）：4-9.

［75］徐明棋. 推进自贸区建设构筑全面开放新格局［N］. 上海证券报，2018-05-04（8）.

［76］徐明强，董大海，常百舒. 中国自贸区发展水平评价研究［J］. 统计与信息论坛，2020，35（6）：105-114.

［77］徐明强，董大海. 中国自贸区营商环境的构成维度及影响因素研究［J］. 管理案例研究与评论，2020，13（4）：460-475.

［78］徐卓婷，刘畅. 大连自贸区创新型统计指标体系构建［J］. 现代经济信息，2018（9）：94.

［79］雅玲. 上海自由贸易试验区综合绩效评价指标体系研究［J］. 现代商业，2021（14）：68-71.

［80］杨静雅. 论自贸区（FTZ）与自贸区（FTA）的互促发展［J］. 科技经济市场，2015（6）：33-34.

［81］杨卓亚. 综合保税区向自由贸易园区转型研究［D］. 辽宁：辽宁大学，2015.

［82］严慧敏. 国家级高新区对城市全要素生产率的影响研究［D］. 江西：江西财经大学，2021.

［83］燕秋梅. 自由贸易园区建设的国际经验及启示［J］. 现代商业，2016（33）：59-60.

［84］叶修群，陈雯诗，刘荣春. 保税区和出口加工区对地区全要素生产率

的影响——基于双重差分法的实证研究［J］. 中央财经大学学报，2021（1）：119-128.

［85］殷阿娜. 中国开放型经济转型升级的战略、路径与对策研究［M］. 北京：新华出版社，2015：268.

［86］于佳欣，王攀. 自贸区战略助推全面开放新格局［J］. 经营管理者，2018（11）：42-43.

［87］余淼杰，郭兰滨.《中欧全面投资协定》：基础、前景和挑战［J］. 长安大学学报（社会科学版），2021，23（4）：48-58.

［88］张恩娟. 基于模糊物元分析的福建自贸区物流服务能力提升研究［J］. 哈尔滨师范大学自然科学学报，2016，32（5）：16-19+59.

［89］张倪. 自贸区新一轮扩容"双循环"纽带节点作用渐强［J］. 中国发展观察，2020（18）：43-45+48.

［90］张平. 中国利用外商直接投资政策的回顾［C］//2016年第一届今日财富论坛论文集，2016：53-54.

［91］张善杰，陆亦恺，石亮. 迪拜自贸区发展现状和成功经验及启示［J］. 港口经济，2014（1）：47-49.

［92］张绍乐. 河南自贸区建设面临的新形势及对策建议［J］. 黄河科技大学学报，2018，20（2）：61-71.

［93］张洋，王林秀，许凡波. 基于ISM的高新技术产业开发区投资环境实证分析——以徐州高新技术产业开发区为例［J］. 科技管理研究，2014，34（3）：127-130+135.

［94］张玉环. 世界贸易组织和多边贸易体系的未来［J］. 经济研究参考，2021（6）：32-40.

［95］张玉屏，韩龙. 自由贸易港与单独关税区的关系辨析与启示［J］. 海南大学学报（人文社会科学版），2020，38（6）：33-41.

［96］詹玉兰. 基于价值链视角的TPP与RCEP亚太经贸合作研究［J］. 上海商业，2021（8）：186-191.

［97］赵亮. 自贸试验区驱动区域产业结构升级的机理探讨［J］. 经济体制改革，2021（3）：122-127.

［98］郑伟. 跨境服贸负面清单助推更高水平对外开放［N］. 经济参考报，

2021-07-27（1）.

［99］周汉民．推《自贸区促进法》助改革再冲关［J］．经济界，2015（2）：6-7.

［100］周静婷．入世十三年我国企业外贸环境研究的回顾与展望［J］．现代商业，2014（14）：38-39.

［101］朱凯杰，杨斌．中国四大自贸区域投资环境比较［J］．价格月刊，2017（5）：86-90.

postscript 后记

2019年2月，中共中央、国务院印发《粤港澳大湾区发展规划纲要》，大湾区全方位高水平对外开放箭在弦上。2019年5月，我随中国民主同盟中央委员会调研组赴广东调研，中国民主同盟广东省委员会副主委、时任深圳市副市长吴以环在调研座谈会上表示，欢迎首都高端智库机构到大湾区开展在地研究，为粤港澳融合发展献计献策。调研结束后，在返回北京的航班上，我把依托首都智库人才优势和中国民主同盟广东省各级组织在地资源优势在大湾区成立社会智库机构进行开放发展与创新发展研究的设想与时任中国民主同盟中央委员会参政议政部部长范芳进行了沟通，得到了她的高度肯定。2020年10月15日，在由北京赴上海出差的高铁上，我阅读《人民日报》看到了习近平总书记出席深圳经济特区建立40周年庆祝大会时的重要讲话精神，感到广东全方位高水平对外开放以及粤港澳深度融合发展的春天到来了。我终于下定决心，在2020年11月底正式向广东省有关部门递交了成立社会智库的申请。几经努力，广东带路城市发展规划研究院于2021年5月26日正式成立，这是我们在新起点上研究中国自由贸易试验区发展和粤港澳大湾区发展的开始。

2021年5月27日，承蒙北京、上海、广东三地智库机构的鼎力支持，广东带路城市发展规划研究院主办的“中国自由贸易试验区建设与发展学术研讨会”在粤举行，来自北京、上海、广州三地的26名专家学者会聚一堂，畅所欲言，形成了“中国自由贸易试验区发展及粤港澳大湾区发展·广东共识”，并共同见证了“粤港澳大湾区协同创新研究基地”揭牌。这是我们研究中国自由贸易试验区发展和粤港澳大湾区发展的重要里程碑。

根据“广东共识”的精神，经过半年时间研究攻关，《中国自由贸易试验区发展研究报告（2022）》于2021年11月20日正式成稿，这是广东带路城市发展规划研究院成立后的首个研究成果。值得说明的是，《中国自由贸易试验区发展研究报告（2022）》构建了以新发展阶段为背景，以新发展理念为指引，以国内大循环为主体、国内国际双循环相互促进的新发展格局为导向，以面向未来30年中国自由贸易试验区高水平开放发展为重点，以粤港澳大湾区、长江经济带和京津冀地区为基地的研究体系。基于对目前21个区域自贸试验区的研究，我们编制和发布的中国自由贸易试验区发展指数（大湾区指数），正成为中国高水平开放发展的重要风向标。

《中国自由贸易试验区发展研究报告（2022）》是粤港澳大湾区协同创新研究基地形成的一个初期成果。在持续学习贯彻习近平总书记关于中国自由贸易试验区发展以及粤港澳大湾区发展一系列重要讲话精神的过程中，我和我的团队有了一些思考、观点和建议，经过不断梳理、总结、深化和提升，形成了现在的理论成果。这些成果有的呈报中国民主同盟中央委员会，成为建言献策的重要组成部分；有的呈报党委政府主要领导，成为决策的咨询建议；有的直接转化为社情民意信息，得到有关部门的高度重视，产生了较大的社会影响。

“吃水不忘挖井人”，能够取得今天的阶段性研究成果，要感谢吴以环女士对广东社会智库建设的大力支持！也要感谢北京师范大学韩晶教授在中国自由贸易试验区指标评价体系构建上给予的鼎力相助！还要特别感谢原北京市商务委员会副主任申金升先生在本报告研究思路上给予的殷切指导！当然，这些成果也是我们集体智慧的结晶，倾注着广东带路城市发展规划研究院整个研究团队的心血、汗水和智慧，是团队共同努力的结果。特别是副院长何爱军以及主任研究员庞克锋、齐玖玖、禄倩、徐新茗等，他们的思想、观点和思考，丰富和提升了这些成果。还有粤港澳大湾区协同创新研究基地的各位专家，尤其是李春顶教授、崔正教授、原珂博士、冯奎博士、王喆博士、王喜峰博士、张冲博士、岳云霞主任、于国庆研究员、强海洋研究员、张宇研究员等，他们的思维和观点极具前瞻性、引领性和指导性，应该向他们致以崇高的敬意和衷心的感谢。需要特别说明的是，本报告于2021年11月30日正式交稿，此时此刻，中国民主同盟中央委员会参政议政部原部长范芳已因公殉职近一年，我们始终铭记着她对民盟智库人的无私支持，值此范芳大姐逝世周年将近之际，我和我的团队对范芳大姐谨致深切缅怀和崇高敬意！

社会科学研究是无止境的。我们的探索才刚刚开始，呈现在您面前的这些成果还很稚嫩和粗浅，但我们有耐心，更有信心。期待您的鼓励和不吝赐教！

金 锋

2021 年 11 月 30 日